◉教育部人文社会科学重点研究基地山东师范大学齐鲁文化研究院"十四五"规划重点项目
◉山东省社会科学规划重大项目"齐鲁文化通览"（21AWTJ02）结项成果
◉齐鲁文化传承与山东文化强省建设协同创新中心、山东省社科理论重点研究基地齐鲁文化研究基地重点项目

齐鲁文化要览

王志民　吕文明　主编

山东人民出版社·济南

国家一级出版社　全国百佳图书出版单位

图书在版编目（CIP）数据

齐鲁文化要览/王志民，吕文明主编. -- 济南：山东
人民出版社，2022.8
ISBN 978 - 7 - 209 - 13982 - 3

Ⅰ.①齐… Ⅱ.①王… ②吕… Ⅲ.①文化史—山东
Ⅳ.①K295.2

中国版本图书馆 CIP 数据核字（2022）第 152082 号

齐鲁文化要览
QILU WENHUA YAOLAN
王志民　吕文明　主编

主管单位　山东出版传媒股份有限公司
出版发行　山东人民出版社
出 版 人　胡长青
社　　址　济南市市中区舜耕路 517 号
邮　　编　250003
电　　话　总编室（0531）82098914
　　　　　市场部（0531）82098027
网　　址　http：//www.sd-book.com.cn
印　　装　山东华立印务有限公司
经　　销　新华书店

规　　格　16 开（170mm×240mm）
印　　张　30
字　　数　460 千字
版　　次　2022 年 8 月第 1 版
印　　次　2022 年 8 月第 1 次
印　　数　1—3000
ISBN 978 - 7 - 209 - 13982 - 3
定　　价　128.00 元
　　　　如有印装质量问题，请与出版社总编室联系调换。

《齐鲁文化要览》 编纂委员会

主　编　王志民　吕文明

参　编　李秀亮　常红星　杨　静　张　磊　代　生

　　　　田成浩　刁春辉　廖妙清　王朋飞　杨子墨

　　　　孙清海　李文昌　郑立娟　王绍之　亓文婧

　　　　宋　宁　刘本森　盖志芳　张少筠　黄润青

曲阜孔庙景区俯瞰全景

曲阜孔庙大成殿（程先好摄）

《纪泰山铭》摩崖石刻

泰山云海日出

稷下学宫遗址

临淄田齐王陵

目　录

导　言

王志民

山东省地处祖国大陆东部，北望京津，南拥江淮，西依中原，东临大海，自古为中华形胜之地。这片近16万平方公里的土地，是中华文明最重要的发源地之一；从青藏高原奔流而下的万里黄河，由山东入海；雄浑巍峨的泰山，被联合国教科文组织列为中国第一个世界文化与自然双重遗产名录；山东还是中国思想文化的主干——儒学的发源地，是伟大思想家、教育家孔子、孟子的故乡，是秦汉之后历代中国人的朝圣之地；齐国故都临淄则是先秦时代最大的工商业都城，在这里诞生了中国历史上百家争鸣的文化中心、最早的大学堂稷下学宫，是世界公认的"足球起源地"；近代以来，山东是中西文化交流、碰撞、融合的核心地区之一，收回青岛主权是"五四"爱国运动的导火索；山东人民在革命战争年代，用生命和鲜血凝聚而成的"沂蒙精神"，是齐鲁优秀传统文化与共产党领导的人民革命英雄主义精神的集中体现。

（一）地理环境与文化生成

在齐、鲁立国之前，山东古称"海岱"。《尚书·禹贡》有"海岱惟青州"。海岱，鲜明地体现着大海与高山辉映、半岛与内陆结合的特点，独特的自然环境孕育了辉煌灿烂的齐鲁文化。

山东的地理环境在类型上有半岛、山地、平原；从文化生成上说，则大致分为四大区域：胶东半岛，鲁中南山地，潍淄流域，鲁西平原。

1. 胶东半岛与海洋文化

若将当今中国版图之状喻为雄鸡，则山东半岛为雄鸡巨喙，崎迤挺出，伸向东方大海深处。在 3000 多公里的海岸线上，形成了 200 多个大小不等的海湾，散布着 450 多个近海岛屿，是中国海洋资源最丰富的区域之一。半岛境内群山起伏、丘陵绵延，中部方圆 300 余里的昆嵛山，峰峦叠嶂、林深谷幽，是中国著名的道教名山。山海之间则是面积不等的沿海平原和近海滩涂，物产丰饶的地理环境，为半岛地区文化的发展提供了优越条件。据考古资料证明：早在六七千年以前，在烟台的白石村遗址和渤海中的长岛北庄遗址等就有大量先民从事渔、牧、猎等生产活动，其文化发达程度可与内陆同期的北辛文化、大汶口文化相比，发源既早，又独具特色。不仅在生产方式上形成山海结合的特点，渔、林、牧业发达，而且在文化上，海洋特色鲜明而突出：民俗多表现对大海的敬畏、崇拜，海仙传说盛行；民风尚勤、刻苦耐劳、不避艰险、勇于探索，历史上齐人的诸多典型特点，胶东人大多具备。

2. 鲁中南山地与邹鲁文明

泰沂山区，山地突起，绵延至鲁南大部，形成山东地理环境的又一大类型。崛起于山地北部的泰沂山脉，自西向东，横亘着泰山、鲁山、沂山及东南部的蒙山等海拔千米以上的高山。形成山东地形的"高山脊背群"；巍峨挺拔的泰山高 1545 米，登上泰山之巅，确有"一览众山小"的气势；蒙山是在《诗经》中被称为"东山"的文化名山；鲁山是著名的淄水、沂水的发源地，而沂山则是宋代以来中国山岳中号称"五镇"之首的"东镇"之山。在泰沂山脉葱郁茂密的群山林海中，斑斑古迹随处可见。

图 1　泰山 （程先好摄）

泰沂高山脊背群的南面是地势逐渐和缓的丘陵地带，著名的沂蒙山区即在这个范围之内。其特点是：山地平缓，陵原相间，土地肥沃，河湖众多，灌溉便利，草丰林茂。河流主要有汶水、泗水、沂水、沭水等，水量充沛，流域广阔，土地肥沃、河湖交错；既有灌溉之利，又为交通要道，是一个"颇有桑麻之业"农耕文化的典型区域。

汶、泗流域，从上古时代就是人类活动聚居的政治文化中心：传说中的太暤（昊）、少暤（昊）部落也主要活动在这一带；商民族曾最早在此建都。作为鲁文化的腹地，《史记·货殖列传》说"鲁好农而重民"，典型的农耕文明，是儒学产生的重要经济基础。在文化特点上，"俗好儒，备于礼……畏罪远邪"，淳朴、厚德、勤俭，浓重的家国情怀，是"孔孟之乡"的典型风格。汉代以后，以农为本成为传统经济思想的主干，邹鲁之地作为孔孟故乡，农为邦本观念更是深植于民间，农耕文化是其主流。明清以来，济宁等孔孟故里之地商贸经济也曾繁荣一时，随着清末运河废弃，城镇萎缩，以农为主的农耕文明依然持续占据主导地位。

沂、沭流域，是一个较为广阔的山地丘陵地带，后世称为沂蒙山区。春秋以前，这里属于鲁国，战国时期，为齐、楚、吴、越、鲁等多国交争之地；秦汉以后，世称琅琊；历史上是以儒学为根基，丰富而多元的高文化区；传统上崇儒尊经，诸多文化世家出于此。近代以来，特别是在抗日战争、解放战争中，沂蒙山区人民在中国共产党领导下，以坚韧不拔的斗争意志，形成的爱党爱国、水乳交融、无私奉献的沂蒙精神，是中华民族精神的体现。

3. 潍、淄流域与齐文化

在泰、鲁、沂等高山脊背群的北面，是一大片丘陵过渡带，蜿蜒起伏的丘陵外缘，是广袤的山麓堆积平原，呈南高北低倾斜之状。淄水、潍水、弥河等数条大河，源自南山，呈网状滚滚北流，汇入渤海。在这片广大区域内，首先，发现了代表中华史前文化高度发达的章丘龙山文化遗址；此后，又在这片区域陆续发现了邹平丁公村、桐林田旺、寿光边线王、胶县三里河等大量龙山文化城址，充分证明：这里优越的自然环境，催生了中华最早的文明。

当年齐国，以潍、淄流域为腹地，依南山、濒北海，东括半岛，西通河、济，水系发达、交通便利，经济上既有林果矿产之饶，又有鱼盐农牧之利，《史记·货殖列传》所称"齐带山海，膏壤千里"正是以

图2　临淄齐故城排水道口

此地为中心。战国时齐都临淄人口有七万户之众，形成了"车毂击，人肩摩"的商业繁荣景象，是先秦时代中国最大的工商业城市，也是中原内陆与半岛及日、韩海外交流的大都会。在文化上，齐人的许多典型特点，如汉代人所描述的"人民多文彩布帛鱼盐""其俗宽缓阔达，而足智，好议论"（《史记·货殖列传》）等，都与这种工商文化特点相关。汉代以后"重农抑商"，故都临淄渐次衰败，但渔盐之业却始终是齐地人的重要经济活动之一。唐宋以后，齐地的山东半岛一带海上贸易和商品交流日趋繁荣，登州等港口成为中国北方海上丝绸之路的重要大陆桥头堡。明清及近代以来，这一地区经贸发达，商埠云集，处于齐地腹心的济南、周村、潍县等地连同先前的烟台、青岛、威海等口岸成为最早的商埠。商品经济活跃，人民思想开放通达，都与这一文化传统有直接关系。

4. 鲁西平原与大河明珠

该地区东到渤海，北接冀南，南达苏、皖，呈半圆形环抱着鲁中南山地，是我国华北大平原的主要组成部分。黄河由其西南入境，斜贯东北滚滚而下，在其北面注入渤海；沉沙所至，每年都会新增陆地数千公顷，形成黄河三角洲广袤的冲积平原。平原南部沃野千里，河湖交错，有许多著名的湖泊分布于此。历史上的梁山泺，曾经碧波万顷，是《水浒传》所写农民起义军活动的中心区域，后因宋末黄河改道"夺淮入海"，泛滥频繁，淤为湿地；著名的东平湖，水面浩瀚、资源丰富，是古梁山泊的余脉。南面南阳湖、独山湖、昭阳湖和微山湖四湖相连，号称南四湖，是我国北方最大的淡水湖群。京杭大运河自北向南纵贯鲁西平原，全长 600 余公里，明清时代为南北主要交通要道，舟楫往返、商贾云集，形成了汇集德州、临清、聊城、张秋、济宁、枣庄等的一条繁华运河城市带，南北经济、文化交汇于此，鲁西一度成为最发达的商业经济区和重要粮仓。

鲁西平原地接中原，自古以来是兵家争夺之地。在文化上具有齐鲁文化与中原文化交汇融合而多元的特点。这里的民风，既有齐鲁忠信之文气，又有中原古战之侠风；宋代以后，由于黄河屡次泛滥、灾荒频发，是历史上农民起义和对统治者武力抗争的多发地区。

"海岱"特殊的地理环境，孕育发展了齐鲁文化，数千年来，一直为中华文明的发展增添着生机和活力。

（二）海岱考古与文明起源

经过近一个世纪的考古发掘和研究证明，海岱地区是中华文明最早的、高度发达的文明区之一，对中华文明的起源作出了巨大贡献。

海岱文明的发生可以追溯到几十万年以前的沂源猿人。1981 年 9 月，文物工作者在山东沂源县骑子鞍山的洞穴中，发现了人类头骨化石的残片，对这些化石的研究证明：沂源猿人化石与北京猿人同属于更新世中期的猿人，大约距今四十万年。[1]

在沂源猿人洞周边约不到 8 公里的范围内，发现了距今七八万年的旧石器时代中、晚期的千人洞遗址和上崖洞遗址；在距离沂源猿人以南约七八十公里的汶、泗水上游新泰县，发现的新泰智人化石是一枚少女的臼齿，距今约 2 万—5 万年；[2] 而经过 20 世纪 80 年代的文物普查、挖掘，"在泰沂山脉中段主峰的鲁山南侧和鲁东南地区，发现了近百处旧石器时代与细石器时代的遗址及石器地点，证明沂沭河流域存在着一个漫长的旧石器时代。""在旧石器时代晚期与新石器时代早期的过渡时期，在沂沭两河及其支流冲积平原上，发现了上百处细石器地点和遗址；其中一些遗址出土的细石器已经达到了较高的打制水平，反映出在一万年以前的细石器时期，海岱地区文明发展的水平……是黄河流域除河套地区以外

① 参见徐淑彬：《山东沂源县骑子鞍山发现人类化石》，《人类学学报》1986 年第 4 期；吕遵谔等：《山东沂源猿人化石》，《人类学学报》1989 年第 4 期。
② 吴新智、宗冠福：《山东新泰乌珠台更新世晚期人类牙齿与哺乳动物化石》，《古脊椎动物与古人类》1973 年第 1 期。

的又一个由旧石器时代直接进入新石器时代的地区。而且该地区几十万年的旧石器时代、细石器时代和新石器时代，可能是一脉相传的。"①

在山东地区近百年来大量考古挖掘和研究工作基础上，探明了海岱地区史前文明的发展是有一个独立序列的。一是后李文化（距今 8500—7500 年），因淄博市临淄区齐陵镇后李官庄遗址挖掘而命名。以圜底器夹砂陶为典型器物，红褐陶和红陶占绝大多数。此后，在全省若干新石器早期遗址中拣选出后李文化遗址，进一步得到确认。其被认为"是较北辛文化更早，更为原始的考古学文化……应是我国北方乃至长江流域已知最早的新石器时代遗存之一。"② 二是北辛文化（约距今 7500—6200 年），以在山东滕州市北辛庄遗址而命名，"应是承接后李文化或后李文化的某些因素而发展起来的"。其典型陶器为夹砂陶和泥质陶两种，较后李文化已有显著的进步。而在以汶泗流域为中心的北辛文化遗址、大汶口文化遗址一带，面貌更清晰地显示出"北辛文化是直接发展成该地区的大汶口文化的。"③ 三是大汶口文化（约距今 6200—4600 年）。1959 年在泰安大汶口遗址挖掘并命名。大汶口文化的主要特征表现在陶质以红陶和灰陶为主；晚期则出现少量的黑陶、灰黑陶和蛋壳陶。考古发现：大汶口文化时代已经是一个文明发展程度较高的时期：已经制造成多种复杂的石质生产工具；"两性分工已十分明确……男性已成为农业生产的主要力量。"男女合葬墓发现"从偶婚向一夫一妻制过渡中的一个环节"④，而"龙山文化就是在大汶口文化的基础上成长起来的"⑤。

① 张学海：《论四十年来山东先秦考古的基本收获》，《海岱考古》第 1 辑，山东大学出版社 1989 年版，第 326—328 页。
② 王永波等：《海岱地区史前考古的新课题——试论后李文化》，见《纪念城子崖遗址发掘六十周年国际学术研讨会论文集》，齐鲁书社 1993 年版，第 290—291 页。
③ 张学海：《论四十年来山东先秦考古的基本收获》，《海岱考古》第 1 辑，山东大学出版社 1989 年版，第 331 页。
④ 山东省博物馆、山东省文物考古研究所：《邹县野店》，文物出版社 1985 年版，第 14 页、136—137 页。
⑤ 严文明：《龙山文化和龙山时代》，《文物》1981 年第 6 期。

20 世纪 30 年代初，当时的"中央研究院"历史语言研究所田野工作队在现今济南市章丘区龙山镇挖掘发现城子崖遗址，这是由中国考古学家自己发现、独立发掘的具有开创意义的二十世纪中国重大考古发现之一。此次发现为探求中华文明起源带来了惊喜，为山东地区对中华文明起源的巨大贡献提供了众多证据。

一是龙山文化遗址出土的轮制黑陶器，被描述为"黑如漆、亮如镜、薄如纸、硬如瓷"的精美绝伦的蛋壳陶和精湛的轮制工艺，代表了那个时期生产力已经达到了很高的水平。二是山东地区是发现最早文字的地区之一。著名考古学家唐兰先生曾提出：在山东陵阳河大汶口文化陶器上所发现的刻画符号"是我国古文字学界公认发现最早的文字"①。在龙山文化时期，除城子崖遗址出土了有刻画符号的陶片外，又在邹平丁公遗址发现了一块刻有十一个文字的龙山文化陶片，而且"笔画比较流畅，个个独立成字，整体排列比较规则，刻写也有一定章法"，全句很可能是一个有语法可寻的短句，已经发展到表达完整语意程度。这都进一步证明海岱地区是早至大汶口、龙山文化时期，最早发现了文字这一文明的重要标志的地区。三是城市在山东地区的龙山文化时期出现之早、之多，集中反映了山东地区史前文化发展水平之高。城子崖遗址最下层是一个山东最大的龙山文化城址，面积约 20 万平方米；其丰富的文化堆积，水井、大量精美陶器等的发现，说明城内人口众多、社会分工明确，应是东方某个方国的都城或政治、经济、文化的中心城市。② 另外，在山东邹平丁公遗址、临淄桐林遗址、寿光边线王遗址等先后发现 12 万、15 万、5 万平方米的龙山文化城址；在鲁西阳谷县景阳冈一带发现了两个龙山城组共 8 座城；③ 还在五莲县丹土遗址发现了大汶口文化晚期、龙山文化早期和龙山文化中期三个连续扩展的城址，证明当时建城已经注意到地形选择和城

---

① 唐兰：《从大汶口文化的陶器文字看我国最早文字的年代》，《光明日报》1977 年 7 月 14 日。
② 参见张学海：《城子崖与中国文明》，《张学海考古论集》，学苑出版社 1999 年版。
③ 参见张学海：《论山东地区的龙山文化城》，《张学海考古论集》，学苑出版社 1999 年版。

内的布局和功能。这些不仅证明大汶口文化晚期即在山东地区出现了城市，也实证了龙山文化时期的筑城水平之高，文明发展程度之高。四是金属器在山东胶州三里河龙山文化遗址中发掘出两件含铅量较高的黄铜锥，[①] 是继西安半坡类型文化遗存中发现黄铜器片之后，发现的较早时代金属器。另外，在诸城呈子遗址、栖霞杨家圈遗址、长岛店子遗址、日照尧王城遗址等也有铜片、铜条和铜炼渣发现。说明龙山时期海岱地区已经有铜器的使用，而且可能已有了相当的冶炼铜器技术。

梳理海岱史前文明发展的渊源，可知：从沂源猿人的更新世旧石器时代的文化，就奠定了新石器时代海岱文明发展的基础；而新石器时代的海岱文明，是前后紧密衔接、独立发展、自成谱系的。其

图 3　蛋壳黑陶杯（中国国家博物馆藏）

大致轨迹如下：沂源猿人（距今 40 万年左右）—沂源千人洞遗址旧石器中晚期文化（距今 7 万—8 万年）—新泰智人（距今 2 万—5 万年）—沂沭细石器文化（距今 1 万年左右）—｛新石器时代｝：后李文化（距今 8500—7500 年）—北辛文化（距今 7500—6200 年）—大汶口文化（距今 6200—4600 年）—龙山文化（距今 4600—4000 年）。

这进一步证明：早在人类文明孕育的旧石器时代，这里就是文明曙光初露的地方；在中华文明起源的新石器时代，高度发达的龙山文化是在后李文化、北辛文化至大汶口文化独立形成的文化发展序列基础上形成的。海岱文化区是中华文明最早的发源地之一。

---

① 中国社会科学院考古研究所编著：《胶县三里河》，文物出版社 1988 年版，第 21 页。

（三）行政沿革与文化传承

山东自古又称"齐鲁之邦"，所谓"齐鲁文化"，是指以先秦齐、鲁两国文化所奠定的文化特质、文化精神、文化传统为内核，经两千余年而传承不息的山东历史文化。

齐鲁文化经历了漫长的发展和演变过程。在史前和夏商时期，山东始终是东夷人活动的中心区域。夏商时期，山东境内的方国至少有 150 个，方国多以氏族为纽带，成为众多不同氏族方国的聚居区域，历史上即有"九夷"之说。公元前 11 世纪，周封齐、鲁于当今山东之境，此后直至秦统一的 800 年间，山东经历了重要的文化演变与定型时期。从疆域变迁讲，周封齐、鲁，开启了从小国林立到以齐、鲁两大诸侯国为主体的疆域演变进程；从文化发展讲，则进入了由东夷文化到齐鲁文化的形成、确立、发展的新阶段。这一进程贯穿于西周、春秋、战国三个不同历史时期。

1. 齐、鲁与山东

周初分封时，齐、鲁仅为"方百里"的诸侯国之一。据《左传》等史籍记载，直到西周末，当今山东区域内的古国仍有 55 国之多。春秋时期，周室衰微，诸侯坐大，齐、鲁疆域迅速扩大，诸侯小国相继被吞灭。齐国经齐桓称霸、灵公灭莱、景公复霸，到春秋后期，疆域已经西至聊城、东到半岛、南逾泰莱、北至渤海的广大地区；鲁国在国力强盛的僖公时期，疆域和势力所及曾东到大海、北至泰山、南达淮水、西至徐地（今安徽泗县）一带，《诗经》中"泰山岩岩，鲁邦所瞻，奄有龟蒙，遂荒大东，至于海邦，淮夷来同"（《诗经·鲁颂·閟宫》），正是对此的重要记载。春秋时代，当今山东境内的大国除齐、鲁之外，还有莱、莒、曹及宋等。但后世以"齐鲁之邦"指称山东地域，在疆域范围上，春秋时已基本成形。战国时期，鲁国公室衰微，"状如小侯"，国土日削，缩至曲阜周边一带，公元前 256 年为楚所灭。齐国则经历政权更迭，田氏代齐，争强图霸，南侵鲁境、西夺卫魏、北取燕地，疆域扩至今鲁豫冀边界，所谓齐鲁之境，迄未大变。

自西周至战国的 800 年间，从邦国林立的东夷旧地到以齐、鲁为主体疆域的发展过程中，山东文化的主体——齐鲁文化也随之形成、发展和确立。这不仅因为两国占据着当今山东省的绝大区域，从地域上奠定了世称"齐鲁"的基础，而且一为霸主之国，一为礼乐之邦，伟人先哲多出齐鲁，诸子百家悉荟斯地，放射出灿烂的文化之光，并最终成为山东区域文化的核心和主干。"齐鲁"合称，始于战国；汉代以后，山东之地世称"齐鲁"；这不仅是地域空间的契合，也是文化精神主导与传承的结晶。"山东"之名，自战国之时，即已有之：始称崤山以东六国之地，继则称太行山以东广大地区。以"山东"之名，称当今山东之地，实际始于金代，金沿宋制将京东东、西路改为山东东、西路；元代则设山东东西道宣慰司；明初设立山东行中书省，自此山东以"省"为统一政区，省会设于济南；清沿明制，区划基本稳定，相沿至今。

2. 齐鲁并称与文化比较

山东既称"齐鲁"，从文化的内在结构分析，它实为齐与鲁两支各具特色的文化相互融合而成。其二元结构特点的形成，既有地理环境差异，也有由此带来的文化渊源的差异。齐地滨海，处海岱之间，得山海之利；鲁居内陆，处汶泗流域，有河湖之饶。在漫长的文化形成过程中，从渊源上讲，齐、鲁两地在史前至夏商时期，虽同居东夷之地，但大致属两大支系：齐地为岛夷，鲁地为淮夷；齐、鲁分封之地，虽同属殷商方国，但齐封薄姑旧地，为土著姜姓，以鸟为图腾；鲁封商奄旧邦，属风姓方国，以龟为图腾。齐鲁文化的二元结构，正式肇始于齐、鲁立国。由于自然环境、立国方针、治国方略和文化政策的不同，齐、鲁的文化差异随两国文化的发展而突显。

齐文化与鲁文化的二元差异，主要展现在以下十个方面。一是族源不同：齐为姜姓，源起炎帝，为异姓封国；鲁为姬姓，族属黄帝，为周之宗亲。齐以"因其俗，简其礼"立国，保留、传承了大量东夷氏族文化传统；鲁以"变其俗，革其礼"立国，全面推行周礼，成为周鲁礼乐文化中心。二是治国理念不同：齐尚霸道，追求称霸图强；鲁尚王道，追求礼乐教化。齐人治国尊贤尚功，重用士人；鲁人尊尊亲亲，重用宗室贵族。齐人治国崇尚变革，政不旅旧；鲁人治国重视守成，在"礼崩乐坏"之世，"犹秉周礼"。三是经济类型不同：齐重工商，各业并举；鲁以农为本，经济比较单一。齐国商贸发达，货币流通，达于四方；鲁人"动不违时，财不过用"（《国语·鲁语上》），至今未出土过鲁币。四是哲学思想不同：齐重道学而尚多元，有黄老之学、阴阳五行家的产生；鲁尊周礼而崇独尊，终成儒家学派的摇篮。五是学术风气不同：齐人重兼容，汇聚百家而有稷下诸子争鸣；鲁人尚一统，唯儒是尊，排斥异说。汉代经学有齐、鲁之分：齐学通权达变，趋时求合；鲁学笃信师说、严守古义。六是思想观念不同：齐人尚功利，重才智；鲁人重礼教，尚信义。齐人喜谈建功立业；倾慕管仲、晏婴；鲁人喜论礼义教化，崇拜孔子、柳下惠。齐人善改革，多创新；鲁人尚传统，淡名利。七是社会风俗不同：齐俗尚奢侈；鲁俗重俭约。齐俗阔达放任；鲁俗淳朴拘谨。齐俗长女不嫁，同姓可婚；鲁俗严守周礼，同姓不婚。八是宗教信仰不同：齐重自然崇拜；鲁重祖先崇拜。齐人信海神而多方士；鲁人疑鬼神而崇祖先。齐有八神祠，主祀自然神：天、地、兵、日、月、阴、阳、四时；鲁有周公庙，岁岁以天子之乐祀先祖周公。齐之神多与海洋有关；鲁之神多与农业有关。九是故都文化不同：齐都不断扩建，规模宏大；鲁都依礼规划，变更较少。齐都人口众多、四民分业，宫馆台池，交通畅达，尽显霸业气象；鲁都布局齐整，等级分明，宗庙林立，最合周礼之数。齐都街市纵横，作坊林立，商贸繁华，文化丰富，为工商之都；鲁都有天子礼乐，四代禘乐，诸侯各国礼乐，且多乐工，多乐舞之所，为礼乐之都。十是代表人物之不同：齐文化代表人物管仲，是政治家、经略家；鲁文化代表人物孔子，是思想家、教育家。齐文化经典著作为

《管子》，为管仲去世三百年后，由稷下学者收集管仲遗言和齐人论著而成；鲁文化经典著作为《论语》，是孔子弟子记录孔子言行结集而成。《管子》集政治智慧之大成；《论语》集道德伦理智慧之大成。

3. 二元一体与文化融合

齐、鲁文化鲜明的二元特点，在春秋末至西汉的特殊历史条件下，经由三次时代重大变迁，形成了一个从二元逐渐走向一体的融合演变过程。齐鲁文化成为更具丰富性、兼容性、优化性的区域文化，在中国各地域文化中放射出特异的光彩。

第一个时期是春秋时期。齐、鲁文化融合的硕果即是孔子的诞生与儒学的创立。从总体上说，春秋时代诸侯割据，大国称霸，政治、经济、军事、文化的相对独立性，促使齐文化与鲁文化形成发展为各具特色的地域文化；而时局多变，霸业消长，疆域变迁，互为近邻，交往频繁，又促进了齐、鲁文化间的融合。根据有关文献统计，这个时期，齐、鲁两国交往之密切远胜于其他诸侯国，会盟、战争、婚姻、侵地等诸多渠道的交流，有力地促进了文化上二元一体化的进程。而春秋末期，孔子在鲁昭公二十年，因内乱居齐三年，此时他才 35 岁，距其周游列国早 16 年，正是其思想学说形成的关键时期。三年中，他对齐文化做了全面考察、研究与吸收，在《论语》中，他提及齐国人物与事件，数量之多仅次于鲁国；他不仅称赞晏婴"善与人交，久而敬之"（《论语·公冶长》）；"闻《韶》，三月不知肉味"（《论语·述而》）；而且崇尚泱泱大国之齐的霸业辉煌与文化强势，他两赞齐桓、三评管仲，称赞其"相桓公，霸诸侯……民到于今受其赐"（《论语·宪问》），并感叹：齐桓霸业"九合诸侯，不以兵车……如其仁，如其仁"（《论语·宪问》），是最了不起的"仁"霸。孔子正是将齐文化中保留传承的东夷土著文化中的"夷俗仁"以及政治、霸业中"国有四维……一曰礼，二曰义，三曰廉，四曰耻"（《管子·牧民》），"仓廪实则知礼节，衣食足则知荣辱"（《管子·牧民》）和"霸王之所始也，以人为本"（《管子·霸言》）的"仁政"治国理念，吸收、改造、提升，并与鲁文化中制度化、伦理化的"礼"相结合，融会、提炼、创新，结晶为更高层次的仁、礼结合的思想，这既是孔子儒学的核心思想，也是齐、鲁文化交流、融合产生的质变与飞跃。从地域文化的角度来探求孔子伟大思想的形成，可以说，是齐、鲁文化的融合，成就了孔子思想的博大精深，这是齐鲁文化二元一体融合发展的结晶。

图4　嘉祥宋山小石祠中的《孔子见老子》画像石（山东博物馆藏）

　　第二个时期是战国之世。齐、鲁文化的融合经由两大途径：一是齐强鲁弱之局进一步发展，齐国日强，鲁国日衰，齐称王称帝，对鲁攻城夺邑，疆域大规模向鲁国境内延伸扩展，至战国中后期，鲁之大部国土已为齐所有。这种疆域的兼并统一，大大加快了齐、鲁两国在文化上的融合和一体化进程。二是诸子的百家争鸣超越国界、国籍和国力，使文化成为时代空前的软实力。产生于鲁地的儒学作为诸子百家中的"显学"，借助齐国稷下学宫容纳百家的文化平台和齐、鲁的土地兼并及文化交融，在齐地得到迅速传播；孟子、荀子等儒家大师先后长居齐国稷下，为稷下领袖人物，儒学在齐地得到广泛、深入传播。正是齐、鲁两国硬实力与软实力的互动，使齐鲁思想文化的面貌进一步由二元并立向二元一体发展。值得关注的是，这时《荀子》中首次出现以共同具有"孝"的风气来并称"齐鲁"①，足见

---

　　① 《荀子·性恶论》："天非私齐鲁之民而外秦人也……（秦）不如齐鲁之孝具敬文者。"

齐鲁文化一体的面貌已形诸笔端了。

第三个时期是秦汉。既有秦代大一统的促进，也有汉代经学昌隆的助推。齐、鲁之地皆设郡县，"车同轨，书同文"的大一统体制，进一步促进了齐、鲁文化的融合。西汉时期，齐鲁文化的融合发展，加快了二元一体化的进程，又在实现一体外现的文化表象之下，呈现出一体二元的文化面貌。所谓一体，即齐鲁文化呈现出以儒家经学为一体的文化特征：经学繁盛于齐鲁之地，经学大师和五经博士多为齐鲁士人或其弟子后学，而且齐人多于鲁人。同时，经学一体中又形成齐学与鲁学两个特色不同的学术传承体系，成为一种新的一体二元结构。这种由二元到一体，一体之中有二元的文化形态，充分反映出在大一统的新形势下，齐鲁文化交汇融合的厚度与博大精深。

从秦汉统一到明清时期，山东历史上经历了纷纭复杂的变迁。魏晋以降，政治中心或西移关中，或南迁江浙，齐鲁之境，或战乱频仍，或朝代更迭；或地位式微，或文化复盛，数千年间，无论时代风云如何复杂多变，山东之地始终有一个聚而不散、传而不衰的称谓——齐鲁，典籍历见，代代传称，千年不衰。究其原因，地域所在为齐鲁旧邦是其表，文化精神传承为其里。这反映出历代国人对齐鲁礼仪之邦优良传统的尊崇、向往与怀恋。汉武帝曾说"生子当置之齐鲁礼义之乡"；宋代苏辙"吾本生西南，为学慕齐鲁"；而李清照南渡之后仍念念不忘："嫠家父祖生齐鲁，位下名高人比数。当年稷下纵谈时，犹记人挥汗成雨。"这都反映出在历史长河中，齐鲁文化在山东之地传承不息的生命力和对历代中国人根深蒂固的影响与魅力。

（四）中国轴心时代的文化 "重心"

将齐鲁文化放在中华文明发展的历史长河中看其地位贡献，首先要明晰中国数千年文明史上的"轴心时代"。在 20 世纪 50 年代初，德国哲学家雅斯贝尔斯提出了世界文明史上有一个"轴心时代"的概念。他认为：在公元前800年到公元前200年，是世界文明史上一个学术思想异常活跃，文化成就辉煌灿烂的时代。在中国、印度、希腊等文明古国，几乎同时和不约而同地发生了非同寻常的文化事件，出现了非凡的人物，人类至今依然传承存在的世界几大文明模式几乎同时得以确立，这个时期正是我国的春秋战国时代。

春秋战国时期（前770—前221）是五千多年中华文明发展史上的"轴心时代"，思想解放，名人辈出，学派林立，哲学突破，是中华民族精神、思想文化传统的创新、融合、形成期，而这个时期的文化重心，即是齐鲁。齐鲁不仅产生了孔子，成为儒学发源地，也是诸子百家学派主要产生地和文化中心所在。当时的中国人更多地从齐鲁文化中汲取丰富的精神滋养。齐鲁文化的主体精神代表了中华民族精神的主流，是中华民族传统文化最集中的展现。在此后两千余年，齐鲁则是中国文化的"圣地"。由"重心"到"圣地"，经历了漫长的历史演变。

1. 齐鲁文化"重心"地位的形成与展现

齐鲁为中华文明最重要的发源地之一，深厚的文化积淀和最早发达的高度文明，为文化"重心"的形成奠定了原始的根基。而齐、鲁分封，春秋与战国形势的演变则是"重心"形成的新契机。

其一，周封齐、鲁，厚筑基础。封齐之初，即授姜太公以"五侯九伯，实得征之"的征伐大权，成为后世齐国称霸的基础；封鲁之时，将历代珍宝、传世文物、典策、礼器特赐予鲁，让鲁国享用"天子之礼乐"，为鲁国成为礼乐之邦，深植根基。而齐、鲁立国之后，又采取了不同的建国方针：齐国工商立国，尊贤尚功，因俗简礼——巩固了霸业基础；鲁国革俗崇礼，强农固本，尊尊亲亲——强化了礼乐特质。这都对齐鲁发展为轴心时代的文化重心奠定了坚实的基础。

其二，春秋之世，"重心"显现。一是鲁国礼乐的丰厚。在王室衰微、列国纷争、礼崩乐坏的形势下，鲁国仍坚持周礼，以礼治国，诸侯大多因尊周礼而尊鲁。《左传》记载：吴国公子季札到鲁国观礼，见周王室及各诸侯国的礼乐在鲁国保存完好的盛况，大为惊叹。晋国的韩宣子到鲁国观其藏书之丰厚，盛赞"周礼尽在鲁"，都充分说明鲁国在当时各诸侯国中的文化地位之高。到春秋末期，鲁国在礼乐器物保存，礼乐人才聚集等方面，都为集大成者，成为春秋之世周礼文化的代表及中心所在。

二是齐国霸业的恢宏。齐桓公在管仲辅佐下，成就霸业近半个世纪，以主会盟、尊周室、倡礼义、伐戎狄、护中原为其主要形式；从会盟的内容看，主要是"尊天子而示信义"①；"九合诸侯，一匡天下"（《管子·匡君小匡》），其实质是维护民族统一体。齐桓公之后，齐国霸业虽有起伏，但春秋之世，齐国始终为东方一霸，国力强盛，是影响巨大的文化大国。春秋时代，齐鲁实际成为中华文化的保护者、传承者、发展者，成为各诸侯国尊崇公认的文化"重心"之地。由此，我们也可以理解孔子只能产生于文化重心的齐鲁，而不可能产生于其他区域了。

其三，战国之世，"重心"地位的辉煌展现。主要体现在以下三个方面：一是诸子百家多出齐鲁。历史上的诸子百家，按《汉书·艺文志》记载为 10 家。而学说传之后世，且有可考代表人物的主要有六家：儒、道、法、墨、阴阳、名家，所以，司马迁的父亲司马谈只写《论六家要旨》。就创始人看：儒家之孔子，墨家之墨翟，阴阳家之邹衍、邹奭，都是齐鲁之人。道家、法家、名家无论从思想渊源还是学派形成看，与齐的关系都至为密切。《汉书·艺文志》著录太公（姜尚）为道家之先驱，将《管子》列入道家，战国道家的重要一派——黄老学派主要形成、发展于齐国稷下学宫；战国法家实际分为：齐法家和秦晋法家。齐法家源起管仲；秦晋法家集大成的代表人物韩非和李斯则是稷下先生荀子培养的学生；名家学者尹文和齐人倪说、田巴都是著名的稷下先生。诸子百家之外，尚有兵家，先

---

① ［清］马骕:《左传事纬》，齐鲁书社 1992 年版，第 57 页。

图 5　稷下学宫（韦辛夷绘）

秦兵家，齐兵家是主流，著名军事家姜太公、孙武、孙膑、司马穰苴等都是齐人，且有兵书传世，他们的辉煌成就及军事理论贡献，对后世影响极大。二是诸子百家争鸣的文化中心在齐国稷下。齐统治者在都城临淄设立的稷下学宫，堪称中国历史上最早的研究院和大学堂，时间长达一个半世纪，人数多至"数千人"，各国学者汇聚稷下，百家理论各现稷下讲坛。被称为稷下先生著述总汇的《管子》，汇聚了各家学派的理论成果。稷下存在时间之长，规模之大，学者之众，影响之深远，即使在世界文明史上也只有希腊的柏拉图学园可与之比肩。三是，儒、墨号称"显学"。据《韩非子·显学》的记载，产生于齐鲁的儒、墨两家学派，在战国并称"显学"，它们影响最大，弟子徒属最多，支派林立，世称"儒分为八，墨离为三"。就儒、墨两家来看，儒家重教育，墨家重实务；前者为中国人文教育之先导，后者实开中国科学技术之先河，儒、墨两家是那个时代中国人文科学与自然科学耸立的两座高峰。

2. 由"重心"到"圣地"

齐鲁文化"重心"地位在秦汉大一统的形势下，焕发出新的光彩，开启了向"圣地"转化的新阶段。秦灭六国，以法治天下，但对其影响最大的区域文化却是齐鲁文化。前期，秦始皇四次东巡，三至齐鲁，登泰山，访琅琊，遍游半岛，刻石勒功。他倚重齐鲁的儒生、方士，设博士70人为其谋国事。后期，他"焚书""坑儒"，打击的主要对象也是齐鲁的典籍和士人，这从正、反两个方面显示出齐鲁文化"重心"地位的在秦统一后的强大影响力。汉初，产生于齐国稷下的黄老之学曾由治齐而推向全国，历史上所谓"文景之治"，其治术多采黄老，一度成为统治思想，彰显出齐鲁文化"重心"地位在汉初的延续。而汉代文化的主流——经学的传授和发扬，则进一步显示出齐鲁文化由地域文化向主流文化的提升，及"重心"向"圣地"的转变。

儒家经学，历经战国秦汉而代代传授，在齐鲁之地形成丰厚的社会根柢和人才基础。汉初除"挟书律"后，经学传授复盛，一时大师云集，其中多为齐鲁之人，几成垄断之势。《史记·儒林列传》记载汉初著名传经大师共8位，有6位是齐鲁士人；《汉书·儒林传》立传的经学家26位，齐鲁籍的17人，可见汉初齐鲁之士对经学实居垄断地位。汉代经学最重师法，经学宗师多出齐鲁，所谓汉代经学的昌明盛隆，也就是以齐鲁之学为主流的时代。中国文化史上影响巨大的"汉家气象"实际上有赖于齐鲁文化的推高和光扬。

由文化"重心"走向人文圣地，汉武帝采纳董仲舒的建议"罢黜百家，独尊儒术"是一大转折点。董仲舒为赵人，但负笈求学于齐，为齐人"公羊学"大师公羊寿的弟子。他既承孔学之道，又得齐学之教，正是一位在新的大一统形势下博采百家、融通齐鲁、推动儒学趋时求合的一代儒家宗师。武帝做太子时的老师则是鲁诗学者王臧，正是齐鲁文化培育的一代有为帝王与齐学大师的高度契合，才使儒学由诸子百家之学上升为一国独尊的官学——由此，齐鲁也开启了中华人文"圣地"的时代。

（五）礼仪之邦与人文圣地

"圣地"文化的形成与发展，实随孔子地位的不断攀升日臻成熟和完善，随圣人、圣迹、圣裔的不断加封而扩大，到明清时代达于巅峰。所谓"圣"，有三方面内涵：一是圣人。孔子汉代封公，北魏称"圣"，唐代封王，宋代称"至圣"，历代加封，登峰造极。"圣人"之称延及颜回（复圣）、曾子（宗圣）、子思（述圣）、孟子（亚圣）等儒家后贤，齐鲁遂成为众多圣人的故乡。二是圣迹。孔子的故居孔庙，称为"圣庙"，孔子的墓地孔林称为"至圣林"，邹城孟子故里则建有亚圣庙、亚圣林等。三是圣裔。孔子之后代嫡孙自汉代袭封为侯，北宋封为"衍圣公"，并建有官、宅合一的孔府，称为"圣府"。孟氏、颜氏、曾氏等后裔也建有相应的圣裔府第，世世袭封，延绵不绝。在孔孟故里，以"三圣"为中心构筑了"圣地"的标志，在齐鲁则形成了由精神到物质传承不息的辉煌的圣地气象。

自西汉至清末的两千余年中，齐鲁之邦进入了以孔、孟为代表，以历代中国人崇奉孔、孟的遗迹"三孔""四孟"为标志物的圣地文化时代。齐鲁以"礼仪之邦"闻名于世。对中华文明的发展，发挥了无与伦比的文化影响力，它的文化贡献主要体现在以下几个方面：

1. 民族认同的标志

在秦汉以后，中国经历了北朝、元朝、清朝等数次北方少数民族入主中原，实施异族统治的历史时期。那些马上得天下而在人口数量及文化发展均处劣势的少数民族统治者，为巩固其统治地位，大多首先拜谒圣地，献祭孔子，从这里认识中华文明的博大精深，吮吸丰富的文化营养，增强统治的文化软实力。他们往往加封孔子、大修孔庙、重用孔子后裔，以对圣人的尊崇展示对于中华主体文明的认同，为民族文化的大融合奠定了思想基础；最终使国家的文化主体统一于以儒学为核心的中华传统文化之下。

2. 维护国家统一的精神支柱

尊孔崇儒，始于大一统的汉代，以儒学统治天下、维护统一、防止分裂。历代王朝无不以尊孔崇圣作为维护统一的圭臬，实现对天下的教化，并以此引领知识分子和民族精英以修身齐家治国平天下之策为维护统一作出贡献。所谓"半部《论语》治天下",统治者以尊孔、读经、崇圣筑起了维护政权的精神堡垒,历代统一王朝的盛世,都是在尊孔上大做文章,从而巩固儒学的思想统治地位,达到维护统一的目的。

3. 历代中国人的精神家园

孔子经历代统治者加封晋爵,位极尊显,师、圣结合;千百年来,海内外的中国人以朝圣的心态来到以"三孔"为代表的圣地,崇孔子,慕先贤,读其书,观其迹,想见其为人,历览千秋风云,钦敬孔子的伟大与永恒,无不受到强烈的文化感染与熏陶,激发起道德自省力量,主动接受儒家优秀传统教育,使孔子的故乡成为中国人向往的精神家园和道德灵魂的洗礼之地。

4. 传统道德践行示范之乡

孔子故乡的圣地文化发展,有着优渥的文化资源和深厚的历史基础,作为孔孟故乡的山东人,既有圣地的精神自豪,也有礼仪之邦的道德自律。生长于圣人之乡,长期沐浴圣言圣教,形成了有别于其他地方的质朴醇厚的人格修养,使齐鲁大地形成了特殊的道德风尚:一是崇德之风;二是重教之风,三是尊老之风,成为历代山东人的思想标识。国学大师钱穆先生在《中国历史精神·中国历史上的地理与人物》一文中说过:"中国各地区的文化兴衰,也时时在转动,比较上最能长期稳定的应首推山东省。若把代表中国正统文化的,譬之如西方的希腊人,则在中国首推山东人,自古迄今,山东人比较上最有做中国标准人的资格。"

(六) 近代转型与沂蒙精神

19世纪中叶以来,中国进入了千年未有之大变局。随着西学东渐、中外文化交流的深入，传统中国文化开始了近代转型。中西交融之下，齐鲁文化发生了历史性的演变：经历了西学与齐鲁传统文化的交流、碰撞；马克思主义传播与优秀传统文化有机结合形成的齐鲁红色文化基因的传承与发展；以沂蒙精神为主体的革命优良传统的形成与发扬三个阶段，传统礼仪之邦以沂蒙精神崭新风貌著称于世，与井冈山精神、长征精神、延安精神、西柏坡精神一样，成为中国共产党创造的宝贵精神财富，是中华民族精神和中国革命精神的重要组成部分，为中华文化的现代转型与红色文化发展作出了巨大贡献。

1. 齐鲁传统文化在巨变中转型

大航海时代的到来，特别是鸦片战争之后，西方列强以坚船利炮打开中国的大门。在文化上中、西交流实现了大的突破，一批西方传教士和商人踏波东来。在山东，西方传教士在登州、烟台等地登陆并深入内地，他们通过工商贸易、兴办教育和医疗事业，广泛传播西方文化和现代科学。改变着近代山东人的传统观念和物质文化生活。

随着近代民族危机日益深重，深受儒家文化熏陶的山东人在反对帝国主义的保家卫国斗争中展现出了"忠义两全"的形象。甲午海战中，山东将士不屈抵抗；平壤之战中，著名将领左宝贵以身殉国；义和团运动以反洋教、灭洋人为旗帜首起山东；一战中，中国政府获得战胜国地位，首功是二十万山东出国华工。在这一过程中，传统的忠君爱国思想在转型，近代民族国家观念逐步形成。

近代以来，通过清末新政以及外国资本和文化的侵入，各种与传统观念迥然有别的新事物在山东悄然滋生成长、日益壮大，推动着山东社会文化发生了史无前例的大转型。最突出的是传统农业文明向工商业文明的转变：一方面外国人在中国开设通商口岸——烟台，德国人占领青岛并修建胶济铁路，外国资本投资设厂、设立洋行、开办近代金融业；另一方面清政府自开济南、潍县、周村等商埠，促进了口岸城市经济的近代化，山东的民族工商业得到较快发展，民国之初，山东注册工厂已近千家，尤以棉纺织业、食品面粉工业的发展最为迅速。

近代以来，由于战乱、灾荒频发，山东人传统的"闯关东"形成移民潮。到清末，东北人口中，移民已占大多数，其中山东移民约占80%；而到民国时期，山东人闯关东人口仍在逐年增加，到新中国成立前，留驻东北的山东人有近千万之多。东北的大开发，山东人居首功。

在齐鲁文化的近代转型中，山东人塑造出了忠诚担当、忠实厚道、豪爽豁达、勤俭朴实、吃苦耐劳等人格形象。

2. 红色基因与民族精神传承

在中国人高呼"还我青岛"的口号中，五四运动也将山东带入了一个新的革命历史发展阶段。

马克思主义在山东广泛传播并与工人运动相结合，使共产党组织较早地在山东建立成为历史的必然；王尽美、邓恩铭等知识青年逐步成长为具有共产主义思想的知识分子。马克思主义的传播为山东建立中共早期组织奠定了思想基础，使山东成为中国共产党在国内的六大建党战略基地之一。王尽美、邓恩铭作为山东代表参加中共一大之后，山东党、团组织的建立与发展，进一步领导了工人运动，担负起了领导山东人民反帝反封建斗争的历史重任，红色基因开始在齐鲁大地上扎根发芽。

1937年"卢沟桥事变"爆发后，中国进入全面抗战时期。民族危亡之际，山东共产党组织毅然肩负起领导山东抗战的重任，带领人民群众举行了十数次抗日武装起义，创建了胶东、清河、鲁西北、冀鲁豫边区、泰西、鲁西、鲁中、鲁南、滨海等基本覆盖全省的抗日根据地。抗战时期山东共产党组织领导抗日军民顽强御辱，发挥了中流砥柱作用。山东人的身影活跃在抵抗日本侵略的大江南北，从东北抗日牺牲第一少将韩家林，到长城抗战的殉国将领赵登禹将军；从守卫北平的宋哲元，到抗日第一儒将张自忠；从微山湖畔的铁道游击队，到以地雷战闻名全国的山东民兵游击队；

从台儿庄大战，到山东敌后战场……山东涌现出无数可歌可泣的英雄。

革命战争年代，山东军民通过感天动地的革命壮举，彰显了共产主义的革命理想和信念。山东根据地民主政权建立后，各级党组织和民主政府努力在广大农村开展识字班、冬学运动、"庄户学"等扫盲运动，并通过发展大、中、小学、开办干部学校来普及文化教育，山东根据地呈现"村村办学，户户读书，抗日救国，人人争先"的新气象。同时，山东根据地还创办了《大众日报》等一系列报刊，创作了《沂蒙山小调》等经典文艺作品，积极向全省民众宣传党的抗日政策，增强人民群众的抗日决心。山东军民为抗战胜利作出了巨大贡献，也留下了大量蕴含革命历史的文化遗迹和文物。

3. 沂蒙精神与优良革命传统的发扬

沂蒙精神诞生于齐鲁大地，奠基于红色基因的传承，形成于中华民族救亡图存的革命战争年代，其特质是以沂蒙山区抗日根据地军民"水乳交融、生死与共"的革命斗争精神为主体，深刻揭示了中国共产党同人民同心同向、血肉相连的关系；共同展现出山东各抗日根据地所具有的爱党爱国、勇于担当、甘于牺牲、吃苦耐劳、无私奉献的大无畏精神和高尚情怀。沂蒙精神的产生，既是马克思主义与中国革命具体实践相结合的产物，也是在中国共产党领导下，山东人民群众传承的齐鲁文化优良传统在特殊革命战争年代的具体呈现。

沂蒙精神经历了革命战争的淬火历练，由党政军民共同铸就。这既体现于抗日战争时期，中国共产党在山东建立抗日根据地，以人民为中心，政治上为人民谋当家，经济上为人民谋翻身，文化上为人民谋进步；党和人民军队出生入死，用鲜血和生命捍卫人民的利益，拯救民众于水火之中，与人民群众同生死、共命运；也反映在山东广大人民群众同样舍生忘死，支援革命，由此涌现的无数可歌可泣的英雄事迹中。忠诚担当的山东儿女保卫家园、踊跃参军、大力支前，涌现出渊子崖、平邑一区担架队等典型。

数不尽的山东女性送子参军、送夫支前，她们舍生忘死救助伤员，不遗余力抚养革命后代，涌现出沂蒙六姐妹、胶东乳娘等红嫂代表。山东根据地和解放区的广大军民坚持斗争，不畏牺牲，前仆后继，涌现出对崮山十四勇士、马石山十勇士等英雄模范群体。沂蒙精神既是齐鲁优秀文化传统的组成部分，也与井冈山精神、长征精神、延安精神、西柏坡精神一样，是中国共产党创造的宝贵精神财富，是中华民族精神和中国革命精神的重要组成部分，值得我们永远发扬光大、传承发展。

一、 齐鲁文化的源头

今天的齐鲁大地，在远古时期属于海岱地区。所谓海，指浩瀚的大海；岱，指巍峨的泰山。生活在这片区域内的早期先民所创造的辉煌灿烂的原始文化，便是今天齐鲁文化的源头。现有传世文献和考古资料皆可证明，齐鲁文化历史悠久，源远流长。齐鲁先民在古代漫长的历史进程中，凭借自己的聪明才智，不但创造了丰富多彩的历史文化，而且为中华五千多年文明史的形成发展作出了重要贡献。

（一）远古时期的山东人

早在几十万年以前，山东境内便已经有远古先民活动的足迹了。时至今日，几代考古学人经过多年的努力，已先后在淄博沂源县和泰安新泰市等地发现了多处早期人骨化石，从而用科学手段揭示了远古先民在山东境内的生存面貌。

1. 沂源猿人

目前考古学所揭示的山东远古先民中，时间最早的便是沂源猿人。

早在 20 世纪六七十年代，考古工作者便已经在今天淄博市沂源县石门乡骑子鞍山千人洞附近发现过哺乳动物的化石。1981 年 9 月，又在此地东南的洞穴里发现了人骨化石残片和动物牙齿、骨骼化石。其中的人骨，包括头骨1块，眉骨2块，肋骨、肱骨、股骨各1块，牙齿7枚。根据化石的颜色和牙齿咬合面纹理的复杂程度推测，应该是两个成年猿人的骨骼。其中的动物化石，主要包括肿骨鹿、野猪、棕熊、马、牛、虎等十几种动物的牙齿、额骨和肢骨。

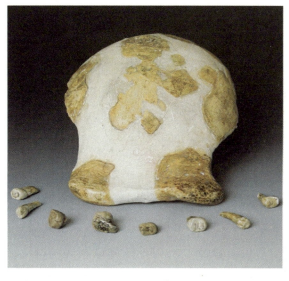

图1 沂源猿人头骨（王滨摄）

沂源猿人的头骨骨壁较厚，颅盖内骨面平滑，骨缝密合；额骨低平，眉骨粗壮，额骨与眉骨之间有一条明显的沟槽；牙齿粗壮，咬合面纹理复杂，髓腔较大。这些特点，都和举世闻名的北京猿人非常相似。二者都属于更新世中期的猿人，距今约有四五十万年，相当于旧石器时代早期。

沂源猿人是目前山东境内发现最早的古人类化石，不但填补了我国华北东部地区猿人地理分布的空白，而且以坚实的证据说明，早在四五十万年前，今天淄博沂源的周边地区便已经有早期先民在生息繁衍了。

2. 新泰智人

到旧石器时代晚期，山东境内发现的早期人类化石和文化遗存逐渐丰富，主要包括淄博市沂源县的千人洞遗址和上崖洞遗址，临沂市沂水县的湖埠西遗址、平邑县的南屯村遗址、郯城县的黑龙潭遗址和望海楼遗址、烟台市蓬莱的村里集遗址、长岛县的长山岛遗址、海阳县的司马台遗址、泰安市新泰的乌珠台遗址等共约21处文化遗存。其中的人骨化石以新泰智人最为典型。

新泰智人因 1966 年发现于泰安市新泰乌珠台村而得名。现存人类左下臼齿化石 1 枚，长 11.6 毫米、前部宽 10.2 毫米、后部宽 10.4 毫米、高 7.3 毫米。牙齿属于一位少年女性，没有齿带，颊面基部不凸出，咬合面副脊不发达，齿前部小于后部，接近于晚期智人。其时代属于旧石器时代晚期，距今约 2 万年左右。新泰智人是目前山东地区发现的最早的现代人。

3. 扁扁洞人

到了新石器时代早期，在山东淄博市沂源县张家坡镇的扁扁洞遗址中，又发现了距今 10000 年左右的人骨化石。

扁扁洞遗址于 2004 年始被发现。2005 年后，山东省文物考古研究所和中国科学院古脊椎动物与古人类研究所合作陆续进行考古发掘，发现了人的头盖骨化石、兽骨化石，并出土了古人类活动地面、磨制石器、骨器、陶片、灶址、石磨盘、骨锥、骨镖等重要文化遗存。经 ^{14}C 年代测定，扁扁洞遗址人头骨的年代在距今 9800 年至 9600 年间，兽骨的年代在距今 10000 年以上。学者据此推测，扁扁洞遗址的年代当在距今 11000 年至 9500 年之间。

扁扁洞遗址是目前山东地区乃至黄河流域内首次经过科学发掘的、层位关系明确的、遗存较为丰富的新石器时代早期文化遗存，更是山东地区新石器时代考古的一个重大突破。扁扁洞遗址内的陶器不仅具备了炊煮、储盛等基本功能，从其打磨光洁的外表、各式各样的桥型錾手来看，陶器还有了装点生活的艺术功能。这说明扁扁洞人的物质生活已经多样化，精神生活也已非常丰富了。[①]

（二）山东史前考古学文化遗存

经过考古学者多年的努力，山东境内完整而系统的史前文化发展序列

---

① 孙波：《扁扁洞：黄河下游新石器时代的曙光》，《大众考古》2014 年第 5 期。

已逐渐建立起来了，它们翔实地反映了齐鲁文化在早期发展阶段的历史进程和社会风貌。

1. 旧石器文化遗存

旧石器时代指人类使用打制石器的时代。在考古学上，旧石器时代是人类历史上的最初阶段。从两三百万年前的人类起源，到距今一万多年以前，都属于旧石器时代。

山东境内已发现的旧石器文化遗存数量不多，除上述沂源猿人、新泰智人所在遗址外，还包括今淄博市沂源县的上崖洞遗址，临沂市沂水县的南洼洞遗址、湖埠西遗址、临沂市平邑县的小西山遗址、莒南县的烟墩岭遗址、郯城县的黑龙潭遗址、望海楼遗址，日照市的秦官庄遗址、竹溪村遗址、烟台蓬莱市的村里集遗址、海阳市的初格庄遗址等30余处。其中最典型的，当属上崖洞遗址。

上崖洞遗址的洞口高10.6米，主洞进深达数百米。洞内文化堆集厚15米，从中采集到打制石器25件，器型虽小，但加工规整。石器的类型包括砸击石核、石片、刮削器、尖状器等。石器的制作方法主要有砸击和锤击两种，已体现出较明显的旧石器文化特征。[①]

2. 细石器文化遗存

大约在距今一万多年左右，齐鲁先民开始进入细石器时代。在考古学上，细石器是介于旧石器与新石器中间的过渡时段。在细石器时代，人类制作的石器普遍细小化，有很明显的旧、新时代器物过渡的特征。

细石器文化在我国黄河流域分布较少，但在古海岱地区却非常发达。目前山东境内已发现的细石器时代文化地点约有140余处，主要集中在鲁东南地区的沂沭河流域和汶泗河流域。具体言之，济宁汶上县内约有27

---

① 张富祥：《东夷文化通考》，上海古籍出版社2008年版，第34—44页。

处、兖州市内约有 10 处、嘉祥县内有 1 处，泰安宁阳县内约有 6 处，临沂市周围约有 20 余处、郯城县周围约有 45 处、沂水县境内约有 20 余处等。其中，发现时间较早、较具代表性的，当属临沂市的凤凰岭遗址。

凤凰岭遗址最早发现于 20 世纪 80 年代，主要位于临沂市东面约 12 公里处沂河与沭河之间的前冲积平原上。遗存高出地面 10—20 米，海拔高度 60—70 米，出土石核、石片等磨制和打制石器 700 多件。石器多经过人工二次修治，造型精致多样，表面多带有草木灰钙质乳斑，呈现了明显用火加工的痕迹。

山东细石器文化遗存的时间，从距今 10000 年左右到 8500 年左右不等。在这前后长达 1500 多年的历史进程中，齐鲁先民已经学会用火，能够吃熟食，生活方式以狩猎和采集为主，物质文化已得到初步发展。[①]

3. 新石器文化遗存

细石器文化之后，齐鲁先民逐渐进入以磨制石器和制作陶器为主要标志的新石器时代。目前，山东境内已发现千余处新石器文化遗存，在全省各个地市几乎都有分布。其中，内涵较为丰富、比较有代表性的，主要有如下几种。

后李文化　因 20 世纪 80 年代末发现于淄博市临淄区的后李遗址而得名。后李文化的时代约在距今 8500 年至 7500 年之间，其上限可到距今 9000 年甚至更早，前后延续了 1500 多年。目前已发现的后李文化遗存约有 10 余处，比较典型的有济南市章丘区的西河遗址、绿竹园遗址、摩天岭遗址、小坡遗址，滨州市邹平的孙家遗址，淄博市临淄区的后李官庄遗址，潍坊市寒亭区的前埠下遗址等。后李文化的物质遗存包括石器、骨角器、蚌器等生产工具，以及大量陶器和房址。其中，石器包括斧、锛、凿、锤、铲、刮削器、尖状器等，制作方式以打制为主，少部分经过琢制和磨制；

---

① 张富祥：《东夷文化通考》，上海古籍出版社 2008 年版，第 49—57 页。

骨角器包括凿、镞、鱼镖、锥、针、铲、镰、刀等；陶器制作方式较为原始、烧制火候较低，陶色明显不纯，多数为红色和红褐色，种类有釜、罐、壶、钵、盆、碗、盂等；房址为浅地穴式，方形，多为单间，室内地面平整，分炊饮区、睡眠区和储存区等几部分，面积一般在 30 平方米上下，大的接近 60 平方米。

后李文化时期，原始农业开始出现，家畜饲养业非常兴盛，长期的定居生活成为可能。社会的基本单位是一个个规模不等的氏族，个体家庭主要作为消费单位存在，而非生产单位，氏族内部财产私有的现象仍不明显。可以说，后李文化属于海岱地区聚落初兴的时期。

北辛文化　因最早发现于枣庄滕州市官桥镇的北辛遗址而得名。目前已发现的北辛文化遗存约有 100 多处，在山东境内主要集中于鲁中南的汶泗流域和胶东地区。其中，鲁中南地区的文化遗址主要有滕州的孟家庄遗址、兖州的王因遗址、汶上的东贾柏遗址等；胶东地区的文化遗址主要有烟台的白石村遗址、福山的邱家庄遗址和蓬莱的紫荆山遗址等。北辛文化的年代范围为距今 7300 年至 6100 年之间，前后延续了 800 多年。

北辛文化的遗物包括石器、骨角器、陶器等。石器主要有镰、刀、铲、斧、凿、磨盘、磨棒等，以打制石器为主，但已有大量磨光石器出现，器型规整，制作精良。骨角器包括镖、镞、凿、针、锥、笄、刮削器等。陶器的质地有夹砂和泥质两种，器形种类包括鼎、釜、罐、盆、壶、盘、钵、支座等，鼎的数量最多，器型也最为多样。

北辛文化的原始农业已得到很大发展，渔猎业非常发达，牛、猪等家畜的饲养广泛出现，原始纺织业已被广泛用于日常生活中。此时的社会形态仍然属于母系氏族社会，氏族财产归全体成员共有。氏族成员生前聚族而居，死后聚族而葬，血缘氏族的归属性和认同感都非常强烈。

大汶口文化　北辛文化之后，从距今 6100 年前后起，齐鲁先民进入举世闻名的大汶口文化时期。大汶口文化是海岱地区原始社会后期文化的一个光辉发展阶段，也是新中国成立以来最受中外学界瞩目的重大考古收获之一。

龙山文化　大汶口文化之后，齐鲁远古文化发展到了以磨光黑陶为主要特征的龙山文化时期，从而迎来了山东史前文化发展的最高峰。

鉴于大汶口文化和山东龙山文化的丰富内涵和独特地位，下面将分节予以专题介绍，在此从略。

岳石文化　龙山文化之后，齐鲁先民进入到岳石文化时期。岳石文化因 1960 年发现于青岛平度市东岳石村而得名。岳石文化开始于公元前 1900 年左右，结束于公元前 1600 年左右，与中原夏王朝的起讫时间基本吻合。

目前岳石文化已发现 100 多处，集中分布在胶东半岛、汶泗流域以及沂沭河流域等地区。其中比较典型的包括烟台市牟平区的照格庄遗址、长岛县的北庄遗址，东营市广饶县的营子遗址，潍坊青州市的郝家庄遗址，济南市章丘区的王推官遗址，济宁市泗水县的尹家城遗址，菏泽市东南的安邱堌堆遗址等等。

与山东龙山文化相比，岳石文化呈现出明显的衰退迹象。从遗址数量上看，山东龙山文化的遗址已发现 1000 多处，但岳石文化却只有 100 多处。遗址数量的急剧减少，体现了人口数量的减少和文化发展程度的衰弱，说明岳石文化时期海岱文化的发展已步入衰退期。

（三）大汶口文化：海岱文明的曙光

大汶口文化因 1959 年发现于今泰安市岱岳区大汶口镇的大汶口遗址而得名。其年代范围约在距今 6100 年至 4600 年之间，前后延续了 1500 多年。

学者一般将大汶口文化分为早、中、晚三个阶段。早期阶段约在距今 6100 年至 5500 年之间，中期阶段约在距今 5500 年至 4900 年之间，晚期阶段约在距今 4900 年至 4600 年之间。在大汶口文化发展的鼎盛时期，其分布范围以泰沂山脉为中心，北至今黄河以北，南至淮河流域，西边到达河南省东部的淮阳一带，东面则直达海滨，基本上囊括了今天山东省的全部、河南省的东部和安徽、江苏省的北部地区，几乎覆盖了整个黄河下游流域和淮河中下游以北流域以及山东半岛地区，总面积超过 20 万平方公里。

目前已发现的大汶口文化遗存约有 500 多个。具体言之，大汶口文化早期的遗存主要包括鲁中南地区的王因类型、胶东地区的紫荆山类型和苏北地区的刘林类型。其中，王因类型包括兖州的王因遗址、泰安的大汶口遗址和邹城的野店遗址等。紫荆山类型包括蓬莱的紫荆山遗址、长岛的北庄遗址、烟台的白石村遗址等。刘林类型包括邳州市的刘林遗址、大墩子遗址，章丘的董东遗址和平度的韩村遗址等。大汶口文化中期的遗存主要包括大汶口墓地早中期遗址、西夏侯遗址下层墓、沭阳万北遗址和大墩子遗址、胶县三里河遗址、诸城前寨遗址、安丘景芝镇遗址等。大汶口文化晚期的遗存主要包括大汶口墓地晚期遗址、莒县陵阳河遗址、大朱家村遗址、西夏侯遗址上层和东海峪遗址下层、章丘焦家遗址等。

大汶口文化早期时，陶器主要以夹砂红陶和泥质红陶为主，制陶技术尚处于手制阶段。生产工具以体形厚重、磨制不精的斧、锛、刀、凿、铲和镰等石器为主。鱼镖等渔猎工具多见。墓葬中随葬品的质量、数量尚不存在较大差别，也未出现少数人占有玉器、象牙雕刻器等贵重物品和奢侈品现象。这都说明，此时期氏族组织的血缘纽带非常牢固，贫富差距现象还不是很普遍。

大汶口文化中期时，红陶的数量逐渐减少，灰陶大量涌现，火候较高、质地较细密的灰白陶开始出现。石器的硬度较高，刃部较锋利，穿孔石铲的数量增多。墓葬中随葬品数量多寡不一、质地优劣悬殊，少数大墓中出现了精雕细镂的象牙筒以及象征财富的猪下额骨，说明这一时期氏族居民间的贫富分化程度已十分明显，私有财产开始大量出现。

大汶口文化晚期时，红陶数量快速减少，灰、黑陶数量占绝对优势，纯白色或黄色的硬质陶器偶有发现。其中，白陶的代表性器物有无腹大袋足鬶、通体瘦高的背壶、宽肩壶以及细柄小陶豆等，灰、黑陶的代表性器物有豆、瓶以及乌黑光亮胎质较薄的高柄杯等。这些数量众多、造型精美

图 2　八角星纹彩陶豆（泰安市博物馆藏）

的陶器，体现了中国古代陶器制作的高超技艺，更是早期齐鲁先民对世界陶器艺术作出的杰出贡献。[①]

在大汶口文化晚期墓葬中，已经出现了成对且年龄相符的成年男女合葬现象，两人的安葬顺序往往是男左女右，有时候在成年女性的旁边还会有一个几岁的儿童。这说明各核心家庭中一夫一妻制的婚姻形式已经取代了之前的血缘群婚，男子成了家庭的核心，社会形态已由之前的母系氏族社会进入父系氏族社会。

在社会结构方面，大汶口文化早期时，聚落群的内部开始分化，出现了中心聚落与一般聚落的差别。较大的中心聚落一般构筑有防御性环壕，而普通的小聚落则没有这种设施。到中晚期时，聚落群的分化继续扩大，金字塔状结构的三级聚落形态已成为常见模式。目前，山东境内的大汶口文化城址已至少发现了4座，具体包括鲁北的章丘焦家遗址、鲁南的滕州岗上遗址、鲁东南的日照尧王城遗址和五莲丹土遗址等，说明早期的国家结构已开始出现。

尤值得一提的是，在莒县陵阳河、大朱家村等遗址中，很多陶制大口尊的口沿上已经出现了各种不同的刻画文字，如"炅、斤、戉、享、凡"等，总计20余个，学者普遍认为这就是中国最早的汉字。

（四）龙山文化：山东史前文明的高峰

龙山文化因最早发现于今济南市章丘区龙山镇的城子崖遗址而得名。

---

① 栾丰实：《大汶口文化：黄河下游考古的重要收获》，《人民日报》2021年3月20日。

城子崖遗址地处胶济铁路北侧、巨野河东岸，在 1928 年由今山东省潍坊市安丘县人吴金鼎最早发现。1930 年至 1931 年间，著名考古学家李济和梁思永先后在此主持大规模的考古发掘，从而证实这是一处以磨光黑陶为主要特征的新石器时代文化遗存。

龙山文化的遗址数量已逾数千，几乎遍布长城以南、长江以北的各个省区，尤以黄河中下游的山东、河南、陕西诸省最为集中。其中，分布于海岱地区的龙山文化，被称为山东龙山文化或典型龙山文化。

山东龙山文化的时间范围大约在距今 4600 年至 4000 年之间，前后延续了 600 多年。此时已处于新石器时代的晚期，其下限已基本延伸到了夏代的纪年（前 2070—前 1600）范围了。

山东龙山文化的遗址数量已超过 1000 多处，经过考古发掘的遗址和墓葬已超过 60 余处。其中，比较典型的文化遗存有泗水尹家城遗址、日照东海峪遗址、胶县三里河遗址、茌平尚庄遗址、诸城呈子遗址、栖霞杨家圈遗址、潍坊姚官庄遗址、兖州西吴寺遗址、邹平丁公遗址、阳谷景阳冈遗址等 10 余处。它们在区域上可以分成胶东、鲁东南沿海、鲁北、鲁中南、鲁西北和鲁西南等六大各具特色的板块。①

山东龙山文化最典型的器物是磨光黑陶，现已发掘的各文化遗址内几乎都出土了数量不等的薄、硬、光、黑的典型陶器，其

图 3　蛋壳黑陶杯（山东博物馆藏）

中尤以蛋壳黑陶最具代表性。这些陶器大多陶胎较薄，胎骨紧密，颜色漆

---

① 孙波：《山东龙山文化的聚落与社会》，《海岱考古》第 12 辑，科学出版社 2019 年版，第 386—416 页。

黑发亮，素有"黑如漆、薄如纸"的美誉，与中原地区的彩陶形成鲜明对照，因此龙山文化又被称为"黑陶文化"。黑陶的种类有杯、盘、碗、盆、鼎、罐、鬲、尊、瓮等，纹饰以绳纹和篮纹为主，并有少量方格纹。

除陶器外，山东龙山文化的石器、纺织、酿酒、铜器、玉器等手工业技术都得到快速发展。其中玉器的种类既包括斧、铲、刀、凿、奔等生产工具，环、玦、璜、镯、人形佩等装饰品，还包括钺、璇玑、璧、琮、璋、戈、圭、牙璋等高规格礼器，而尤以璇玑和牙璋最具特色。璇玑又称牙璧，形制以璧环为主体，外缘制成三个或四个指向一致的齿轮，还有的在齿轮上再分制一些成组的齿牙。牙璋是最早出现在山东地区的礼器，边缘饰有牙扉，下部穿孔。另有一种玉戈，柄部琢制有扉牙。这种带扉牙的装饰，在商周时期的青铜器中广泛存在，体现了商周文化对山东龙山玉器文化的借鉴和吸收。

在文字方面，山东龙山文化出土了著名的丁公陶文。丁公陶文因出土于今山东省滨州市邹平的丁公遗址中而得名。陶文刻写在一件磨光灰陶大平底盆的底部残片上，1992 年由山东大学考古系最早发现。刻写陶文的陶片残长 4.6—7.7 厘米，宽 3—3.4 厘米，厚 0.35 厘米。其上现存 11 个文字，自右向左纵向书写，共 5 行，最右一行 3 个字，其余 4 行各 2 个字。丁公陶文的时代在距今 4200—4100 年间，比商代甲骨文早了 800 余年，把我国有文字记载的历史"从公元前 1400 年的商代晚期提前到了公元前 2200 年左右的龙山文化时代"[1]，从而为研究中国汉字的起源和早期发展形态，提供了重要的资料依据。

山东龙山文化最为学者称道的，当属大量的早期城址。到目前为止，山东各地已发现了至少 10 处龙山文化城，具体包括日照的两城镇、尧王城，五莲的丹土、寿光的边线王、临淄的桐林、邹平的丁公、章丘的城子崖、阳谷的景阳冈、滕州的庄里西、费县的方城等。其中，寿光边线王城址有两座，小城面积约 1 万平方米，大城面积约 47 万平方米。邹平丁公城

---

① 方辉:《丁公遗址考古又有新发现》,《山东画报》1999 年第 3 期。

图4　城子崖遗址

址面积约18万平方米。章丘城子崖城址面积约20万平方米。各城址由于文化堆积深厚，出土遗物丰富，在功能上已经超出了单纯的军事防御的性质，而成为各个地域内的政治经济文化中心了。这些大规模城址的问世，表明山东龙山文化时期的社会生产力和经济发展水平已经非常高超了。

（五）太昊、少昊、蚩尤：传说时代的东夷首领

约从新石器时代开始，传世文献中屡次提到的东夷部族开始在海岱地区内生息、繁衍。在此后数千年的文明演进历程中，东夷部族创造了辉煌灿烂的原始文化。

作为早期族群称谓的夷字，在东汉许慎的《说文解字》中写作夷，从大从弓，作一人持弓状，并解释其字意为"东方之人也"。据传，东夷族人崇尚武力，喜欢狩猎，是较早熟悉弓箭性能并娴于射猎的远古族群。在中国古代神话传说中，身为东夷人的后羿便是一位"天下之善射者"，他上射

十日，下射"凿齿、九婴、封豨、修蛇"等怪兽，成功救民于水火之中，成为古代著名的英雄人物。从后羿的经历可知，善射、习射是东夷族群的重要特征。"夷"字之所以从大从弓，便是其深厚历史文化底蕴的形象体现。

据学者统计，到西周王室封建诸侯之前，在齐鲁大地上存在过的大小国族至少有160多个。除少数为夏、商王室直接扶持和建立的附属国族外，其余大部分都是由早期东夷部族直接组建的。[①] 其中，后世宗裔数量较多、历史影响较大的，至少有风姓、姜姓、任姓、偃姓、嬴姓、曹姓、妘姓、姒姓8个姓氏。这些来自不同姓氏的东夷族群，在长期的历史发展进程中，先后形成了不同的部落集团。在这些氏族和部落发展的过程中，又先后出现了一批能力超群、影响深远的部落首领。正是在这些部落首领的带领下，东夷部族的势力得到空前发展，对当时乃至后世都作出了巨大历史贡献。但由于时代久远，诸多部落首领的称号和事迹都已被淹没在历史洪流中。现有文献记载较为丰富的诸东夷族首领中，当属太昊、少昊和蚩尤最有代表性。

1. 太昊

太昊以鸟为图腾，风姓。在古文字资料中，风、凤二字通用，风姓之族民皆以凤鸟为图腾。据《左传》僖公二十一年记载，任、宿、须句、颛臾等国族均是风姓。他们都以太昊为自己的祖先，并时常进行"有济之祀"。据学者考证，这里的"济"即指济水，任在今济宁地区；宿、须句在今泰安东平，颛臾在今临沂平邑，它们都位于今天的山东境内。

在早期古史传说中，太昊又称伏羲，"太昊伏羲氏"之称屡见于文献记载。太昊、伏羲出生的地方，相传都在古雷泽地区，而雷泽即在今天鲁西南的菏泽、鄄城之地。太昊氏长期居住的地方，或说在陈地，而陈地即位

---

① 逢振镐：《山东古国与姓氏》，山东人民出版社2006年版，第749—764页。

于今天河南淮阳境内。综合各种异说或可推测，以太昊氏为首的东夷部族，当主要活跃于今天的鲁西、鲁西南和河南东部地区，山东是其主要活动区域之一。

2. 少昊

继太昊之后兴起的，是少昊氏部族。据《山海经》《左传》等记载，少昊兴起于空桑，学者多认为即今天的曲阜地区。春秋晚期的齐国名相晏婴曾指出，少昊氏的一支后裔爽鸠氏在今天临淄西北之地长期定居。另外，春秋时期自称属于少昊氏后裔的诸侯国中，郯国位于今临沂市郯城县，费国位于今临沂市费县，莒国位于今日照市莒县，谭国位于今济南市章丘区。他们的地理分布，足以说明以少昊氏为首领的东夷族人，曾广泛活跃于今山东境内。

少昊氏信奉鸟图腾，族内所有的官职都以鸟命名。如，玄鸟氏掌管春分、秋分，伯赵氏掌管夏至、冬至，青鸟氏掌管立春、立夏，丹鸟氏掌管立秋、立冬，祝鸠氏为司徒，鴡鸠氏为司马，鸤鸠氏为司空，爽鸠氏为司寇，鹘鸠氏为司事，等等。这种以鸟名设官职的传统，在古代诸区域文化中独具特色。

早在20世纪70年代山东大汶口文化发现后不久，著名古文字学家唐兰先生便指出，大汶口文化当属于少昊氏部族的文化遗存。太昊和少昊在历史上有年代先后之分，太昊氏在前，少昊氏在后。当少昊氏兴起时，太昊氏已经衰落。唐氏此说得到大多数学者的认可。

从时间上看，少昊氏与大汶口文化基本同时。从地域上看，少昊氏活动的地域与大汶口文化的分布区域基本吻合。从文化内涵上看，大汶口文化多次出现的鸟形器与少昊氏的凤鸟崇拜习俗高度一致。由此可知，大汶口文化很可能就是少昊氏所创造的早期东夷文化。

3. 蚩尤

太昊、少昊之后，活跃在今山东境内的诸远古部族中，实力最为强大、最有代表性的，当属蚩尤一族。

关于蚩尤的族属，学者或认为属于江汉流域的苗蛮部族，但徐旭生等力证其当出自东夷部族。据《逸周书》记载，蚩尤曾居住在少昊之墟，说明两者在地域上相近。而且，蚩尤族在攻伐黄帝部族失败后，黄帝将其尸首分别埋葬在寿张和巨野两地，它们都位于今天的鲁西南一带。另外，在传世文献中，蚩尤是九黎之君，而九黎或即指九夷。

在中国古代神话传说中，蚩尤一族势力强大，有同族兄弟八十一人，而且个个本领不凡，骁勇善战。蚩尤本人还善于使用兵器，会冶铜铁，治五兵，战斗力极强。

据《逸周书·尝麦解》《史记·五帝本纪》等记载，在炎帝晚年时，由于统治衰弱，治民无方，蚩尤部族便兴兵反抗。他率领本族民众与炎帝族激战于涿鹿地区，并大败炎帝。此后，蚩尤族趁势西进，大逐炎帝族民，"赤帝大慑"。

不甘心失败的炎帝只能向自己的同宗兄弟黄帝求救。为了保住中原地区的统治，黄帝率领族民与蚩尤族大战于中冀地区（今河南北部和河北中南部）。此次交战的规模非常宏大，双方都投入了大量兵力，结果蚩尤族战败，黄帝族大获全胜。

中冀之战后不久，蚩尤又率领东夷族众卷土重来，再次与炎黄部族大战于阪泉地区（河北南部的保定或磁县一带）。在战争中，黄帝率领以熊、罴、豹、虎等为图腾的诸友邦参战，蚩尤则带领自己的81个兄弟部族以及南方的苗蛮集团合力参战。但最终还是黄帝族获胜，蚩尤所率领的东夷部族全面溃败，蚩尤本人也被黄帝生擒，并被其杀掉。阪泉大战之后，东夷部族西进的步伐被强力阻断，炎黄部族又重新掌控了中原地区。

这场以东夷族进攻、华夏族防守为特征的蚩尤与炎黄大战的古史传说，与目前考古学所呈现的东夷文化的先进性是基本吻合的。另外，从这数次战争中还可以大致推测出，蚩尤族的主要活动区域，当位于今鲁西、鲁西南和冀南地区，其中以鲁西南地区为其中心区域。

（六）尧舜禅让：东夷与中原部族间的交流融合

据现有文献资料记载，东夷族群在各个历史发展阶段，都与周边兄弟部族进行政治、经济、军事等多种形式的交流和互动，东夷文化也在与周边文化的交流互动中不断融合、升华，从而时刻保持着与时俱进的先进性和强大生命力。

在东夷部族对外交流融合过程中，对后世影响最为深远、文献记载最为丰富的，当属五帝时期的东夷首领虞舜与中原部族首领尧、禹之间的权位禅让行为。文献中一般称这段史事为"尧舜禅让"，并称这种政治形式为"禅让制度"。

传世文献中的五帝时期，大致相当于考古学上的龙山文化时代。因此，所谓尧舜禅让，基本上反映了山东龙山文化时代东夷文化的发展概况。

1. 虞舜其人

五帝时期，海岱东夷族与中原华夏族联合组成了新的部落联盟集团，彼此轮流执掌最高首领之权，共同管理黄河中下游地区的居民和土地。其间，参与部落联盟集团的东夷部族首领，先后有虞舜、皋陶和伯益等三位，其中以虞舜最有代表性。

舜是东夷有虞氏的首领，故又称虞舜。舜出生于诸冯，"东夷之人也"（《孟子·离娄下》）。关于诸冯的所在地，学者或认为在潍坊诸城一带，或认为在菏泽鄄城西南的古姚墟地区。彼此虽有分歧，但所指多位于今天的山东境内。①

据《史记·五帝本纪》记载，舜曾经耕作于历山，作陶于河滨，渔猎于雷泽，并在寿丘地区制作日用品。历山的具体所在，学者分歧较大，仅

---

① 张富祥：《东夷文化通考》，上海古籍出版社 2008 年版，第 213 页。

在山东境内的即有五、六处之多。河滨，学者或认为即定陶西南的陶丘亭。雷泽，或称雷夏泽，在今菏泽市东北。这些地名，都与齐鲁大地密切相关。

舜年轻时便声名远播。他生于贫寒之家，母亲早逝，父亲昏昧，继母暴戾，弟弟顽劣。父亲、继母与弟弟三人经常联合起来陷害舜，并多次欲置其于死地，但都被舜机智化解。虽然受到家人的种种迫害，但舜始终尽力维持家庭和睦，他不但孝顺父母，友爱弟弟，而且还努力用自己的诚意感化他们。这种以德报怨、尽心孝友的高贵品质，不但有效维持了家人间的和睦相处，而且还让舜赢得了极高的社会声誉。

除家人之外，舜还将孝友的原则广泛施及身边的每一个人。相传他在历山耕作时，当地人受其感化纷纷"让畔"；在雷泽渔猎时，当地人受其感化纷纷"让居"；在河滨作陶时，周围人受其感化纷纷以诚作陶，不再粗制滥造。因此之故，舜所到之处，"一年而所居成聚，二年成邑，三年成都"，从而彰显了极高的道德感召力和政治教化力，并因此受到最高统治者帝尧的高度关注。

后世以孔子为代表的儒家学者对舜高度评价，认为他是古代少有的圣王。舜孝敬父母、友爱兄弟、天下为公的高尚品德，深深影响了历代儒家知识分子。随着儒家文化的渐次推广，舜身上所展现的种种品质也成为后人所信奉的行为规范和礼仪准则，从而深深影响了中华民族的文化心理结构。

虞舜之后，东夷部族中势力最强大的是皋陶族。皋陶是偃姓，属于少昊氏的后裔。在古史传说中，皋陶本人曾执掌理官，主管法律诉讼。相关文献中还有皋陶作刑的记载，说明他曾是早期刑罚的发明者。舜曾一度将皋陶选为部落联盟首领的候选人，与大禹共同执政。可惜的是，皋陶却因为年龄太大而早早过世，其部落联盟继承人的身份也随之被取消。

几乎与皋陶同时兴起的东夷部族中，实力较为强大的还有伯益一族。传世文献中或记载伯益与皋陶为父子关系，但皋陶为偃姓，伯益却是嬴姓，二者属于两个不同的东夷族群。伯益善于驯化鸟兽，能够听懂鸟音鸟语，可以与虎、豹、熊、罴等野兽相善，故舜举荐他"作虞牧"，即主管畜牧业。当皋陶去世后，舜又举荐伯益为新一任部落联盟首领的候选人，与大禹共同执政。伯益之时，东夷部族得到了极大发展。包括今天泰山以南、苏皖以北、鲁豫交界以东、大海以西的全部地区，都属于伯益族的属地。

作为东夷族的代表，虞舜、皋陶、伯益三人都曾在五帝时代的部族联盟史上留下了浓抹重彩的一笔。以他们为代表的东夷文化，也在当时达到了较高的发展水平，从而与中原华夏文化并驾齐驱，东西辉映。

2. 尧舜禅让

现有文献记载显示，最早在部落联盟集团中执政的是华夏族的首领尧。尧号称"陶唐氏"，是帝喾的儿子，黄帝的五世孙。他在作部落联盟首领的七十余年间，住的是简陋房屋，吃的是粗糙饭食，整日勤于政事，为民解忧，因而深得百姓爱戴。尧晚年时，本着天下为公的原则和禅让制度的内在要求，经过以四岳为代表的诸大小部族首领的推荐，选择了东夷族的舜作为新一任部落联盟首领。

按照禅让制的要求，有资格作部落联盟首领的，应是德行高尚、能力突出且务实能干的人，而舜恰都符合这几个条件。舜在年轻时便孝顺父母，教化兄弟，长大后又能使所耕作之地的百姓"人皆让畔"，所渔猎之地的百姓"人皆让居"，无论是品德还是能力都非常超群。因此，舜便被举荐给尧。尧曾将自己的两个女儿娥皇和女英下嫁给舜，并从各方面对其进行了多年的严格考察。最终，经过诸部落酋长的推举，确立舜为新任部落首领。

舜接替尧任部落联盟首领期间，伐三苗，治洪水，巡狩四方，整顿吏制，减轻刑罚，重才举贤，公而忘私，从而使治内教化大兴，百姓大治，八方宾服。舜死后，又遵循禅让制的传统，将部落联盟首领传给了大禹。为了能够使禹顺利即位，舜还特意将有意争夺共主之位的几个子嗣都赶到边远之地。然后，经过诸部落酋长的推举，舜将权力正式禅让给华夏集团的大禹，从而充分体现了自己天下为公、一心为民的高尚品质。

舜执政时，正赶上中国古代严重的洪水灾害。当是时也，洪水泛滥于中国，万民苦于水患，民众生存受到了前所未有的挑战。于是，舜便任命大禹为"司空"，号令其带领各部落民众共同治理洪水，解除民患。

在治水过程中，大禹凭借吃苦耐劳、身先士卒的高贵品质，赢得了极高的社会声望，并得到了众多部族民众的一致拥戴。因此，当舜执政晚年时，便顺应民意，将大禹举荐为新的部落联盟首领，并在去世之时将最高执政大权禅让给他。

大禹在治水和执政期间，曾得到东夷伯益族的大力支持。因此，大禹晚年时，便大力举荐伯益为下一任部落联盟首领。但不幸的是，禹死之后，伯益虽然顺利继承了部落联盟首领之位，但大禹的儿子夏启却兴兵造反，用武力公然杀害伯益后自立为君，从而以暴力手段废除了盛行多年的禅让制度，建立了家天下的崭新历史格局。

夏启夺权、伯益去世之后，东夷族的发展势头严重受挫，东夷族与华夏族之间的联盟关系也正式宣告破裂。从此之后，东夷族全线退居山东境内，全力发展自己的夷人文化，并与以夏王朝为代表的中原文化东西对立，彼此独立发展。

综上可知，在中华文明起源和早期发展阶段，山东境内的原始先民凭借自己的勤劳智慧，创造了辉煌灿烂的远古文化。齐鲁文化的历史渊源之悠久，发展程度之高超，文化内涵之丰富，传播范围之宽广，发展韧度之强劲，文化特色之鲜明，在中国诸区域文化中是独树一帜的。20 世纪 30 年代，著名历史学家傅斯年先生在《夷夏东西说》中指出，东夷部族和华夏部族是中国早期并行发展、长期对峙的东西两大政治集团。20 世纪 40 年代，徐旭生先生在《中国古史的传说时代》中提出，海岱地区的东夷集团、河洛地区的华夏集团和江汉地区的苗蛮集团等，可并称为中国早期的"三大集团"。蒙文通先生在《古史甄微》一书中，则从民族文化发展的角度指出，海岱地区的东夷民族、中原地区的华夏民族和江汉地区的苗蛮民族等，可并称为中国早期的"三大民族"。诸家研究的角度虽不一样，但对山东早期文化的发达程度和历史地位，都不约而同地给予了高度评价。这足以说明，齐鲁先民在远古时期所创立的早期文化的繁盛和辉煌，是学界公认的历史事实。

参考文献：

1. 江林昌：《中国上古文明考论》，上海教育出版社 2006 年版。

2. 江林昌：《考古发现与文史新证》，中华书局 2011 年版。

3. 栾丰实：《海岱地区考古研究》，山东大学出版社 1997 年版。

4. 栾丰实：《东夷考古》，山东大学出版社 1996 年版。

5. 安作璋、王志民主编：《齐鲁文化通史》，中华书局 2004 年版。

6. 李白凤：《东夷杂考》，河南大学出版社 2008 年版。

7. 王献唐：《山东古国考》，齐鲁书社 1982 年版。

8. 高广仁、邵望平：《海岱文化与齐鲁文明》，江苏教育出版社 2005 年版。

一、齐鲁文化的源头

二、泱泱齐风

后人谈到齐文化特点时，多用"泱泱齐风"四字予以形容。"泱泱齐风"出自《左传》，吴国公子季札出使鲁国期间曾观赏各国音乐，当他听到《齐风》时，不禁赞叹道："美哉，泱泱乎！大风也哉！表东海者，其大公乎？国未可量也。"（《左传·襄公二十九年》）季札所谓"泱泱"，可与"大风""未可量"互参，表达"深广宏大"之义，而这也正是齐文化最为鲜明的重要特色。

（一）太公封齐奠定大国之基

公元前 1046 年，周武王成功推翻了商王朝的统治，周王朝由此建立。武王伐纣期间，姜太公发挥了至关重要的作用，司马迁为此称赞姜太公"迁九鼎，修周政，与天下更始，师尚父谋居多"（《史记·齐太公世家》）。姜太公成为伐纣之后最先获封的功臣，周武王将他封到了齐国。

1. 地理位置优越

齐国地处滨海，环境恶劣，《汉书·地理志》曾记载："太公以齐地负海潟卤，少五谷而人民寡。"齐地虽然环境恶劣，但资源丰富，境内蕴藏着丰富的鱼、盐、铜、铁资源。齐国通过发展鱼盐贸易、铜铁冶炼等产业，迅速实现了经济繁荣发展。

　　齐国紧邻渤海，较长的海岸线为它提供了天然的保护屏障。最初时与齐国接壤的大国只有燕、鲁二国。优越的地理位置使齐国能够长时间免于大国威胁。燕、鲁之外与齐接壤的众多

图 1　寿光双王城盐业考古发掘现场

小国为齐国不断开疆拓土创造了极佳的条件。齐国之所以能够从最初的百里之地拓展到"自泰山属之琅邪，北被于海，膏壤二千里"（《史记·齐太公世家》）尽为齐地，正是得益于周边小国提供的丰富空间。

2. 治国方针因地制宜

　　姜太公来到封地之后，因地制宜制定并推行了三大治国方针，使齐国从一个边陲小国迅速发展成为一方大国。

　　姜太公的第一条方针是"因其俗，简其礼"（《史记·齐太公世家》），即在治理齐国过程中尽可能尊重当地的风情民俗，尽可能简化西周王朝的烦琐礼仪对齐国原住民的束缚。

　　姜太公的第二条治国方针是尊贤尚功，即通过礼贤下士，让尽可能多的社会精英人士为己所用，同时鼓励国人积极进取奋发有为。姜太公一方面礼贤下士，主动吸纳社会精英归顺自己；另一方面则对不愿意服务齐国的精英人士予以严厉打击，如果断诛杀隐士狂矞、华士等（《韩非子·外储说右上》）。恩威并用之下，姜太公身边迅速聚集了大量人才，他们对齐国的发展壮大贡献卓著。

　　姜太公治齐的第三条方针是"通商工之业，便鱼盐之利"（《史记·齐太公世家》）。姜太公时期的齐国土地贫瘠，人口稀少，极大限制了经济发

展。为此姜太公鼓励齐国重点发展纺织手工业和鱼盐业。工商业的发展迅速推动了齐国经济繁荣，并吸引了越来越多的人来齐定居。

3. 东方军事重镇

周王朝建立之初，最为武王担忧的地方是东夷地区。周武王将齐地封给姜太公，目的是"把最放心的人用在最不放心的地方"[①]，希望借助姜太公卓越的政治才能迅速稳定该地局势。其次，齐国地处周王朝疆域的最东部，把太公封于齐地，客观上将齐国打造成了周王朝在东方的军事重镇——既可以随时代表周王朝镇压东夷各国，又能够对西部各诸侯国形成强大威慑。

太公赴齐就国之后，处理的第一件大事就是应对东夷"莱侯来伐"（《史记·齐太公世家》）。姜太公组织兵力成功夺取营丘，迅速稳定了局势。其后在齐国的强大压力下，东夷诸国不得不承认周王朝的统治，地区局势由此逐渐稳定。

武王去世之后，成王继位，周公摄政。商纣王儿子武庚联合武王弟管叔、蔡叔、霍叔叛乱反周。东夷殷商旧地的徐、熊、盈等方国亦参与其中。

图2　高青陈庄遗址发掘现场

---

① 李钟琴：《姜太公封齐就国问题探赜》，《管子学刊》2020年第4期。

周公奉命平叛，诛武庚，杀管叔，流放蔡叔，废黜霍叔。中原局势稳定后，周公继续东进讨伐东夷各方国。齐鲁两国均参与了此次东征，最终成功平定叛乱。东征过程中，周成王特授予姜太公征伐诸侯之权："东至海，西至河，南至穆陵，北至无棣，五侯九伯，实得征之。"（《史记·齐太公世家》）"海"是指渤海；"河"是指"黄河"；"穆陵"是指现今河南之穆陵关；"无棣"是指河北迁西至辽宁朝阳之间。[①]周王朝的中原各国以及北方的燕、戎，南方的楚国，东方的东夷都在此四境之内。成王赐予姜太公的这一特权，无疑使齐国作为周王朝东方军事重镇的地位得到了极大强化，为齐国之后的进一步发展壮大乃至于称霸中原奠定了政治、军事和法律基础。

（二）管仲相齐构筑大国霸业

齐僖公在位期间（前731—前698），齐国运用太公特权，多次发起诸侯会盟，调停宋、卫争端，以不敬周天子为由讨伐宋、郕，平定许、宋内乱，并联合郑国击败狄戎。此时的齐国实际上已经成为一方霸主，因此后世多称齐僖公时的齐国为"小霸"。

齐桓公素有雄心壮志，他继位之后礼贤下士，重用管仲、鲍叔牙等贤臣名相。特别是在管仲为相期间，他对内推行改革，对外尊王攘夷，最终成功实现了春秋首霸的目标。

1. 管仲对内三大改革

齐桓公继位之前，曾和兄弟公子纠争夺王位。当时全心全意辅佐公子纠的人是管仲。为了帮助公子纠，管仲曾亲手射杀齐桓公，但未遂。鲍叔牙素与管仲交好，他们虽然在争夺王位过程中各为其主，但并不妨碍彼此

---

① 韩玉德：《姜太公》，山东文艺出版社2004年版，第66页。

图3　嘉祥武氏祠中的《管仲射齐桓公》画像石（武氏墓群石刻博物馆藏）

之间的友谊。对此管仲曾有"生我者父母，知我者鲍子"（《史记·管晏列传》）的感慨。他们的友谊更被后世誉为"管鲍之交"。齐桓公继位后，鲍叔牙指出自己在五个方面能力不如管仲：首先，宽惠爱民；其次，治国不失权柄；第三，与诸侯忠信相交；第四，制定的礼仪规则能够得到四方诸侯的遵守；第五，具有卓越的军事才能（《管子·小匡》）。因此他认为，桓公要想实现雄图霸业，就必须重用管仲。齐桓公亦是胸怀宽广之人，他听从了鲍叔牙的建议，尊管仲为"仲父"，任命他为齐国之相，为自己全面构筑大国霸业。

（1）经济改革

管仲为相之后，推行的经济改革主要集中在农业、工商业等方面。为了促进农业生产，管仲推行了"相地而衰征"的税赋政策，即以农田的良莠等级作为划分征税额度的标准：良田缴纳较高的税赋，贫田缴纳较少的税赋。这项政策为农民减免了大量税赋，鼓励了农民开垦荒地的积极性，推动了齐国农业的发展。

为了进一步发展商业，管仲推行了"设轻重、鱼盐之利"的改革政策，对与国计民生息息相关的重要商品诸如粮食的流通进行宏观调节。这样一方面可以平抑物价安定国内民生，另一方面可以通过控制商品价格和供需而对他国发起商业战争。《管子》中曾记载管仲通过商战击败鲁、梁两国的经典案例：鲁国和梁国盛产名为"绨"的纺织品，管仲建议桓公下令齐人全部穿绨，导致绨的价格大涨。鲁梁两国为了扩大绨的生产导致粮食生产严重歉收。此时齐桓公又下令齐人不准穿绨，同时降低国内粮食价格且严禁粮食流通到两国。鲁梁二国因此粮价飞涨，两国民众大量投奔齐国，最后两国不得不对齐国认输。

为了既能够扩大财政收入又不激化国内矛盾，管仲推行了"官山海"的改革政策，将海盐、铁矿的生产流通交由国家垄断经营。各国对海盐和铁矿的巨大需求决定了这两大产业的巨大利润。"官山海"政策的推出，使齐国财政收入大幅度增加。

为了进一步提高国内各行业民众的生产效率，管仲推行了"四民分业"政策，依据职业不同将国内民众分为士、农、工、商四民。士人、手工业者和商人居住在国都，农民居住在郊野。四民世代相承，不可随意改变自己的职业。管仲的这一改革，促进了各行业的专业分工和生产技能提升，大大提高了生产效率。

（2）人才选拔改革

管仲高度重视对人才的选拔和任用。他在这方面最大的贡献是制定并推行了"三选"机制。管仲首先规定齐国基层行政长官"乡长"必须在每年正月向国君推荐辖地人才，国君会给这些人才安排官职；此为一选。其次，乡长推荐上来的人才任职一年之后，他们的长官将其中确实具有突出才干的新任官员再次推荐给国君；此为二选。通过二选的人才，国君会向他们提出治国难题；如果被问者能对答如流，国君会亲自任命他们担任高官；此为三选。

在尊贤尚功理念的影响下，齐国长期重视人才的选拔和任用。但在管仲推行改革之前，齐国选拔人才的渠道还是主要集中在贵族阶层之中。管仲推行的改革主张在全国范围内唯才是举，人才的选拔不再受地域、阶层的限制，成功突破了因袭已久的贵族政治传统，在中国政治史上具有非常重要的意义。

(3) 军事改革

为了加快军事力量的发展，管仲推行了"叁其国而伍其鄙"和"作内政而寄军令"的改革政策。齐国的疆域总体上分为两部分：国都部分被称为"国"，国都之外的部分被称为"鄙"。"伍其鄙"是将齐国农民居住的鄙野由下往上划分为"邑""卒""乡""县""属"五级编制，鄙野各级只行政令而无军令。"叁其国"是将国都划分为二十一个乡，由士人、手工业者和商人三民分别居住。其中士人占据十五乡，手工业者和商人占据六乡。十五士乡中齐桓公统率五乡，天子命卿国士、高士分别统率五乡。各士乡中由低到高设置了"轨""里""连""乡"四层行政编制，其中五家为一轨，十轨为一里，四里为一连，十连为一乡，各级编制分别设置相应的行政长官，诸如轨长、里有司、连长、乡长等。

所谓"作内政而寄军令"，是将军事管理纳入行政管理之中。十五士乡中，每家出一人参军入伍，每五人（一轨）组成一"伍"，由轨长统率；每五十人（一里）组成一"小戎"，由里有司统率；每二百人（一连）组成一"卒"，由连长统率；每两千人（一乡）组成一"旅"，由乡长统率。每一万人（五乡）为一军，十五乡计有三军，分别由齐桓公和国士、高士统率。管仲"作内政而寄军令"的政策，首先有力保障了士兵的来源；其次军政一体的设置保障了军队高效率运转；第三大大提高了齐国军队的战斗力；第四能在和平时期有效隐藏实力，不会引起邻国忌惮。

管仲在齐国为相，不仅深受齐桓公信任，更因平戎有功而被周天子封为"上卿"，管仲最后只敢接受"下卿"的礼遇（《史记·周本纪》）。由此可见管仲其人在齐国、周王室均获得了一致认可。他的思想主张和实践对后世产生了深远影响。如孔子虽然站在儒家立场上对管仲有"器小""不俭""不知礼"的负面评价（《论语·八佾》），但对他取得的功业却表示高度认同。在《论语·宪问》中，孔子多次谈到管仲，如："桓公九合诸侯，不以兵车，管仲之力也。如其仁！如其仁！"再如："管仲相桓公，霸诸侯，一匡天下，民到于今受其赐。微管仲，吾其被发左衽矣。"在孔子看来，齐桓公之所以能够成为春秋首霸，归根结底是因为管仲相齐为桓公打下了坚实基础。第二，齐桓公"九合诸侯，不以兵车"的称霸方式，本质上符合儒家"仁"的要求，这同样应归功于管仲的谋略。第三，从华夏文明的高度上看，齐桓公通过尊王攘夷而称霸中原，客观上维护了华夏文明的延续和传承，管仲在其中同样发挥了重要作用。后世先秦诸子对管仲也给予了极高的评价，如荀子称赞管仲为齐国"内足使以一民，外足使以距难，民亲之，士信之，上忠乎君，下爱百姓而不倦"（《荀子·臣道》）的不世功臣；齐桓公之所以能够称霸中原，原因亦在于"知一政于管仲也"（《荀子·王霸》）。韩非子认为若"管仲毋易齐，郭偃毋更晋，则桓文不霸矣"（《韩非子·南面》），将管仲相齐视为桓公称霸的重要基础。管仲改革思想长期影响着中国的政治、经济和文化。当代学人对管仲亦给予较高评价，如著名哲学家冯友兰先生即认为，管仲的改革和思想直接推动了春秋时期的社会变革，并且深深影响了后世李斯、韩非等诸子百家，甚至认为秦始皇统一中国的伟业本质上也是"管仲事业的完成"[①]。在今天北京中华世纪坛安放的40尊首批中华文化名人雕塑中，管仲雕像名列首位，由此同样可见管仲在当代中国的巨大影响。

2. 齐桓称霸

齐桓公在管仲等人的帮助下，采用"尊王攘夷"的基本策略，开始了他称霸中原的历史征程。所谓尊王攘夷，即强调对周王室的尊重，对敢于挑衅周天子权威、妄图单方面改变原有秩序的诸侯国和周边少数民族政权予以严厉打击，继续维护周王朝在中国的大一统局面。

（1）尊王

齐桓公以"尊王"为名，对敢于不服从周天子权威的诸侯大兴征伐。

---

① 冯友兰：《论管仲》，见《哲学研究》编辑部编：《中国哲学史论文集》第1辑，山东人民出版社1979年版，第106页。

其中较具代表性的历史事件有二：首先是公元前 680 年，齐桓公以宋国不敬王室随意废立国君为由，联合陈、蔡二国伐宋。此次征伐获得了周天子的军事支持，宋国很快屈服。其次是公元前 656 年，齐桓公以楚国不向周王室纳贡为由，亲率齐、鲁、宋、陈、卫、郑、许、曹等多国联军讨伐楚国，迫使楚国向周王室谢罪并承诺继续进贡。

（2）攘夷

在对外方面，齐桓公坚定地站在华夏族立场上，严厉打击敢于进犯的周边少数民族政权。齐桓公组织军队抗击少数民族进犯的著名事件有四：首先是伐戎救燕。公元前 663 年，中国北方令支、孤竹等山戎族政权联合进犯燕国边境，齐桓公下令出兵北上讨伐山戎；齐国军队深入敌境，成功降伏令支国，斩杀孤竹国国君。第二是存邢救卫。公元前 660 至前 658 年，北方狄人侵扰卫国和邢国。两小国不敌，遂向齐桓公求援；齐桓公组织诸侯联军成功击败了狄军，并为两国重新修筑了城墙。卫国和邢国因此得以存亡续绝。第三是平戎救周、救晋。公元前 648 年，北方戎族先后进犯周王朝京室洛邑和晋国；齐桓公派管仲赴周，派隰朋赴晋，先后平定戎族进犯。第四是联合诸侯平戎戍周。公元前 644 年，北方戎族威胁周京都，齐桓公再次联合诸侯发兵，成功保卫周王室。

（3）诸侯会盟

在春秋时期，会盟是诸侯之间会面和结盟的重要仪式。据不完全统计，齐桓公在构筑齐国霸业期间，发起的诸侯会盟次数多达 29 次。其中较为著名的诸侯会盟有"北杏会盟""甄地会盟""幽地会盟""葵丘之盟"等。特别是在葵丘之盟中，鲁、宋、卫、郑、许、曹等国诸侯赴会，周天子亦派代表宰孔参加，正式承认了齐桓公的霸主地位。"葵丘之盟"标志着齐桓霸业发展到顶峰。

齐桓公发起的诸侯会盟为华夏民族统一发挥了重要作用。首先，通过不断发起诸侯会盟，齐桓公"九合诸侯，一匡天下"（《史记·齐太公世家》），使周王朝大一统局面得以继续维持。其次，齐桓公在"九合诸侯"

的过程中"兵车之会三，乘车之会六"（《史记·齐太公世家》），大部分会盟都不是武力征伐，而是推行宗周礼乐文化。由此，齐桓公所构建的大国霸业获得了大多数诸侯发自内心的认同。第三，在葵丘之盟上，齐桓公和诸侯订立了五条共同遵守的盟约（《孟子·告子下》）。盟约中诸如诛杀不孝、不废太子、尊贤重德、尊老爱幼、不杀大夫，国与国之间应该互通有无、和平共处等内容，可谓齐国在中原内部发起的一次重大的文化整合。

（三）威宣盛世重振大国雄风

齐桓公去世百余年后，齐国名相晏婴相继辅佐灵公、庄公、景公三位国君。晏婴为相期间不仅"以节俭力行重于齐"（《史记·管晏列传》），而且颇具威武不屈的高尚品格。据《史记·齐太公世家》记载：权臣崔杼在家中弑杀齐庄公，晏婴知晓后来到崔杼家中"枕公尸而哭，三踊而出"。崔杼虽嫉恨在心，但却忌惮民望而不敢杀晏婴。齐景公继位初期在晏婴、司马穰苴等贤臣的辅佐下勤政爱民、虚怀纳谏，先后征伐徐、莒，纳卫，受鲁，与其他诸侯结成反晋联盟。景公期间，齐国霸业渐有复兴气象。

晏婴相齐期间，田氏宗族在齐国迅速崛起，逐渐有取代姜齐政权之势。晏婴对此有所察觉，曾预言"齐政卒归田氏"（《史记·齐太公世家》）。田氏宗族是陈国公子陈完的后人，至齐庄公时，田氏逐渐掌握齐国大权。在其后一百多年的时间里，田氏宗族一方面广施恩惠争取民心，另一方面利用齐国贵族之间的矛盾排除异己消灭政敌，姜氏在齐国的大权逐渐被架空。公元前386年，周天子正式将田和"立为齐侯，列于周室，纪元年"（《史记·田敬仲完世家》），齐国历史进入田齐时代。田和死后，其子田剡继位，是为齐侯剡（前385—前375）。齐侯剡在位第10年，其子田午弑父继位，是为桓公午（前375—前357）。桓公午死后，其子田因齐继位，是为齐威王（前357—前320）。齐威王死后，其子田辟疆继位，是为齐宣王（前

320—前301）。① 齐国迎来赫赫有名的"威宣盛世"。

1. 内政改革

齐威王继位初期不理朝政，国内吏治昏暗，国外诸侯来伐，内忧外患，危机重重。为了让齐威王振作起来，大臣淳于髡委婉地向他进谏：大王宫中有一只鸟，三年来不飞不鸣，不知此鸟以后会如何？齐威王听懂了淳于髡的进谏，回答说："此鸟不飞则已，一飞冲天；不鸣则已，一鸣惊人。"（《史记·滑稽列传》）从此以后，齐威王开始奋发图强。

齐威王推行的内政改革首先是整顿吏治。为了改变国内百官荒政、吏治昏暗的局面，齐威王先是重重封赏了刚正不阿、勇于担当、勤于政事的贤臣代表即墨大夫。对惯于欺上瞒下、不理政务、无所作为的阿大夫及其同党，齐威王果断地予以公开烹杀。通过一番治理整顿，齐国百官震惧，所有人都尽职尽责，不敢再荒废政务。

其次是广开言路。齐威王在大臣邹忌的建议下认识到广开言路对治理国家的重要性，因此下令："群臣吏民，能面刺寡人之过者，受上赏；上书谏寡人者，受中赏；能谤讥于市朝，闻寡人之耳者，受下赏。"（《战国策·齐策》）在齐威王的鼓励下，群臣开始不断进谏，王宫"门庭若市"，国家很快走向快速发展。

第三是选贤任能。齐威王继承了齐国尊贤的传统，高度重视人才对国家的重要性。在与魏惠王会面时，齐威王曾指出：齐国拥有檀子这样的人才，请他守护南城，则楚国人不敢进犯，泗水河畔十二诸侯都要来朝拜；齐国有盼子这样的人才，请他来守护高唐之地，则赵国人不敢进犯；齐国有黔夫这样的人才，请他来守护徐州之地，周边的七千余家居民都自发去归服他，燕国人和赵国人纷纷祭告神灵不要受到黔夫的征伐；齐国拥有种

---

① 田和封侯至齐宣王去世期间的相关纪年，参见方诗铭编著：《中国历史纪年表（新修订本）》，上海书店出版社2017年版。

首这样的人才，请他来惩治盗贼，齐国现在的社会已经是路不拾遗。（《史记·田敬仲完世家》）基于尊贤的理念，威王不但重用宗室子弟田忌，还启用了一大批寒门子弟，诸如受过髡刑且相貌丑陋的淳于髡、平民出身的邹忌、残疾人孙膑等。

2. 志统天下

齐威王以齐桓公和晋文公为榜样，立志带领齐国重新走上霸主之位。后继者齐宣王同样是以"辟土地，朝秦楚，莅中国而抚四夷"（《孟子·梁惠王上》）为目标。在威宣两代君主的努力下，齐国在战国群雄的竞争中再次崛起。

齐威王即位之初即"起兵西击赵、卫，败魏于浊泽而围惠王"（《史记·田敬仲完世家》），迫使魏国、赵国先后向齐国割地求和。此后二十余年里周边诸侯都不敢再进犯齐国。在齐国和魏国的对抗中，齐威王令田忌、孙膑率军采用"围魏救赵"的战术，先后打赢桂陵之战和马陵之战，魏国由此一蹶不振，再也不敢与齐国争锋。齐国由此"最强于诸侯"，重新奠定了称霸一方的强国地位。公元前334年，齐魏两国国君在徐州会盟，齐威王在会上"自称为王，以令天下"（《史记·田敬仲完世家》）。

齐宣王时，齐国北伐燕、西击秦、南征楚，继续推进和扩大本国霸业。齐宣王首先趁燕国内乱，果断出兵北上伐燕，仅用五十天时间就攻灭了燕国，齐国的势力范围大为扩张。齐伐燕之后，远在西方的秦国借道韩、魏伐齐。齐宣王命匡章率军在桑丘大败秦军，秦国国君最后不得不以"西藩之臣"的身份向齐国谢罪。此后二十年，秦国再也不敢挑衅齐国。齐国后又联合韩、魏、秦四国伐楚，最终在泚水附近的垂沙大败楚军。兵败之后，楚国被迫向齐国派太子横为人质以求和。

齐宣王去世之后，齐闵王命孟尝君率领齐、韩、魏三国联军伐秦，成功攻入函谷关。以齐国为首的三国成为战国时期为数不多能攻入函谷关的中原国家。秦国国君不得不火速割地求和，齐国在战国时期的霸业也由此发展到顶峰。

（四）大国之都临淄古城①

周王朝建立之后，周武王首封"师尚父于齐营丘"（《史记·齐太公世家》）。据《汉书·地理志》记载："临淄，师尚父所封""临甾名营丘"。可知营丘很可能就是临淄城的前身。齐胡公在位期间（前862—前860），齐国都城曾短暂迁移至薄姑城。胡公死后，齐献公重新把都城迁回临淄，之后齐国一直以临淄为都。在数百年经营下，临淄逐渐发展成为当时中国的工商之都和文化之都。

1. 工商之都

齐国长期以工商立国，临淄作为齐国都城，一直是齐国的工商业中心。管仲相齐时，临淄被划分为三大区域，其中手工业者和商人各占其一，从事这两种职业的人世代居住不得随意迁移。临淄作为全国工商业中心的地位因此得以持续强化。

一是铜铁铸造业发达。齐国境内蕴藏着丰富的铜铁资源，由政府垄断铜铁的冶炼、铸造和流通。由于从事相关产业的手工业者大都居住在临淄，临淄城自然就成了齐国铜铁铸造业中心。据当代对古临淄城的考古发掘探明，城内现有冶铁遗址6处、冶铜遗址2处、制钱遗址2处，由此足证临淄铜铁铸造业的高度发达。

二是纺织业繁荣。姜太公时即以"劝其女功，极技巧"（《史记·货殖列传》）之策发展纺织业。长期以来，齐国盛产的"冰纨、绮绣、纯丽"等名贵丝织品享誉内外，号称"冠带衣履天下"（《汉书·地理志》）。《临淄郎家庄一号东周殉人墓报告》所列出土的丝织品有绢、锦、刺绣残片、丝

---

① 本节部分内容参见王志民《齐国故都文化与世界足球起源》和《光辉璀璨的历史文化明珠——临淄》，见王志民：《齐鲁文化与中华文明》，人民出版社2015年版，第308—316页；王志民：《齐文化论稿》，山东大学出版社1995年版，第9—14页。

编织物等，由此可证齐国临淄丝织业的发达。1953年长沙仰天湖战国墓葬中出土了大量齐国丝织品"阿绮"，可进一步证明齐国丝织品当时已经远销楚地。

三是制陶业兴盛。齐国是中国制陶业的发源地之一，制陶历史可追溯至

图4　牺尊（齐文化博物馆藏）

距今七千年前的北辛文化时期。古临淄城内目前发现了大量制陶工场遗址，比较著名的有西周傅庄窑址、谭家庙窑址、王青窑址等。这些制陶遗址附近出土了大量古代陶器，如陶盆、罐、豆、钵、鬲、壶等，陶器残片更是不计其数。所出土的陶器造型多样、制作精良、陶彩绚丽、陶文优美，而且多有印文。印文主要是标示督造机构、司造的官工和生产者的居住地及姓氏、名称。① 可见临淄城陶器产业在工艺流程等方面均已经高度完善。

四是商品贸易网络发达。齐国以临淄为中心的水陆交通非常发达。古临淄城东、南、西三个方向的陆地交通线路多达十条。这些线路分别连接着东部沿海半岛、南部的吴楚、西部的鲁卫赵魏等地。② 此外临淄还拥有"修河、济之流，南输梁、赵、宋、卫、濮阳"（《管子·地数》）的内陆水道与各国相连。发达的水陆交通为临淄商品贸易创造了重要条件。根据目前战国齐币的出土情况来看，齐国钱币的流通是以临淄为中心，东到半岛、西至中原、南达吴楚、北通燕赵。由此可以说明齐国长期拥有着高度发达的商品贸易网络，而临淄就是这一网络的中心。

① 张龙海：《齐国故城陶窑遗址》，《管子学刊》1997 年第 3 期。

② 郝导华、董博崔、圣宽：《试论齐国的交通》，《东方考古》第 9 集，科学出版社 2012 年版，第 364—365 页。

2. 文化之都

工商业的发达不仅推动了临淄经济的发展，同时也带动了文化的繁荣。临淄文化的繁荣主要表现在社会大众娱乐文化和思想文化两个方面。

据《战国策·齐策》记载，当时临淄城内的社会大众"无不吹竽、鼓瑟、击筑、弹琴、斗鸡、走犬、六博、蹴鞠者"，可见城内民间文化娱乐活动非常丰富。相关文化内容可以分为音乐、竞技游戏等方面。临淄音乐活动兴盛的主要表现是乐器的多样。见于文献记载的齐国乐器就有磬、埙、钟、镛、铙、铃、筑等十多种。其次，临淄音乐文化的一大特色是古乐盛行。《论语·述而》曾记载孔子"在齐闻《韶》，三月不知肉味"。《韶》乐即是相传舜时代的古乐舞。其三是俗乐盛行。《列子》曾记载艺人在临淄卖歌讨食，引起临淄百姓的轰动。齐宣王亦曾直言自己喜好"世俗之乐"（《孟子·梁惠王下》）。这说明俗乐是临淄各阶层人士普遍喜爱的音乐形式。

经济的富足不仅推动了音乐的发展，同时也带动了有竞技游戏性质的"斗鸡""走犬""六博""蹴鞠"等文化活动的兴盛。临淄城中此类娱乐活动的长期兴盛，客观说明了整个临淄城文化娱乐产业的高度发达和长期繁荣。

除了社会大众文化的繁荣之外，临淄城还因为诞生了稷下学宫而被视为战国时期思想文化的中心。稷下学宫是由桓公午创办于临淄城稷门附近的一所官办文化机构，其主要目的是招贤纳士。该机构长期受到齐国政府的支持，齐国国君曾数次来此地听讲，因而得名稷下学宫。稷下学宫集政治、学术、教育三大功能为一体，同时具有高度的开放性和兼容性，因而吸引了国内外诸子百家前来长期讲学交流。战国时期思想界著名的"百家争鸣"即是以稷下学宫为中心展开的。儒家、墨家、法家、兵家、黄老道家等思想流派的代表人物长期在稷下学宫进行学术争鸣，被尊为"稷下先生"的学者多达七十二人。稷下学宫的设置使临淄成了战国时期无可置疑的思想文化中心。

3. 世界足球起源地

中国古代文献中最早关于足球运动的记录产生在临淄。据《战国策·齐策》记载："临淄甚富而实，其民无不吹竽、鼓瑟、击筑、弹琴、斗鸡、走犬、六博、蹴鞠者。"文中"蹴鞠"即指踢足球。2004年，在"世界足球起源于临淄"学术研讨会上，与会学者一致认为：足球运动的起源地就是春秋战国时期的临淄。这一结论获得了世界足联的认可，在同年召开的第三届中国国际足球博览会上，国际足联代表宣布：中国临淄是世界足球发源地。第二年，国际足联主席布拉特向临淄颁发了"足球起源地认定书"。临淄由此正式成为世界公认的足球起源地。

4. 西汉时期天下名都

西汉时期，齐为郡国，临淄仍为首府。由于当时天下统一，经济发展，临淄地当交通要道，被誉为"富冠海内"的"天下名都"（《盐铁论·通有第三》）。司马迁在《货殖列传》中盛赞"临菑亦海岱之间一都会"。可见临淄在西汉时的地位相当显要。临淄的人口，在西汉时也有较大增长。当时著名政治家、临淄人主父偃曾指出："齐临菑十万户，市租千金，人众殷富，巨于长安。"（《汉书·高五王传》）而整理过《史记》的西汉经学家褚少孙也在《三王世家》中补汉武帝之言："关东之国无大于齐者。齐东负海而城郭大，古时独临菑中十万户，天下膏腴地莫盛于齐者矣。"以一家五口计，当时临淄的人口已达五十余万，而且商业发达，市场繁荣，远超过了长安，可谓极盛。联系当时临淄城及其周围地区发达的交通和繁荣的经济水平来看，临淄在西汉时期实际处于国家经济中心和交通枢纽的核心城市地位，天下名都的评价可谓名副其实。

（五）尊贤尚功、改革进取、兼容开放的齐文化精神

齐文化的根本精神，主要集中表现为尊贤尚功、改革进取和兼容开放

等方面。

1. 尊贤尚功

在强烈的忧患意识下，姜太公就国伊始便提出了"尊贤尚功"的治国方针。这一方针在后世得到了坚持和发扬。齐桓公不计前嫌起用管仲，可谓尊贤尚功精神的鲜明写照。齐国伴随着田氏代齐重新焕发出生机。若没有"尊贤"的传统，就不会有田氏宗族在齐国的崛起；没有"尚功"精神的激发，田氏宗族也不敢对姜齐取而代之。而田齐之所以能够取得威宣盛世，原因同样是得益于田忌、孙膑、邹忌等众多贤臣良将的辅佐。尊贤尚功的精神传统已然融入齐国血脉，从根本上决定了齐国长期以来积极进取、奋发有为的大国风范。

2. 改革进取

齐国从来不缺少改革进取的精神，这是它能够长期保持大国地位的重要原因之一。姜太公治齐所推行的因俗简礼、尊贤尚功、工商立国三大方针，本质上就是对齐国原住民政治、经济、文化的重要改革，从而奠定了齐国霸业之基。管仲相齐最大的贡献，是他在齐国旧法的基础上对齐国的经济、人才和军事制度做了成功革新，从而使齐国一跃成为春秋首霸。田氏代齐之后，齐国之所以能够再次爆发出耀眼的光芒，归根结底同样是源于齐威王对齐国内政所做的一系列改革。齐文化改革精神的一大特色是因地制宜。齐国所进行的历次改革，始终是从齐国的实际情况出发。这也正是齐国改革能屡次成功的重要原因。

3. 兼容开放

齐文化尊贤尚功的传统和改革进取的精神决定了齐国必须具备兼容开放的文化精神。齐国立国之初，姜太公因地制宜地推行了重点发展工商业的经济决策。到了桓公时期，管仲更是将手工业者和商人列为四民之一，视他们为国之柱石。若没有开放兼容的文化精神作支撑，这一切都不可能发生。齐国之所以能够长期聚集大量人才精英，原因亦在于齐国将"尊贤"精神发挥到了极致——一个人不管贵贱、美丑、是否病残，只要拥有优秀的才能，均可以在齐国找到发挥才能、实现价值的机会。同样是基于齐国文化长期以来的开放性与兼容性，稷下学宫创办后能在长达一个多世纪的岁月中久盛不衰，最终发展成为战国诸子百家争鸣学术中心。

（六）齐文化对先秦儒学的影响

儒家文化是先秦鲁国的主流文化。齐国与鲁国是近邻，长期以来两国间的政治、经济、军事、文化交流非常频繁。在这样的大背景下，一直处于强势地位的齐文化对儒家文化产生了重要影响。

儒家文化的创始人孔子年轻时曾出访齐国并在该国居住了相当长一段时间，[1] 在思想上不可避免地受到了齐文化的影响。这种影响主要表现为：齐文化构成了孔子"仁"的思想的重要来源。"仁"在孔子思想乃至整个儒家思想体系中占据着核心地位。据王志民先生的研究，齐国之前的东夷文化中就存在着"仁"的习俗，在此"仁"俗的影响下，东夷人普遍天性柔顺。姜太公在东夷地区创立齐国之后，东夷的"仁"俗经过"因俗简礼"的改造之后成为齐文化的重要组成部分。其后齐国政治家如管仲更是以"仁"来治理国家，直接推动了齐国的强大。孔子虽然对齐文化并不全然认可，但他对管仲其人以及管仲的治国方略都极其推崇。孔子在其思想形成的关键时期长期居住在齐国，故他的"仁"思想的产生极有可能是受到齐国"仁"文化的启发。[2] 此外，孔子曾明确提出"先有司，赦小过，

---

① 关于孔子在齐国的居住时间，学界有一年、三年、七年等说法，综合来看三年之说较符合实际。

② 王志民：《孔子与齐文化》，见《齐鲁文化与中华文明》，人民出版社 2015 年版，第 145—151 页。

举贤才"（《论语·子路》）"君子尊贤而容众"（《论语·子张》）等尊贤主张，这一点显然与崇尚"尊贤尚功"的齐文化之间同样具有重要联系。

儒家"亚圣"孟子曾两度游学齐国，其间他不仅与齐国君臣进行了深入广泛的交流，同时对于齐国历史文化也都有了深刻了解，使得他在思想上同样受到了齐文化重要影响，以至于孟子的许多观念都能发现齐文化的渊源。管仲曾明确提出"齐国百姓，公之本也"（《管子·霸形》）的民本理念，认为"霸王之所始也，以人为本，本理则国固，本乱则国危"（《管子·霸言》）。齐国另一位名相晏婴主张"君民者，岂以陵民，社稷是主"（《左传·襄公二十五年》）。可见民本理念乃是齐文化长期以来的重要内容。孟子在齐文化民本理念基础上发展出了"民为贵，社稷次之，君为轻"（《孟子·尽心下》）的仁政民本思想。管仲在经济上提出"必先富民""富民有要，食民有率，率三十亩而足于卒岁""取之民有度"的富民理念，孟子则发展出了"制民之产""百亩之田，勿夺其时，数口之家可以无饥矣"（《孟子·梁惠王上》）"取于民有制"（《孟子·滕文公上》）的富民思想。由此可见齐文化对孟子思想重要影响之一斑。此外，孟子游齐期间曾与稷下先生群体保持着深入的学术交流，在交流过程中孟子吸收发展了稷下学宫各家学派的思想观点，自身思想学说体系因之得以发展完善。据学界研究，孟子思想中诸如"民贵君轻"说、"恒产恒心"说、"浩然正气"说等重要思想

图5　荀子画像（《至圣先贤半身像册》，原清宫南薰殿旧藏，现藏台北"故宫博物院"）

的提出，都不同程度受到稷下学派的影响。

先秦儒家另一位重要代表是荀子。荀子亦曾多次游齐，并三次在稷下学宫担任"祭酒"职务，在稷下先生群体中有着举足轻重之地位。因此，荀子在思想上亦深受齐文化特别是稷下学风的影响，乃至有学者认为荀子的思想本身即是"在齐文化的熏陶下成长与定形的"①。总体而言，齐文化对荀子思想的影响主要表现为三个方面：首先，稷下学派之间在思想上的互动争鸣，为荀子儒家思想的形成提供了丰富的学术滋养；其次，荀子本人与稷下学士的交流互动则为荀子儒家思想的发展完善创造了重要条件；第三，相对于孔孟儒学，荀子儒家思想在坚守儒家根本立场基础上，容摄墨家、黄老道家、法家等各家之说，形成了兼容并蓄的思想特色。而这一特色的形成同样与齐文化特别是稷下学宫开放包容的学术风气有重要关系。

齐文化虽然产生于齐地，但其影响并不局限于齐地。孔子、孟子和荀子是先秦儒家最重要的代表，他们三人的思想均受到了齐文化不同程度的影响。齐文化中特别是尊贤、重民、积极进取的精神深深影响了儒家文化的形成和发展。随着儒家文化成为中华文化的主流，齐文化亦随之影响到了整个中华文化的繁荣发展。

参考文献：

1. 王志民：《齐文化论稿》，山东大学出版社 1995 年版。

2. 王志民：《齐鲁文化与中华文明》，人民出版社 2015 年版。

3. 李玉洁：《齐国史话》，山东文艺出版社 2004 年版。

4. 韩玉德：《姜太公》，山东文艺出版社 2004 年版。

5. 王京龙：《齐国威宣盛世》，山东文艺出版社 2004 年版。

6. 曲英杰：《齐国故都临淄》，山东文艺出版社 2004 年版。

① 高晨阳：《荀学的基本精神与齐文化》，《管子学刊》1995 年第 1 期。

三、 儒家思想与礼仪之邦

中国被称为礼仪之邦，礼是儒家思想的核心。儒家思想，尤其是礼乐思想与齐鲁文化渊源甚深。在齐鲁大地这片沃土上，周礼得以传承延续，并且诞生了一位影响中国乃至世界的文化伟人，即儒家的创始人——孔子。继孔子之后出现了两位对儒家思想和中国传统文化影响颇为深远的大儒——孟子和荀子，他们均为儒家思想的传承和发展作出了突出贡献。及至汉代，齐鲁学者对汉代经学的形成和发展作出了重要的贡献，齐鲁文化为儒家经学奠定了思想基础。可以说，齐鲁大地孕育滋养了儒家思想，传承发展了礼乐文化，齐鲁文化也对中华文明的形成和发展产生了极为深远的影响。

（一）从周公庙说起

1. 周公封鲁

周公庙位于今天曲阜城东北 2 里处，坐落于一片方圆百亩、高四丈的土阜向阳之处，此处被称为"周公台"，里面祭祀的正是鲁国的缔造者、鲁国文化的奠基人——周公，他对中华文化产生了深远的影响。

周公姓姬，名旦，亦称叔旦。他是周文王第四子，是周武王姬发之弟，西周初因采邑在周（今陕西岐山北），爵为国公，故称周公。周初，武王死，成王尚年幼，便由周公摄政辅佐成王。周公封于"少昊之墟"曲阜（《史记·鲁周公世家》），立国为鲁，他因要继续辅佐成王，不能离镐（今陕西西安）东行，遂令他的长子伯禽赴鲁就国。周公死后，成王为了旌耀周公，特将他安葬在咸阳附近的周原的周王陵，并命其次子袭爵奉祀。约公元前11世纪，伯禽立太庙于鲁，祭祀周公。

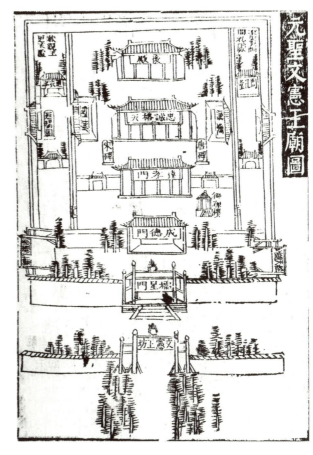

图1 周公庙图（清刻本《东野志》）

伯禽赴鲁后，于文化、政治等方面努力全面推行、渗透周文化，使鲁国逐渐形成了具有鲜明标识的鲁文化。

首先，在文化方面，伯禽推重周礼文化，改革殷、夷民族遗留的固有风俗，实行"变其风俗，革其礼"的文化政策。周礼文化对鲁国礼乐文化的革新和兴盛起到了非常重要的作用。一方面伯禽以周礼文化取代当地文化，改革当地的礼文化，改善当地的风俗；另一方面鲁国因是周公的封国，受封时，周王室分给了鲁国代表礼乐文化的礼官、礼器和礼乐文献，并受命鲁国可以郊祭文王，享有祭祀周公可用天子礼乐的文化特权。鲁国的礼乐文化由此得以兴盛。鲁国世代传承宗周礼乐文化，鲁国人也以"先君周公制礼作乐"（《左传·文公十八年》）为自豪。

其次，伯禽在政治上采用"亲亲尚恩"的用人方针。"亲亲尚恩"，是指亲近族属，亲附民众，崇尚人与人之间的恩义相往。此与齐国"尊贤上功"的用人政策有很大不同。《吕氏春秋·长见》中记载："吕太公望封于齐，周公旦封于鲁，二君者甚相善也。相谓曰：'何以治国?'太公望曰：'尊贤上功。'周公旦曰：'亲亲上（尚）恩。'太公望曰：'鲁自此削矣。'周公旦曰：'鲁虽削，有齐者亦必非吕氏也。'"周公本为周室宗亲，靠血缘出身而位尊权重，根据血缘关系和等级身份制礼作乐，故而更相信维护家族利益、世代守护王位的重要性。伯禽就国后沿承了周文化重视亲情、恩情的用人传统。鲁国通过"亲亲尚恩"的用人方针保证了鲁国的政权世代掌握在那些亲近有恩、鲁君信得过的人手中。"亲亲尚恩"的用人原则不仅体现在政治方面，亦逐渐渗透到社会的其他方面，使鲁文化具有了重亲情、讲伦理的特征，这直接构成了儒家思想的核心内容，也由此铸就了中华民族独特的民族心理和国民性格。

2. "周礼尽在鲁"

周公封鲁后，通过伯禽在鲁国对周文化的大力推行和不断渗透，鲁国最终成为礼乐文化中心，此历史之必然。客观方面，适宜农桑的地理环境需要鲁国执政者推行周代的礼乐制度；主观方面，鲁由周封国，其立国理想以继承宗周礼乐文化为己任，始终不忘"法则周公"，鲁国人自身基因里始终抱有对礼乐文化的热衷，上至鲁公、下至卿士皆依礼而行。

在浓厚的礼乐文化氛围中，鲁国产生了一批传承和坚守周礼的典范，如高风亮节的臧文仲、坐怀不乱的柳下惠等。西周末年，镐京被毁，周室东迁，典章文物多数流失，鲁国成为周礼的中心。春秋末年，礼乐崩坏，而鲁国却依然保存着完整的礼乐文献，晋国大臣韩宣子由此发出"周礼尽在鲁"的感叹（《左传·桓公十八年》）；吴公子季札对鲁乐工能演奏出全套的乐舞赞美道："观止矣！若有他乐，吾不敢请已。"（《左传·襄公二十九年》）"叹为观止"这个成语便出自此。鲁国也因严守周礼赢得了齐、晋两大霸主国的敬畏。

总而言之，鲁文化继承发扬了周文化，而这种根深蒂固的礼乐传统对孔子人生和思想产生了极大影响，造就了以孔子为代表的早期儒家之学，可以说孔门儒学是鲁文化结出的最为丰硕的精神文明果实。

（二）孔子：世界文化名人之首

1. 孔子的生平及学术渊源

春秋战国时期，是中华文化史上大放异彩的时代，也被称为"轴心时代"；而纵观春秋之世，齐鲁已成为东方的文化中心。在这样一片文化沃土上，诞生了一位名垂青史的文化巨人，他就是孔子。这位伟人正是齐鲁文化共同培养的结果。孔子是中国乃至世界上公认的教育家和思想家，被誉为"万世师表，至圣先师"，更是位列联合国教科文组织"世界十大文化名人"之首。孔子与穆罕默德、耶稣和释迦牟尼一起，被称为缔造世界文化的"四圣"。他的思想对中国文化的形成发展，对中华民族精神品格的塑造起到了积极的影响。柳诒徵先生曾言："孔子者，中国文化之中心也。无孔子则无中国文化。自孔子以前数千年之文化，赖孔子而传；自孔子以后数千年之文化，赖孔子而开。即使自今以后，吾国国民同化于世界各国之新文化，然过去时代之与孔子之关系，要为历史上不可磨灭之事实。……"①

孔子（前551—前479），名丘，字仲尼。鲁国陬邑（今山东曲阜东南）人，先世是宋国贵族，为殷人后裔，属于"士"阶层（当时贵族的下层）。孔子家境贫寒，政治上没有靠山，社会地位较低。少年时他曾做过管理仓

---

① 柳诒徵:《中国文化史》,上海古籍出版社2001年版,第263页。

库、管理放牧牛羊的小吏。由于熟悉礼数，他曾以"儒"为业。孔子精通六艺，30 岁便聚徒讲学；50 岁后为中都宰，迁为司空、司寇；55 岁后率领弟子周游列国，但未真正受重用；晚年归鲁后便开始整理文献。孔子于公元前 479 年辞世。次年，鲁国国君鲁哀公在孔子的曲阜旧宅立庙，将孔子生前所用衣冠车琴等予以保存，并按岁时祭祀，这是诸侯祭孔的开始。汉高祖刘邦是第一个祭孔的帝王，开后世帝王祭孔之先河。如今每年阴历八月二十七（孔子诞辰），曲阜市都会在孔庙举行祭孔大典。孔子的言论和思想经由弟子记录整理成《论语》一书，该书是研究孔子思想的主要文献材料。

2. 孔子的丰功伟绩

在孔子一生中，做了三件最具有历史意义的大事：其一，整理文献，即编订"六经"；其二，创建儒家学派；其三，注重人才的培养，兴办私学。

（1）整理"六经"

孔子教授弟子教材有《诗》《书》《礼》《乐》《易》《春秋》，即"六经"。《庄子·天运》中最早出现关于孔子整理"六经"的记载："孔子谓老聃曰：'丘治《诗》《书》《礼》《乐》《易》《春秋》六经，自以为久矣，孰知其故矣……'"至汉代，司马迁称赞孔子为古往今来"自天子王侯，中国言六艺者，折中于夫子，可谓至圣矣"（《史记·孔子世家》）。

司马迁和班固认为《易传》

图 2　孔子燕居像（孔子博物馆藏）

乃孔子所作，但经后世学者的考证，《易传》是成书于战国至秦汉间，且并非一人所作，但孔子的确与《易》关系密切。《论语》中有两处与此相关的记载：其一，子曰"加我数年，五十以学《易》，可以无大过矣"（《论语·述而》）；其二，孔子引用《周易·恒》九三爻辞曰"不恒其德，或承之羞"（《论语·子路》）。

《书》是虞、夏、商、周四代的文献汇编。《史记》与《汉书》中有孔子"序《尚书》"的说法。班固认为孔子编次过《尚书》，也为《尚书》作过序。但学界已达成共识，今本《尚书》的《大序》《小序》皆为后人的伪作。《论语》中记载了孔子引用《尚书》和弟子解释《尚书》的话，这说明孔子学习过《尚书》，并以《尚书》教授过弟子。

《诗》是我国最早的诗歌总集。《论语·子罕》中曾记载孔子之言："吾自卫反鲁，然后《乐》正，《雅》《颂》各得其所。"孔子生活在礼乐崩坏的时代，在那个时代，《诗》三百篇从文字到音乐已经出现缺失错乱的情况。据传，鉴于此，孔子四方搜求各种抄本，在鲁哀公十一年返回鲁国后，对《诗》三百篇进行全面的校勘考订，按照古乐的曲谱重新调整篇章、音调，使《雅》《颂》各归其位，各顺其声。于此可知，《诗》三百篇是经过孔子一番辛苦的整理和修订后，最终才有了后世的通行本。

《仪礼》《礼记》和《周礼》的成书皆与孔子有关。《仪礼》是记载礼节仪式的书，共17篇，又称《士礼》，学界认为其出自孔子；《礼记》是对《仪礼》的解释，在先秦多以单篇流传，至西汉前被汇集成书，是七十子后学记载的关于孔子及其弟子、时人论说礼仪的著作；《周礼》是一部政书，里面记载了西周、春秋及战国时的职官、制度。据书中体现的礼制思想和对周制的向往，可推断《周礼》出自孔们后世儒家。

孔子亲自整理过《乐》，如《论语·子罕》中记载："吾自卫反鲁，然后《乐》正，《雅》《颂》各得其所。"

《春秋》一书最能反映孔子的政治哲学，是孔子根据鲁国史书《鲁春秋》整理编订而成，书中透显了孔子的"微言大义"。

孔子整理"六经"遵循三个原则：其一，述而不作。即以信古为前提，传承旧作，不作创新阐发；其二，阙如其所不知。即在整理古典文献时，主张对不知、存疑处付之阙如，反对主观臆测、固执片面，即"子绝四：勿意、勿必、勿固、勿我"（《论语·子罕》）；其三，不语怪、力、乱、神。《论语·述而》中记载"子不语怪、力、乱、神"，即杜绝言怪异、勇力、叛乱、鬼神之事。

（2）创建儒家学派

孔子是儒家学派的创始人，他所创立的儒学最终成为中国传统文化的思想主干。孔子的儒学思想体系概而言之主要以"礼""仁""中庸"为基本思想内容。"仁""礼"是孔子思想的核心。

第一，提出"仁"的思想。

春秋末期，礼乐崩坏。而孔子从小受鲁文化礼乐的熏陶，经常梦到周公，他穷尽毕生精力恢复周礼，可谓一生都致力于挽救"礼乐崩坏"的局面。孔子传承延续周礼，并对礼的内涵进行完善，提出"仁"的思想，阐释了"礼"和"仁"之间的关系，从根本上动摇了商周以来的天神观。

《论语·颜渊》篇中，孔子对弟子们"问仁"有不同的解答。其中，对"仁"之概念比较明确的界定是"克己复礼为仁"和"爱人"。

其一，孔子阐发了"仁"与"礼"的关系。一方面，孔子特重"礼"，曰："不知礼，无以立。"（《论语·尧曰》）他主张"礼"本于"仁"，"仁"是"礼"的内在道德价值自觉，其言："人而不仁，如礼何？"（《论语·八佾》）即"礼"的实现必须以"仁"为依据。孔子通过对"仁"的思想的提出开显了礼的内在价值意蕴；另一方面，孔子认为"礼"是"仁"的外在表现形式，是"仁"之实现的方法和途径。他借由解答弟子的问题，进一步揭示出二者的关系："颜渊问仁。子曰：'克己复礼为仁。一日克己复礼，天下归仁焉。为仁由己，而由人乎哉？'颜渊曰：'请问其目。'子曰：'非礼勿视，非礼勿听，非礼勿言，非礼勿动。'"（《论语·颜渊》）"仁"为礼之本，"克己复礼"便可复仁。"克己复礼"就是让人们以

"礼"为准绳对自身言行进行约束，从而使内心回归"仁"的状态。"礼"最早源于祭祀活动，是一种服膺外在天神权威的形式，如此经过孔子的阐发，周礼通过"仁"逐渐转化为人心的内在道德价值自觉，以此明确了人之为人的价值所在。[1] 因此，"仁"之概念的提出对于儒家礼学内化价值观的转向起到了决定性的作用。

其二，"仁"不是外在的形式，而是发自内心的真情——"爱人"。"樊迟问仁，孔子曰：'爱人。'"（《论语·颜渊》）"爱人"是"仁"基本精神，其实践的具体表现就是"忠恕"（《论语·里仁》）。所谓"忠恕"，即"己欲立而立人，己欲达而达人"（《论语·雍也》）、"己所不欲勿施于人"（《论语·卫灵公》），即具有仁爱之心的人，要想自己立得住，就要使别人立得住；想要自己通达，就要使别人通达；自己不喜欢、不想要的，就不要强加给对方，如此由己及人。"己所不欲勿施于人"这句话影响了法国大思想家伏尔泰，最终被写入了法国第一部《人权宣言》。

其三，孔子在沿承西周德治思想的前提下，以"仁""礼"为思想基础，总结出了"德化""礼治"的治国思想。其言："为政以德，譬如北辰，居其所而众星共之。"（《论语·为政》）"为国以礼，其言不让，是故哂之。"（《论语·先进》）这体现了孔子非常重视"德化""礼治"在政治中的地位和作用。与此同时，他也提出："道之以政，齐之以刑，民免而无耻；道之以德，齐之以礼，有耻且格。"（《论语·为政》）即孔子认为除了要重视德、礼之外，也不能忽视政、刑在治国理念中的重要性。在治国理念中孔子极为强调德、礼与政、刑相辅相成，四者皆不可缺，但是有主次之分：德、礼为先，政、刑为后。

第二，提出"中庸"思想。

在孔子之前就已有了"中"和"庸"的观念，而"中庸"作为一个概念范畴出现则始于孔子。关于"中庸"的思想概而言之：

---

[1] 李泽厚：《中国古代思想史论》，天津社会科学出版社 2003 年版，第 20 页。

其一，中庸多作为方法论，主要指"执中""用中"。孔子认为中庸与仁有内在的关联。他以"射"作为比喻，认为"射"的"中"和"不中"端赖于心是否中正，己心正则己身正，己身正则矢无不正，射无不中。因此，人应"反求诸其身"（《礼记·中庸》）。所谓："射者，仁之道也。射求正诸己，己正而后发。发而不中则不怨胜己者。反求诸己而已矣。"（《礼记·射义》）换言之，"中庸"应是一种内在的修养，是仁之道。

其二，中庸的标准是"礼"。《礼记·仲尼燕居》载："子曰：'礼乎，夫礼所以制中也。'"中庸指不偏不倚，恰当适中，显现外在行为的标准，就是"礼"。礼的作用就是使人的行为中庸而行，从而达到"中和"的状态。仁是内在精神，礼是外在标准，内"仁"外"礼"就是中庸的状态，即"和"。孔子特别强调礼"以和为贵"（《论语·学而》），他把"和而不同"作为人格养成、为人处世、处理社会政治关系的普遍法则。

第三，倡导"君子"化的理想人格。

孔子认为理想的人格是君子。君子的道德追求是仁义，即以弘扬仁义为己任。

首先，孔子认为君子应为人勇，处事中庸，行持仁道。君子追求的是正义的事业，即使身处困境，也应坚定志向，保持内心的道德追求，所谓"君子无终食之间违仁，造次必于是，颠沛必于是"（《论语·里仁》）。君子也要"兴于诗、立于礼、成于乐"（《论语·泰伯》），要内外兼修，"文质彬彬，然后君子"（《论语·雍也》）。

其次，在处理社会关系问题上，孔子秉持"和而不同"的原则："君子和而不同，小人同而不和。"（《论语·子路》）他数言，君子"群而不党"（《论语·卫灵公》）、"君子周而不比"（《论语·为政》）、"君子惠而不费，劳而不怨，欲而不贪，泰而不骄，威而不猛"（《论语·尧曰》）等观点，皆申此旨。

（3）兴办私学、培养人才

春秋之前，"学在官府"，即教育只在贵族，那时私人手中没有文献资料，更无条件著书立说。春秋以后，随着周王室的衰微，掌管精通周文化的官员散游各国，文化典籍也随之大量散佚，西周的礼乐文化也逐渐扩散至四方，乃至下移到民间。孔子对此感叹道："吾闻之，天子失官，学在四夷，犹信。"（《左传·昭公十七年》）

官学的衰微促使了私学和私人著述的兴起。起初，是那些掌管精通周文化的王官利用所掌握的知识和典籍开始兴办私学、著书立说。孔子虽不是私学的首倡者，但以孔子私学规模影响最大、最深，并且孔子的教育思想对后世产生了极为深远的影响，主要体现以下几个方面：

首先，孔子提倡"有教无类"。这个教育思想的提出打破了官府对教育的垄断。孔子主张教育无分贵族与平民，不分国界与华夷，此教育思想主张体现了民本、平等的思想，扩大了教育的社会基础和受教育者的范围。

其次，孔子特别注重因材施教。他从实际出发，根据不同弟子的资质水平教授不同的教学内容，主张发挥学生所长，弥补其不足。故而孔门诸多弟子皆各有所长，在各自擅长的领域有很高的学术成就。孔子的这种教育主张也为孔子以后儒学的分化埋下了伏笔。孔子逝世后，其弟子"散游诸侯"，孔门儒学逐渐分为八大派。

再次，孔子特别强调德才并重。他认为高尚的道德品质是学好修身治国之学的前提，在教育学生时他采取德行与知识并重的原则。孔子教学的主要包含四项内容，即文、行、忠、信。

孔门弟子众多，在孔子的教育下，多学有所成，他们对文化的传承发展有重要的影响，这也是孔子能获得崇高社会地位和被万世敬仰的一个重要原因。《史记·孔子世家》中记载孔门弟子共有 3000 余人，精通六艺者有 72 人。其中，对孔子思想传承和发展作出较大贡献的主要有以下几位：

颜回（前 521—前 481），字子渊，故又称颜渊，少孔子 30 岁，是孔子非常器重心爱的弟子，在孔门弟子中最为有名，被后世尊为"复圣"。颜回为孔门弟子中最好学的一位，以"德行"著称，继承了孔子"仁"的思想，主张"仁德""仁政"。孔子赞叹之："贤哉，回也！一箪食，一瓢饮，在陋巷，人不堪其忧，回也不改其乐。贤哉，回也!"（《论语·雍也》）颜回死时 41 岁，孔子对颜回之死极为悲痛，悲叹："噫！天丧予！天丧予!"（《论语·先进》）

仲由（前 542—前 480），字子路，又称季路，鲁国卞邑（今山东泗水）人，亦为孔子非常亲近的弟子。子路出身低寒，为人果敢、直率，入孔门前曾"陵暴孔子"。孔子虽常批评之，但仍赞许他耿直、有进取心。在孔子培育下，子路成为一名善于政事的人才。他曾得到季氏的信任，成为季氏家族的总管。孔子周游列国时，子路一直跟随孔子左右，积极捍卫孔子。子路善政为民，至孝、诚信、忠义，努力实践孔子的思想学说。

端木赐（前 520—?），字子贡，春秋时期卫国人。善于经商，为儒商鼻祖，其"家累千金"（《史记·仲尼弟子列传》），是孔子弟子中的首富。子贡能言善辩，文化修养丰厚，具有颇高的政治、外交才能，因此，当时子贡在各诸侯国中颇受尊重。他凭借自己的才能优势，奔走于列国之间，宣扬孔子的思想，在孔子弟子中他是把知和行结合得最好的一位。孔门早期弟子子路、颜渊去世后，子贡便成为诸弟子中资历较深的一位。他团结同门，努力维护孔子，宣扬孔子学说，被司马迁赞曰："夫使孔子名布扬于天下者，子贡先后之也。"（《史记·孔子世家》）

闵子骞（前 536—前 487），名为闵损，字子骞，因孝行、孝德被孔子称赞。济南百花公园旁边有一个衣冠冢，即是闵子骞之墓。闵子骞从小丧母，其父又娶，生二男。继母虐待他，其父察觉后欲驱逐其母，闵子骞却予以阻止，仍侍母以孝。于此，有广为流传的"芦衣顺母"的典故。闵子骞为人寡言少语，以德行著称，但说话很中肯，孔子赞之曰："夫人不言，言必有中。"（《论语·先进》）他曾问政于孔子，请教如何治理国家，极力推行孔子以德治国的主张。

曾子（前 505—前 432），名参，字子舆，鲁国南武城人（今山东嘉祥人），是孔子非常重要的一位弟子，被后世尊为"宗圣"。其父曾点，亦为孔门弟子。曾参性情沉静，动作迟缓，忠诚老实谦逊。他主张："吾日三省吾身：为人谋而不忠乎？与朋友交而不信乎？传不习乎？"（《论语·学而》）曾参曾为官于莒，有弟子 70 多人，撰写过《大学》。于孔子学说中他侧重发扬孔子的"孝"思想，有广为流传的"啮指痛心"的典故。《孝经》被认为出自曾子一脉的儒者。据说，著名的军事家吴起曾"学于曾子"（《吕氏春秋·当染》），孔子的孙子孔汲（子思子）也曾师从曾子。当时多国曾欲迎曾子为官，但他一概不去，专心于学术和教书育人。

子张（前 503—?），即颛孙师，为人勇武，虽性格比较偏激，但非常注重道德修养，广交朋友，是一位政治家和思想家。他扩大了"士"的内涵，主张"士见危致命，见得思义，祭思敬，丧思哀"（《论语·子张》），开创了儒家的一个学派，即张氏之儒。

卜商（前 507—?），字子夏，卫国温邑（今河南温县西）人，在文献整理和教育上全面继承了孔子。他较为全面地整理、阐释了"六经"，据相关文献记载：子夏为《易》作传；为《诗》作大序，《毛诗》之学出于子夏①；作《仪礼·丧服》一篇；于《春秋》传序；郑玄等儒家学者曾考证，《论语》由仲弓、子游、子夏等编撰②。子夏发明了"章句"之学，即一种借助辨章析句发明本意来释读儒家经典的方法，对儒家经典的传播有着非常重要的意义。子夏还顺应战国初期各诸侯国改革形势，将秦晋法家思想融于儒家思想中，培养了诸多著名的政治家、军事家、经学家，于西河传播儒学 50 余年，教授弟子 300 人。

除此之外，孔门的有名弟子还有宰我、冉求、漆雕开等，而众多弟子中特别是出身鲁国的弟子为推广孔子思想、为儒学的传承发展作出了极为突出的贡献。孔子生时，其思想未得到普遍认可，但经过孔门弟子对孔学的传承宣扬，儒家学说逐渐突破了一国之学术，最终成为普及天下的学术思想，并逐渐应用于政治实践，从民间走向宫廷官府。

---

① ［清］皮锡瑞：《经学历史》，中华书局 1959 年版，第 48 页。
② ［宋］邢昺：《论语注疏》，阮元校刻《十三经注疏》，中华书局 1980 年版，第 2454 页。

孔子以后，由于孔门弟子对孔子学说取舍不同形成了八大不同学派。这八大学派有：子张学派、子思学派、颜回学派、孟子学派、漆雕氏派、仲良派、孙派、乐正派。其中，孟子一派和荀子一派（孙派）相较而言影响颇大。

（三）孟子和荀子：先秦儒学的传承与创新

1. "亚圣"孟子

（1）孟子的生平及学术渊源

孟子（约前372—前289），邹国（今山东邹城东南）人，名轲，字子居，一说字子车、子舆。他是鲁国贵族孟孙氏的后裔。孟孙氏衰微后，有一支从鲁迁居到邹国，就是孟子的祖先。

孟子是孔子之后、荀子之前儒家学派的代表人物，是继孔子之后对儒家思想的传承发展作出重大贡献的儒学大家，是先秦原始儒学理论体系的奠基人之一，与孔子并称为"孔孟"，被后人尊为"亚圣"。

孟子认为孔子学说承续了尧、舜、禹、汤、周文王等先代圣王的思想，而自己是继承了孔子的正统。于此，及至唐代，韩愈正式提出了儒家的"尧、舜、禹、汤、文、武、周公、孔、孟"的道统传承体系。

孔子到孟子这一百多年儒学发展的情况曾经在学术界引起很多的争论。传统观点认为曾子、子思一派是其中间环节。但孔子到孟子的学术思想的具体传承脉络，尤其是子思和孟子思想的关系，鉴于文献材料不足，并没有一个确切的考证和定论。直到郭店楚简问世，这一脉络才得以具体厘清，填补了"思孟学派"，即从子思到孟子思想发展的珍贵资料，使孔子到孟子之间儒家思想演变的缺环得以连接。

孔伋（前483—前402），字子思，鲁国人，孔子的嫡孙，孔子之子孔鲤的儿子。子思发挥了孔子"中庸"思想，并使之系统化，将其作为自己学说的核心。传统观点认为，《礼记》中的《中庸》为子思所作。子思一生除授徒外，更致力于著述，不仅在孔孟"道统"的传承中有重要地位，而且在思想方面，他上承孔子中庸之学，下开孟子心性之论，对宋代理学产生了非常重要的影响。在北宋徽宗年间，子思被追封为"沂水侯"；元文宗至顺元年（1330），又被追封为"述圣公"，被后人尊为"述圣"。

图3　孟子画像（《至圣先贤半身像》，原清宫南薰殿旧藏，现藏台北"故宫博物院"）

孟子因学于子思学派，受子思影响，尤长于《诗》《书》《春秋》。孟子弟子众多，他认为天下最快乐的事之一便是"得天下英才而教育之"（《孟子·尽心章句上》）。孟子学成之后，以"儒道游于诸侯"①，极力宣说他的"仁政""王道"思想，但仕途失意。孟子在齐国最久，先后两次到齐国，虽与齐王关系融洽，但其政治主张并没有被采纳。后又到魏国，劝导梁惠王（魏惠王）实行"仁政"，其政治主张也没有得到采纳，后又返回齐国。孟子在齐国期间，与稷下各派学者交往密切，其学术思想受到了稷下其他学派的学者的诸多影响。由于齐宣王根本不采用孟子的"王道政治"，最后孟子不得不离开齐国，回到故土，此时他已经七十多岁。孟子暮年不再出游，把所有的精力放在教育事业上，与"万章之徒序《诗》《书》，述仲尼之意，作《孟子》七篇"（《史记·孟子荀卿列传》）。

---

① ［宋］孙奭：《孟子注疏》，阮元校刻《十三经注疏》，中华书局1980年版，第2661页。

(2) 孟子的思想

孟子的言论著作收录于《孟子》一书。此书最终成为儒家的经典之一，是了解孟子思想最重要的材料，主要作者是孟子本人，万章等弟子也有参与撰写。

《孟子》一书在中国思想史上影响深远，南宋理学家朱熹从《礼记》中摘出《中庸》《大学》两篇，与《论语》《孟子》合为"四书"。元、明、清三朝，"四书"成为科举考试的主要内容，为当时学者必读的典籍。

孟子当时所处的时代是诸子并起，百家争鸣的时代，孟子主要以维护儒家、"辟杨墨"为己任。他的思想大致可归结为性善论、仁政学说。

其一，孟子在继承子思学派的人性论基础上，提出人性本善："孟子道性善，言必称尧舜。"（《孟子·滕文公上》）孟子认为仁、义、礼、智是人之本性固有，与生俱来，伦理道德为人心所共有、本有，具有普遍性，是人人必须遵守的。他说："恻隐之心，人皆有之；羞恶之心，人皆有之；恭敬之心，人皆有之；是非之心，人皆有之。恻隐之心，仁也；羞恶之心，义也；恭敬之心，礼也；是非之心，智也。仁义礼智，非由外铄我也，我固有之。"（《孟子·告子上》）据此，孟子反对告子的"性无善无不善""性可以为善，可以为不善"的思想主张。他认为"仁义礼智"为人性之"大体"，耳目口腹之欲为人性之"小体"。大体就是人之为人的根本，小体则是末，他认为顺从大体，为"大人"，从其"小体"则为小人，人之为人要立志做"大人"。（《孟子·告子上》）所谓："鱼，我所欲也；熊掌，亦我所欲也。二者不可得兼，舍鱼而取熊掌者也。生，亦我所欲也；义，亦我所欲也。二者不可得兼，舍生而取义者也。"（《孟子·告子上》）由此，孟子从价值层面定义了人之本质，把人视为同类，于此，他特意强调人应区别于禽兽。

其二，孟子认为人之本性善的因素为"四端"，提出"四端说"。其言："恻隐之心，仁之端也；羞恶之心，义之端也；辞让之心，礼之端也；是非之心，智之端也。人之有是四端也，犹其有四体也。"（《孟子·公孙丑上》）端就是始端、苗头的意思，四端为"恻隐、羞恶、辞让、是非"之心，四德即是"仁义礼智"，四端能发展起来就会成为四德，但这有赖于个人后天的努力。虽然孟子强调人性本善，但他认为不经过个人后天努力修养保任，人性之善常常蔽而不彰，于此他特别强调后天的努力修养对保养善性的重要性。

其三，孟子提出了诸多保养善性的修养方法，其中最重要的一种方法就是养"浩然之气"。《孟子·公孙丑上》中："我善养浩然之气。"孟子认为，此气是人间一种至大至刚的正气，须与仁义道德相配，是"集义所生"，而非"义袭而取之"，即此气要持续不断地涵养，不是仅靠偶尔正义的行为就能获取的。（《孟子·公孙丑上》）

孟子在承续《中庸》的天人合一思想前提下，以性善论为理论依据，提出了一套"尽心、知性、知天"的修养原则，即努力扩充仁义礼智的善端，把握认识人性，进而去体达天道。

孟子亦秉持儒家"内圣外王"的思想，他虽一生仕途失意，但从未放弃家国天下的担当。孟子继承并发展了孔子的"仁"的思想，推重"仁义"，提出了"仁政""王道"的政治主张，注重"以民为本"。他的心性论成为他"仁政""王道"政治学说的理论依据。具体言之：

首先，他认为，实行仁政，推行王道一定要有物质基础："民之为道也，有恒产者有恒心，无恒产者无恒心。苟无恒心，放辟邪侈，无不为已。"（《孟子·滕文公上》）即要"制民恒产"，重视农业，把土地分给农民，"省刑罚，薄税敛"，如此，民有恒产就会有恒心；其次，他提倡"以民为本"的贵民思想。他提出"民为贵、社稷次之、君为轻"（《孟子·尽心下》），强调要重视、争取民心；再次，孟子十分注重对民众的教化，他把庠序之教与政治、经济同等重视，认为教育是实现王道政治的根本；再有，孟子认为君王要"王天下"，就要尊贤重士，故他主张选拔人才、革除人才要以"国人"意见为出发点，不能只听从大臣及诸大夫的建议。他还强调"仁义"并重，使"亲亲"与"尊贤"更好地结合起来。

虽然孟子的主张在当时并没有得到统治者的重视，其诸多主张也可能与当时政治环境并不适宜，但是他的诸多哲学思想和政治构想对后世乃至当代有着极为重要的影响和启发意义。

2. "后圣"荀子

(1) 荀子的生平及学术渊源

荀子（约前313—前238），名况，字卿（一说时人相尊而号为卿），战国末期赵国（今山西南部）人，又称"孙卿"。荀子既是先秦儒学的集大成者，也是先秦诸子百家的集大成者，被中国民主革命家、思想家章太炎赞为"后圣"。

荀子以儒家正统的继承者自称，特别注重并发扬了孔子的"外王"思想，与孟子推重心性之学既形成鲜明的对比，又呈现互补性。他在推崇孔子思想的前提下，批评且吸收了其他诸子百家思想，形成了一套富有自身特色的思想体系，对后来的儒家思想的发展产生了重要影响。其知名弟子有韩非、李斯、浮丘伯，其中韩非和李斯是法家学派的重要代表人物。

荀子生活于乱世，所处时代为七国争雄的动荡时期。他15岁游学于齐国①，当时正值齐国最繁荣时期，襄王时期被称赞"最为老师"。他是"稷下先生"之一，曾三次担任齐国稷下学宫的祭酒，两度出任楚兰陵令。他曾向秦昭王和赵孝成推广自己的政治主张，但均未被采纳。荀子曾在楚国为官，晚年蛰居兰陵著书立说，收徒授业，终老于兰陵。

(2) 荀子的思想

荀子思想主要体现在《荀子》一书中，该书是荀子及其弟子们整理或记录他人言行而著成的一部哲学著作，共32篇。除此之外荀子还传承并整理了《诗经》《尚书》《礼》《乐》《易》《春秋》等儒家典籍。

---

① 有学者认为传抄时误将十五改为五十。

荀子思想主张可概括为"明于天人之分"的天道观、"化性起伪"的性恶论、"明分使群"的礼法观、"虚壹而静"的认识论。

首先，荀子认为要"明于天人之分"。他认为"天""天道""天命"具有自然化、客观化与规律化的特质。他以"天人相分"为基础，建构"人道"学说。依荀子之意，天并不具有理性、意志、善恶好恶之心。天道遵循一定的规律，并不依赖于人的意志而改变。因此人应该遵循它，不可违背之，所谓"应之以治则吉，应之以乱则凶"（《荀子·天论》）。天道和人道各有自己的规律和职分，即"天人相分"，人不应该迷信天道，而应顺应它的规律"制天命而用之"。

其次，荀子提出"性恶"论，主张人之为人要"化性起伪"。他认为人性即是人之自然本性，是"生之所以然者"，表现为"饥而欲饱，寒而欲暖，劳而欲休"（《荀子·性恶论》），这与孟子的性善论形成了鲜明的对比。荀子否定了人性中具有先验的道德性，主张人性本恶。他认为如果顺从人的自然本性，必然会引起争夺，导致国家社会混乱，因此人应该"化性起伪""伪起而生礼义，礼义生而制法度"（《荀子·性恶论》），如此这般，方可转化人的"恶"性，则"涂之人可以为禹"。

第三，荀子主张"明分使群"。他认为人与动物最关键的区别是人能群，即能组织社会；而人之所以能群者，在于"分"，即建立社会等级，进行分工。他认为"分莫大于礼"（《荀子·非相》），分的准则就是"礼义"。与此同时，荀子也非常重"法"，主张"隆礼重法"（《荀子·君道》），即礼、法并举，礼、法并称。他在一定程度上肯定法家的"法"的重要性，并主张王霸统一。但是荀子的"法"与法家的"法"意义不尽相同。法家的法是"编著之图籍，设之于官府，而布之于百姓"（《韩非子·难三》），而荀子认为君、臣、父、子、士、农、工、商都是"类"，每一"类"都有一个规范标准，这些规范标准就是"法"。

第四，荀子提出"虚壹而静"的认识论。荀子认为人心具有知的功能，物之理是能被人心所认识的。他将人对物之理的认识分为两阶段：其一，"缘天官"或"天官意物"，"天官"就是人的感觉器官，即通过感觉器官来认识事物；其二，在第一阶段基础上"心有征知"，即对前一阶段的认识进行分析、判断，形成概念。他认为，认识往往会出现偏差，正确认识事物应"解蔽"，"解蔽"就要"虚壹而静"，即在认识过程中要虚其心，排斥己见，专注精一，如此这般才能达到认识的最高境界。在知行问题上，他认为认识要落实于实践，实践是知的目的，即"学至于行而止矣"（《荀子·儒效》），"道虽迩，不行不至；事虽小，不为不成"（《荀子·修身》）。

总起来看，相比于孟子注重内在心性和对道德修养的强调，荀子更为强调外在的礼法的重要性。他认为自己才是继承了孔子儒学的正统思想，反对"思孟学派"的思想主张。虽然孟子和荀子思想主张各有偏重，但在中国文化史上他们皆对儒家思想发展和完善产生了重大且深远的影响。

（四）齐鲁经学与独尊儒术

儒学发展至汉代，其传承主要以经学为主。汉初，官方开始设立博士官传授经学。汉武帝时期，更立五经博士，"罢黜百家，独尊儒术"，儒学由民间的私学最终成为官学，儒家思想成为此后历代封建王朝的统治思想。在这期间，齐、鲁学者对此作出了突出且重要的贡献。

1. 经学大师多出于齐鲁

齐、鲁儒生好经习礼。即使在秦始皇"焚书坑儒"的政策下，在秦末战争的局势下，齐、鲁儒生还依然坚持传承发扬孔学，讲习礼乐。如齐人浮丘伯教授《诗经》《春秋》，齐人田何教授《易》，鲁人高堂生教授礼学，齐人伏生于墙壁中藏《尚书》并教授《尚书》，还有孔子八世孙孔鲋也一直收徒教授。及至汉代，虽然五经典籍经历了秦火与战火之劫，但齐、鲁学者不仅整理保存了儒家经典，还培养了一批精通儒家经典的优秀弟子，为儒学在汉代传播，以及儒学独尊作出了重要的贡献。

汉初的经学传授中，著名的儒家学者就有七位是与齐、鲁相关的学者，据《史记·儒林列传》中记载："言《诗》于鲁则申培公，于齐则辕固生，于燕则韩太傅，言《尚书》自济南伏生，言《礼》自鲁高堂生，言《易》自淄川田生。言《春秋》于齐鲁自胡毋生，于赵自董仲舒。"除韩婴和董仲舒不是齐鲁人，其他六位皆是齐鲁人，而董仲舒因以公羊寿、胡毋生为师友，其经学也属于齐学系统。

就《诗》的传授而言，有齐、鲁、韩、毛四家《诗》学。齐地学者辕固生是《齐诗》传授系统的创始人，鲁地学者申培公是《鲁诗》传授系统的创始人，鲁地学者大毛公毛亨是《毛诗》传授系统的创始人。故而除《韩诗》，其他三家诗均出于齐、鲁学者。

此外，齐地学者伏生是汉初《尚书》的传授者；《礼》的通经、礼容的传授皆出于齐、鲁学者；齐地学者田何为西汉《易》的最早传授者；汉初《春秋》的传授，齐、鲁学者贡献最大。《春秋》分为《公羊传》《穀梁传》《左氏传》。《公羊传》的传授者有齐地学者公羊寿、齐地学者胡毋生、齐学传人董仲舒。鲁地学者申培公是汉初《穀梁传》的传授者。《左传》则为鲁地学者左丘明所作。

另外，有两位齐鲁人通过政治实践提升了儒学在汉代的地位。其一，汉初，出生鲁地的孙叔通说服刘邦启用儒家制度，征儒生，制定汉室朝会典礼，此成为影响政治的大事。在孙叔通及其他儒者的影响下，汉高祖刘邦开始在曲阜祭祀孔子；其二，齐地学者公孙弘通过参政促使了《春秋》公羊学的地位提高，在推动汉武帝"罢黜百家，独尊儒术"的制度建设中，他向汉武帝建议置博士弟子员，开经艺之试，这对汉代儒学的发展起到了非常重要的影响。

2. 董仲舒与独尊儒术

齐学传人董仲舒为汉代儒学集大成者。他构建的新儒学体系影响了汉代及其后历代王朝的统治思想。

董仲舒（前179—前104），广川（河北省景县）人，他曾在胶西国（今高密一带）为相，与齐学渊源甚深。他师承公羊寿学习《公羊春秋》，《公羊春秋》属于齐学系统。

董仲舒整合会通齐文化与鲁文化，以《公羊春秋》传为主干，以阴阳五行为基本思想框架，以仁义观为主体，完成了新儒学的构建，最终使儒学独尊。①

其一，董仲舒借助齐文化的阴阳五行思想、稷下黄老思想构建了天道观，构造了一个有意志、有道德、能生发万物、能主宰人类命运、以仁为心的类似人格神的"天"，使之兼具自然属性和道德属性。他以阴阳五行说为依据，倡导天人合一，主张天人同类、天人感应，他认为天人相通相感的最终交汇点在于"仁"。②

其二，仁义观是董仲舒思想最重要的组成部分。董仲舒提出"以仁安人，以义正我"（《春秋繁露·仁义法》）的命题，首次严格区分了仁与义的差别。他强调"仁"之旨在爱与"我"相对的"人"，"爱人"不是局限于"亲亲"的层面，而是要"爱人类"，甚至远及飞鸟走兽；而义就是以伦理准则的标准尺度规范自己的行为，纠正自己的行为，而不是针对别人。他强调仁义的差别应该严格区分，不能混淆。他还提出以仁义教化为主、以刑罚威势为辅的仁德思想，强调这是本诸天道。③

其三，在对君民关系的阐释上，董仲舒一方面主张君权神授，要求人民服从于代表天意的君王；另一方面他更强调统治者须尊天而保民，提出"屈民而伸君，屈君而伸天"（《春秋繁露·玉杯》）的观念，主张以天意限制君权，为民张目。④

①　冯友兰：《中国哲学史新编》，人民出版社2007年版，第43—83页。
②　冯友兰：《中国哲学史新编》，人民出版社2007年版，第52—63页。
③　冯友兰：《中国哲学史新编》，人民出版社2007年版，第69—71页。
④　冯友兰：《中国哲学史新编》，人民出版社2007年版，第72—78页。

其四，董仲舒以天人关系为依据全面系统诠释了三纲五常等宗法伦理道德原则及规范，并将其神学化。他主张天人相类，天人合一，将天道与人事相比附。这不仅沟通了神权与皇权，而且把父权、夫权等统归天意。董仲舒还把黄老的"无为"思想有机地融入儒学体系中，阐发治国之道、君臣之道、君王政术，倡导君道无为，臣道有为。①

其五，董仲舒本于儒家的仁学思想体系，其思想在刑德关系上呈现重德轻刑的思想倾向。他倡导"任德不任兴""大德小刑""厚德简刑""务德不务刑"的思想主张，而其理论根据正是黄老的阴阳刑德说。②

董仲舒构建的新儒学体系可以说是齐文化和鲁文化以儒学为载体的融合，没有齐文化、鲁文化的双重滋养，其重构儒家思想体系几乎不可能实现。

总而言之，两汉儒学以经学的发展繁荣为载体，其奠基工作基本上是由齐鲁学者来完成的，齐鲁地域文化由此上升为主流文化，可以说经学的独尊亦是齐鲁文化成为主流文化的标志。齐鲁文化互相融会结合构筑了汉代经学的基本学术精神，齐鲁经学构成了汉代经学的主体，为儒家经学系统的完善和发展奠定了基础。这种地位和影响力是当时其他区域文化无法比拟的。

（五）郑玄：会通今古，遍注群经

在两汉经学传授的谱系中，有一位齐人为汉代经学作出了杰出贡献，可谓是汉代经学的集大成者，他就是郑玄。郑玄在经学史上的功绩具有里程碑意义。

---

① 冯友兰：《中国哲学史新编》，人民出版社2007年版，第72—78页。
② 冯友兰：《中国哲学史新编》，人民出版社2007年版，第72—78页。

1. 郑玄的生平及学术渊源

郑玄（127—200），字康成，北海郡高密县（今山东省高密市）人。

郑玄曾入太学，跟随第五元先①学习，通晓了《京氏易》《公羊春秋》《三统历》《九章算术》等，第五元先属于今文经学派；之后又从古文经学派的张恭祖学习《古文尚书》《周礼》和《左传》等古文经学的重要典籍，之后郑玄又师从陈球学习了《律令》；后郑玄西入关中，拜马融为师。

归故里后，郑玄"客耕东莱"②。"党锢"被禁期间，他打

图4　郑玄画像（《至圣先贤半身像》，原清宫南薰殿旧藏，现藏台北"故宫博物院"）

破了经学的家法，杜门注疏，潜心著述。

从郑玄一生求学经历来看，他并不专受一师、一派，而是兼收并蓄，转益多师，这也为他打破家法、师法，会通今古文经学奠定了基础。郑玄之学，被称为"郑学"，对后世经学产生了极为深远的影响。唐贞观年间，列郑玄于二十二"先师"之列，配享孔庙；宋代时郑玄被追封为高密伯；后人建有郑公祠以纪念之。

---

① 一说，"第五元先"应为"第五元"之误；一说，"先"字可作"先生"；一说，"第五元先"即是第五种，字兴先。

② 《后汉书·郑玄传》载："家人贫，客耕东莱，学徒相随已数千人。"所谓客耕，就是寄居在他乡租种田地过生活；东莱，即东莱郡，相当于今天胶东半岛一带。

2. 注经

郑玄治学以古文经学为主，兼采今文经学，打破今、古文经学界限，不拘门户之见，凭借自己毕生学识而遍注古经。据清儒郑珍考证统计，郑玄的著述共有 60 种之多。至今保存完整的有《周礼注》《仪礼注》《礼记注》，合称《三礼注》，还有《毛诗传笺》。失传后，经后人辑佚而部分保存下来的有：《周易注》《古文尚书注》《孝经注》《论语注》。此外，他还曾注《春秋左氏传》，未成，送予学者服虔，遂有《春秋服氏注》。

郑玄注经，于训诂、校雠、考据等领域，皆有卓越建树。就校雠而言，张舜徽曾总结出郑玄十二条成就，即"辨章六艺""注述旧典""条理礼书""叙次篇目""广罗异本""择善而从""博综众说""求同存异""考辨遗编""校正错简""补脱订伪""审音定字"①。来新夏将郑玄图书校雠法概括为六种，即"备致多本，择善而从""注明错简，指出误字""考辨遗漏，审证真伪""叙次篇目，重新写定""条理礼书，普加注说""辨章六艺，阐明体用"②。

郑玄最大的贡献之一就是编辑、注释了"三礼"。"三礼"最初是马融、卢植提出，但经郑玄分别为《周礼》《仪礼》《礼记》作注之后才确定下来。《礼记》49 篇的选辑本得以独立成书，始自郑玄。郑玄订正经文的错谬，对"三礼"的注释，有助于后人更好地理解三礼的内容，他对礼仪的阐发，有助于后人对汉代的政治思想史的研究。此外研究古代的文字学、音韵学、训诂学等，都离不开郑注。现今考释地下发掘的先秦文物，郑玄的《三礼注》更是必须要借助依靠的重要文献。后世治礼学者遂多宗《三礼注》，孔颖达甚至曾言"礼是郑学"，后世研究郑玄礼学的著作浩如烟海，并分为"宗郑""驳郑"两派，郑玄礼学的历史地位可谓无可替代。

---

① 张舜徽：《郑学丛著·郑氏校雠学发微》，齐鲁书社 1984 年版，第 39—72 页。
② 来新夏等：《中国古代图书事业史》，上海人民出版社 1990 年版，第 54—55 页。

郑玄还为《毛诗》作笺，作有《毛诗笺》。笺与注释不同，笺是宗一家之说而又有所引申发明。《诗经》是一部非常重要的经典，但因时代较为久远，要真正理解《诗经》里面的内容就需借助前人的注释，而郑笺被认为是最好的古注本，被视为《诗经》研究的第一个里程碑。齐、鲁、韩、毛四家中前三家诗相继亡佚，《毛诗》在魏晋以后得以盛行，郑玄作笺起了决定性作用。宋人刘克庄有《杂咏一百首·郑司农》称赞《毛诗笺》说："新笺传后学，古诗在先儒。不拟狂年少，灯前骂老奴。"即虽宋人尊崇郑玄者不多，但不能不认可《毛诗笺》的成就。

郑玄注《易》用的是费氏古文，其兼采义理、象数之说。一方面郑玄除用互卦、消息等方法外，还力主五行生成说与爻辰说；另一方面他多采三礼的观点，以礼解易，据礼以证易道广大，所注皆与礼经所说相合。后世王弼、韩康伯注《易》都用郑玄本，孔颖达《五经正义》即采用王、韩注本，通行至今。

郑玄可谓穷尽毕生精力遍注群经，从唐代起，他所注的《诗》《三礼》即被视为儒家经典的标准注本，被收入九经；宋代又把它们列入《十三经注疏》，长期作为官方教材，成为古经典的权威注本。

于思想方面，郑玄的学说仍囿于汉代神学化色彩的"天人感应"思想框架中，概而言之：

其一，他认为宇宙万物有一个创造者和最高主宰，即人格化的天神。他指出事物的兴盛毁荣是由阴阳五行的变化决定的，一个人命运皆是上天注定。君子属阳，小人属阴，社会之所以乱，乃是阴气过盛即小人当道的结果。

其二，于政治方面，郑玄反对地方割据势力，推崇君权神授。他通过积极宣传孝道来为忠君思想服务。

郑玄通过遍注群经，将这些思想融于对经文的解释之中，并将其系统化，大力宣扬了"天人感应"的神学思想。

纵观郑玄一生，他会通今古文经学，遍注群经，结束了西汉以来古文经学、今文经学的纷争，使经学进入了一个"小统一时代"，"郑学"逐渐成为"天下所宗"的经学。例如，郑玄所注的古文经学费氏《易》流行，今文经学的施、孟、梁丘三家《易》随即废止；郑注《古文尚书》流行，而今文经的欧阳、大小夏侯三家《尚书》即散失了；郑玄笺注了古文经的《毛诗》，而今文经的齐、鲁、韩三家的《诗》即告不显。郑玄使经学的发展产生了重要的变化，他最终成为汉代经学的总结与终结者。

参考文献：

1. 杨伯峻译注：《论语译注》，中华书局 2009 年版。

2. 杨伯峻译注：《孟子译注》，中华书局 2008 年版。

3. 王先谦：《荀子集解》，中华书局 2012 年版。

4. 王志民：《齐鲁文化概说》，山东文艺出版社 2004 年版。

5. 安作璋、王志民主编：《齐鲁文化通史》，中华书局 2004 年版。

6. 王志民主编：《山东区域文化通览》，山东人民出版社 2012 年版。

7. 冯友兰：《中国哲学史新编》，人民出版社 2007 年版。

四、 山东古代先进的科学技术

勤劳智慧的古代山东人民在生产劳动实践中涌现了众多在科技领域取得卓越成就的杰出人物，如科学家墨子、"工圣"鲁班、天文学家甘德、数学家刘徽和医学家扁鹊、王叔和及农学家贾思勰、王祯，还有水利专家王景等；留下了许多优秀的科技著作，如《墨经》《考工记》《氾胜之书》《脉经》《齐民要术》《农书》等。在中华文明的历史长河中，山东古代先进的科学技术像明珠般熠熠生辉，为人文底蕴深厚的齐鲁大地增添了绚丽多彩的一笔。

（一）伟大的科学家墨子与《墨经》

墨子是战国时期诸子百家中的著名代表人物之一，同时也是一位伟大的科学家。《墨经》是以墨子为代表的墨家学派的著作，不仅提出了内容丰富的思想主张，还取得了处于领先地位的科技成就，产生了重要的社会影响。

1. 墨子与墨家学派

墨子，名翟。《史记·孟子荀卿列传》说："盖墨翟……或曰并孔子时，或曰在其后。"多位学者曾考证墨子的生活年代，其中，孙诒让所推测的约在前 468 年至前 378 年之间的观点较有说服力。①

墨子"生于鲁②而仕宋，其平生足迹所及，则尝北之齐，西使卫，又屡游楚，前至郢，后客鲁阳，复欲适越而未果"③，一生经历丰富。以墨子为代表的墨家学派主张"尚贤""尚同""兼爱""非攻""节用""节葬""天志""明鬼""非乐""非命"等。这些思想体现了墨家对于解决当时社会问题的看法，在社会上具有广泛的号召力和影响力。墨子的个人事迹与其思想主张紧密联系，尤其是止楚攻宋、献书惠王、见齐大王、止鲁阳文君攻郑、与儒者辩论等事件，皆对此有鲜明的体现。

止楚攻宋。《墨子·公输》记载，墨子听说公输般（鲁班）为楚国制造攻城的云梯后，从齐国出发，日夜兼程，十天后赶到了楚国都城郢。墨子先以兼爱非攻之理与公输般辩论，又在楚王面前与公输般进行了一场沙盘对阵演练，并取得胜利。墨子最后劝说楚国放弃了攻打宋国的企图。这一事件堪称墨子一生中的成功之举。

献书惠王。根据《墨子·贵义》篇及后人记载，墨子南游楚国，向楚惠王献书。墨子坚持原则，妙用比喻，"上比之农，下比之药"，指出虽然是"贱人之所为"，但只要能对天下有益即可；同样道理，因为自己的思想主张对君王治国有用，所以也应该受到重视。

见齐大王。春秋战国之际，齐、鲁两国时有战争。《墨子·鲁问》记载，墨子为劝止齐国进攻鲁国，前往齐国积极游说。墨子先力劝率军进攻鲁国的齐国将领项子牛，又见齐大王，认为进攻鲁国会导致"并国覆军，贼杀百姓"的严重后果，齐大王也会"受其不祥"。经过墨子的一番劝导，齐大王深受触动，"俯仰而思"，进攻鲁国的决心遂产生动摇。

止鲁阳文君攻郑。《墨子·鲁问》记载，鲁阳文君打算攻打郑国，一向主张"兼爱""非攻"的墨子听说后立刻前往阻止这种不符合道义的行为。

---

① ［清］孙诒让：《墨子间诂》，中华书局 2001 年版，第 686—691 页。
② 一般认为，墨子是鲁国人，故里在今山东省滕州市。
③ ［清］孙诒让：《墨子间诂》，中华书局 2001 年版，第 680—681 页。

最后在墨子的劝止下，鲁阳文君被迫放弃了攻打郑国的想法。

与儒者辩论。《墨子》中记载了墨子与儒者关于礼乐、义利、名实等问题的论辩。墨子虽曾学于儒家，但后来在思想上和儒家走上了不同的道路。墨子在论辩中，批驳了儒者之道，认为儒者"其礼烦扰而不说，厚葬靡财而贫民，久服伤生而害事"（《淮南子·要略》），对儒家的许多观点提出了不同的意见。

墨家首领被称为"巨子"。墨子众多弟子多出身于社会中下层，根据《韩非子·显学》篇的记载，墨子死后，"墨离为三"，墨家学派也出现了分化。其中，一些弟子拥有工匠技艺和军事技能，是墨家弟子中的重要一类。在墨子去世后的一段时间内，墨家学派的影响并没有消失，仍然在诸侯国间声名远播，就连地处西部的秦国也对墨学有所了解。

2. 《墨经》的科技成就

《墨子》一书保存了墨子及墨家学派的丰富思想。《墨经》一般指《墨子》中的《经上》《经下》《经说上》《经说下》《大取》《小取》等六篇。专家或认为《经》为墨子所作，《经说》是墨子弟子所作。《墨经》内容丰富，不仅体现了墨子与墨家学派的思想主张，在哲学、逻辑学、认识论等方面都有涉及，而且也是杰出的自然科学著作，在自然科学领域的发现也处于先进的地位。梁启超说："在吾国古籍中，欲求与今世所谓科学精神相悬契者，《墨经》而已矣，《墨经》而已矣。"[1] 下面主要就《墨经》的科技成就方面进行说明。

第一，《墨经》中的数学研究。《墨经》对数的倍数、数的进位、方圆等问题，均提出了自己独特的见解。如《墨经·经上》说"倍，为二也"，清晰地将倍数的概念呈现在人们面前。特别是关于十进制数位概念的认识与运用，对数学的发展有着重要的意义。此外，书中对于一些晦涩难懂的数学概念也进行了探讨，使之变得更加简明清晰。

---

① 梁启超：《墨经校释·自序》，商务印书馆 1922 年版，第 1 页。

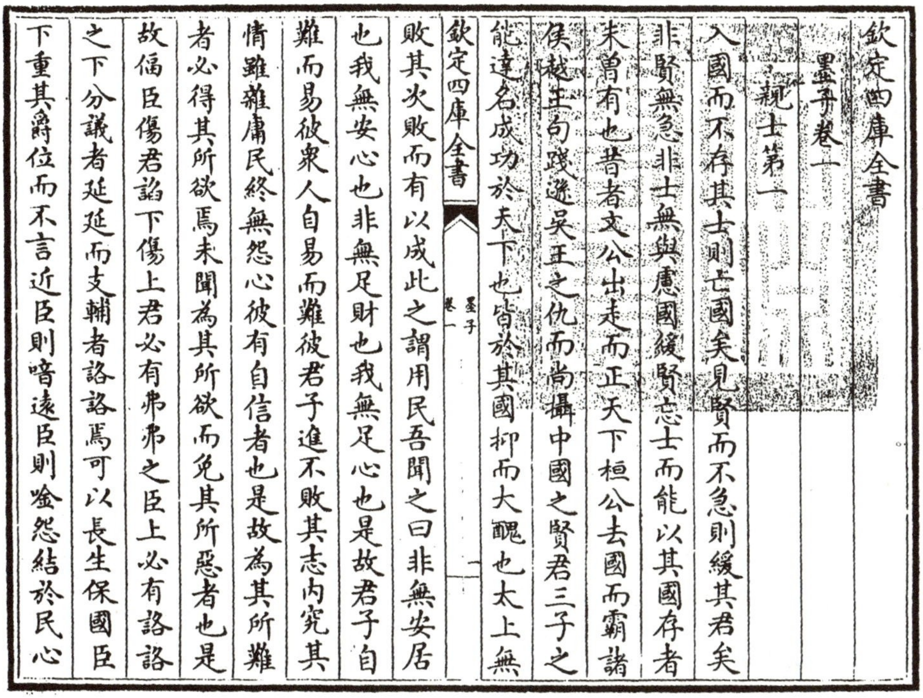

钦定四库全书　墨子卷一　亲士第一

入国而不存其士则亡国矣见贤而不急则缓其君矣非贤无急非士无与虑国缓贤忘士而能以其国存者未曾有也昔者文公出走而正天下桓公去国而霸诸侯越王句践遇吴王之仇而尚摄中国之贤君三子之能达名成功于天下也皆于其国抑而大醜也太上无败其次败而有以成此之谓用民吾闻之曰非无安居也我无安心也非无足财也我无足心也是故君子自难而易彼众人自易而难彼是故君子进不败其志内究其情虽杂庸民终无怨心彼有自信者也是故为其所难者必得其所欲焉未闻为其所恶者也是故偪臣伤君谄下伤上君必有弗弗之臣上必有詻詻之下分议者延延而支辅者詻詻焉可以长生保国臣下重其爵位而不言近臣则喑远臣则唫怨结于民心

图1　《墨子》书影（《文渊阁四库全书》本）

第二，《墨经》中的力学研究。《墨经·经上》给"力"下了定义："力，刑（形）之所以奋也。"这就表明，墨家在当时已经明白了物体运动的原因是力的作用。《墨经·经说下》说："堆，并石、累石耳。夹寝者，法也。方石去地尺，关石于其下，县丝于其上，使适至方石，不下，柱也。胶丝去石，挈也。丝绝，引也。"在堆砌的石头中，上层一块有丝绳牵引的石头，如果有下层石头的支撑，则不会下坠。如果搬除用来支撑的石头，则上层那块石头就会下坠，那么用来牵引的丝绳也会随之断开。这是以石料的堆砌问题为例说明地面引力的作用。这一认识是物理学领域的重要发现，具有重要的科学价值。

第三，《墨经》中的光学研究。《墨经·经说下》说："景，光至景亡，若在，尽古息。景，二光夹一光，一光者景也。"因为光线被物体挡住而照不到，所以会出现影子；如果光线能够照到，影子则不会存在。这将影子与光的关系分析得极其透彻。《墨经·经说下》中对小孔成像现象也有详细的论述:"景光之人煦若射。下者之人也高,高者之人也下。足敝下光,故成景于上;首敝上光,故成景于下。在远近有端与于光,故景库内也。"因为光在空中直线前进,如同射箭,所以一个物体的上部挡住了射过来的光,所成影子在下边;下部挡住了射过来的光,所成影子在上边。因此光射到物体上,穿过设置的小孔,就会在屏上形成倒影。这深刻揭示了小孔成像的原理。

第四,《墨经》中的简单机械学研究。《墨经·经说下》说:"衡加重于其一旁,必捶。权重相若也相衡,则本短标长。两加焉,重相若,则标必下,标得权也。"这总结出决定杠杆平衡性的因素不仅包括重量,还包括"重臂""力臂"等。《墨经》中提到权、标、本、重的概念,是后世研究总结杠杆原理必不可缺的因素。

第五,《墨经》中的自然观。《墨经·经说上》说"久,古今旦暮",认为时间涵盖古今旦暮,并对时间的有穷与无穷做进一步阐释。与此类似,《墨经》认为空间也存在有穷和无穷的矛盾统一性。《墨经》对于运动的概念也有阐释,认为运动与时间、空间紧密相连,并使时空概念从物体运动中得以体现,这在当时已经达到了很高的水平。

综上所述,《墨经》中的诸多科学研究是对先秦科学技术的总结,代表了先秦时期最高的科学成就。因此,《墨经》也被视作先秦时期科学思想的百科全书。有学者对《墨经》评价极高:"我曾经多次说过,中国古代墨家的科学成就,等于或超过整个古代希腊。"[①] 我国发射的首颗量子通信卫星以"墨子"来命名,正是对墨子在自然科学领域所做贡献的充分认可。

(二)阴阳五行家的地理与科学成就

齐地处于东方,濒临大海。齐人面对茫茫大海,遐思无限。齐之神多

---

① 杨向奎:《墨经数理研究》,山东大学出版社 2000 年版,第 174 页。

为自然之物，有学者说："自然崇拜在齐独发展，而为五行方士。"① 随着方士的讲说，人们对齐地海仙、仙山和长生不死之药的传说更加深信不疑。战国之世，海仙传说在齐地更加盛行，这对阴阳五行学说的形成产生了直接的影响。

1. 邹衍与阴阳五行学说

阴阳五行学派是齐学的重要思想流派。胡适先生在谈及阴阳五行学说时说："这个大混合的思想集团，向来叫'阴阳家'，我们也可以叫他做'齐学'。"② 有学者也说："五行之兴……盛于邹衍……阴阳之学倡于齐人，而五行与阴阳两不可分，其说亦兴于齐地。……故五行至邹衍而大成，实地域与时代有以促成之也。"③ 邹衍，战国晚期人，是齐国稷下学宫中阴阳五行学派的代表人物。邹衍以阴阳学说闻名天下，受到齐宣王、齐闵王的重视，并先后出游燕、赵等国，受到礼遇和重视。邹衍的著作有《汉书·艺文志》著录的《邹子》四十九篇等，内容非常丰富。

邹衍"睹有国者益淫侈，不能尚德……称引天地剖判以来，五德转移，治各有宜，而符应若兹"（《史记·孟子荀卿列传》），从而总结历代盛衰，对治国得失有深入的思考。他认为天地宇宙由木、金、火、水、土五种物质相克相生，不仅主宰着自然，而且主宰着人事、朝代更替。邹衍"乃深观阴阳消息而作怪迂之变，《终始》《大圣》之篇十余万言"（《史记·孟子荀卿列传》），用阴阳的观点理解事物，解释自然和社会现象。这些学说在当时受到人们的关注，"王公大人初见其术，惧然顾化"（《史记·孟子荀卿列传》）。邹衍虽然是通过"天象"来谈"阴阳"，其指向却是"人事"，以另一种方式为政治服务。这正如有学者所说："邹子之学，非徒穷理，其

---

① 傅斯年：《民族与古代中国史》，河北教育出版社 2002 年版，第 77 页。
② 胡适：《中国中古思想史长编》，安徽教育出版社 2006 年版，第 5 页。
③ 陈梦家：《五行之起源》，见《陈梦家学术论文集》，中华书局 2016 年版，第 210 页。

意亦欲以致治也。"[1] 阴阳五行学说虽然有所附会，但是对于认识事物的对立面、事物内部的矛盾、事物之间的联系，以及自然和历史运行的规律，还是有启发意义的。

2. 邹衍的"大九州说"

邹衍由研究宇宙天地的运行变化出发，提出了颇有特点的"大九州说"，在地理学认识方面取得了突出成就。"以为儒者所谓中国者，于天下乃八十一分居其一分耳。中国名曰赤县神州。赤县神州内自有九州，禹之序九州是也，不得为州数。中国外如赤县神州者九，乃所谓九州也。于是有裨海环之，人民禽兽莫能相通者，如一区中者，乃为一州。如此者九，乃有大瀛海环其外，天地之际焉。"（《史记·孟子荀卿列传》）邹衍认为儒家所说的中国，实际只有天下的八十一分之一。中国又称赤县神州，里面有九州，是禹划分的九州。中国之外如赤县神州这样的地方还有九个，这才是大九州。大九州中的每一个州都有一个海围绕，而人民、动物等都不能相通。大九州的周围是茫茫大海，遥远无边，延伸到天地之际。

邹衍的地理学观点，具有一定的依据。邹衍生活的齐地，濒临大海，航海技术发达，这使他对海洋非常熟悉，认识到海洋之外还有陆地。邹衍善于观察和推理，在"先列中国名山大川，通谷禽兽，水土所殖，物类所珍"的基础上，运用"必先验小物，推而大之，至于无垠"的逻辑方法，得出了"大九州说"的认识。（《史记·孟子荀卿列传》）邹衍提出"大九州说"，虽然有假设、推理的成分，但这意味着战国晚期人们在地理认识上有所突破，视野更加广阔，对于结束战国纷争走向统一也具有非凡的意义。

阴阳家在天文历法方面也取得了成就。司马谈说："尝窃观阴阳之术……然其序四时之大顺，不可失也。"（《史记·太史公自序》）《汉书·艺文志》说："阴阳家者流，盖出于羲和之官，敬顺昊天，历象日月星辰，

---

① 吕思勉：《先秦学术概论》，中国大百科全书出版社 1985 年版，第 143 页。

敬授民时，此其所长也。"阴阳家在继承上古以来传统的基础上，观察日月星辰的运行和四时季节的变化，在天文历法的认识方面达到了新的水平。

阴阳五行学说对后世产生了深远的影响，如汉代大儒董仲舒的儒学，实际上是在孔孟儒家思想的基础上充分吸收了阴阳五行学说。

（三）手工技艺集大成之作《考工记》
与"工圣"鲁班

齐鲁大地手工技艺源远流长，如夏代东夷薛地（今山东滕州南）的奚仲担任夏的车正，因有高超的造车技术而闻名。手工技艺经过劳动者长期的积累创造与传承发展，到春秋战国时期达到了一个高峰。齐国出现了手工技艺集大成之作《考工记》，而在鲁国则出现了"工圣"鲁班。

1. 手工技艺集大成之作《考工记》

《考工记》是系统地记述先秦时期手工业技术和器物制造工艺的典籍，保存于《周礼》之中。关于《考工记》的作者和成书年代，有学者认为是齐国官书。[①]《考工记》内容丰富，特色鲜明，是中国古代科技史上一颗璀璨的明珠。

《考工记》将"百工"分为六大门类，包括攻木之工、攻金之工、攻皮之工、设色之工、刮摩之工和抟埴之工。《考工记》还具体记载了这六类之下的各个工种及其手工技艺。

《考工记》关于手工业产品的设计标准和制造技术有明确的规定。例如，关于车轮的制作，《考工记》说："兵车之轮六尺有六寸，田车之轮六尺有三寸，乘车之轮六尺有六寸。"不同的车轮均有具体规定。制车必须严格遵守标准，用材大小一致，否则就无法制成合格的车。

---

① 郭沫若：《古代研究的自我批判》，见《十批判书》，东方出版社 1996 年版，第 28—29 页。

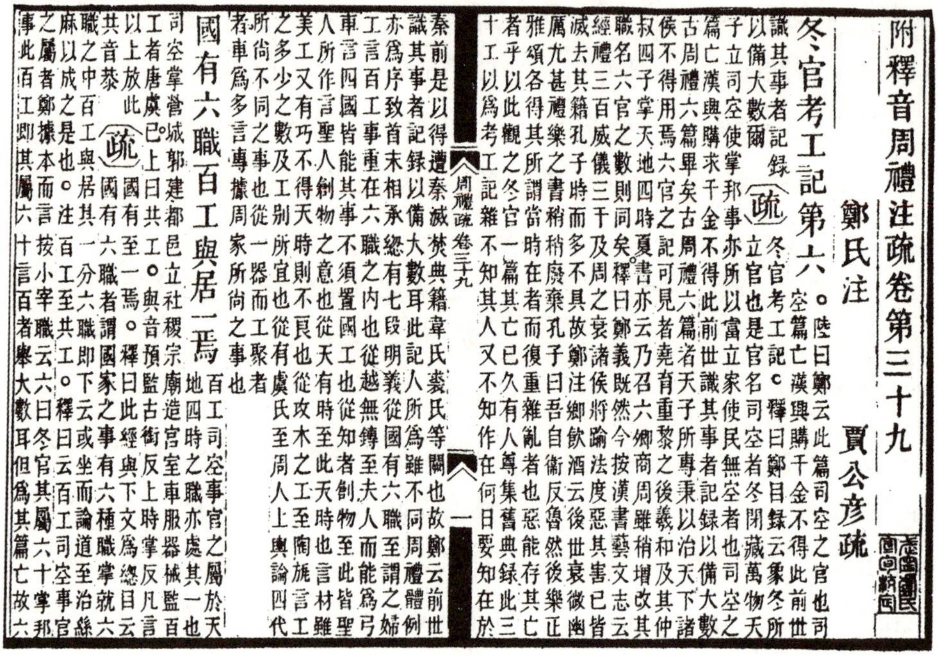
附釋音周禮注疏卷第三十九
鄭氏注　賈公彥疏
冬官考工記第六◦陸曰鄭云此篇司空之官也司空篇亡漢興購千金不得此前世識其事者記錄以備大數爾
疏 冬官考工記◦釋曰鄭目錄云象冬所立官也是官名司空者冬閉藏萬物天子立司空使掌邦事亦所以富立家使民無空者也司空之篇亡漢興購求千金不得此前世識其事者記錄以備大數古周禮六篇畢矣古周禮六篇者天子所專秉以治天下諸侯不得用焉六官之記可見者堯育重黎之後羲和及其仲叔四子掌天地四時夏書亦云乃召六卿商周雖稍增改其職名六官之數則同矣◦釋曰鄭義既然今按漢書藝文志云經禮三百威儀三千及周之衰諸侯將踰法度惡其害已皆滅去其籍孔子時而多不具故鄭注鄉飲酒云後世衰微幽厲尤甚禮樂之書稍稍廢棄孔子曰吾自衛反魯然後樂正雅頌各得其所謂當時在者而復重雜亂者也惡能存其亡者乎以此觀之冬官一篇其亡已久有人尊集舊典錄此三十工以為考工記雖不知其人又不知作在何日要知在於
周禮疏卷三十九　一
秦前是以得遺秦滅焚典籍韋氏裘氏等闕也故鄭云前世識其事者記錄以備大數耳此記人所為雖不同周禮體例亦為序致首末相承總有七段明義從國有六職至謂之婦工言百工事重在六職之內也從越無鎛至夫人而能為弓車言四國皆能其事不須置國工也從知者創物至此皆聖人所作言聖人創物之意也從天有時至此天時也言材雖美工又有巧不得天時則不良也從攻木之工至陶旊言工之多少之數及工別所宜也從有虞氏至周人上輿論四代所尚不同之事也從一器而工聚者車為多言專據周家所尚之事也
國有六職百工與居一焉 百工司空事官之屬於天地四時之職亦處其一也
司空掌營城郭建都邑立社稷宗廟造宮室車服器械監百工者唐虞已上曰共工◦與音預監古銜反上時掌反凡言以上放此共音恭
疏 國有至一焉◦釋曰此經與下文為總目云國有六職者謂國家之事有六種職掌就六職之中百工與居其一分六職即下云或坐而論道至治絲麻以成之是也◦注百工至共工◦釋曰云百工司空事官之屬者鄭據本而言按小宰職云六曰冬官其屬六十掌邦事此百工即其屬六十言百者舉大數耳但為其篇亡故六

图 2　清阮元校刻《周礼注疏》之《考工记》书影

《考工记》说：“天有时，地有气，材有美，工有巧。”强调要在天时地利的条件下选择合适的材料，并采用科学的用料标准。如《考工记》中对青铜合金的配置技术有详细记载，即“六齐”之法，通过采用铜和锡的六种不同比例而制造出不同的器具。

《考工记》认识到手工业产品制造需要经过一系列的工艺程序。如《考工记》中有制造量器的工艺过程：“栗氏为量，改煎金、锡则不耗，不耗然后权之，权之然后准之，准之然后量之。”另外，《考工记》还重视产品检验和质量标准。这些都反映出当时的手工业处于较高的水平。

《考工记》记载了多种器物的制作技术与流程，涉及数学、力学、物理学、冶金学和建筑学等方面的自然科学知识，在生产组织、专业分工、设计制造、用料选择、工艺程序和产品检验等方面反映了当时手工业领域所能达到的最高水平，是先秦时期手工业领域的总结性著作，在中国古代科技史上占有重要地位，对后世产生了深远的影响。

2. "工圣"鲁班

鲁班又名公输般，鲁国人，生活于春秋战国之际，后世称鲁班。他对前人的实践经验进行了科学总结，并进行了大量的探索实验，成功地实现了一系列的发明创造，被誉为"天下巧匠"，有"工圣"之称，后世尊奉他为土木建筑行业鼻祖、木匠鼻祖。

作为一名杰出的工匠和发明家，相传鲁班进行了大量发明创造，如锯子、墨斗、钻子、曲尺（又名鲁班尺）等工具，涉及木器、兵器、建筑及农用器械等领域，推动了中国古代土木建筑工艺的发展。

据文献记载，鲁班参与过许多土木工程的建造，至今民间依然流传着他带领工匠架桥梁、建宫殿、造亭榭的故事。据说他还曾雕刻过栩栩如生的石头凤凰，甚至能够以假乱真，可见雕刻工艺之高超。传说鲁班改进了打井方法，制造了拉水的滑轮，现在多地还保留着鲁班井的遗址。

鲁班发明了很多精巧实用的器械。《礼记·檀弓》记载他发明"机封"，在人下葬时可以用机械代替人力，但由于当时社会条件的制约未能广泛应用。《墨子·鲁问》提到鲁班制作的木鹊可飞三日而不落。传闻他还曾改进锁钥，制造木马车、石磨等，其机械制造技艺之精湛可见一斑。

钩和梯是春秋末期战争中的常用兵器，相传鲁班对其进行加工改造，制成攻城所用的"云梯"和水战专用的"钩强"。作为重要的攻城器械，云梯在古代攻城战争中发挥了不可替代的作用。"钩强"又被称作"钩拒"，可以钩住或阻挡敌方战船，是古代水战常用的工具。

鲁班在后世逐渐被神化，并且产生了很多传说，渐渐从一个技艺高超的工匠变成无所不能的工匠神。鲁班作为一位出色的工匠，技艺高超且富有创造力，成为中国古代人民勤劳和智慧的象征。

（四）扁鹊、仓公、王叔和与齐派医学

中国传统医学在古代科学技术史上占有一席之地，是中华民族独有的瑰宝。从扁鹊到仓公再到王叔和，齐派医学为中医学的发展作出了重要贡献。

1. 神医扁鹊

扁鹊称自己为"齐勃（渤）海秦越人"（《史记·扁鹊仓公列传》），因家在卢地（在今山东长清），又被称为"卢医"。相传他受业于长桑君，医术十分高超。

扁鹊行医留下了许多动人的传说故事。晋国赵简子曾身患重病，于是大夫们召扁鹊前来给他治病。扁鹊判断赵简子不出三天就会自动痊愈，结果确如扁鹊所说的那样。扁鹊救治了虢国本已入殓的太子，使他起死回生。根据《史记·扁鹊仓公列传》记载，扁鹊过齐，见齐桓侯，准确判断了他的病症，但齐桓侯却不相信扁鹊的诊断，讳疾忌医而病死。[①]

扁鹊善于根据各地的风俗来给人看病。在赵国时，扁鹊了解到当地人尊重妇女，就为妇女诊治疾病；在洛邑时，扁鹊听说周人尊敬老人，就专治耳聋眼花、四肢痹痛；在秦国时，扁鹊得知秦人疼爱孩子，就专治小儿疾病。秦国太医令李醯自知医术不如扁鹊，担心扁鹊影响到自己的地位，就派人刺杀了扁鹊。

扁鹊在医学上总结发明了中医"望、闻、问、切"四诊法，灵活使用针砭、汤剂等不同方法治病。扁鹊将中国传统医学分为妇科、儿科、内科等多个门类，对现代中医学科分类具有开创性的意义。根据《汉书·艺文志》记载，扁鹊著有《扁鹊内经》九卷、《外经》十二卷等。扁鹊还将自

---

① 《韩非子·喻老》记此事为扁鹊见蔡桓公。

己的医学传授给弟子，如子阳、子豹等，奠定了齐派医学的基础。扁鹊擅长脉诊，后来为仓公学习和借鉴。

扁鹊因为高超的医术、高尚的医德为后人所纪念和传颂，为中医学的发展作出了不可磨灭的贡献。

图3　济宁微山县两城镇东汉祠堂中的《扁鹊行医图》画像石（曲阜孔庙藏）

2. 名医仓公

到了汉代，齐地又出现了一位名医仓公。仓公（前205？—前150），姓淳于，名意，临淄（今属山东淄博）人。他做过齐国的太仓长，因此又被人称为"太仓公"或"仓公"。

仓公年轻时喜好医术，学医于同郡人公乘阳庆。公乘阳庆把自己掌握的秘方都传授给了他，包括黄帝、扁鹊的脉书和五色诊病的方法，因此仓公的医术非常精湛。仓公根据病人的不同情况，运用不同的方法尤其是脉诊给病人治病，取得良好的效果。

《史记·扁鹊仓公列传》记载，仓公诊治疾病非常准确。齐国侍御史成得了头疼病，仓公准确地说出了他患病的情况，并预言八天之后会吐脓血而死，后来的事实确如仓公的判断。齐王的二儿子得了气嗝病，仓公诊断出他患病的原因，并用汤剂治愈。仓公详细地记录了所治病人的身份、居住地、病名、脉象、症状，以及对疾病情况的判断和治疗方法，称为"诊籍"（《史记·扁鹊仓公列传》）。这些病例的记载可以称得上是中国医学史上最早的医案。仓公医术高超，四处行医，不愿意做官，避开诸侯和王公贵族，因此被他们怨恨、控告并遭到逮捕，解送长安处以肉刑。女儿缇萦上书汉文帝后，仓公得到赦免。

仓公还重视对医学的传授。他的学生宋邑以精通五色诊著称，高明、王禹则擅长经脉和穴位等，冯信善用按摩和汤药，杜信对上下经脉的分布和五色诊十分熟悉，唐安擅长奇咳术。从扁鹊到仓公再到王叔和，齐派医学逐渐形成，仓公在其中作出了重要贡献，起到了承前启后的作用。

3. 医学家王叔和

王叔和（约210—285），名熙，相传为高平（今山东金乡）人，是魏晋之际著名的医学家和医书编纂家。王叔和出身贫寒，但他喜爱医学，对脉学很有研究，用诊脉治病的方法治愈了很多患者，曾任魏国的太医令。

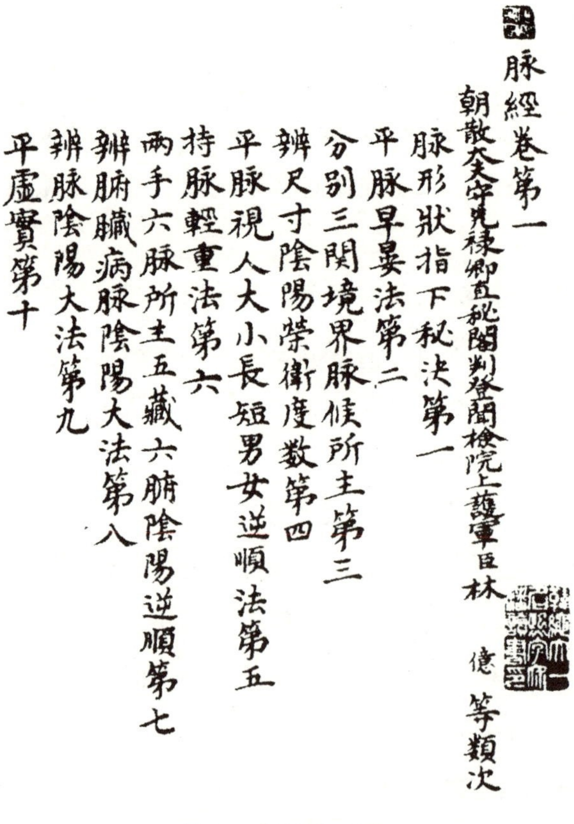

脉經卷第一
朝散大夫太守兄弟秘閣判登閣校院上護軍臣林億等類次
脈形狀指下秘決第一
平脈早晏法第二
分別三關境界脈候所主第三
辨尺寸陰陽榮衛度數第四
平脈視人大小長短男女逆順法第五
持脈輕重法第六
兩手六脈所主五藏六腑陰陽逆順第七
辨臟腑病脈陰陽大法第八
辨脈陰陽大法第九
平虛實第十

王叔和搜集了张仲景的旧论，并加以整理，使医学名著《伤寒杂病论》得以传世。王叔和在扁鹊、华佗和张仲景等医学家脉诊理论的基础上，结合自己几十年的临床经验写就了中国历史上第一部系统而完整的脉学著作——《脉经》。

《脉经》共十卷，内容非常丰富。《脉经》系统地总结了西晋以前的脉学：第一，根据诊脉时指下的不同形态，将脉象分为二十四种；第二，详述

图4 《脉经》书影

了各种脉象的辨别方法，使诊脉有所依据；第三，根据诊脉的效果改进诊脉的方法，改变诊脉的部位；第四，根据表现的脉象与诊断所得病症的关系，确定了最早的分候脏腑法；第五，形成了根据病人表现的征候来辨别脉象的诊脉原则；第六，《脉经》的论述还涉及脉诊以外的其他诊断方法。王叔和的《脉经》是齐派医学脉学理论的集大成之作，奠定了后世医家的脉学基础。

齐派医学对中国传统医学的发展产生了深远的影响，其后如宋代齐鲁名医钱乙，被称为"儿科之圣"。他在张仲景《金匮要略》基础上，改制了一剂药方即"六味地黄丸"，至今仍广泛应用。

（五）甘德、刘徽、何承天的天文学、数学和历法成就

齐鲁大地上诞生了甘德、刘徽、何承天等在天文学、数学和历法等领域刻苦钻研并取得杰出成就的著名人物，他们取得的成果在当时世界上处于领先的地位。

1. 甘德的天文学成就

甘德，战国末期齐国人，著名天文学家。甘德著有《天文星占》，与魏人石申的著作合称《甘石星经》，是世界上最早天文学著作之一，受到后人重视。

甘德对恒星、行星和卫星都有研究。他与石申记录了约 120 颗恒星，制作了世界上最古老的恒星表。甘德观测了行星的会合周期，并详细计算出其数值，接近现代测定值。他还通过对行星的长期观测和定量研究，发现了行星的逆行现象，突破了原有的认识。甘德最早发现了木星最亮的卫星，比欧洲伽利略使用天文望远镜发现木星的卫星早了近两千年。

另外，鲁人也注重观察天象。《春秋》《左传》关于日食的记录多数是

可靠的，此外还有关于流星、彗星及陨石的记载。《春秋》文公十四年（前613）关于彗星的记载，是世界上最早关于哈雷彗星的记录，具有宝贵的史料价值。[①]

2. 刘徽的数学成就

早在东汉时期，山东蒙阴人刘洪在数学领域就取得了重要成就，因其在珠算方面有重要的贡献，被后人称为"算圣"。此后，山东学者刘徽在数学领域也取得了突出成绩。刘徽，淄乡（今山东邹平）人，生活在三国时期的魏国，一生刻苦研究数学，是中国古代第一位留有姓名并有著作传世的数学家。

刘徽整理并注释了《九章算术》，补原书之不足，在很大程度上推动了中国古代数学理论的发展。刘徽在继承前人的基础上提出了自己的创见，在数学领域取得了光辉的成就。一是在对奇零小数的处理上运用了十进小数记法，对世界数学领域的发展具有推动作用，而欧洲直到十四世纪才出现相似的记法。二是给出了正负数的定义："今两算得失相反，要令正负以名之。"[②] 这一定义使中国成为当时世界上最早认知负数这一概念的国家。三是提出了"比率"的概念，体现在《九章算术》注中，并给出了"齐同术"的明确定义，也是中国古代算数的一个创造。四是创造性地提出用割圆术计算圆面积的方法，并提出了计算圆周率的比较科学的方法，后人把圆周率近似值取 3.14 称为"徽率"。祖冲之后来进一步测算"祖率"，就是以"徽率"为重要基础的。五是提出"方程"有确切解的条件，为后来数学方程的发展研究奠定了基础。六是创造了刘徽原理，指出两个高相等的立体，在任意等高处的截面面积的比总等于常数 K，则它们体积的比也等于 K。

---

① 杨伯峻：《春秋左传注》，中华书局 1990 年版，第 601 页。
② ［晋］刘徽：《九章算术注》，见郭书春：《汇校九章算术》，辽宁教育出版社 1990 年版，第 356 页。

除此之外，刘徽还把中国古代测量学推向新的高峰，编撰了《海岛算经》，是古代测量学的瑰宝。

3. 何承天的天文历算成就

何承天（370—447），东海郯（今山东郯城）人，南朝著名天文学家。何承天从年轻时就喜好研究天文历法，学识广博，精通天文历法和计算，颇有造诣。

何承天经过多年对天象的观测，用"月食冲法"结合圭表测景法推算出岁差大约100年差1度的数值。他还是一个浑天家，首次提出天顶的概念，并在天文仪象方面取得了不凡的成就，曾经用造漏法印证通过测量得出的春秋分晷影无长短差的结论。

在南北朝编订的历法中，何承天《元嘉历》取得的成就最大。该历第一次用定朔法来安排历日。《元嘉历》共使用了65年（445—509），并流传到日本等国家，影响深远。何承天还首创调日法这一数学计算方法，有利于编订历法，促进了渐进分数的发展。国外直到15世纪才出现类似的算法。另外，何承天对圆周率也有新的认识。

（六）《氾胜之书》《齐民要术》与《农书》

齐鲁大地幅员辽阔，沃野千里，平原广阔，河流密布，土壤肥沃，四季分明，农业发达。山东诞生了氾胜之、贾思勰、王祯等著名农学家，留下《氾胜之书》《齐民要术》《农书》等杰出的农学著作，在中国古代科技史上具有重要影响。

1. 氾胜之与《氾胜之书》

氾胜之，成长之地在今山东曹县，汉代著名农学家。他积极投身农业生产实践，因地制宜地推广各种农业技术，深入总结农业生产经验，整理撰写了《氾胜之书》，该书一般被认为是中国目前存世著作中最早的一部综合性农书。

《氾胜之书》共 18 篇，总结了汉代以前关中和黄河中下游地区的农业生产经验，具有突出的重农思想，提出了许多比较科学的耕作原则和农业耕作方法，例如要按季节制定有关农事政令，提出"趣时""和土""务粪""务泽"等耕作方法。《氾胜之书》提出了比较系统完整的作物栽培技术和先进农业技术，如植物嫁接技术，在当时世界上属于领先水平。其中，特别值得称道的是"区田法"。"区田法"就是将土地划分为区块，并且在区块上进行施肥松土、种植作物，促进产量的提高，适用于天气干旱少雨、民多田少的北方地区。氾胜之还从以农为本的思想出发，提出了明确的备荒方案。

《氾胜之书》在成书后得到了广泛的认可，在汉代即被郑玄、崔寔等人所称引，也被后人称为中国古代四大农书之一。

2. 贾思勰与《齐民要术》

贾思勰，山东益都（今山东寿光市）人，北魏著名农学家。贾思勰重视农业生产技术知识的学习和研究，将掌握的农业知识和实践经验加以总结、整理，写成《齐民要术》。

《齐民要术》全书共 10 卷 92 篇，主要记录公元 6 世纪以前黄河中下游地区的农业生产状况，是现存最早的一部完整的农书。《齐民要术》认为"治生之道，不仕则农"，主张"要在安民，富而教之"，指出农业生产既是生活所必需的条件，也是治国安民的根本，充分体现了贾思勰以农为本的思想，认为对农业进行管理的目的和意义就在于采取一切必要手段和措施，以最少的投入获得最大的产出。

《齐民要术》提出了一些创造性的思想和农业指导方针，如顺天时、量地利，多恶不如少善、若昧于田畴则多匮乏等；建立了较完整的农业科学体系，对以实用为特点的农学类目做了合理规划；主张多种经营并举，不能

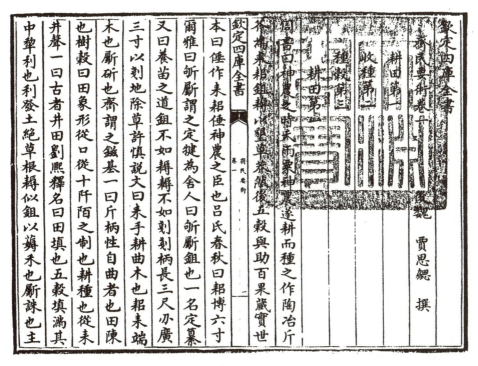

图5 《齐民要术》书影（《文渊阁四库全书》本）

片面强调单一粮食生产；记载了牛、马、鸡、鹅等养殖方法和酒、醋、酱油（酱清）、泡菜、糖稀等的制作过程；记录了抗旱、选育良种和植物的生长周期，以及一些重要的农业技术发明，如秋冬季节掘坑利用暖阳的"藏生菜法"，是当今冬暖式大棚蔬菜种植的历史渊源。《齐民要术》明确地体现出技术决定产量和收入的思想，其著述范围之广、技术之详远远超过前代农书。

《齐民要术》内容丰富，为古代农业科学技术作出了重要的贡献。明代王廷相称之为"大抵训农裕国之术，君子所以仁育天下者"①，给予了很高的评价。《齐民要术》远传国外，在国外学术界也受到了重视。

3. 王祯与《农书》

王祯，元代东平（今山东东平）人，著名农学家。王祯对农学很感兴

---

① [明]王廷相著,王孝鱼点校:《王廷相集(二)》,中华书局1989年版,第407页。

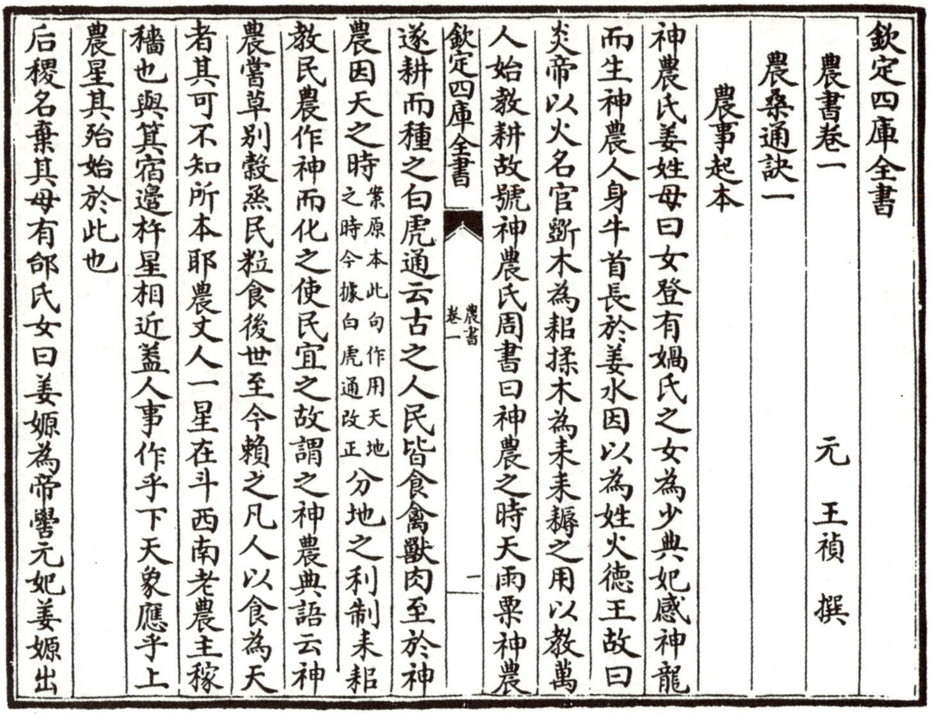

钦定四库全书

农书卷一

农桑通诀一

农事起本

钦定四库全书　　　　　　　元　王祯　撰

神农氏姜姓母曰女登有娲氏之女为少典妃感神龙
而生神农人身牛首长于姜水因以为姓火德王故曰
炎帝以火名官斲木为耜揉木为耒耒耨之用以教万
人始教耕故号神农氏周书曰神农之时天雨粟神农
遂耕而种之白虎通云古之人民皆食禽兽肉至于神
农因天之时案原本此句作用天地之时今据白虎通改正分地之利制耒耜
教民农作神而化之使民宜之故谓之神农典语云神
农尝草别谷烝民粒食后世至今赖之凡人以食为天
者其可不知所本耶农文人一星在斗西南老农主稼
穑也与箕宿邉杵星相近盖人事作乎下天象应乎上
农星其殆始于此也
后稷名弃其母有邰氏女曰姜嫄为帝喾元妃姜嫄出

图6　《农书》书影（《文渊阁四库全书》本）

趣，长期对农业进行研究，亲自指导农业生产，进而撰写了《农书》一书，为农业发展作出了巨大贡献。

《农书》共37卷，由《农桑通诀》《百谷谱》和《农器图谱》组成。该书记载了中国农业的有关历史及传说，逐一介绍当时的作物并分述其起源及栽培、管理、收获、贮藏、利用的技术方法，还对农器、农具的使用方法进行了详细介绍。《农书》绘制了农器图谱，将农具列为农书的重要部分，图文并茂地展现了中国的传统农具。《农书》包括传统农业各个方面的内容，形成了一个比较完整的农业体系。书中还十分强调农业与天时、地利、人力三者之间的关系，对农业生产各个环节做了总结介绍。

王祯处于元朝统一时代，生长于山东，出仕于江南，熟悉南北农业生产情况，所以《农书》综合黄河流域旱地农业和江南水田农业两方面的实践经验而写成，是中国第一部贯通南北农业的农书著作，也是一部综合性农业全书，对中国传统农业的发展具有深远的影响。

（七）王景治河，千年无患

黄河下游地区是广阔的平原，黄河容易堤防决口，导致洪水泛滥。从传说中的大禹治水、疏通黄河开始，历代不断对黄河进行治理，涌现出了不少治理黄河的水利专家，东汉时期王景就是一位杰出的代表。

根据《后汉书·循吏列传》的记载，王景（生卒年不详），东汉人，字仲通，祖籍琅琊不其（在今山东即墨）。王景勤奋好学，才思敏捷，受人举荐参与整修浚仪渠。他使用"堨流法，水乃不复为害"，取得了良好的效果，于是在治水方面崭露头角。

1. 王景治河的社会背景

自秦汉以来，黄河泛滥多发。在汉武帝时期和王莽时期，黄河都发生过严重水患。东汉明帝时期，虽然社会安定，经济发展，人民乐业，但是黄河水患十分严重，"自汴渠决败，六十余岁，加顷年以来，雨水不时，汴流东侵，日月益甚。水门故处，皆在河中，漭瀁广溢，莫测圻岸，荡荡极望，不知纲纪。今兖、豫之人，多被水患"（《后汉书·显宗孝明帝纪》）。这种严峻的情况使黄河治理显得尤为迫切。总体来看，安定的社会环境、充足的人力物力使治理黄河决口成为可能。永平十二年（69），汉明帝向王景询问治河事宜，王景"陈其利害，应对敏给，帝善之"（《后汉书·循吏列传》）。汉明帝诏令王景主持治理黄河。

2. 王景治河的措施与过程

在东汉政府的支持下，王景与其助手王吴一起率领数十万治水大军，克服重重困难，开始了治理黄河这项艰苦卓绝的伟大工程。从《后汉书·循吏列传》的记载可以看出，王景采取了科学合理的治河措施。

王景治河能够从实际出发，进行调查研究。他不辞劳苦，率人"商度地势"，对黄河下游展开了实地勘察，掌握了河道及其周围的具体情况，避免了盲目决策，为治理黄河奠定了坚实的基础。

王景合理选择黄河入海路线，修筑黄河大堤。他反复研究，选择了"自荥阳东至千乘海口"的河道路线。这条路线地势低洼，具有入海距离短、河水流速快、输沙能力强的明显特点，能够使河道保持稳定，可以长期使用。王景率人沿黄河河道修筑千里大堤，巩固两岸堤防，使黄河不易决口。

王景治河考虑全局，展开"理渠"工程。除治理黄河外，还对与黄河下游水量有较大关系的汴渠进行疏通。汴渠年久失修，淤塞情况较为严重。王景率人"凿山阜，破砥绩，直截沟涧，防遏冲要，疏决壅积"，使黄河、汴河分流，降低了黄河洪水堤防决口的可能。

另外，王景在治河过程中还修建了"水门"。他在筑堤、理渠之后，再"十里立一水门，令更相洄注，无复溃漏之患"，从而让"河、汴分流，复其旧迹"，更好地发挥了灌溉、分洪功能。

王景治河工程规模浩大，动用大量人力物力，但他在治河的过程中，厉行节俭，做到"简省役费"。东汉朝廷十分重视，汉明帝亲自到河道现场视察，使王景治河天下闻名。

3. 王景治河的重要贡献

王景治河取得了巨大成功。通过王景治河，此后800余年间黄河未发生大的改道，决口情形得以控制，为社会发展、交通航运和两岸百姓安居乐业作出了巨大贡献。根据《后汉书·循吏列传》的记载，东汉永平十五年（72），王景因治河的重要贡献被拜为河堤谒者；建初七年（82），调任徐州刺史；第二年，又任庐江太守。王景在任期间，关心民众疾苦，兴修水利工程，重视农业生产，受到百姓称赞，后不幸卒于任上。

王景治河是黄河治理史上的伟大壮举。汉章帝下诏表彰王景治河"底绩远图，复禹弘业"（《后汉书·肃宗孝章帝纪》）；清代著名学者魏源称"王景治河，千年无患"（《古微堂记·筹河篇》）；今人也指出，"黄河决溢灾害在王景治河以后的一个相当长的时期内，比以前的西汉时代要少得多，也比王景治河影响消失以后的北宋王朝时代好得多，这是无可辩驳的事实"①。这些都是对王景治河功绩的充分肯定。

参考文献：

1. ［汉］司马迁：《史记》，中华书局 1982 年版。

2. ［汉］班固：《汉书》，中华书局 1962 年版。

3. ［南朝宋］范晔：《后汉书》，中华书局 1965 年版。

4. 邢兆良：《墨子评传》，南京大学出版社 1993 年版。

5. 吕思勉：《先秦学术概论》，中国大百科全书出版社 1985 年版。

6. 安作璋、王志民主编：《齐鲁文化通史》，中华书局 2004 年版。

7. 王志民、徐振宏主编：《中国地域文化通览·山东卷》，中华书局 2013 年版。

8. 王志民：《齐鲁文化与中华文明》，人民出版社 2015 年版。

---

① 刘传朋、牟玉玮、包锡成：《论王景治河》，《人民黄河》1981 年第 3 期。

五、 海洋文化与东亚文化圈

山东是海洋大省，山东半岛三面环海，是中国最大的半岛，海岸线长达 3121 公里，占我国海岸线的近六分之一。勤劳勇敢的沿海居民，在 6000 年前就具备了一定的远航能力，开始了对外文化交流。此后的数千年，山东半岛作为"东方海上丝绸之路"的起点，在与东北亚的交往中起到了重要的桥梁作用。密切的对外交往，让博大精深的儒家文化也因此传播到东北亚、东南亚各国，并在那里"生根发芽"，形成了相同或相近的价值理念，构建了举世公认的"东亚文化圈"。

（一）早期山东的对外交流

1. 新石器时代的对外交往

考古资料显示，山东半岛的对外交流最晚从新石器时代就已开始了，交往的主要对象是朝鲜半岛和日本，中间的"媒介"是辽东半岛。山东半岛与辽东半岛隔海相望，相距不过 90 海里，尤其是庙岛群岛的 30 多个岛屿纵横其间，海岛之间最近的仅有几海里。诸海岛的"星盘密布"，为古代两大半岛的文化交流提供了便利的条件。如在龙山时代，山东半岛的文化对辽东半岛产生了强烈的影响，在文化面貌上有很多相似之处，甚至有学者提出辽东半岛文化应是山东龙山文化的一个地方类型。到晚期阶段，龙山文化因素已占据绝对优势的地位，辽东半岛积石墓中，主要随葬的是龙山文化风格的陶器，表明墓主是来自山东的移民或其后裔。两大半岛至晚从新石器时代开始的交流，先是从石器、生产工具开始，然后再到日用陶器、葬俗等，山东半岛文化对辽东半岛文化产生了重要影响，是山东人"闯关东"的渊源。

以辽东半岛为媒介，山东半岛文明传播到了朝鲜半岛以至日本，如相当邱家庄时期的朝鲜西浦项二期、弓山一期文化的陶器，胎土中夹云母、滑石、贝壳的做法与山东半岛是一致的，有些器物和饰纹也比较接近，出土的石斧更为相近；再如日本长野、井户尻、京都小食町等遗址出土的石斧、网坠均与胶东半岛的十分相似，应是山东半岛影响的结果。龙山文化时期山东半岛杨家圈遗址发现的水稻为研究朝鲜半岛、日本的水稻渊源和文化交流提供了更为有力的实物资料。①

2. 夏商周时期的对外交往

古代山东有海盐、丝绸等特产，如《尚书·禹贡》记载："海岱惟青州。……厥贡盐𫄨，海物惟错。岱畎丝、枲、铅、松、怪石。莱夷作牧。厥篚檿丝。"这里的海指渤海，岱指泰山，海盐作为具有战略意义的物资受到统治者的重视，也为山东海洋开发提供了重要契机。西周王朝建立后，随着齐国的不断壮大，开始逐步控制胶东地区，并由此展开与辽东半岛和朝鲜半岛的交流。根据《管子》记载，管仲建议齐桓公以通商作为发展国家的主要措施，通过海上交通与古朝鲜进行贸易往来，进口了大量朝鲜的文皮（野生动物皮毛），向朝鲜半岛和日本输出丝绸等产品。频繁的交流可以从考古资料得到印证，如韩国完州郡上林里出土的"中国式"铜剑，是公

---

① 王锡平：《胶东半岛史前文化及与周边的文化关系》，见《新果集》，科学出版社2009年版，第59—63页。

元前 4 世纪中叶从中国大陆东渡到朝鲜半岛西南部沿海一带的吴越铸剑工匠在当地铸造的；韩国出土的公元前 4 世纪末至公元前 1 世纪的舶载铁器，是分别从中国大陆的燕地和齐地传入的；韩国公元前 3 世纪至公元纪年前后的"横置式"前期瓮棺葬，是在中国大陆黄海和渤海沿岸地区瓮棺葬的影响下产生的。① 战国时代，随着航海能力的提升和受蓬莱神话的影响，燕齐君主开启"入海求仙"的活动，更进一步推动了山东的对外交往。

（二）徐福东渡与文明远播

无论史前还是夏商周时代，山东半岛一直是海外交往的重要站点。徐福东渡作为 2000 多年前的空前壮举，既是秦汉时代对外交往的标志性事件，也是此前数千年山东半岛对外交往水平的体现。

1. 蓬莱神话与燕齐方士

蓬莱神话是以海上神山命名的神话，它的内涵随着古人生死观等因素的变化而不断变化。祈求不死，以得长生成为战国时人的追求。《山海经》中一些不死传说多是战国时人所记，在蓬莱神话内涵变化的诸因素中，燕、齐滨海之方士的渲染也起到了巨大的作用。如《史记·封禅书》记载，相传渤海中有蓬莱、方丈和瀛洲三座神山，有仙人和不死之药："盖尝有至者，诸仙人及不死之药皆在焉。其物禽兽尽白，而黄金银为宫阙。未至，望之如云；及到，三神山反居水下。临之，风辄引去，终莫能至云。世主莫不甘心焉。"由于海市蜃楼等现象，人们对神山的存在深信不疑，仿佛他们目睹了一般。人们笃信神山和神境的存在，还有现实的原因，那就是先秦时期下层百姓饱受压迫，加上受疾病、死亡等问题的困扰，于是选择相

---

① 白云翔：《公元前一千纪后半中韩交流的考古学探究》，《中国国家博物馆馆刊》2018 年第 4 期。

信虚幻世界的存在，由此这样一个"天国"的形象就被人们"叠加"到了蓬莱神话身上。齐国威王、宣王时代正是稷下学宫兴盛的时期，蓬莱神话的盛行也与此有莫大的关系。如邹衍的阴阳家学说，就为神仙故事提供了广阔空间，阴阳家的后学们把阴阳家学说导向了神仙方术之学。

2. 秦皇汉武的求仙活动

战国时代齐国、燕国君主多次入海蓬莱求仙，秦始皇统一全国后，对东方关注甚多，当他从方士徐福（又称徐市）等人口中了解蓬莱神话后，开始相信神仙和长生不死药的存在。从秦始皇二十八年到三十二年，他先后派徐福、卢生、韩终等多名方士"求仙人不死之药"。入海求神，虽然不能成功，但他仍对蓬莱神话没有丝毫怀疑，他自己还曾三次东巡山东半岛，直到临终前，秦始皇苦苦追寻的仍然是蓬莱仙人！

汉武帝在即位之前被封为胶东王，虽然时间不长，但也受到齐地浓厚的求仙习俗的影响，当他东巡海上之时，"齐人之上疏言神怪奇方者以万数"（《史记·封禅书》）。汉武帝所信任的方士包括李少君、栾大、公孙卿等人都曾蛊惑求"蓬莱仙"，并被封赏。李少君是汉武帝追慕蓬莱神话的"引导者"，后来则是栾大等人。元封元年（前110），汉武帝借着封禅的机会来到胶东追寻蓬莱神话的仙人，其后，汉武帝或亲自东巡求仙，或派遣方士求仙，直到晚年仍不放弃。汉武帝在第五次出巡时，在胶东筑城并命名"蓬莱"。

3. 徐福东渡及影响

根据史书记载，徐福曾两次入海求仙。第一次是在公元前219年，因秦始皇东巡的机缘，徐福上书求仙，秦始皇派其出海求仙药未能成功。第二次是在公元前210年，秦始皇增派三千童男童女，让徐福携带五谷、百工及弓箭手等，从琅邪（属今青岛）出发寻找仙人仙药。徐福东渡到了哪里呢？《三国志·吴书·孙权传》称："澶洲在海中，长老传言，秦始皇帝

图1　日本佐贺徐福树

遣方士徐福将童男童女数千人入海，求蓬莱仙山及仙药，止此洲不还，世相承有数万家，其上人民，时有至会稽货布。"而撰写《后汉书》的范晔将徐福归处澶洲放在《倭传》中，实际上是认定徐福到达的是当时的倭国日本。① 明确记载徐福东渡日本的是五代后周僧人义楚，他的《义楚六帖》说："日本国亦名倭国，在东海中。秦时，徐福将五百童男、五百童女止此国，今人物一如长安。……又东北千余里，有山名'富士'亦名'蓬莱'……

徐福至此，谓蓬莱，至今子孙皆曰秦氏。"② 义楚之言并非凭空捏造，他对日本的记载多来自公元927年来到中国的日本高僧弘顺大师，这说明徐福东渡到达日本是中日两国学者的共同看法。

徐福东渡将中国先进的文化、制度等传播到了海外，对日本、朝鲜半岛都产生了重要的影响。日本史料对徐福东渡也有不少记载，如《富士古文书》记载："徐福一行奉秦始皇之命，到富士山取不老长寿药，因以居也。"徐福在日本的地位很高，被民众称为"王""御""弥生文化的旗手"，还有人将他奉为丰收神、农耕神、纺织神、医药神、冶炼神、渔业神、造船神等进行祭祀。这些说明徐福东渡对日本文化的影响之大。除

①　朱亚非：《早期北方海上丝绸之路与徐福东渡》，《大陆桥视野》2019年第10期。
②　陶培培：《航海史话》，上海科学技术文献出版社2019年版，第36页。

了到达日本之说，还有徐福到达朝鲜半岛等说法，如韩国济州岛正房瀑布的岩壁上，刻有齐国刀文"齐臣徐市，迁王过之"，此外还有许多徐福东渡在此驻留的故事。学者从当时山东半岛对外交往的路径进行还原，多认为徐福是经朝鲜半岛而到达日本的。无论如何，我们可以看到徐福东渡对于中日韩文化交往具有重要意义。宋代文学家欧阳修在《日本刀歌》说："传闻其国居大岛，土壤沃饶风俗好。其先徐福诈秦民，采药淹留丱童老。百工五种与之居，至今器玩皆精巧。前朝贡献屡往来，士人往往工辞藻。徐福行时书未焚，逸书百篇今尚存。令严不许传中国，举世无人识古文。"高度评价了徐福对中日文化交流所作出的贡献。徐福已经成为中国古代人民远赴海外，与邻邦密切交往并产生重要影响的象征，不仅将中华文明远播海外，还是中日韩三国人民长久友好的典范。

（三）蓬莱仙话与八仙过海

神仙崇拜是道教信仰中具有鲜明特色的特征，以"仙丹妙药"闻名于世的"蓬莱仙话"成为道教方仙道兴起的重要资源。宋元时代，胶东地区丰厚的人文、地理资源孕育了全真道的产生与兴盛，也造就了众人皆知的八仙传说。

1. 蓬莱仙话与全真道的形成

汉末魏晋兴起的道教，充分吸收了蓬莱仙话的内容，最终将之改造为道教仙话的代名词。胶东地区得天独厚的"仙话"资源和方士求仙活动，成为道教在此发展的重要资源。位于半岛腹地的昆嵛山，主峰泰礴顶，海拔923米，是山东半岛东部最高峰。这里峰峦绵延，林深谷幽，多有清泉飞瀑，云雾缥缈，成为道教、佛教修行的重要场所，还是儒家传统文化影响的圣地，所以早在汉唐时代，山上即有三皇宫、禅教寺、无染寺、六度寺、岳姑殿、甘泉寺等庙宇。丰厚的文化积淀为王重阳（1112—1170）在此创立全真教提供了理想的环境和发展空间。

王重阳，原名中孚，字允卿，入道后，改名喆，字知明，号重阳子。他在公元1167年逃难至山东半岛，自此在昆嵛山一带开始传道活动。其后收丘处机、谭处端（谭玉）、马丹阳（马钰）、刘处玄、王处一（王玉阳）、郝大通、孙不二为徒，即"全真七子"，在文登、宁海、福山、登州、莱州建立三教七宝会、金莲会、三光会、玉华会等布道。因王重阳在山东宁海自题其庵名为"全真堂"，故入道者都称为全真道士。但没有多久王重阳就溘然长逝，此时的全真教才刚刚在胶东地区产生影响，因此，传道弘教的大任就落到了"全真七子"的身上，他们先后在陕西、山东等地传道，受到了朝廷的关注，全真教自此开始壮大声势，逐渐在全国兴盛起来。最负盛名的是把全真道推向极盛的丘处机，金章宗为了笼络全真教众，在丘处机的家乡栖霞建太虚观，并加赐道经《玄都藏书》6000余卷，极大提升了丘处机的宗教地位和全真教在国内的影响力。金贞祐二年（1214），丘处机应金驸马都尉仆散公邀请帮助平息山东战乱，名声大增。金、宋统治者以及成吉思汗看到了丘处机在民众中的威望和较高的利用价值，便派使者到胶东邀请丘处机入朝辅政，而最终丘处机应成吉思汗之邀，以七十三岁之龄率领18位弟子远赴阿富汗雪山和成吉思汗论道，劝说成吉思汗"敬天爱民""去暴止杀""济世安民"，被尊为"国师"，也成为千古佳话。除了全真七子外，他们的弟子也为全真教在全国的盛行作出了重大贡献，他们还协助蒙元王朝统一中国，汉化蒙古旧俗，为传承优秀中华文化作出了重要贡献。

全真道初创于三教流行的昆嵛山，因此他们主张儒、佛、道三教合一，即以"三教圆融、识心见性、独全其真"为宗旨，讲求内修"求返其真"，主张功行双全，以期成仙证真，所以叫"全真"，奉《道德经》《孝经》《心经》《全真立教十五论》等为主要经典，其教义与胶东半岛的文化传统密切相关。

2. 八仙的定型和八仙过海传说的生成

八仙的故事流传甚广，被称为"民间四大传说"之一。八仙的传说至少在汉代已有，如道教形成之前，汉代淮南王刘安门下曾有"淮南八公"（左吴、李尚、苏飞、田由、毛周、雷被、晋昌、伍被），是《淮南子》的主要创作者，《神仙传》就有刘安和八公一起服丹药成仙的记载，即"一人得道，鸡犬升天"的典故由来。晋葛洪《抱朴子·内篇·仙药》就说"昔仙人八公，各服一物，以得陆仙，各数百年，乃合神丹金液，而升太清耳"，此后故有八仙之名。道教兴盛后，借用"八仙"之名，但孰是孰非，难以定论。

全真道把八仙的核心人物汉钟离和吕洞宾尊奉为祖师，影响了当时的元杂剧等民间文化。八仙过海之说目前最早见于元末明初的杂剧《争玉板八仙过海》，讲述的是八仙过海与龙王争斗的故事；明代作家吴元泰所著小说《东游记》全面书写了八仙的传说故事和过海的历程，全书共 56 回，可以说是八仙及八仙过海故事的定型之作。此后，八仙为铁拐李、汉钟离、吕洞宾、张果老、蓝采和、何仙姑、韩湘子、曹国舅八位的说法固定下来。

八仙的选取则主要与全真道的教义和产生地域密切相关，在有关汉钟离、吕洞宾的文献记载中，他们都重视内丹修炼，强调性命双修，并以佛教中的"顿悟"等方式度脱，与全真教义颇为相合，也是能够吸引民众信仰的原因。胶东半岛有关神仙的传说和遗迹，不仅使得全真教能够在这一区域快速发展，也使得八仙的传说在这里快速传播，八仙过海的传说也就与蓬莱发生关联，二者可谓相得益彰。自此以后，蓬莱就成为八仙过海的公认之地。

3. 蓬莱八仙

"蓬莱"由古代的神话传说之地被汉武帝筑城以名，成为现实地名，其后求仙求道者慕名而来，"实""虚"变换，成为全真道和求仙者的天然资源。

图2　蓬莱八仙雕塑（赵光摄）

蓬莱盛行的八仙，有过诸多的版本，但细品已经定型的诸仙，铁拐李先为书生，后为乞丐，还身有残疾；汉钟离出身武将，大腹便便；吕洞宾书生出身，又秉长剑；曹国舅是皇亲国戚，为国之重臣，又曾"改邪归正"；张果老老态龙钟，骑驴前行，叫卖兜售；韩湘子口吹长笛，温文尔雅；蓝采和出身贫寒；何仙姑性情柔静、心地善良……他们有男有女，有老有少，有富有贫，有文有武，还有健壮或伤残，既是"个体"，又是"集体"，可以说代表了社会的各个阶层，能够满足社会对神仙信仰的不同"需求"。他们惩恶扬善、除暴安良、济世救人，同时担当起社会教化的角色，造福人民，追求自由和平等，体现出一种不畏强权、不畏艰险、勇往直前的精神，他们成仙、渡海的故事激励着人民自强不息，奋斗进取，不断征服大自然，受到平民百姓的欢迎。

山东蓬莱不仅流传着各式各样的八仙故事，也留下了许多著名的景点和遗迹，如八仙坊、八仙渡海口、八仙祠、会仙阁等。今天，蓬莱更有各种与八仙有关的民俗、曲艺、剪纸及八仙菜、八仙酒等产品，让后人在生活中深刻感受八仙文化的影响。

（四）山东半岛与海上丝绸之路

隋唐时代是山东半岛对外交往的繁盛时期，登州（今蓬莱、龙口、牟平、文登一带）作为中国与朝鲜半岛、日本的海上通道，从徐福东渡开始一直都是中朝、中日交往的重要口岸，除了登州港外，登州所辖成山头、赤山浦、青山浦、乳山浦等都是新罗、日本船只停靠的重要港口；此外，莱州（今莱州一带）、密州（今胶州一带）的一些港口和城市也逐步兴盛起来，如北宋在密州设立市舶司。隋唐以后，由于地理位置和政治经济等因素，山东半岛的对外交流虽然繁荣，但其地位逐步被东南沿海的广州、泉州等所取代，不过，以登莱为核心的港口，仍旧是与朝鲜半岛、日本等交流的主要站点。

1. 唐代对外交往

隋唐时代，国力强盛，以登州为起点的丝绸之路空前繁荣。官方记载与朝鲜半岛上的新罗王朝往来就多达 120 余次，日本派到隋、唐王朝的使团也多达 20 余次。根据唐朝宰相贾耽记载，唐朝通关之路有七条，而海路只有两条，其中一条是"登州海行如高丽渤海道"。当时，朝鲜半岛和日本诸国往来中国，需先在登州入境，再西去洛阳、长安。在 9 世纪初，新罗西部地区的自然灾害和战乱频仍，大量的民众通过海道逃亡中国寻求生计，大多聚集在登州一带，是为"新罗侨民"。由于新罗人的聚集，唐王朝就在山东半岛各地新罗人集中居住和活动的"新罗坊""新罗院"等机构接纳、管理。

新罗在长期与山东半岛的交往中，还出现了张保皋等新罗知名人物。张保皋打击海盗、禁绝贩卖人口，确保了海上交通的安全，与此同时，张保皋还建立起一支庞大的海上商队，凭借控制朝鲜半岛西南海上的优势，从事利润丰厚的海上贸易，被称为"海上贸易王"。张保皋还积极筹建登州赤山法华院，为新罗人提供思乡的精神寄托。

山东半岛与日本的交流也极为密切。隋代和唐初两次出使中国的日本政治家高向玄理，两次都是先渡海到山东，再西赴长安。他在中国生活了30余年，回国后在大化革新中作出了重大贡献。唐文宗时期来中国的日本佛教大师圆仁，在山东生活长达4年多，以亲身经历撰写了《入唐求法巡礼行记》一书，记载了唐王朝在登州对来华外国人的管理，以及登州的海上贸易，反映了山东半岛对外交往的盛况。圆仁还与唐朝官员张泳建立了深厚友谊，成为中日交流史上的一段佳话，这一时期还涌现出一批对周边国家关系作出重要贡献的人，包括东渡日本的僧人鉴真、新罗诗人崔致远、新罗僧人义湘等。中国的政治制度、经济制度和教育、文化、佛教等诸多方面都被朝鲜半岛和日本的统治者所采纳，对他们的社会发展起到了重要的推进作用，由此"日本社会最终完成了大化革新，由奴隶制社会向封建制社会转变作出了重要贡献"[1]。

2. 宋元时代对外交往

北宋时期，山东对外交往仍集中在山东半岛的登州、莱州和密州，这些地区是宋王朝与高丽王朝进行经济贸易和使节往来的主要通道。据统计，从北宋建立到宋仁宗时期，派往高丽的使节10次，高丽派往北宋的使节30次，大都是走的登州线路。就政治地理形势看，夹在北宋王朝与高丽之间的是契丹。契丹并不愿意看到宋与高丽间的亲密往来，为了破坏两国关系，契丹对高丽挑起了多次战争，一度中断了宋与高丽之间的政治、经济往来，但由于两国的积极努力，两国间的交往恢复如初。[2]

公元1088年，为了加强与高丽等国的贸易往来，北宋政府在密州（今

① 朱亚非、张登德：《山东对外交往史》，山东人民出版社2011年版，第68页。
② 刘凤鸣：《山东半岛与古代中韩关系》，中华书局2010年版，第289页。

山东胶州）板桥镇设立了市舶司，一是负责接待官方贸易的使者、使团，并确定商品的数量、价格，此后，宋政府再以回赐的方式向高丽等国赠送纺织品、茶叶、书籍等物品。二是对私营的货船加征关税。当时的板桥镇作为南北交通，以及海上贸易的重要场所，汇集了东北、西北各地的商品和特产，成为重要的中转站。此外，东南沿海通过海运而来的商品也在这里汇集，高丽、日本诸国的海船大多经海路直达密州板桥镇港口。

北宋以后，政治、经济重心南移，加之饱受战乱，原来山东沿海登州、莱州等港口承担的与朝鲜、日本的交往贸易转移到了明州（今浙江宁波），山东半岛的对外交流略显落寞。元代国势强盛，版图辽阔，从欧洲往来的人员和货物大多通过陆路就可直达首都北京，朝鲜日本等国的商船、使者也多从天津港登陆，这对山东半岛的对外交往影响极大。不过，元朝统治者重视海运，开辟了南北的海上交通路线，山东的密州、登州大多作为海运停泊的港口发挥了重要作用。

宋元时代的海上交往推进了文化交流的发展，如宋代一些来华求法的僧人和留学生都往返于山东半岛，如高丽著名的僧人义天，就是在1085年经密州来求法取经，经过在中国的学习，返回高丽后创立了天台宗，把中国的佛教传播到朝鲜半岛；又如韩国文学史上被称为"三大诗人""四大文豪"之一的高丽文人李齐贤，就多次经登州往返中国，留下了名篇《江神子·七夕冒雨到九店》。

3. 明清时代对外交往

明清时代是中外交流的一个重要阶段，对外交往的国家和地区不断增多，经贸往来也十分频繁。但由于地理位置的制约，以及倭寇的兴起，山东半岛的海港更多担负起"拱卫京畿"的重任，海防的职能不断加强。[①] 这一时代山东半岛对外交往的对象主要是朝鲜，具体可以划分为三个阶段，

---

① 赵树国：《明代北部海防体制研究》，山东人民出版社2014年版，第2—3页。

分别是明初洪武永乐时期、万历至崇祯时期、清代康熙至乾隆时期。明朝建立后，高丽政权即归顺明朝成为属国，自此开始了经海道三年一次的朝贡往来，山东沿海成为当时朝鲜使节往来的必经之地。由于登州地位的重要，明政府在 1376 年将登州升格为府，从朝鲜《李朝实录》的记载看，洪武年间高丽王朝共有几十次使者泛海至登州。

明万历到崇祯年间，山东半岛与朝鲜的交往进入了一个新的阶段。由于努尔哈赤的满人政权在东北的势力扩张，明朝所控制的区域不断缩减，明政府与朝鲜政权之间的陆路交通被满人掌控，因此传统的登州来往朝鲜的海道作用凸显。这种交往，不仅在政治军事上具有重要意义，更是成为两国经贸往来的唯一通道，意义重大。康熙、乾隆时期山东沿海居民与朝鲜交往比较密切，但由于海禁政策的施行，两国的海上交通主要是民间进行。[①]

（五）明清海防与国家安全

海防是国家安全的重要组成部分，在对外交流与交往的同时，历代王朝已经充分重视海防的重要性。明朝登州知府宋应昌《重修蓬莱阁记》强调登州"东扼岛夷，北控辽左，南通吴会，西翼燕云。艘运之所述，可以济咽喉。备倭之所据，可以崇保障。封蘼所渔，长鲸周敢吸"，充分阐明了登州在中外交流，以及海上防卫中的重要地位。

1. 明代的山东海防

元朝末年，日本国内诸侯割据，战乱频仍，一些在国内战争中失败的贵族组织手下的武士、浪人等，出没于中国的沿海地区，进行武装走私和抢劫活动。明朝初年，倭寇主要在朝鲜沿海活动，并逐步向我国北方沿海延

---

① 朱亚非、张登德：《山东对外交往史》，山东人民出版社 2011 年版，第 135—136 页。

图 3　戚继光故里牌坊（赵光摄）

伸，山东半岛成为倭寇活动的"重灾区"。明成祖朱棣迁都北京，山东沿海防御体系的战略地位不断提升，成为拱卫京畿的重要"国门"，因此明王朝的统治者们特别重视山东海防。

朱元璋十分重视海防建设，建立了一套防卫机构和设施，并不断加强和完善。根据《明史》记载，"卫"是区域最高级别的军事单位，有固定的防卫区域，有城池、城墙，屯驻重兵。"卫"下辖"所"作为次一级的军事单位，分布在沿海要害之地，归"卫"管辖最为重要的军事据点。"所"之下还有"寨"，是相对较小的兵营；还有"司"，即巡检司，主要是巡弋海疆。① 明成祖在登州设置备倭都司，总督山东沿海诸路兵马，统辖山东全省防倭事宜，并在山东沿海设置了"营"，作为都指挥使司和卫的中间军事指挥机构。当时共设置了 3 个营，即登州营、文登营和即墨营，3 个营管辖山东 24 个卫所；又有 20 巡检司、243 墩和 129 堡。由于统治者的重视，明朝

① 　王海鹏：《烟台海防遗址与海防文化》，见刘凤鸣等主编：《烟台文化通览》，山东人民出版社 2012 年版，第 411—412 页。

北部海防体系初步建立起来。明成祖朱棣还主动做好与日本统治者的沟通，通过多种途径给予日本政府以压力控制倭寇，到了嘉靖中叶，倭寇只是零星来犯，未形成较大威胁。

戚继光为扫除倭寇作出了重大贡献，在25岁时即被任命为山东备倭都指挥佥事。上任之初，戚继光就开始整顿军纪，裁撤不称职官员，提拔一批年轻有为的将领，与此同时，积极处理民事案件，得到了上下的认同。戚继光在山东备倭任上，把主要的精力放在了军事训练、屯田生产和防倭设施的修建上；在沿海百姓中组织起民兵，保家卫国。山东的海防成为当时沿海各省份中最为牢固的防线。嘉靖三十四年（1555），戚继光被调任浙江都司佥事，并担任参将一职，防守宁波、绍兴、台州三郡。在抗倭斗争中，戚继光发现在任官兵多纪律松弛、兵不习战，与熟练使用倭刀、重箭的倭寇相比，战斗力较弱。于是在金华、义乌等地招募了4000多名农民，严格训练，并亲自编写《纪效新书》指导练兵。他还创建了著名的"鸳鸯阵"，修建空心敌台，改良军备，组织起来一支具有强大战斗力的抗倭军队——"戚家军"。

除了戚继光外，明代还有一批抗倭将领、朝中大臣，以及山东沿海州府官员，或直接参与经营海防，或进奏皇帝重视海防建设，或提出具体的海防建议和部署，如郑汝璧、王世德、汪应蛟、宋应昌、邢玠、熊廷弼、毛文龙等对海防的经略，沈一贯、张位对山东海防的部署，以及周如砥、冯琦、王世性、赵秉忠、王献吉、常康等官吏对海防的支持和建议。加上皇帝的重视和人民的支持，明代山东的海防及抗倭活动取得了重大成就。

2. 清代的山东海防

清代建立后，面临的海防压力巨大，有内有外。从康熙末年开始，海盗又逐渐兴起，在威海卫、灵山卫等区域滋扰，威胁着山东区域的海疆安全。此外，西方殖民者对中国海疆已是虎视眈眈。可以说，山东海防所面临的形势十分严峻，唯有建立牢固的海疆体系，才能维护国家安全。

清王朝建立时承继了明代的卫所制度，同时，也进行了一系列的改革，如废除了卫指挥使，将卫变为行政机构，卫所的性质趋近于州县，而到了雍正年间，大规模裁撤卫所，卫所的官员由原来的世袭制改为任命制，纳入兵部统一遴选任命，至此卫所体系瓦解。为了做好海防建设，清政府另谋他法，积极扩建水师，增设战船，在战略要地建筑炮台，同时着手建立以绿营和八旗为主的水陆海防体系，实行海禁和迁界政策，以建立以海岸为依托、近海防御和海岸防御相结合的海防体系。

嘉庆以后，清代海防松弛，由于政府的腐败，海防官员也多不能尽职尽责，加之思想疲敝、设施落后，因此到鸦片战争爆发，中国的海上大门洞开，列强从海上横冲直入中国，中国进入多灾多难的半殖民地时代。

3. 海防遗址和遗迹

明清时代的山东海防为我们留下来众多的遗址、遗迹。经国家文物局和山东省文化和旅游厅批准，从 2021 年 3 月 1 日起，山东省水下考古研究中心联合地方文博、考古机构启动"山东省明清海防遗址考古调查"工作，对山东沿海的滨州、东营、潍坊、烟台、威海、青岛和日照七地市的海防遗址进行全面调查，并建立山东明清海防遗址数据库。就目前的统计资料看，烟台现有 44 处明代海防遗址，其中寨、所一类遗址 10 处，烽火台、烟墩 33 处，炮台 1 处；[①] 清代海防重心转移至威海，烟台现存仅有东、西炮台等遗址。青岛市目前存有 40 处明清海防遗址，其中纯军事防御设施 30 处，城址 3 处，炮台 3 处，兵营遗址 1 处，烽火烟墩 23 处。[②] 威海境内的海防遗存共计 136 处，其中明代海防遗存有 81 处，卫所古城遗址 5 处，军寨遗址 24 处，烟墩遗址 52 处；刘公岛上的近代海防遗存有 31 处，其中炮台遗址 14 处，其他类型 17 处；英租威海卫时期重要军事、海防遗存有 24 处。

---

① 孙兆锋、王富强：《明代烟台海防》，《大众考古》2015 年第 4 期。

② 青岛市文物局编著：《青岛明清海防遗存调查研究》，中国海洋大学出版社 2017 年版，第 111—115 页。

图 4　蓬莱阁（赵光摄）

这些遗址、遗迹是中国人抵御外侮、维护国家安全的象征，成为爱国主义教育的生动教材。众多的遗址中，最为著名的是"蓬莱水城"，它的历史可以追溯到宋王朝为防御辽军而建立的"刀鱼寨"，明代又在此基础上修筑水城，总面积达 27 万平方米，是国内现存最完整的古代水军基地。1982 年，蓬莱水城、蓬莱阁及戚继光故里一起被公布为全国重点文物保护单位。近年来，这里还发现了 4 艘古船，见证了登州古港的对外交往和防卫国家安全的悠久历史。2018 年 6 月 13 日，习近平总书记就来到蓬莱登上蓬莱阁主阁，远眺黄渤海分界线，俯瞰蓬莱水城，了解古代海上丝绸之路情况，察看水城炮台和古代舰船入海口，听取明代爱国将领戚继光操练水师、保卫海防等历史介绍。习总书记特别指出，我国古代史、近代史、现代史构成了中华民族的丰富历史画卷。领导干部要多读一点儿历史，从历史中汲取更多精神营养。要加强国家重点文物保护，让优秀文物世代相传。

　　刘公岛也是著名的海防遗址，1399 年，朱元璋为加强海防建设，在威海设立威海卫，屯兵驻守，迁岛上居民于城郭；1888 年，清政府组建了北洋水师，直至清末北洋水师建军，水师提督衙门就建在刘公岛，岛上先后设立了工程局、机器厂、屯煤所，兴建了北洋海军提督署、威海海军学校、海军官邸、营房、铁码头、炮台等一大批军事设施，刘公岛遂成为北洋水师指挥机关和驻泊补给基地。甲午战争的失败导致刘公岛落入日本人手中，后又被英国殖民者强租，直至新中国成立前，才真正回到人民手中。1988年，刘公岛甲午战争纪念地被公布为全国重点文物保护单位。

（六）儒学在东亚的传播

1. 儒学在朝鲜半岛的传播

儒学在朝鲜半岛的传播可分为四个阶段，第一阶段是初创期，从汉武帝时代到公元 7 世纪。秦末汉初，燕人卫满率众人到达朝鲜半岛，并在公元前 194 年推翻古朝鲜政权，建立卫氏政权，中国的生产技术、文化传统通过行政管理的方式在朝鲜推行，促进了朝鲜半岛吸收中国文化。到了汉武帝时代，灭卫氏政权，分置乐浪、临屯、玄菟、真番四郡。"罢黜百家、独尊儒术"后的儒家文化由此全面影响朝鲜半岛，柳成国《韩国儒学史》指出："从汉朝传入的经学思想，使韩民族受到中国思想的影响。这种影响不只在政治原理方面，另外对礼俗、法制等整个三国时代的社会生活，皆产生了广泛的影响。"[1] 1990 年朝鲜在平壤贞柏洞调查了 3000 多座汉代古墓，其中 364 号墓出土了一批《论语》竹简，《论语》作为儒学经典文献，反映了儒学在朝鲜半岛早期的传播情况。朝鲜三国时代（前 57—668）的高句丽、百济、新罗受汉文化的影响，不断吸收儒家思想与文化。高句丽最先接受儒家文化，并模仿中国设立"太学"，以《诗》《书》《礼》《易》《春秋》五经和《史记》《汉书》《东观汉记》三史作为教材教授学生，推进了儒家思想在朝鲜半岛传播范围的扩大，并从制度上加以确立。除了太

---

① 柳成国:《韩国儒学史》,台湾商务印书馆 1989 年版,第 11 页。

学之外，还在地方设有面向百姓的最早私学——扃堂，统一传播儒家经典与中国文化。百济在公元 4 世纪时已经建立了完备的教育制度，设立太学及"博士"，吸收、传播儒家思想。百济先后出现了王仁、高兴、段相尔、高安茂等著名的儒家学者，他们博学多才，并将儒家文化传播到了日本。新罗虽然接受儒家文化较晚，但他们也模仿中国设置官吏等。公元 503 年，新罗国王称王时还按照儒家的方式改国号和年号，并以儒家思想作为社会治理的重要指导思想。

第二阶段是新罗统一三国时期到高丽王朝中期（唐初到元末），是儒学在朝鲜半岛的发展期，这一时段早期，新罗和唐王朝都比较稳定，双方交流密切，新罗向唐王朝派遣大量留学生学习中国文化，同时采购大量典籍回国，传承儒家思想。繁荣的中国文化对朝鲜半岛的政治、经济、文化、风俗方面都产生了重要影响，中国的科举制度、官僚制度、教育制度等都被朝鲜半岛所效仿，以儒治国的思想也十分突出。

第三阶段是朝鲜儒学的鼎盛期（公元 13 世纪后期到 19 世纪中期）。这一时段，程朱理学传播到了朝鲜并受到官方的重视，在朝鲜形成了"性理学"。学者指出："朝鲜儒学发展到李氏朝鲜（1392—1910）创立之后，显然在朝鲜社会已经处于显学独尊的历史地位。特别是到世宗（1418—1450）时期，儒教及王道政治在朝鲜进入了黄金时代，理学作为官学，已经成为全民族意识形态的核心。"[①]

第四阶段是 17 世纪以后，朝鲜儒学形成了自己的特点后，中国对朝鲜半岛儒学的影响也逐步衰落，加之朝鲜王朝的衰败，儒学的影响也逐步减弱。

2. 儒学在日本的传播

儒学在日本的传播也可以大致分为初传、发展、高峰和衰落四个阶

---

① 刘沛霖:《儒家思想东渐及朝鲜儒学的基本历程——朝鲜思想史散论(一)》,《解放军外语学院学报》1991 年第 6 期。

段。[1] 有关儒学初传日本的时间，学者还有争议，但徐福东渡及后来的中日交往，必然将中国传统文化带到日本，前面提到的百济人王仁等在公元 285 年就曾到日本，"献《论语》10 卷和《千字文》1 卷"，被认为是中国儒学和汉字传入日本的最早记录。

第二阶段是发展阶段，大致在 7 世纪到 16 世纪，相当于中国的唐宋元到明末。从 7 世纪开始，中日交流更加频繁，双方互派使者，有遣隋使、遣唐使等官方的交流，也有民间商贸交流。公元 630 年，日本派出第一批遣唐使，遣唐使主要是僧侣和留学生，他们在中国学习儒家经典、佛教知识等，从公元 630 年至 895 年的 260 多年间，日本十九次派出了遣唐使，其中尤以阿倍仲麻吕、吉备真备随行的第八次遣唐使最为著名。日本的儒学经中国直接引入而快速发展起来，每次遣唐使来，都采购大量典籍带回。到了元代，日本留学生将宋代理学尤其是朱熹思想引入日本，推动了儒学在日本的传播与发展，儒家思想逐渐成为统治阶级的主流思想。

第三阶段是日本的江户时代（1603—1868），儒学逐渐摆脱神学束缚，进入日本发展的鼎盛时代。这一时代的朱子学、古学派、阳明学派先后兴起，对日本的政治、文化发展起到了重要作用。除了上层阶级对儒学的提倡和重视外，儒学已经推广到民间，"四书五经"已经是私塾的启蒙书籍，虽然大多日本人不懂汉语，但也可以读经典，接受儒家文化的熏陶。获生祖徕（1666—1728）是日本德川时代中期的哲学家和儒学家，在他生活的时代，日本儒学达到顶峰，此后进入衰落期。

日本、朝鲜半岛的使者大多在登州登陆或启航，他们对中国的认知也往往是从对登州及由东至西横越山东的旅程开始的，山东浓郁的儒家思想对他们或多或少产生了影响。

3. 儒学在东南亚的传播

东南亚诸国与中国毗邻，历史上都不同程度地受到了儒家文化的影响。

---

① 关松林：《简论儒学在日本的传播与发展》，《日本研究》1994 年第 1 期。

如秦末建立的南越国，汉代时济南人终军出使南越，《汉书·终军传》记载："军遂往说越王，越王听许，请举国内属。天子大说，赐南越大臣印绶，一用汉法，以新改其俗，令使者留填抚之。"终军饱读诗书，是典型的儒生，其思想无疑对南越产生了影响。后来，越南成为古代中国的"藩属"和"邻邦"，与历代王朝的关系也十分密切，中国的儒家思想、文献都传播到了越南，使其成为与儒学最为密切的东南亚国家之一。

隋唐以后，儒学在东南亚的传播主要有两条路径。一条是与中国统治者政治往来产生的文化交流，如柬埔寨、缅甸的历代统治者大都派遣使者来中国，或朝贡或贸易，许多儒家文献就由使者带回，进而开始在本国传播。如18世纪末，缅甸使节孟干就将《朱子全书》等带回本国进行翻译。第二条途径是宋元以后，国人侨居南洋，以人口流动和迁徙为主要方式的儒学传播成为重要特色。如明朝商人莫玖举族迁到了柬埔寨，率领中国华侨同当地人民一起，开垦荒地，兴修水利，控制了这里的河仙地区，他与其子莫天赐就在这里建孔庙，祭祀孔子，大力传播儒家文化。[①] 近代以来，迁居东南亚的移民逐步增多，华侨华人影响力扩大，儒家文化也随之产生深远影响。新加坡、马来西亚、印尼等国家深受中国传统文化，尤其儒家文化的影响。根据学者的研究，从1881年开始，儒家文化的自觉认知在新加坡兴起，一是中国第一次派遣驻新加坡的领事，他们在这里兴办学校，传扬儒家文化将儒家通俗读物传递于华人子弟手中；二是创办了新加坡第一份华人日报《叻报》，对儒家思想在新加坡的传播起到了重要推进作用。在20世纪前半叶，新加坡开始"尊孔读经"，并实现"儒学复兴"。20世纪80年代起，新加坡政府全力推广儒家课程，将儒学传播作为政府行为，将儒家思想注入国家意识，[②] 实现了儒学在新加坡的全面发展。

正是由于汉字、儒家典籍及思想在东亚各国的传播，在很早的时代就

---

① 杨焕英：《儒学在东南亚》，见中国孔子基金会编：《中国儒学百科全书》，中国大百科全书出版社1997年版，第319—321页。

② 朱仁夫：《儒学传播新加坡两百年》，《云梦学刊》2003年第6期。

形成了"东亚文化圈"。东亚文化圈的形成是历史发展的必然结果，也是中国与东亚各国政治、经济、文化交流中相互影响而形成的。以孔子为代表的儒家思想是东亚文化圈形成的重要纽带，也使得诸国形成了相近或相同的价值观念。因此，充分挖潜、弘扬儒家思想的核心价值，不仅有助于建构亚洲共同体，还将有助于全面构建人类命运共同体。

参考文献：

1. 安作璋主编：《山东通史》，人民出版社 2009 年版。

2. 王志民主编：《山东区域文化通览》，山东人民出版社 2012 年版。

3. 朱亚非、张登德：《山东对外交往史》，山东人民出版社 2011 年版。

4. 刘凤鸣：《山东半岛与古代中韩关系》，中华书局 2010 年版。

5. 赵树国、赵红：《山东海防史》，山东人民出版社 2018 年版。

6. 王锡平：《胶东考古文集》，齐鲁书社 2004 年版。

7. 柳成国：《韩国儒学史》，台湾商务印书馆 1989 年版。

8. 姜林祥：《儒学在国外的传播与影响》，齐鲁书社 2005 年版。

六、 泰山与山岳文化

　　齐鲁大地上群山列峙、名峰高耸，山岳文化源远流长、博大厚重。齐鲁有名山，可谓由来已久。《周礼·夏官·职方氏》记载的九州"九镇"中，兖州"岱山"和青州"沂山"位于今山东地区。另据《史记·封禅书》记载，古老的"八神"信仰中有6处与今山东地区的名山有关。[①] 以泰山为代表的齐鲁山岳，因其深厚的历史底蕴和独特的文化魅力闻名于世。泰山、沂山、蒙山、崂山、昆嵛山、峄山、千佛山等，都在中国历史上留下了绚丽璀璨的笔墨。

（一）五岳独尊的泰山

　　岱顶玉皇庙东南矗立着一块镌刻有"五岳独尊"的巨石，这是泰山的标志性景观之一。四个苍劲有力的正楷大字，是清朝宗室爱新觉罗·玉构在光绪三十三年（1907）夏天书写的。四个大字的右侧还有四个略小的楷字——"昂头天外"，由清末广东书画收藏名家辛耀文于光绪三十四年（1908）书写。

---

　　① 这六处分别是：地主，"祠泰山梁父"；阴主，"祠三山"；阳主，"祠之罘"（即烟台芝罘山）；月主，"祠莱山"；日主，"祠成山"；四时主，"祠琅邪"（即青岛琅琊山）。根据南朝、唐代学人的注解，"三山"指海上三神山蓬莱、方丈、瀛洲，也可能指汉东莱郡曲成县"参山"；"莱山"位于汉东莱郡长广县；"成山"位于汉东莱郡不夜县。东莱郡位于今山东半岛北部。

这短短 8 个字，展现了泰山拔地通天、吐纳风云的恢宏气势。

泰山山脉绵亘于齐鲁大地，东面大海，西倚黄河，北靠省会济南，南临名城曲阜。主峰玉皇顶又名"天柱峰"，海拔 1545 米。巍峨的泰山屹立于平坦的华北平原上，气势磅礴、雄伟壮丽，给人"高山仰止"之感。

在泰山上，自然景观与人文杰作完美和谐地融合在一起。泰山风景秀美，"云海玉盘""泰山日出""晚霞夕照""黄河金带"号称"泰山四大奇观"。历史上，泰山集政治、宗教、文学、艺术、民俗等因素于一身，是古代中国文明与信仰的象征之一。1987 年，泰山被列为世界文化与自然双遗产，是中国国内的第一处双遗产。1988 年，岱庙入选第三批全国重点文物保护单位。2001 年，泰山石刻入选第五批全国重点文物保护单位。2006 年，泰山古建筑群入选第六批全国重点文物保护单位。2007 年，泰山景区入选第一批国家 5A 级旅游景区。

泰山古称"太山""岱山""岱宗"。它不仅蕴藏着丰富的生活资源，还是先民躲避洪灾的避难所、供奉天神的大祭坛。在传说中，72 位上古君主曾在泰山举行封禅典礼。据《史记·封禅书》记载，先秦时期古老的"八神"祭礼中有一处为"地主"，即"祠泰山梁父"。梁父又称"梁甫"，是泰山附近的小山。所以，泰山的神圣形象有久远的历史渊源。

泰山是"东岳"，是"五岳独尊""五岳之长"。"五

图 1　"五岳独宗"碑刻（李元熙摄）

岳"作为一种地理标志概念，随着大一统局面的出现而产生。东方是日升之处，在五行中属木，对应春季，蕴含万物生长、生命本初的意义。《白虎通义》中讲，东岳名"岱"，因为万物"更相代于东方"，生死更替、阴阳交换都在泰山完成。因此，古人认为泰山具有主管生命的神职。

历代的祭祀典礼、文学作品和民俗活动使泰山的文化积淀不断厚重。封禅大典、东岳祭祀、赐额封号塑造了泰山的显赫地位，也使它具备了庄重、崇高和权威的象征意义。"泰山北斗""稳如泰山""重于泰山""人心齐则泰山移"之类的词语数不胜数，"会当凌绝顶，一览众山小""清晓骑白鹿，直上天门山""天门一长啸，万里清风来"等名句流传千古。泰山上的东岳大帝、碧霞元君和泰山石敢当等民俗信仰，影响遍及全国。

泰山的文化内涵逐步累积，雪球越滚越大。久而久之，泰山成为管理生死尊卑、掌控阴阳交代、调和风雨节令、关乎国计民生的重要神祇。在中国群山中，泰山"五岳独尊"的历史地位和深邃厚重的文化积淀，无与伦比。

（二）泰山封禅：古代"沟通天人"的祭祀大典

泰山是中国古代封禅大典的重要举办地。需要说明的是，泰山封禅与祭祀泰山截然不同。"封"是在泰山上筑土为坛，祭祀上天。"禅"是在泰山下的小山上祭祀大地。易言之，泰山封禅是以泰山为行礼场所祭祀天、地，与专门祭祀泰山的礼仪制度是两回事。

在中国古代，封禅具有浓厚的政治功利性色彩。有学者做过比喻：封禅像是皇帝"上任时发的奏书"[①]，奏书的收件人就是天和地。皇帝在泰山上与天、地进行沟通，传达出君权神授的政治寓意。但是，封禅大典并非

①　顾颉刚：《五德终始说下的政治和历史》，见《古史辨》第5册，上海古籍出版社1982年版，第466页。

可以随意举行。据《史记·封禅书》记载，举行封禅的前提有三种：一是开国皇帝创建政权，二是天降祥瑞，三是盛世呈平、国泰民安。尽管封禅的传说起源很早，但有明确记载的在泰山上举行过封禅的君主只有 6 人。

1. 上古封禅传说

72 位上古君主登泰山封禅的传说，首见于春秋时期齐国政治家管仲的讲述。但管仲也只能说出其中的 12 位——无怀氏、伏羲、神农、炎帝、黄帝、颛顼、帝喾、尧、舜、禹、汤、周成王。他还讲明了举行封禅的前提条件，并以功德不足为由打消了齐桓公封禅的念头。上古君主频频到泰山封禅的传说，证明封禅具有久远的渊源，也体现了泰山在上古信仰中的重要地位。

2. 秦始皇封禅

信史所载的第一个到泰山举行封禅的君主是秦始皇。他将秦国的传统祭祀礼仪搬到泰山上。公元前 219 年，秦始皇在东巡时召集齐鲁儒生、博士 70 多人讨论封禅的仪节，意在拉近秦朝与东方之间的距离，展现包容齐鲁文化的态度。然而，秦始皇最终认为儒生的建议难以施行，于是自行设计了一套方案：在山上修车道，刻石称颂自己的功业，用秦国传统的"雍畤"祭礼在泰山祭天，在梁父山祭地。

但是，秦始皇的封禅并不顺利，而且招致世人的质疑。他登泰山时遭遇暴风雨，不得已躲避在大树下。儒生们的建议未被采用，便借此讥讽秦始皇。而那棵为秦始皇遮风挡雨的大树则被赠予"五大夫"的爵位。泰山至今仍有一处名叫"五大夫松"的景点，讲述着这件往事。

3. 汉武帝封禅

汉武帝于元封元年（前110）首次举行封禅。这时的西汉国力鼎盛、威名远播。此前，汉武帝在与匈奴的战争中取得了绝对优势，彻底解决了匈奴对汉朝的军事威胁。国内政治、经济、文化等各领域的改革也获得成功，政权统治稳固，儒学成了官方意识形态。在"功成治定"的背景下，汉武帝到泰山举行封禅大典，彰显自己的文治武功与国家的太平盛世。

然而，汉武帝在封禅中还夹杂着祈求长生的私人心愿。他登泰山时秘密行事，不公开细节，而陪他登山的霍嬗很快暴病身亡。这为封禅大典增添了一抹神秘色彩。此后，汉武帝又 7 次到泰山。据《史记》《汉书》记载，李少君、公孙卿等方士曾向汉武帝建议通过封禅实现长生。所以，频繁的泰山之旅包藏着汉武帝求仙、长生的强烈动机。

4. 光武帝封禅

东汉开国君主光武帝在建武三十二年（56）登泰山祭天，在梁父山祭地。整个礼仪程序被马第伯记录在《封禅仪记》中。举行封禅大典后，东汉改年号为"建武中元"。

光武帝在封禅中借助谶纬来彰显东汉政权的正统地位。据载，光武帝决定封禅，是因为在《河图会昌符》中发现了"赤刘之九，会命岱宗"的记载。在他看来，自己是汉高祖的九世孙，与"赤刘之九"相符，如果再按谶纬所言去泰山封禅，定能趋吉避凶，皇权永固。光武帝在泰山上立的刻石也证明了这一点。据载，刻石大量征引《河图赤伏符》《孝经钩命决》等谶纬文献的语句，借助其中的神秘信息强调光武帝君权的神圣性与东汉王朝的合法性。

5. 唐高宗封禅

在唐高宗之前，唐太宗曾两次计划封禅，但都因天象示警、洪涝灾害、边疆战事等原因而作罢，一直未能实现封禅的愿望。到唐高宗统治中期，唐朝国力强盛，政局稳定，封禅又被提上了日程。

唐高宗在麟德二年（665）十月带领庞大的随行队伍前往泰山，于次年正月的第一天正式举行封禅大典。封禅后，唐朝改元"乾封"。

这是历史上唯一一次有女性参加行礼的封禅大典。据《旧唐书·礼仪志三》，唐高宗先登泰山祭天，然后到泰山下的社首山祭地。但唐高宗祭地时只行初献礼（即首次祭酒），亚献、终献（分别指第二次和第三次祭酒）分别由皇后和越国太妃完成。皇后在封禅大典中参与行礼，前无古人，后无来者，这次封禅大典成为武则天抬高自己政治地位的一个重要步骤。

6. 唐玄宗封禅

唐玄宗于开元十三年（725）到泰山封禅。此时的唐朝正处在开元盛世的巅峰。鉴于武皇临朝、韦后篡权的历史未远，这次封禅仪式中没有出现皇后的身影。

盛唐气象在这次封禅大典中展现得淋漓尽致。首先，与高宗封禅一样，大量附属部族的首领、与唐朝友好交往的国家使者随同前往。这是唐朝国力强盛、各民族与各国和平友好的表现。其次，之前帝王封禅时的玉牒都是密封的，不显露自己对于天、地的真实祈求；而唐玄宗将玉牒公开，宣示自己"为苍生祈福"的封禅动机。最后，唐玄宗在岱顶留下了巨大的摩崖石刻——《纪泰山铭》。《纪泰山铭》由唐玄宗亲自撰文、书写，展现了他的文学底蕴和书法造诣，传达出开明坦荡、自信豪迈的盛唐

图2 《纪泰山铭》局部（李元熙摄）

气度，具有重要的历史价值。直到今天，《纪泰山铭》仍是泰山的标志性景观之一。

7. 宋真宗封禅

宋真宗的封禅大典是在外交和军事失利的背景下树立皇帝权威、唤起政治认同的措施。景德元年（1004），宋、辽两军对峙澶州并签订澶渊之盟。此后，北宋每年要向辽交付巨额"岁币"。为了冲淡城下之盟的不良影响，北宋中央有意营造出一派盛世景象："天书"降临，祥瑞涌现，朝臣、僧道与泰山民众积极奏请皇帝封禅。在几番象征性地谦让之后，大中祥符元年（1008），宋真宗终于登泰山祭天，在社首山祭地，完成了封禅。

宋真宗在泰山留下了两个标志性建筑：一是岱顶昭真祠，就是后来供奉碧霞元君的碧霞祠；二是岱庙天贶殿，用以纪念、答谢上天降下的"天书"。天贶殿与北京故宫太和殿、曲阜孔庙大成殿并称"中国古代三大宫殿"。殿内壁画《启跸回銮图》总长 62 米，高 3.3 米，描绘了泰山神出巡的场景，气势恢宏，技艺精湛，堪称艺术精品。

此后，再没有皇帝到泰山举行过封禅大典。究其原因，北宋中期出现的儒学复兴冲击了传统政治文化。秦汉以来的封禅也遭到了学者们的质疑和批判，政治影响不断减小，并最终退出了历史舞台。[1] 虽然历代王朝仍然沿用着祭祀泰山的礼制，但泰山原有的政教地位在宋以后便下降了；泰山的政治色彩逐步减弱，而民俗色彩渐趋增强。

（三）东岳崇拜与国泰民安

正所谓"山不在高，有仙则名"，而在古人看来，泰山不仅是矗立东方

---

[1] 刘浦江:《"五德终始"说之终结——兼论宋代以降传统政治文化的嬗变》,《中国社会科学》2006 年第 2 期。

的高山，还是百神汇集之所。直到今天，东岳大帝、碧霞元君、泰山石敢当仍是全国性的民俗信仰。

1. 东岳大帝

"东岳大帝"是泰山神的一种称号，是自然神人格化的结果。这个称号缘于历代王朝授予泰山的帝王封号。开元十三年（725），唐玄宗首先封泰山神为"天齐王"。大中祥符元年（1008），宋真宗加封泰山为"仁圣天齐王"，后又升格为"天齐仁圣帝"。至元二十八年（1291），元世祖又加封泰山为"天齐大生仁圣帝"。明太祖认为，赐予岳镇海渎人间的封号是不敬神灵的行为，于是取消泰山的封号，直接称为"东岳泰山之神"，但供奉东岳大帝的祠庙已在各地广泛分布。随着传说流行，东岳大帝的身世出现了盘古、金虹氏、太昊、天帝之孙、《封神演义》中的黄飞虎等几种不同说法。传说的多重演绎反衬出东岳大帝在民众间广泛的信仰基础。

图 3　岱庙（李元熙摄）

在古代信仰中，东岳大帝不仅掌管生死，而且护国安邦。在古人看来，生死更替、阴阳交换都在泰山完成；泰山是死者魂魄归附之地；泰山能召人魂魄，能知人生命长短，能"治鬼"。后来，个人的福禄厚薄、土地上的风调雨顺、国家的繁荣昌盛，也逐渐进入东岳大帝的管辖范畴。

东岳大帝信仰的广泛传播，表现在分布各地的东岳庙和传承千年的东岳庙会上。从宋代开始，泰山东岳庙不再只是朝廷祭祀泰山的场所，还是民众朝拜东岳大帝的圣地。目前，学界围绕东岳庙会形成的具体时间还有不同意见，但大致可以确定，至迟宋代，东岳庙会已经形成并发展成熟。举办地在东岳庙，举办时间为传说中东岳大帝的诞辰——三月二十八日。东岳庙会融宗教信仰、商业贸易、娱乐竞技于一体，带动经济发展，活跃社会生活，深受民众喜爱。明、清与民国时期，东岳庙会渐趋鼎盛，而且祭祀成分逐步减少，民俗、贸易的比重日渐突出。

作为传统经济民俗的集中反映，东岳庙会历经千年，流传至今。2008年，泰山东岳庙会入选第二批国家级非物质文化遗产名录。

2. 碧霞元君

泰山除了有"男神"东岳大帝，还有"女神"——碧霞元君，又称"泰山娘娘""泰山奶奶"。关于她的身世，有东岳大帝女儿、泰山府君女儿、黄帝玉女、华山玉女、民女修仙得道等多种传说。

古代政权对于碧霞元君的祭祀最早可追溯到北宋。据《文献通考》记载，宋真宗到泰山封禅时，命人将山顶玉女池边的神像换成玉石材质，并派王钦若拜祭。此后，历代政权偶有祭祀，但不成定制。到明代，皇室开始频繁祭祀碧霞元君。清朝从乾隆年间起，将碧霞元君纳入国家祀典，定期祭祀。[①]

碧霞元君的神职功能也在不断累积、扩展。东方主生，碧霞元君作为

---

① 周郢：《泰山碧霞元君祭：从民间祭祀到国家祭祀——以清代"四月十八日遣祭"为中心》，《民俗研究》2012年第5期。

泰山女神，自然具备掌管女性生育的神力。后来，她的功能又逐渐扩展到护国佑民、普济众生。清雍正皇帝曾为碧霞祠赐额"福绥海宇"，反映了她在官民信仰中的无边神力。

随着碧霞元君的影响力不断扩展，供奉她的神祠由泰山向周边传播，遍布各地。民众岁时献祭，举办各种庙会活动。在明、清民间的泰山信仰中，碧霞元君取代东岳大帝成为民众崇奉的泰山主神，碧霞元君香会随之发展壮大起来。在碧霞元君的诞辰四月十八日前后，香客集中登山进香。明朝中后期，当地官府建立了一套向香客征收"香税"的制度。上交中央后，剩余的税款会被投入到当地赈灾、修庙等公共事务中。这些都是碧霞元君拥有广泛信仰基础的证明。

3. 泰山石敢当

直到今天，刻有"泰山石敢当"5个字的碑碣在一些古旧路巷、桥梁要冲、房屋墙壁上仍然清晰可见。这就是被列入首批国家非物质文化遗产名录的泰山石敢当习俗。

泰山石敢当习俗历史悠久，在海内外广泛传播。它肇始于原始时代的灵石崇拜，以镇宅、化煞为主要功能。"石敢当"最早的文字记载见于汉代的童蒙识字教材《急就章》。据学者考察，台北市傅斯年图书馆所藏的两张金代"泰山石敢当"拓片表明，"泰山"与"石敢当"在宋金时期已经组合起来。有关石敢当的神话传说也在不断演绎，出现了石将军、石大夫等人格化的神灵。随之衍生出的石刻艺术、曲艺作品更丰富了这一习俗的文化内涵。

泰山石敢当习俗蕴含着镇宅厌殃、驱祟辟邪、抗御天灾的积极期望，表达了中国古代民众祈求康泰祥和、渴望平安如意的美好愿望。

（四）历代名人与泰山

从古至今，到过泰山的历史名人为泰山留下了辉煌灿烂的文化印记。

1. 司马迁与泰山

司马迁是封禅文化的记录人。其父司马谈因病未能参加元封元年的封禅大典，抱憾而终。而司马迁曾经"从巡祭天地诸神名山川而封禅焉"，就是说，他曾跟随汉武帝参加过各种重要的祭祀礼仪活动，包括封禅大典。除了亲身见证，司马迁还考镜源流，追述泰山封禅的历史，写成了《史记·封禅书》。《封禅书》以记载秦皇、汉武的封禅活动为主要内容，为今人了解两千年前的封禅文化提供了宝贵资料。

提到司马迁与泰山，不能不想起他在《报任安书》中的名言——"人固有一死，死有重于泰山，或轻于鸿毛"。司马迁取泰山的崇高庄重表露自己心中的光明无悔，为后世代代传颂。

2. 应劭与泰山

东汉后期的著名史学家应劭担任过泰山郡太守，还曾率军击退黄巾军的进攻，使泰山郡免遭战火。后来，曹操之父曹嵩在泰山南部被徐州牧陶谦杀害。应劭担心被曹操迁怒，遂弃官投奔袁绍。

应劭的名著《风俗通义》收录、辨析了很多与泰山有关的传说。在该书卷二《正失·封泰山禅梁父》中，他列举了诸多泰山上的传奇故事。例如，汉武帝在泰山上用金箧玉策占卜寿命；奉车子侯丢失了在泰山上发现的石玺，因而暴卒；轩辕黄帝在泰山乘龙飞升，未及跟随者抱着黄帝的弓箭号哭，"乌号弓"由此得名；等等。应劭梳理典籍文献，寻访当地故老，对这些传说进行考辨，剖析其中虚假、捏造的成分，显露出客观、理性的思想光芒。

3. 竺僧朗与泰山佛教

被称为"山东佛教第一人"的竺僧朗迁居泰山，是佛教传入山东地区的标志。他于前秦皇始元年（351）进入泰山并在金舆谷创建寺院，泰山从此成为山东地区的佛教传播中心。今济南历城区的神通寺，原名"朗公寺"，是山东地区最早的佛教寺院，由竺僧朗首建，后因隋朝赐额"神通"而改名。据传济南长清区的灵岩寺也由竺僧朗开创，于1982年入选第二批全国重点文物保护单位。

竺僧朗在泰山传法期间，前秦皇帝苻坚、东晋孝武帝司马曜、后燕皇帝慕容垂、北魏皇帝拓跋珪、后秦皇帝姚兴、南燕皇帝慕容德等南北方政权的君主先后致信，馈赠钱财，表示礼遇。竺僧朗之后，泰山一带涌现出了竺道馨、僧念、僧安道壹、法安等多位名载史册的高僧。

4. 黄巢败走泰山

泰山与农民起义的渊源很早。在两汉之际，樊崇领导的赤眉军就曾将泰山作为根据地，反抗新莽政权的统治。

为唐王朝敲响丧钟的黄巢是山东菏泽人。唐乾符二年（875），黄巢在冤句（今山东菏泽市西南）起义，转战江南并控制了岭南大部分地区。广明元年（880）末，黄巢攻占长安，建立"大齐"政权，沉重打击了唐朝晚期的腐朽统治。唐僖宗逃往蜀地，整合军事力量反扑。在双方较量中，黄巢的部将、后来灭唐建立后梁的朱温投靠唐军。中和三年（883），黄巢被迫撤出长安，次年殒命于泰山狼虎谷。泰安市下港镇、祝阳镇交界处和济南市莱芜区西南部有多个与黄巢起义有关的地名，像大堂沟、大黄巢观、小黄巢观等，泰山附近还有两座黄巢墓。这些都是当地民众追念黄巢的表现。

5. 宋初三先生与泰山

有"宋初三先生"之称的胡瑗（安定先生）、孙复（泰山先生）和石介（徂徕先生），是宋代开理学风气先河的儒学大师。他们都曾在泰山读书、治学。

石介创建泰山书院并请孙复教学，促进了泰山学派的形成。石介是今天的泰安人，曾师从范仲淹。范仲淹主持庆历新政时举荐他协助整顿国子监，取得了显著成效。欧阳修称赞他："太学之兴，自先生始。"孙复是今山西临汾人，也曾师从范仲淹。他在石介帮助下到泰山讲学，并将学舍设在凌汉峰下的栖真观。这就是泰山书院，被视作山东地区最早最有影响的书院，在宋代学术史中有重要地位。胡瑗（今江苏如皋人）也曾到泰山与石介、孙复共同治学。后来，石介又在徂徕山下创办徂徕书院。在讲习传授中，泰山学派逐渐形成。学者们的政治见解与学术观点相近，有独立的学术精神、鲜明的政治态度，是一股积极向上的力量。

6. 张志纯、严实与元初泰山建筑的修复

把守着登顶泰山必经之路的南天门，最早建于元代，修建者是有"天倪子""张炼师"之称的道士张志纯。

张志纯，金末泰安人，师从全真道开创人王重阳的再传弟子崔道演。元世祖时，张志纯受命主持岱庙事务，并获赐号"天倪"。经过金末战乱，泰山上的部分建筑已被毁坏，需要修复、增建。这项工作得到了当地官方的支持。

严实，金末长清人，是元初的汉族"世侯"。他先后接受金、南宋、蒙元的任命，管辖山东西北部，并最终选择依附蒙元，被任命为东平路行军万户府长官，官职世袭，这就是所谓的"世侯"。严实、严忠济父子在当地执政四十余年，对战后恢复生产、发展经济作出了重要贡献。张志纯的修复工作便是在严实父子支持下进行的。

修复活动被同时代的山东散曲家杜仁杰记述在《泰安阜上张氏先茔记》中。严实委托张志纯修复宫观祠宇，在建筑材料、工匠、彩绘等方面提供经费保障。张志纯用三年时间，在地势险峻的南天门建成楼阁式建筑，创立了一大景观。杜仁杰撰文、严忠范书写的《天门铭》把南天门的修建称为"破天荒"。经过数十年的艰辛工作，东岳庙、玉女祠、玉帝殿等二十多处庙观被整修、创建起来。

7. 顾炎武的泰山学术之旅

顾炎武不仅是17世纪杰出的思想家，还是研究泰山石刻的代表人物。梁启超先生指出，顾炎武的《金石文字记》是清代金石学之滥觞。而在顾炎武的金石学研究中，泰山石刻占有重要地位。

顾炎武在清顺治十五年（1658）、十六年（1659），以及康熙二年（1663）、五年（1666）4次游历泰山一带，勘查大量石刻，考察民间信仰，成果收录于《山东考古录》《金石文字记》《日知录》等著作中。《山东考古录》中的《辨无字碑为汉立》《考碧霞元君》《考泰山都尉》等文章虽然篇幅短小，但颇具学术价值。例如，关于岱顶无字碑的来历，古来多有争议，多数学者都猜测是秦始皇所立。《辨无字碑为汉立》一文匡清谬误，依据《史记》的记载，指出无字碑极可能为汉武帝所立。此说与以往荒诞不经的猜测截然不同，颇受学界重视。

8. 冯玉祥将军与泰山

冯玉祥将军是中国近代史上著名的民主主义革命者。20世纪30年代，他两次离开政治前台，隐居泰山。1932年，在中原大战中失败的冯玉祥从山西迁往泰山居住。1933年5月，在中国共产党的帮助下，他与吉鸿昌等人在张家口组织"察哈尔抗日同盟军"。8月，冯玉祥被迫通电解甲，返回泰山，后于1935年11月离开。他于1948年罹难海外，于1953年安葬在泰山西麓，守望着他为泰山民众修建的大众桥。

冯玉祥居住泰山期间坚持读书学习，积极宣传抗日，培训军事人才。他还在1933年冬委托夫人李德全创办"贫民小学"，而后又委托当地知名学者范明枢开办"武训小学"，为贫苦子女提供免费教育。1934年，学校在陶行知的建议下实行半工半读制，纾解学生困境。"武训小学"下辖的15所学校不仅教授科学文化知识，还注重爱国教育。这是冯玉祥对泰山地区教育事业的重要贡献。

（五）东镇沂山与蒙山

沂蒙山旅游区是国家 5A 级旅游景区，位于山东省中南部。旅游区内的两大标志——沂山与蒙山，分别位于潍坊市、临沂市，南北相望。

1. "五镇之首"：沂山

沂山又称"副岳""东泰山"，坐落于临朐县南部，主峰玉皇顶海拔 1032 米。沂山是汶河、沂河、沭河和弥河的发源地。在古代的岳镇海渎祭祀体系中，东岳泰山是五岳之首，东镇沂山是五镇之首。

"镇"指一个区域内的主山。据《周礼·夏官·职方氏》记载，天下九州中正东方向的是青州，以沂山为镇。进入王朝祀典的镇山最早只有四个。到了北宋、金代，东镇沂山、南镇会稽山、西镇吴山、北镇医巫闾山和中镇霍山方才汇齐。

史有明文的沂山祭祀，最早出现在西汉。据《史记·封禅书》记载，济南人公玉带向汉武帝讲述上古传说，称黄帝为求长生，在封禅泰山后又去封"东泰山"。汉武帝也希望到东泰山举行封禅，到了之后才发现此山"卑小"，于是放弃封禅，只令礼官祭山了事。

沂山的东镇身份与祭祀制度确立于隋唐时期。开皇十四年（594），隋文帝下诏为东镇沂山、南镇会稽山、北镇医无（巫）闾山、冀州镇霍山立祠。唐代，镇山已经成为国家定期祭祀的对象，沂山也开始有了人格化的称号。唐玄宗封沂山为"东安公"，宋徽宗封沂山为"东安王"，元成宗又加封沂山为"元德东安王"。明太祖则将之前的封号全部撤销，径直称为"东镇沂山之神"。清乾隆皇帝曾为沂山题字"大东陪岳"。镇山祭祀寄托着古代政权版图永固的愿景。2014 年，东镇沂山祭仪入选第四批国家级非物质文化遗产扩展项目名录。

除了古代王朝的祀典，沂山还有厚重的宗教文化积淀。魏晋南北朝时，

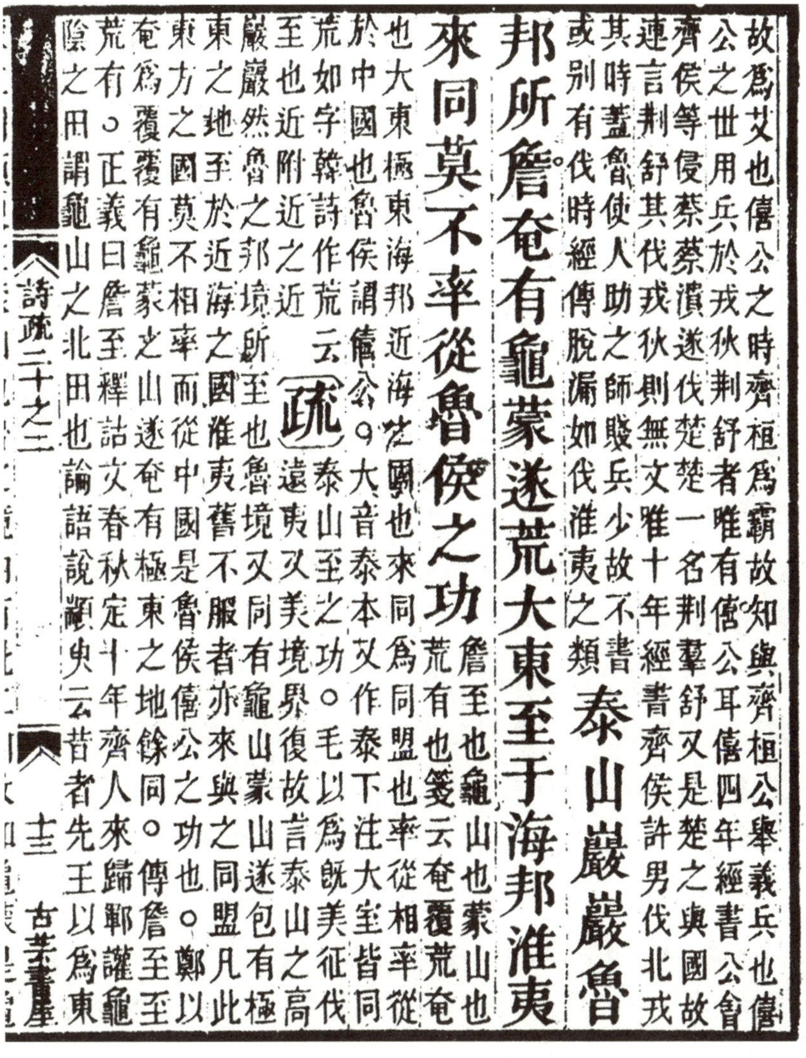

图 4　《诗·鲁颂·閟宫》中的"奄有龟蒙"（阮元校刻《十三经注疏》）

明道寺成为沂山地区的佛教中心。20 世纪 80 年代，文物工作者从明道寺遗
址中清理出大量北朝佛教造像，印证了当时沂山一带佛教信仰的兴盛。道教
在沂山也有发展，沂山上的东镇庙、玉皇阁都有浓郁的道教文化色彩。

东镇庙与东镇碑林是沂山的著名景观。东镇庙是历代王朝祭祀沂山的
行礼场所，其大殿遗址具有重要的文物研究价值，于 2019 年入选第八批全
国重点文物保护单位。现在的东镇庙于每年四月初八举办庙会。沂山上保

存了大量碑刻，有"东镇碑林"的美称。碑林涵盖历代的诏旨、祭文、诗词等多种类型，时代跨度长，内容丰富，具有宝贵的历史、文学和艺术价值。

2. "岱宗之亚"：蒙山

蒙山古称"东蒙""东山"，有"岱宗之亚"的美誉。主峰龟蒙顶因峰顶形似卧龟而得名，海拔1156米，是山东省第二高峰。

中国上古文明史中便有与蒙山相关的记载。据《左传·僖公二十一年》记载，鲁国附近的小国颛臾掌管着"大皞"（太昊）的祭祀，可能就是太昊部族的后裔。而《论语·季氏》中讲，颛臾曾负责主持"东蒙"的祭祀。这说明，蒙山一带是上古部族的活动区域，蒙山是中国早期山川信仰、山岳文化的组成部分之一。

先秦以来的文学作品为蒙山增添了厚重的文化气息。《诗经·鲁颂》中的《閟宫》就将蒙山与泰山并列提及："泰山岩岩，鲁邦所詹（瞻）。奄有龟蒙，遂荒大东。"《孟子·尽心上》中有"孔子登东山而小鲁，登太山而小天下"的千古名句，"东山"即蒙山。杜甫曾与李白同游，在《与李十二白同寻范十隐居》中写下"余亦东蒙客，怜君如弟兄"的佳句。唐代文人萧颖士的《蒙山作》用"东蒙镇海沂，合沓余百里"描绘蒙山的雄伟气势与绵延不绝的山峦。明代文学家公鼐在《东蒙山赋》中称赞蒙山"岱宗之亚，爰有东蒙"。总之，蒙山的历史文化底蕴同样引人瞩目。

（六）海上仙山：崂山

崂山，坐落于青岛市崂山区，在古代又名"牢山""劳山"，有"海上第一名山"的美誉。古人说："太山自言高，不如东海劳。"[1]"劳"就是崂

---

① ［宋］李昉等：《太平御览》，中华书局1960年版，第204页。

山。崂山风景名胜区景色秀丽，是国家5A级旅游景区。

秦汉时期，崂山一带的海上寻仙活动十分活跃。早在春秋战国时期，燕齐一带的神仙方术盛行，产生了蓬莱、瀛洲、方丈"海上三神山"的仙话。秦皇、汉武东巡时都曾在崂山一带求仙。顾炎武《〈崂山志〉序》考证，"劳山"因秦始皇在这里劳民伤财而得名。大批方士聚集此处，推动了方仙道的发展，为日后道教的兴盛打下了基础。太清宫是崂山上最古老的道观。一般认为，西汉人张廉夫在今崂山太清宫一带筑茅庵修行，建立了崂山上的第一处道教修行场所，这就是太清宫的前身。

崂山道教在唐末五代迎来一个重要发展阶段。被后周世宗封为"道化善济真人"的李哲玄，道号"守中子"，曾到崂山传播内丹修炼术（即修炼人自身的精气神）。当地道教注重外丹烧炼（即炼制长生丹药）的传统为之一变。他的师侄刘若拙也到崂山修炼并在当地推行内丹术。刘若拙曾掌管全国道教事务，被宋太祖封为"华盖真人"，地位显赫。他在崂山期间，太平兴国院（即太平宫）、上清宫等道教宫观陆续兴建起来。

金、元两代，同样注重内丹修炼的道教宗派全真道进入崂山。"全真七子"中的长生子刘处玄、长春子丘处机都曾在崂山传道，崂山太清宫成为北方沿海地区全真道的传播中心之一。崂山也有了全真道"天下第二丛林"之称。明代，崂山地区的道教又有新发展。丘处机开创的全真道龙门派出现了三个支派：鹤山派、崂山派（又名"金山派"）和金辉派。据传，武当派创立者张三丰也曾在崂山修行过。到明、清时期，山上的道教宫观鳞次栉比，号称"九宫八观七十二庵"，蔚为壮观。

道教兴盛为崂山留下了很多文化遗产。道教题材的石碑、摩崖刻石非常多。有"道场音乐""法事音乐"之称的崂山道教音乐保留了明清时期的古典音乐遗风，于2008年入选第二批国家级非物质文化遗产名录。

但崂山上并非道教一枝独秀。今天俗称"荆沟院"的崇佛寺，据称始建于曹魏时期，是崂山上最古老的佛教寺院。法海寺、石佛寺等也颇有名气。明万历年间，崂山上发生过一次僧道之争。"明末四大高僧"之一憨山德清在崂山太清宫前修建海印寺，引起道教信徒不满。双方的矛盾冲突引起了最高统治层的关注。明神宗最终偏向道教，下令拆除海印寺，并将憨山德清发配。至今，太清宫三清殿前山门外还有一块镌有"海印寺遗址"的石碑，讲述着佛道两教曾经的冲突。

历代文士也为崂山增添了不少传奇色彩。比如，李白《寄王屋山人孟大融》开篇写道："我昔东海上，劳山餐紫霞。亲见安期公，食枣大如瓜。"安期公即安期生，是传说中修炼得道的仙人。诗仙挥洒浪漫玄幻的才情，表露出对崂山的喜爱。清代文学家蒲松龄创作的《劳山道士》，一向脍炙人口，它以讽刺的口吻讲述勤奋、务实的重要意义。

（七）昆嵛山与全真道

昆嵛山旧名"姑余山"，位于烟台牟平与威海文登的交界处。昆嵛山主峰泰礴顶，海拔 923 米，耸立在胶东半岛东部。

昆嵛山在自然资源与人文历史两方面都有显著特色。这里自然风光秀丽，是中国赤松的原生地和天然分布中心，也是全球赤松林分布面积最大、保存最完好的天然分布中心。2008 年，昆嵛山获批成立国家级自然保护区，成为山东省第一个森林生态类型国家级自然保护区。另外，昆嵛山是全真道的发祥地，有深厚的道教文化积淀。

全真道是道教的一个宗派，在金朝后期兴起于以昆嵛山为中心的胶东地区。它汲取儒家和佛教的思想，提倡三教同源、三教合一，主张修炼内丹、清静无为、除情去欲、返璞归真。胶东地区神仙观念悠久、道教传统深厚，为全真道的兴起提供了优越环境。

全真道的创立者王重阳，名喆，道号"重阳子"，今陕西咸阳人，在陕西终南山修道时创立了全真道。金大定七年（1167），他到山东半岛宁海州传道，并于次年二月到昆嵛山烟霞洞修道、授徒，半年后离开，不久便创建了全真道第一个基层信众组织——三教七宝会。他在山东收下的弟子中，有闻名天下的"全真七子"——丹阳子马钰、长春子丘处机、长真子谭处端、玉阳子王处一、太古子郝大通、长生子刘处玄和马钰之妻清静散人孙不二。

据学界研究，从王重阳到达宁海州至大定二十三年（1183）马钰去世的16年间，昆嵛山是全真道的发展中心。马钰曾于大定二十二年（1182）在昆嵛山建契遇庵、东华庵。东华庵就是现在的东华宫。从马钰去世至金兴定四年（1220）丘处机西行前，全真道的中心从昆嵛山向莱州、登州、宁海州转移扩散。[①] 所以，昆嵛山在全真道的早期发展中占有重要地位。

"全真七子"中最有名气的丘处机，也与昆嵛山有着不解之缘。他生于今山东栖霞，青年时便在昆嵛山修道。他是"全真七子"中较早拜师王重阳的人，于大定八年（1168）随王重阳将宁海全真庵迁到昆嵛山烟霞洞。王重阳去世后，丘处机苦修13年，开创全真道龙门派，并先后面见金世宗与成吉思汗。尤其是他面见成吉思汗的西行之旅，对发展全真道、宣讲中原文化、平息干戈有着重要意义。

昆嵛山至今保留着很多与全真道有关的历史遗迹，例如圣经山巅的摩崖石刻。"圣经"指道家经典《道德经》。山顶两石并立，一石刻"圣经山"三字，另一石高6米，长15米，俗称"月牙石"，刻《道德经》上下卷。圣经山摩崖于2006年被列入第六批全国重点文物保护单位。

除以上所述，历史底蕴厚重的齐鲁名山尚有很多。例如在山东中北部，淄博的鲁山，主峰海拔1108米，在山东省内仅次于泰山、蒙山和崂山的主峰。而寿光的静山则是海拔最低的山，只高出地面0.6米。鲁山南麓沂源溶洞群中的下崖洞有沂源猿人遗址，入选第六批全国重点文物保护单位。济南千佛山是传说中"舜耕历山"的所在地。济南东北的华不注山则因春秋时期齐、晋两国的鞍之战而闻名。公元前589年，郤克、韩厥率晋军追

---

① 赵卫东：《山东全真道活动中心的变迁》，见丁鼎主编：《昆嵛山与全真道：全真道与齐鲁文化国际学术研讨会论文集》，宗教文化出版社2006年版，第404页。

逐齐军绕着华不注山跑了三圈，齐顷公因逢丑父舍身相替才没被俘虏。在临淄的牛山上，齐景公曾发出过有名的"牛山叹"，感慨人生苦短、终有一死。牛山东侧的田齐王陵又称"四王冢"，是田齐威王、宣王、湣王、襄王的陵墓，入选第三批全国重点文物保护单位。牛山北麓有管仲墓，附近的鼎足山还有齐国"二王冢"。① 无棣县的碣石山是秦始皇东巡所到之处，还因曹操的《观沧海》名扬天下。

再如，在山东南部，邹城的峄山古称"邹峄山"，有"邹鲁灵秀""岱南奇观"的美誉。秦始皇到泰山封禅前曾先登峄山，刻石颂德。峄山刻石是秦始皇东巡途中的第一块刻石，意义非凡。济宁梁山则是水浒故事的发源地，以忠义、正直的文化性格闻名海内。临沂孟良崮因北宋抗辽名将孟良驻军而得名。1947 年，华东野战军在这里全歼国民党军整编第 74 师，对解放战争中的华东战局有重要的战略意义。

齐鲁大地上的名山数不胜数，兹不尽述。历史在齐鲁名山上留下了多姿多彩的人文印记，凝结成了辉煌壮丽的齐鲁山岳文化。

参考文献：

1. ［汉］应劭撰，王利器校注：《风俗通义校注》，中华书局 1981 年版。

2. ［宋］李昉等：《太平御览》，中华书局 1960 年版。

3. ［元］马端临：《文献通考》，中华书局 1986 年版。

4. 顾颉刚：《史林杂识初编》，中华书局 1963 年版。

5. 顾颉刚等主编：《古史辨》，上海古籍出版社 1982 年版。

6. 王志民主编：《山东区域文化通览》，山东人民出版社 2012 年版。

7. 丁鼎主编：《昆嵛山与全真道：全真道与齐鲁文化国际学术研讨会论文集》，宗教文化出版社 2006 年版。

---

① 目前关于"二王冢"的墓主有几种不同的观点：一种认为是姜齐的桓公小白和景公杵臼，另一种认为是齐侯田剡和田齐桓公午；还有学者认为是太公田和与田齐桓公午。综合来看，田齐君主的可能性更大。参见张龙海：《二王冢》，《管子学刊》1991 年第 4 期。

七、黄河、运河与河川文化

山东水系比较发达，干流长10公里以上的河流有1500多条，这些河流分属淮河流域、黄河流域、海河流域和胶东水系。以泰沂山系为界，其北以黄河水系为主，其南以淮河水系为主。北部主要河流有徒骇河、马颊河、黄河、淄河等，南部主要河流则有泗河、沂河、沭河等。丰富的水系分布滋润着肥沃的土地，为人们的生存活动提供了有利条件，是齐鲁文化发展繁荣的重要基础。

（一）黄河入海流

黄河是中国第二长河，全长5464公里，发源于青海省巴颜喀拉山北麓，流经青海、甘肃、四川、宁夏、内蒙古、陕西、山西、河南、山东等9个省区，最后在山东省东营市垦利区注入渤海。

黄河是中华民族的"母亲河"，孕育了光辉灿烂的中华文明。在很长的一段历史时期内，黄河流域一直是中国的政治、经济、文化中心，商、周、汉、唐、北宋等朝代均在黄河流域建都，安阳、西安、洛阳、开封等城市都是流域内的知名古都。

现今的黄河山东段长628公里，位于黄河下游，从山东省菏泽市东明县入境，流经菏泽、济宁、泰安、聊城、济南、德州、滨州、淄博、东营9

图 1　黄河口日出（侯贺良摄）

市的 26 个县（市、区）。黄河下游横贯华北平原，平原区地势平坦，黄河流速平缓，从中上游携带的大量泥沙沉积，形成了举世罕见的自然奇观——地上悬河，广为流传的"人在地上走，水在头上流"就是这一景观的生动写照。

1. 历史上的黄河与山东

历史上的黄河河道多次变迁，特别是黄河下游，变迁范围极大，北曾到现今的天津市，南曾夺淮河入海，但山东北部是有文献记载以来最主要的入海口。

夏商周时期，黄河下游河道呈现一种自然状态，低洼处有很多湖泊，河道串联湖泊后，又分为数支，最终都汇入渤海，史称禹河。《尚书·禹贡》中说，大禹治黄河，从积石山导河，一直到山西、陕西交接的龙门，南到华山北面，向东通往厎柱山，又往东到孟津，再向东经过洛水与黄河交汇处，到达今河南荥阳市汜水镇西北（又有一说为今河南浚县的大伾山，亦有说为今河南修武、获嘉、武陟交界一带）；向北经过降水，流入大陆泽（今河北省大陆泽、宁晋泊一带洼地），又向北，分为多条支流，汉代学者郑玄曾列出此支流之名分别为徒骇、太史、马颊、覆釜、胡苏、简、絜、钩盘、鬲津，最后它们共同流入渤海。[①] 由此看来，黄河下游主要流经今河南、河北地区。

春秋后期，齐国在黄河下游低平处筑堤防洪，开发滩地，其后下游各诸侯国纷纷筑堤防洪，下游漫流区日益缩小，九河也逐渐归一。由于堤防约束，河床淤高，黄河于周定王五年（前602）在黎阳宿胥口决徙[②]，主流由北流改向东北流，经今濮阳、大名、冠县、临清、平原、沧州等地于河北黄骅入海，这是黄河第一次大改道。这次改道中，黄河主流开始流经山东冠县、临清、平原等地，但未在山东入海。根据著名历史地理学家史念海先生考定：战国末期，黄河曾有过决溢，"夺占了漯水的河道"，流经山东甄城东阿、聊城、平原，但原来的"最长的河段迄未决流"[③]。

新莽始建国三年（11），黄河大决流于魏郡（今河北省临漳县西南），第二次大改道。黄河主流进一步东移，经平原、济南，流向千乘（今山东利津）入海。东汉时期，王景集中数十万人，修了一千多里的黄河大堤，河水得到控制，此后，直至唐末，黄河泛滥较少，相对安流八百余年。这一时期的河道称为东汉故道，流向自今濮阳西汉故道的长寿津改道东流，循古漯水经今范县南，于今山东阳谷县西与古漯水分流，经今黄河和马颊河之间，在千乘入海。这一故道延续近千年，一直到北宋才结束，此时黄河下游大段都在山东境内。

北宋仁宗庆历八年（1048），黄河决于商胡（今河南濮阳境），改道北流，决水大致经今大名、馆陶、清河、枣强、衡水、青县由天津附近入海，这是黄河的第三次大改道。仁宗嘉祐五年（1060），黄河又向东分出一条支河，名"二股河"，大体经今冠县、高唐、平原、陵城区、乐陵，在今山东

---

① 此句解释存在争议，有的认为是九河会合为逆河流入渤海，有的认为是九河迎受黄河之水，各自入海，参见［唐］孔颖达正义：《尚书正义》，上海古籍出版社2007年版，第232页。

② 参见黄河水利委员会《黄河志》总编辑室编：《黄河志》卷一《黄河大事记》，河南人民出版社2017年版，第5页。

③ 史念海：《论〈禹贡〉的导河和春秋战国时期的黄河》，《陕西师范大学学报》1978年第1期。

无棣县东入海。

南宋建炎二年（1128）冬，金兵南下，东京留守杜充决开黄河南堤抵御金兵，决口处大致在卫州（今卫辉市和滑县东之间），决水东流至梁山泊之南，主流大致沿荷水故道入泗。南宋端平元年（1234）起，黄河由杞县分为三支，以入涡河为主，再入淮进海。元成宗时期，主流北移，由徐州入泗、入淮，由济宁、鱼台等地入运河、入淮。明洪武二十四年（1391），黄河南决流，主流夺颖入淮，其后至清咸丰五年（1855），黄河最后仍是循淮河入海。总体上来说，自金、南宋时期，黄河下游基本是循淮入海，一直持续到清后期，时间长达700余年。特别是明朝以后，治河以南向分流为主，黄河河道南移，下游主要流经河南、安徽、江苏地区，最后注入黄海，并不流经山东。但这一时期，黄河泛滥灾害严重，菏泽、聊城、济宁等地是受灾最严重的黄泛区。

清咸丰五年（1855），黄河在河南封丘县铜瓦厢决口，数股漫流，其中一支出东明北经濮阳、范县，至山东省阳谷县张秋镇穿运河进入大清河，于利津牡蛎嘴入渤海。决口初期，黄河经过了约20年的漫流期。光绪元年（1875），清廷开始修官堤，历时10年，到光绪十年，新河堤防陆续修建起来，形成今天的黄河河道。

黄河改道决口给下游人民带来了深重灾难，但也谱写了一部可歌可泣、灿烂光辉的治河史，诞生了大批纾民之难的治河专家，最早最典型的就是大禹。其"三过家门而不入"，矢志治水的故事，反映出他公而忘私、一心为民、勇于创新的精神，是中华民族伟大精神的缩影。其后又有王景、贾鲁、刘大夏、靳辅等治河名臣，持续着中华民族的治黄事业。

2. 山东黄河流域的文化

河流是文明的摇篮。历史上多次改道的黄河，其流经区域呈现西以河南孟津为顶点，北至天津、南到江苏的扇形，这个扇面上的完整区域，就是齐鲁大地。在黄河的滋养下，齐鲁大地很早就出现了人类的活动足迹，齐鲁文化的形成就是古代黄河流域多元文化综合演变的结果。远古时期，生活在齐鲁地区的东夷族创造了灿烂的古代文明，神话传说中的太皞氏、少昊氏和炎黄族共同创造了最早的黄河文明。考古发掘的材料也证明，齐鲁地区的大汶口文化、龙山文化一度处于黄河流域文化发展的领先地位。进入三代，东夷文化和夏商周三代文化渐次融合，最后形成华夏文化的主体。随着齐鲁建国而形成的齐鲁文化就是东夷文化和周文化相结合的产物。

山东黄河流域的文化是一种典型的农耕文化，黄河河道一旦稳固，洪水排泄顺畅，两岸土层深厚，土壤肥沃，人口集聚，农业经济有良好的发展条件。生活在农耕文化氛围中的人务实、追求安定，向往天人和谐，重视历史经验总结。同时，农业的定居生活促成了聚族而居的传统，社会生活以宗法关系为基本联结形式，敬老孝亲、尊卑有序、温情脉脉、守望相助是村社宗法农业社会的基本伦理。在此基础上，也催发了影响整个中华民族的儒家文化的出现。

山东黄河沿岸区域也形成了一些特有文化民俗。其中滩区农业较有特色。滩地是河岸两旁的谷底平坦部分，质量有优劣之分，滩区农民总结的经验是"急搭沙，慢搭淤，不紧不慢搭的是'莲花地'"。莲花地是最好的，洪水水流不急不慢时，土质半沙半泥；或当年搭一层沙，次年搭一层淤，这样一层黄沙，一层红淤。这两种地最宜耕种，被称为"莲花地"。

渔业方面，黄河鲤鱼尤为知名，是中国四大淡水名鱼之一。鲤鱼繁殖力强，象征人丁众多、家族兴旺，孔子的儿子出生，鲁昭公就送给孔子一条鲤鱼为贺。因此孔子为儿子取名鲤，字伯鱼。民间还有"鲤鱼跳龙门""琴高乘鲤"等传说，寄予了人们富贵长生的美好愿望。

黄河沿岸区因为筑堤需要，有一种工种叫硪工，负责夯实土层。在劳动过程中，硪工为协调动作、激励情绪，会喊"硪号""夯号"。这种号子受地方戏影响很深，鲁西南地区的号歌似豫剧，鲁西北地区号歌似吕剧。有的号歌充满生活气息，如《四贝上工》，歌词说："七月里，七月七，天上牛郎会织女，神仙都有个团圆日，奴的婚姻在哪里？八月里，月儿圆，西瓜月饼供老天，家家户户都供月，我和四贝月不圆。"又有号歌充满历史的深厚感，如《十二个月》歌词说："二月里，龙抬头，孙膑下山骑青牛，手使一对檀香拐，他和庞涓结冤仇。三月里，三月三，三人结义在桃园，桃园刘备三结义，关公月下斩貂蝉。"

黄河沿岸常受洪水威胁，为了防水防淤，建房之前，会在房基处筑起一个土台，建于其上的房子就是台房。房台以高为贵，高房台逐渐成为吉祥的象征。

黄河还有一些著名的渡口。比如济南的泺口渡口，黄河夺大清河入海后，泺口成为山东境内黄河最大的一个渡口。再如利津县的东关渡口，该县曾是黄河流经的最后一个县，东关渡口也因此在历史上两度成为黄河最后一个渡口。

近年来，随着黄河流域生态保护与高质量发展战略的提出和深入实施，山东黄河流域变化巨大。黄河入海口生态保护有序推进，生物多样性保护水平持续提升。黄河入海口泥沙沉积形成的黄河三角洲，是我国暖温带最完整的湿地生态系统。东营通过全面加强黄河三角洲生态保护治理，实施湿地生态修复、海岸带生态防护、互花米草治理和珍稀濒危鸟类栖息地保

图2　黄河口生态旅游区

护、贝类原种场保护恢复等项目，三角洲湿地生态明显改善。另外，济南也推动了小清河复航工程，小清河复航工程以济南为中心，经滨州、淄博、东营、潍坊。小清河通航后，将成为贯穿山东省中部工业走廊的一条内河水运大通道，也将是济南核心区直接通向海洋的对外开放通道。

（二）古代四大名渎之一：济水

山东历史上还有一条著名的河流，就是"济水"。古人将济水与黄河、淮河、长江并称为"四大名渎"，《尔雅·释水》云："江、河、淮、济为四渎，四渎者，发源注海者也。"《释名·释水》云："渎，独也，各独出其所而入海也。"渎，就是独立发源并最终入海的河流，古人认为济水独立发源，并最终独自入海，所以将其列入"四渎"。随着岁月变迁，沧海桑田，这条水道大部分已经湮塞，成为历史陈迹，但济南、济阳、济宁等地名仍昭示出这条河流对山东的影响。

1. 济水概况

根据《尚书·禹贡》，济水大致发源于河南省济源市西北的王屋山，东流至温县，南注黄河，在荥阳北出黄河，汇为荥泽（今已湮没）。再东入菏泽（今已湮没）；在巨野县西入巨野泽（今已湮没）；然后出巨野泽过梁山东，北流至东阿县东，经平阴县北、济南城北，东流入海。

北魏时，黄河南岸到巨野泽之间的济水已经阻塞不通。唐代以后济水余下的一段，利用菏泽、汶水作为水源才不致枯竭。这时候虽然济水名称没有废弃，但已逐渐为清水的名称所代替。北宋末年以后，济水不复存在。[①] 总体上说，济水的湮塞，主要是由于黄河的频繁迁徙，加之济水水力微弱，不足以冲刷泥沙，使得下游极易淤塞。

---

① 参见丁宏伟：《济水水道变迁及湮塞原因探析》，《华夏文明》2016 年第 7 期。

后世有所谓济水"三伏三见"的说法，不过关于济水的"伏见"，以及济水与黄河的关系，一直是个有争议的问题，也有学者不赞成"三伏三见"的说法①。

2. 济水文化

济水是古代中原的重要水道，在春秋时代就沟通东西，这也使得黄河、济水一带成为古代的经济重心，被称为"河济之间"。它与沟通淮、泗的菏水交汇处的陶（今山东定陶区西北）就是古代的重要经济中心，商业、交通非常发达，司马迁在《史记·货殖列传》中称之为"天下之中"。隐退经商的范蠡晚年就定居此处，被称为陶朱公。

济水在古代祭祀文化中有重要地位。唐玄宗时，封济水为清源公；宋徽宗时，封济水为清源忠护王；元仁宗时，则封济水为清源善济王；明代朱元璋重新命名四渎，济水被改为北渎大济之神。

古人认为济水有多种难能可贵的品格。首先，济水有一种顽强的品格。四渎之中，济水最小，但它能平地开源，独自入海。唐太宗曾问大臣许敬宗："天下洪流巨谷不载祀典，济水甚细而尊四渎，何也？"许敬宗说："渎之为言独也，不因余水独能赴海也，济潜流屡绝，状虽微细，独而尊也。"② 济水虽然细微，却能独流入海，这种不达于海誓不罢休的顽强品格，正是它始终位列四渎的原因。

济水还有一种至清远浊的高洁品格。一脉济水从黄河而出，却独不同于黄河的浑浊，形成自己清澈温和的特点。这种特点引来众多诗人赞誉，白居易《效陶潜体诗十六首》诗说"济水澄而洁，河水浑而黄。"③ 北宋名

---

① 现代学者多认为济水并非独立的河流，而应视为黄河支流，所谓穿黄河而过也是一种臆说。古人认为济水是独流入海，所以列济水于四渎之中。参见王育民：《中国历史地理概论》，人民教育出版社 1987 年版，第 88—89 页。

② 参见［清］顾祖禹：《读史方舆纪要》。

③ 陈贻焮主编：《增订注释全唐诗》第 3 册，文化艺术出版社 2001 年版，第 291 页。

相文彦博《谒济祠作》云"远朝沧海殊无碍，横贯洪河自不浑"[1]，就是赞美济水清洁高雅的美德和顽强品格。

也许最为重要的是济水不像黄河那样总带给两岸人民不可预知的洪水灾难，她波澜不惊，一直造福两岸人民。正是因为这种润泽万物、泽被百世的品德，这条早已消失的河流一直没有被人遗忘。

（三）南北交通枢纽——京杭大运河

中国的运河建设历史悠久，就现有记载来看，中国的运河建设可以追溯到2500多年前。大运河是我国劳动人民的伟大智慧和勇气的展现，传承着中华民族的悠久历史和文明，是一部书写在中华大地上的宏伟诗篇。元代以后，京杭运河山东段起到了沟通南北的重要作用，不仅促进了经济交流，也推动了运河区域的文化兴盛。

1. 山东运河的历史变迁

春秋战国时期，山东境内已有了人工开挖的运河。春秋后期，吴王夫差想北上中原，便开凿了菏水，沟通泗水和济水。菏水就是山东境内最早的人工运河。

东汉时期，汴渠流经今山东曹县、单县的南部边境，是当时唯一经过今山东境内的运河。东晋桓温北伐前燕，曾在山东境内开挖过运河，被后人称为桓公渎或桓公沟。隋朝统一全国后，炀帝开挖贯通南北的大运河，其中有一段永济渠从今山东境内流过。宋金时期，山东境内有御河、广济河。

元代，为运输南方粮食等生活物资到京城，世祖下令开挖济州河，以济州任城（今山东济宁市）为中心，向南与泗水沟通，向北入于大清河。

---

① [宋]文彦博：《文潞公集》，山西人民出版社2008年版，第69页。

其后，元世祖又开挖会通河，起于今山东东平，西北至于临清，会通河开通后，使得南起余杭（今杭州市）、北至京城的大运河全线贯通。相比隋唐时期通过运河从杭州到北京，航程缩短上千里。济州河与新开会通河连为一体后，通称会通河，济州河名废而不用。京杭运河在山东自北向南流经德州、聊城、济宁、枣庄等地，是山东重要的航运水道。

明朝因运河山东段淤塞，成祖朱棣派工部尚书宋礼主持疏浚会通河，其后终明一朝，运河又经历数次修治，取得了重大成绩，能够常年畅通。清朝基本继承了明朝的治河措施。但清咸丰五年（1855），黄河决口后，洪水汇聚张秋，冲毁运河堤防，向东夺大清河河道北流，运河河道由此淤塞。改道后的黄河把运河斩为南北两段，截断了汶水，使之不能注入张秋以北的运河河道，破坏了明清以来会通河的水源体系，极大降低了会通河的通航能力。

京杭大运河是世界航运工程史上的奇观，也是我国历朝历代运河工程科技的集大成者，有多种水利科技创举。如为了解决河道畅通问题，大运河创造性地建设了梯级船闸系统，并创建了南旺分水工程；为保障汛期运河航道安全，明清时期还在堤岸适当位置建设了一系列防洪安全工程——滚水坝和减水闸，在汛期进行河道泄水。这些创新性工程见证了我国水利技术的发展。

2. 沟通南北与文化兴盛

隋唐以后，中国的经济重心逐渐移至东南，而统一王朝则多建都北方，因此南北之间的粮食运输、经济交流变得极为重要。不过元朝以前，南北漕运仅从今山东西南边境通过，对山东影响不大。后来元明清三朝建都北京，京杭运河直贯山东，山东运河始充分发挥其沟通南北的作用。

明清时期，运河的首要任务是保证京城的粮食供应，每年都有数百万石粮食通过会通河运往京城，因此朝廷也将漕运看作国家的命脉。中央政府为了调剂运输，在山东运河沿线设置了几个国家直接管理的大型粮仓，这些粮仓全都建在运河岸边，故称之为水次仓。到宣德年间，运河漕运逐渐形成淮安、徐州、临清、德州、天津五大水次仓相互转运、储存漕粮的格局。

明清时期的漕运方法，经历了从支运法、兑运法到长运法的转变。支运法指交纳漕粮的百姓把粮食运送到指定粮仓，然后由负责运输的军丁分段运输。此法民运比例为 40%—50%，负担很重。宣德年间改行兑运法，就是南方诸省民户将漕粮运到淮安、瓜洲等地，交兑给军丁，再运送到京城，民众按照路程远近给予运军路费耗米，于是粮户运送漕粮的路程大大缩短。成化年间，又改为长运法，就是让运军直接去各省水次仓取粮，然后送到京城或者其他地点，粮户只需就近交纳漕粮。

成化年间，漕运总督成为专门管理漕运事务的最高长官。漕督以下，设置各种具体管理漕事的官职，包括把总，管理各地运军；攒运官，负责督促漕船按期开行；监兑官，督查各地官员征收漕粮。朝廷还经常派遣巡漕御史，督查河道、漕运二司。另外每船设一旗甲，负责带领各船的 10 名军丁。清朝沿袭明朝制度，并进一步完善。

同时，政府允许漕船夹带私货，还允许民船、商船在不影响漕运的情况下通过运河输送物品，加快了以山东运河城镇为中心的南北物资交流。明代，从南方运来的货物主要是纺织品，还有茶叶、纸张、瓷器等。山东运往南方的主要是棉花，还有一些豆类、干果、鲜果等。临清就是当时山东运河区域最大的棉织品批发销售市场。而山东输出的棉花，以东昌府产量最多，质量也好。清代，粮食贸易成为商品交换中的大宗，临清转而成为北方最大的粮食交易中心。

运河畅通在促进经济交流的同时，也为运河区域文化发展提供了良好条件。以明后期阳明学的传播而言，大多数阳明学者在浙江、江西、安徽、广东等南方地区，而山东的北方王门学者则多集中在运河区域，如张后觉是茌平人，穆孔晖是聊城堂邑人，孟秋是茌平人，王道是武城人，他们都是《明儒学案》中明载的王门学者。这表示渊源于南方的阳明学，通过南北文化交流对山东的文化学术发展也产生了影响，而其影响范围以运河区域的城镇为主，体现出运河在南北文化交流中的重要地位。

运河区域文化发展也体现在该区域的书院建设和科举成就上。明代山东的书院中，位于运河流经区域和辐射区域的书院占到整个山东43%左右。[①] 据统计，运河畅通的明朝到清中期，运河周边州县和辐射州县，所出举人的数量达到全省的半数以上。[②] 私家藏书的兴盛也体现了运河区域文化的繁荣，清代聊城就有著名的私人藏书楼杨氏海源阁。

（四）运河名城与鲁商兴起

元代以后，京杭运河全线贯通，北抵京津，南达苏杭，成为南北物资和文化交流的重要载体。运河山东段800余里，逐渐形成了以运河为主轴线的经济繁荣、分布密集的城镇带，也诞生了一批名城名镇，包括临清、济宁、聊城、德州、张秋等，进而形成了独具特色的商业文化。

1. 运河名城

（1）临清

临清之名得于南北朝后赵时期，因其邻近清河得名。元代开通会通河，引汶水通卫运河，会通河与卫运河交汇处的中洲逐渐吸引商人前来贸易，民户也大量到此定居。明朝以后，会通河疏通，临清成为漕粮运往京城的必经之地。政府又在此扩建粮仓、建立钞关，临清成为漕运咽喉之地，古人评价临清："实南北要冲，京师之门户，舟车所至，外连三边，士大夫有事于朝，内出而外入者，道所必由。"[③]

① 王志民、徐振宏主编：《中国地域文化通览·山东卷》，中华书局2013年版，第477页。
② 李泉、王云：《山东运河文化研究》，齐鲁书社2006年版，第216页。
③ ［清］张度、邓希曾等纂修：《乾隆临清直隶州志》，《中国地方志集成·山东府县志辑》第94册，凤凰出版社2004年版，第297—298页。

明代临清商业繁荣，隆庆、万历时期已经拥有布店 73 家、缎店 32 家、杂货店 65 家、典当铺 100 余家、瓷器店 20 余家、纸店 24 家、辽东货店 13 家、大小客店数百家，足见其商业的兴盛。明代临清的商品贸易以棉布、绸缎和粮食为最大宗，是华北最大的纺织品贸易中心。清代粮食成为临清市场的最大宗商品，乾隆年间，其粮食交易量达到 500 万—1000 万石，成为山东乃至华北最大的粮食贸易中心。

临清还是明朝大多数时间山东唯一的一处税关。永乐年间，山东有四处税关——济宁、东昌、临清、德州。宣德年间撤销了东昌、德州，正统年间又撤销了济宁，这样山东运河沿线就只剩下临清一处税关。

临清的贡砖是古代北京城建设的重要建材。北京故宫、十三陵、天坛、地坛、日坛、月坛、钟鼓楼、文庙、国子监等重要建筑，绝大多数都用临清贡砖建造。

（2）济宁

济宁历史上又称任城、济州，元至元八年（1271）济州升为济宁府，治所在任城。明初会通河畅通以后，济宁日渐繁荣。清后期，不同于临清，济宁没有受到大的战争创伤，黄河改道后，会通河南段也有充足水源，运河作为济宁与南方商贸往来的通道，仍能发挥重要作用，济宁也因此能够维持经济的稳定。

在手工业方面，济宁的竹器业、皮毛和烟草加工曾经十分繁盛。有一条长长的竹竿巷就汇集了很多编制竹器的人，而以回族为主体的皮毛加工业则有皮坊街，这条街大半都是皮毛手工作坊。

（3）其他

比之临清、济宁，次一等级的城镇有聊城、德州、张秋。聊城城内有几座军用高楼，保存至今的有光岳楼；还保留有著名的山陕会馆，是来聊城经商的山陕商人集资所建，可谓中国古代建筑的杰作。在经济上，聊城不如临清、济宁，但也是运河沿线较发达的城市。聊城的一大特色是书籍出版比较兴盛，城内东部楼东大街有"书业德""善成堂"等大书庄。聊城还有历史上著名的私人藏书楼——海源阁藏书楼。海源阁由清代江南河道总督、著名藏书家、聊城人杨以增创建于 1840 年，经杨氏四代人的接续努力，藏书总计四千余种、二十二万余卷。海源阁藏书为我国文化事业作出了积极贡献，中华书局标点本《二十四史》的前四史，就以海源阁藏书本为主要参校本进行标点排印的。

德州之名始于隋朝，开皇九年废平原郡，置德州，州治安德县。明洪武七年，废陵县，徙州治于今德州市区。[①] 永乐年间运河贯通，德州成为冀、鲁、豫、苏、皖、浙、湘、鄂、赣九省通往北京的漕运要道，被称为"九达天衢"，也被称为"神京门户"。重要的地理位置促进了德州商业和手工业的发展，粮食、棉花等商品的交易量很大，也有烟草加工、服装等手工行业。

张秋镇位于会通河与大清河交汇处，历史上曾称为张秋口、景德镇、安平镇。它位于阳谷、寿张、东阿交界处，明清时期，为三县共同管辖。虽然只是一个镇，但其规模比一般县城还要大，商业发达程度也超过一般县城。商业发展使张秋出现很多买卖中间人，被称为牙人。《张秋志》中记载牙人二三十个行业，牙人须持政府颁发的牙贴才能经营。

明清时期，山东运河闸坝众多，码头十分密集，逐渐成为相对固定的集镇，是方圆几十里到上百里的商品集散地，包括山东运河最南端的台儿庄，向北又依次有韩庄、夏镇、南阳镇、安居镇、长沟镇、南旺镇、开河镇、安山镇、阿城、周店镇、李海务镇、梁家浅、戴家湾、武城等，形成一条繁荣的运河城镇带。

2. 运河区域的商业

运河开通后，山东西部以运河为轴心，形成了纵横交错的水路、陆路交通网，南北各地的商人商帮到此从事商业活动，培育了独具特色的商业

---

① 参见《德州乡土志·历史篇》，台湾成文出版社 1968 年版，第 8 页。

文化。

明清时期，山东的运河商业流通网络大体由四个相互衔接的层次构成：省际网络、州府际网络、县际网络及集市庙会网络。省际以临清、济宁为中心，州府际以聊城、德州、张秋为中心，县际则以中小城镇为集散地。

运河区域的商业发展也促进了鲁商群体的兴起。整体而言，山东商人的经营项目大致有粮食、皮毛、药材、食用油、杂货、百果、竹器、茶叶、布匹、陶瓷、食盐、金融、饮食等近 20 个种类。

鲁商的组织可以分为行、帮、会馆、商会等形式。行是某一种具体的商业组织，比如粮行、马行、布行。帮是一种地缘性的商业组织，山东商人在山东之外的区域可以通称为山东商帮，在山东各地又分为东齐帮（又称胶东帮），以登州、青州、莱州三州商人为主；济南帮，以周村、益都、博山、潍县、泰安等地商人为代表；临清、聊城、张秋等地为东昌帮；还有济宁帮。东昌帮主要贩运枣货，济宁帮、济南帮主要经营丝绸业，胶东帮以经营粮食、海货为主。工商业会馆是以工商业者、行帮为主的同乡会馆。商会则是一种较为现代的方式，到近代才出现，是跨行业的统一联合组织。

鲁商既有当时商人共同遵守的商业精神，也包括鲁商独有的精神特质，主要体现为五个方面：（1）吃苦耐劳，踏实勤奋。（2）诚实守信，以义制利。孟子后裔孟洛川开创的瑞蚨祥就非常注重信用，力争做到童叟无欺。（3）爱国爱家，勇担责任。（4）注重乡情。不像徽商、晋商多在外地经商，鲁商以在内经商为主，内外皆商。（5）憨厚宽容，豪爽仗义。

山东运河区域除了鲁商之外，也云集了全国各地的著名商帮，其中有：（1）徽州商人。他们主要集中在临清，其次是济宁。临清的商人中，也以徽商人数最多，势力最大。（2）山陕商人，也就是山西商人和陕西商人。山东运河中段城镇是山陕商人分布最密集的地区，聊城、临清人数最多。（3）江苏商人。骨干力量是洞庭商帮，洞庭指江苏苏州西南的洞庭山。（4）江西商人。（5）浙江商人。临清、济宁、东昌都是浙江商人较为集中的地区。此外还有闽广商人、辽东商人，这是山东运河区域吸引的最南端和最北端的商帮。各家商帮都有自己的主体经营业务，棉布业以徽商、洞庭商、山陕商人为主，盐业以徽商为主，山西盐商也有一定势力，典当业以徽商、晋商为主，丝绸以江苏、浙江等地商人为主。

清末运河淤废，运河商业逐渐衰落，同时港口兴起，铁路、公路开始修筑，山东以运河为主干的交通格局转变为以港口城市为中心的新的交通格局。运河城市德州、济宁等地位大不如前，山东的经济中心开始东移，形成以青岛、烟台等沿海港口城市和以济南等铁路沿线开埠城市为中心的新商业网络。

（五）山东名河

除了黄河、济水和大运河，山东还有很多重要的河流，包括汶河、泗河、潍河、淄河、沂河、沭河等。

1. 汶河

汶河，又称大汶河，是黄河下游最大的支流，古称汶水。与中国大河普遍从西向东流向不同，汶河是从东向西流。它发端于泰莱山区，自东向西流经淄博、济南、泰安、济宁，后注入东平湖，又经东平湖与黄河相连接。

汶河历史变迁复杂。北魏时期，汶水是济水的支流。明永乐九年（1411），宋礼筑戴村坝，分水至南旺，引汶济运河，新开河45公里，称小汶河。水少时，汶河水全部向南经小汶河济运河；水大时，南北分流，有三分南流济运，七分北流入大清河，故有"七分朝天子，三分下江南"的说法。清咸丰五年（1855）黄河决口，夺大清河入海，黄河洪水与汶河洪水汇集于东平县洼地，形成东平湖，汶河也成为黄河支流。

汶河流域是中华文明的摇篮之一，著名的大汶口文化遗址就在汶河沿岸。大汶口文化在公元前4300年到公元前2600年间，其社会发展曾走在黄河、长江流域史前文化各大区系的前列，其中的若干基因成为后世中国三代文明的主要源头之一。①

汶河流域也产生过很多古国，如杞国。杞国之人本夏禹后裔，周朝时从河南杞县一带前往山东，在滕州附近的邾国避难，后来又迁徙到新泰一带。又如宿国，《春秋·隐公元年》有"九月，宋人盟于宿"的记载。

汶河流域诞生了许多圣贤，如柳下惠。孔子称赞他是"言中伦，行中虑"（《论语·微子》）。民间有"柳下惠坐怀不乱"的故事流传，可见其为人行事。再如师旷，是一位音乐家。传说他为了潜心研究音乐，故意弄瞎了双眼。许多经典作品都把师旷作为辨声听音的代表，如《孟子·离娄上》说："师旷之聪，不以六律，不能正五音。"

2. 泗河

泗河，古称泗水，发源于鲁中山区新泰市蒙山太平顶西麓，流经泰安、济宁的7个县区，后泄入南四湖。泗河原是淮河最大的一条支流。元代京杭运河全线贯通后，古泗河下游成为运河航道，上游成为京杭运河的支流。南四湖形成后，泗河成为南四湖的支流，也是京杭运河的支流。

泗河入泗水县境后有泉林泉群之水从左岸注入。泉林泉群是鲁中南山区著名的泉群，《水经注》认为是泗水之源，其中有趵突、响水、洗钵、红石等泉。古人认为泗水是这四泉汇聚而成，所以有泗水之名。

泗河在古代非常有名，是四渎八流之一②，而泗河更负大名，还是因其负载了丰富的文化内涵。古代有一个词叫作"洙泗"，"泗"是泗水，"洙"是洙水。洙水也是古代的一条河流，根据《水经注》，其源出今山东新泰东

---

① 高广仁、栾丰实：《大汶口文化》，文物出版社2004年版，第2—3页。

② 西晋张华《博物志》卷一言："八流亦出名山，渭出鸟鼠，汉出嶓冢，洛出熊耳，泾出少室，汝出燕泉，泗出陪尾，沔出月台，沃出太山。"《艺文类聚》"泾"作"颍"，"沃"作"沂"。八流是四渎的主要支脉，分别是渭水（黄河支脉）、洛水（黄河支脉），汉水（长江支脉）、沔水（长江支脉），颍水（淮水支脉）、汝水（淮水支脉）、泗水（淮水支脉）、沂水（淮水支脉）。

北，西流至泗水县北与泗水合流；西至曲阜城东北又与泗水分流，西至济宁折南注入泗水。现曲阜境内洙水河与菏泽境内洙水河，均与古洙水无涉。春秋末期，一个影响了整个中华民族的伟大人物——孔子就在洙泗之间设坛讲学。《论语·子罕》里的名句"逝者如斯夫！不舍昼夜"，就是孔子在泗水岸边面对滔滔河水发出的感叹。其后就以"洙泗"来代表孔子和儒家，可以说泗河就是一条文化的河流。

历代文人出于对孔子及其文化功业的崇敬，写了许多文章、诗歌赞美洙泗。陶渊明《饮酒二十首》第二十首曰："汲汲鲁中叟，弥缝使其淳。凤鸟虽不至，礼乐暂得新。洙泗辍微响，漂流逮狂秦。"[1] 南朝梁任昉：《齐竟陵文宣王行状》有句："弘洙泗之风，阐迦维之化。"[2] 唐卢象《赠广川马先生》："人归洙泗学，歌盛舞雩风。"[3] 宋陆游《晴窗读书自勉》言："唐虞虽未远，洙泗亦如昨。"[4] 诸如此类，不可胜计。南宋学者张栻著《洙泗言仁录》，清朝学者崔述著《洙泗考信录》，书名均以"洙泗"指代孔子。

3. 潍河

潍河，古称潍水，是山东省独流入渤海的一条河流。潍河有两个源头：北源为箕山河，发端于沂水县箕山西麓，是潍河正源，曲折东南流至莒县南源汇合。南源发源于莒县屋山。两源汇合后经莒县、沂水、五莲，进入潍坊市北流，最后注入渤海莱州湾。

潍河流域是东夷文化最发达的地区之一。这里不仅出土了7000年前新石器时代的石磨盘，也出土了5000年前刻画于陶器上的古文字。潍水文化发源于海岱文化，具有海岱之间半岛复合型文化的鲜明特征。潍水区域还是齐文化形成、发展的腹心地带。潍河两岸诞生了很多知名人物，如孔门

---

① 参见袁行霈：《陶渊明集笺注》，中华书局2011年版，第197页。
② 参见［南朝梁］萧统编：《文选》，上海古籍出版社1986年版，第2584页。
③ 参见陈贻焮主编：《增订注释全唐诗》第1册，文化艺术出版社2001年版，第843页。
④ 参见钱仲联、马亚中主编：《陆游全集校注5·剑南诗稿校注5》，浙江教育出版社2011年版，第478页。

七十二贤之一公冶长、昌盛两汉的伏氏家族、大经学家郑玄、画家张择端、中共早期代表人物王尽美等。

4. 淄河

淄河发源于山东省济南市莱芜区东部，流经淄博、潍坊、东营，北入小清河。淄河古称淄水，清代始改淄河。她被称为淄博市的母亲河。该河中游地区为古代齐国的政治文化中心，中游西岸的周代齐国都城临淄即因东临淄河得名，可以说淄河孕育了齐文化。

先秦时期，临淄境内有淄、渑二水。淄、渑二者味道不同，合流后不易分辨，后来就形成一成语典故——"先辨淄渑"。《吕氏春秋》曾记述孔子的话："淄渑之合者，易牙尝而知之。"意思是说淄、渑二水味道虽有差异，然合流后极难察觉，而易牙却能够轻松将其分辨开来。

跟淄水有关的还有一个"田单解衣救老"的故事。田单是战国时期齐国名将，传说他曾路过淄水，看见一位老者赤足渡河冻坏了，无法再走，就脱下自己的皮裘送给老者。虽然只是一个平凡的故事，却体现了田单爱护民众、体恤民瘼的优良品质。

5. 沂河与沭河

沂河，又名沂水，发源于山东省沂源县，经沂水、沂南、临沂、蒙阴、平邑和郯城等县市，至江苏省邳州市吴楼村入新沂河，抵燕尾港进入黄海。

沭河，又名沭水，源出临沂的沂水县沂山南麓。同沂河平行南流，向南流经济宁、日照，进入江苏后注入新沂河。

沂沭河两岸是人类最早活动的地带之一，目前所发现的距今30万年前的沂源猿人是东方晚期直立人的代表之一。在沂沭河两侧高台和低缓丘陵上还有近百处细石器文化遗存，细石器文化是旧石器向新石器时代过渡阶段的文化，制作的石器以燧石、石英、水晶为原料，比较锋利、细小。当时的人们获取食物主要以采集为主，狩猎为辅。沂沭河细石器文化是中国细石器文化的重要组成部分，也具有自己鲜明的地域特征，具有重要研究意义。

沂沭河流域名人辈出。沂河岸边的阳都是诸葛亮的故乡，沂河之畔的临沂城则是书圣王羲之的故乡，现有王羲之故居。

历史上还曾经有另外一条沂河，古称沂水，在今山东曲阜市南，源出于山东邹城东北，西流至曲阜和洙水汇合，后流入泗水。传说沂水有温泉注入，暮春时节可以洗浴。《论语·先进》篇记载，孔子与弟子子路、曾皙、冉有、公西华谈论各自志向。曾皙的志向是："莫春者，春服既成，冠者五六人，童子六七人，浴乎沂，风乎舞雩，咏而归。"这里的沂就是沂河。孔子没有对其他弟子的志向表示赞赏，独独对曾皙的志向表示"吾与点也"。这句话也成为后世解读孔子思想和志向的重要依据之一。

（六）山东的名湖与名泉

除了众多河流，山东还有很多名湖、名泉。湖泊包括大野泽（已消失）、南四湖、东平湖、大明湖等，最知名的泉水则属济南七十二名泉。

1. 大野泽与梁山泊

大野泽，又叫巨野泽、广野泽，上古九泽之一，是宋代以前和黄河变迁关系最密切的一个湖泊，故址在今山东省菏泽市巨野县北。大野泽地处山东丘陵和华北平原的接触带，由于古济水、濮水的汇入，渐渐积水成湖。大野泽在汉以前多称大野，《史记》开始有巨野泽之称，唐、宋以后，多称巨野。

大野泽经历了复杂的变迁过程，其不断扩大到逐渐消亡，是一个长期的渐进过程。汉武帝元光三年（前132），黄河决口于瓠子（今河南濮阳西南），河水往东南注入大野泽，这时大野泽补给水量大增，湖底抬高，湖面扩大。到了唐代，据《元和郡县图志》记载，大野泽南北达三百里，东西达百余里，面积依然非常广大。五代北宋时期，黄河屡次决溢，河水皆入大野泽。河水带来大量泥沙淤积，使大野泽不断向北推移，南部逐渐干涸，淤积成平地。后晋开运元年（944），黄河决口，洪水在梁山和汶水会合。梁山原来在大野泽北岸，到这个时候因洪水环绕而入湖中。随着湖泊位置的移动，大野泽也改名梁山泊。清胡渭《禹贡锥指》引于钦《齐乘》云："大野泽即梁山泊也。"[1] 北宋末年，这里成了宋江起义军的活动地点。

金代黄河南徙，梁山泊水源枯竭，水体逐渐内缩，水面下降。元代黄河经常决口，河水又入梁山泊，湖体又有扩展。明朝中期以后，黄河长期稳定由淮入海，梁山泊水源大减。到清康熙初年，梁山周围已经全部成为陆地，梁山泊也成历史陈迹。

大野泽因其悠久历史，承载了极多的文化元素。最值得提及的是，它是《春秋》"西狩获麟"之地。《春秋·哀公十四年》记："春，西狩获麟。"《左传》说："十四年春，西狩于大野。"这里的大野就是大野泽，位于鲁国西部，故曰"西狩"。麟是仁兽，是天下太平的象征，反映了孔子修订《春秋》，拨乱反正的政治理想，这对理解《春秋》学、儒学和经学具有非常重要的意义。而大野泽作为获麟之处，就有其在中国文化史上不可替代的地位。

大野泽还是古代农民起义的重要地点。秦末彭越曾在此活动，后起兵反秦，成为西汉的开国功臣。当然，更著名的还是在梁山泊聚义的水浒好汉。另外，北宋时期著名文学家王禹偁、晁补之也都出生于大野泽畔。

2. 南四湖

南四湖，位于山东省济宁市微山县，是微山湖、昭阳湖、独山湖、南阳湖四个相连湖的总称，因微山湖在四湖中面积最大，所以习惯上也称南四湖为微山湖。它是山东省的第一大淡水湖。

南四湖的形成，是地壳运动、黄河决溢和人类活动共同作用的结果。它位于黄河扇形平原与鲁中南山区西侧的山前冲积洪积平原的结合带，地势相对低洼，再加上黄河决溢的洪水长期占据此处，形成大面积湿地。清

---

① ［清]胡渭：《禹贡锥指》，上海古籍出版社 2013 年版，第 125 页。

同治十二年（1873）的一次黄河决口，使得南阳、独山、昭阳、微山四湖连成一片，形成今天的微山湖。[①]

微山湖中有微山岛，岛上有微子墓。微子，名启，是商纣王长兄。初封于微地，故称微子。他数次劝谏纣王，但纣王都不听他的劝告。商朝灭亡后，周把微子封于宋地，爵位为公爵。孔子把他和比干、箕子合称为"殷三仁"，表达了对微子德行的极大敬意。汉初名臣张良被封为留侯，封地在微山湖附近，其墓亦在微山岛。

3. 东平湖和大明湖

东平湖古称大野泽、巨野泽、梁山泊、蓼儿洼、安山湖，位于山东省东平县，是古时大野泽、梁山泊的遗存水域，山东省第二大淡水湖。明朝梁山泊已经变成南旺湖、安山湖、蜀山湖、马踏湖[②]、马场湖，与南四湖相对，被称为北五湖，现东平湖就在安山湖部位。清咸丰五年（1855），黄河北徙，夺大清河入海，黄河洪水和汶河水在黄河与汶河冲积平原相交的洼地聚集，形成现在的东平湖。

大明湖位于济南市历下区旧城区北，由济南众多泉水汇合而成，湖水经泺河注入小清河。北魏郦道元《水经注·济水注》记载："泺水北流为大明湖，西即大明寺，东、北两面侧湖。"[③] 其位置在今五龙潭一带，而现今大明湖一带水域则名"历水陂"[④]。六朝时，因湖内多莲，曾名"莲子湖"；唐代称莲子湖，亦称历水陂；宋代又有西湖之称；至金代，元好问在《济南行记》中，复称大明湖，从此沿袭至今。大明湖底为不透水的火成岩，泉水不易下泄，加之排水系统合理，故有"淫雨不涨、久旱不涸"的特点。

---

① 济宁市政协文史资料委员会、微山县政协文史资料委员会编：《微山湖资料专辑》，鲁济出准字90.21,1990年版，第7页。

② 今山东省桓台县东北部也有一湖名为马踏湖，但二者不同。北五湖之马踏湖位于汶上县，后逐渐枯竭，变为良田。

③ ［北魏］郦道元：《水经注》，岳麓书社1995年版，第124页。

④ 孙学朴、于文玲编著：《泉城明珠大明湖》，山东文艺出版社1994年版，第7页。

大明湖风景秀丽，历代都有文人墨客来此参观、吟咏，包括唐代的李白、宋代的曾巩、苏轼，金元时期的元好问、张养浩，明代的李攀龙、王象春，清代的王士祯、蒲松龄等。马可·波罗《中国游记》、刘鹗《老残游记》、老舍《济南的冬天》也都写到大明湖的美景。

4. 山东泉水

山东省是中国泉水数量较多的省份。鲁中南低山丘陵区及其与平原的接触地带，多为裂隙岩溶发育的石灰岩地区，泉水分布十分广泛。比较著名的包括济南泉群、泗水泉群、临朐老龙湾泉群、淄博龙湾泉群和滕州荆泉泉群。其中济南泉群出水量为全省之最，享誉全国，济南也因此有"泉城"美称。

济南城内百泉争涌，素有名泉七十二之说，但历代诸家所记不尽相同。这些泉水分为十大泉群，分别是趵突泉泉群、珍珠泉泉群、黑虎泉泉群、五龙潭泉群、白泉泉群、涌泉泉群、玉河泉泉群、百脉泉泉群、袈裟泉泉群、洪范池泉群。

图3　济南趵突泉（董承华摄）

对济南七十二名泉的最早记录，是元代于钦的《齐乘》，其中指出济南七十二名泉之说源于金人《名泉碑》。后来《名泉碑》所录一些名泉名存实亡，一些新出泉水又进入人们的视野。明人晏璧有《七十二泉诗》，对七十二名泉进行了修订，反映了明代前期济南泉水的分布情况。清代郝植恭《济南七十二泉记》又对七十二泉进行了修订。2004 年，济南名泉研究会等单位又公布了七十二泉的第四个版本，现将新七十二泉泉名抄录于下：

1. 趵突泉	2. 金线泉	3. 皇华泉	4. 柳絮泉	5. 卧牛泉	6. 漱玉泉	7. 马跑泉	8. 无忧泉
9. 石湾泉	10. 湛露泉	11. 满井泉	12. 登州泉	13. 杜康泉	14. 望水泉	15. 珍珠泉	16. 散水泉
17. 溪亭泉	18. 濋 泉	19. 濯缨泉	20. 玉环泉	21. 芙蓉泉	22. 舜 泉	23. 腾蛟泉	24. 双忠泉
25. 黑虎泉	26. 琵琶泉	27. 玛瑙泉	28. 白石泉	29. 九女泉	30. 五龙潭	31. 古温泉	32. 贤清泉
33. 天镜泉	34. 月牙泉	35. 西蜜脂泉	36. 官家池	37. 回马泉	38. 虬溪泉	39. 玉 泉	40. 濂 泉
41. 华 泉	42. 浆水泉	43. 砚 泉	44. 甘露泉	45. 林汲泉	46. 斗母泉	47. 无影潭	48. 白 泉
49. 涌 泉	50. 苦苣泉	51. 避暑泉	52. 突 泉	53. 泥淤泉	54. 大 泉	55. 圣水泉	56. 缎华泉
57. 玉河泉	58. 百脉泉	59. 东麻湾	60. 西麻湾	61. 墨 泉	62. 梅花泉	63. 净明泉	64. 袈裟泉
65. 卓锡泉	66. 清冷泉	67. 檀抱泉	68. 晓露泉	69. 洪范池	70. 书院泉	71. 扈 泉	72. 日月泉

参考文献：

1. 黄河水利委员会《黄河志》总编辑室：《黄河志》卷一《黄河大事记》，河南人民出版社 2017 年版。

2. 李泉、王云：《山东运河文化研究》，齐鲁书社 2006 年版。

3. 王志民、徐振宏主编：《中国区域文化通览·山东卷》，中华书局 2013 年版。

4. 高广仁、栾丰实：《大汶口文化》，文物出版社 2004 年版。

5. 张礼恒主编：《鲁商与运河商业文化》，山东人民出版社 2010 年版。

6. 王育民：《中国历史地理概论》，人民教育出版社 1987 年版。

7. 宋立杰：《山东水文化》，中国社会科学出版社 2017 年版。

8. 王志民主编：《山东区域文化通览》，山东人民出版社 2012 年版。

八、 齐鲁兵家文化

　　齐鲁大地上不仅诞生了博大恢宏的儒家思想，还孕育出绚丽夺目的兵家文化，涌现出姜太公、司马穰苴、孙武、孙膑、诸葛亮、戚继光等众多著名的兵家人物。他们的著作《六韬》《司马法》《孙子兵法》《孙膑兵法》等，宛若奇葩争相绽放，彰显着齐鲁文化与其他地域文化不同的魅力与风采。其核心价值理念早已超越了兵家本身，广涉政治、经济、文化、外交、体育等多个领域，融入中国人的血脉，积淀于优秀的中华民族精神之中。

　　春秋以前的战争，多以"车战"形式进行。车兵与步兵协同作战，战车发挥出强大的机动性能，提高了军队的整体作战能力。但车战更适用于广大的平原地带，山林地区地形崎岖，不利于战车行动，难以开展车战。到了春秋中晚期，楚国、吴国、越国相继崛起于长江下游的丘陵、湖泊等水域地区。为了适应多地形作战，中原诸侯国普遍建立独立的步兵部队，步兵逐渐成为主要兵种，"步战"随之兴起，"水战"的形式也在此时产生。秦汉时期，拥有强悍战斗力的匈奴骑兵对中原地区构成了极大威胁，中原统治者意识到，唯有发展骑兵，才能与之抗衡。骑兵部队的大规模组建和应用，形成了以骑兵为中心、骑兵步兵协同作战的形式，车战逐渐退出历史舞台。约公元 8 世纪，火药被应用于实战，传统战争的模式因此改变。

（一）姜太公与《六韬》

姜太公是齐国的缔造者，更是文王倾商、武王克殷的首席参谋和最高军事统帅，被后来的很多学派尊称为"百家宗师"。在唐宋以前，历代皇帝尊姜太公为"兵家鼻祖""武圣"，唐肃宗封其"武成王"，宋真宗又将其封为"昭烈武成王"。由于人们追崇太公的高尚人格与丰功伟绩，他在《太平御览》《封神记》中被逐步神化。《封神演义》中的太公，更是成了驱邪扶正的偶像。从此，民间百姓尊其为"武祖""天齐至尊""光明之神"等。

根据《山海经》《国语》《世本》《史记》等文献，姜太公的原籍应是吕国，"吕""莒"古时为一字，齐地之莒可能就是姜太公的原籍。相传，姜太公看到商纣荒淫残暴，颇为失望，因此离开，隐居东海之滨。隐居大约三十年后，他到中原地区闯荡，先后生活在棘津、朝歌、孟津一带，在归周之前，还曾在距周地较近的蹯溪活动。

此时，商的属国周在西方兴起。周文王的励精图治深深吸引了抱有治国平天下理想的姜太公。他毅然投奔周文王，并逐步成为周人统治集团的核心人物。文王死后，武王遵照父亲的命令，使姜太公的地位更加尊崇。周与商的决战时刻日益迫近，为建立诸侯统一战线，太公提议以"观兵"试探各诸侯国、部落对讨伐商纣的态度，并且检阅军队的作战准备程度。孟津观兵，使八百诸侯不期而至，充分彰显了周族的号召力。周族势力欣欣向荣，而商纣王与他的统治集团矛盾重重，上下离心，商朝江河日下。

武王伐纣前，占卜龟兆不吉，太公力排众议，劝武王出兵。周军行至汜水牛头山时，天气恶劣，太公率领军队抢先渡河，拼死决战，不留退路。每当面临困境，姜太公都信念坚定，鼓励士气、稳定军心。武王与纣王两军在牧野展开决战。据《史记》载，此战商纣王发兵七十万，周军先由太公率领数百精兵上前突袭。太公担任前锋，其英勇气概既鼓舞着周军士气，也挫杀了敌军锐气，尽显大将风范。在太公的指挥下，周军顺利进军朝歌。商朝灭亡，周朝建立。

后来，武王将太公封于齐，都城在营丘。太公顺应民俗，简化礼仪，大力发展商业，增加渔盐收入，使齐国日渐富裕。武王之子成王即位后，叛乱纷起，太公被赋予平叛大权。东至大海，西尽黄河，南达穆陵，北迄无棣，若诸侯有罪，都由太公讨伐。

姜太公的军事思想，集中体现在《六韬》中。该书又称《太公六韬》《太公兵法》。全书以太公与文王、武王对话的方式编成，整合兵法谋略，内容丰富。相传《六韬》为太公所著，现在一般认为该书是后人依托其名而编，约成书于战国时期。从南宋开始，《六韬》被怀疑是伪书。1972 年，山东临沂银雀山汉墓中出土了五十余枚《六韬》简，说明《六韬》至少在西汉时就已广泛流传了。伪书之说也就不攻自破。

《六韬》分别以文、武、龙、虎、豹、犬各为一卷，共六十篇，近两万字。《文韬》十二篇，论述了政治和军事的相互关系，以及治国用人的韬略，在物质层面与精神层面充实国家实力；《武韬》五篇，强调战前应深入了解敌我双方的情况，论述了取得政权、对敌斗争的策略，也就是用兵的战略；《龙韬》十三篇，讲解了军队的统帅指挥和兵力调遣的艺术，主要阐述了军队组织、指挥以及部署方式；《虎韬》十二篇，讨论了在宽阔地区作战时面临的问题以及相对应的战术，兼论了战争中兵器的布阵方式；《豹韬》八篇，论及在各种特殊的地形作战，尤其是在狭窄地形时的战术方法，主张占据有利地形、善于利用各种地形；《犬韬》十篇，探讨了编选军队中教练与士卒的问题，以及步兵、车兵、骑兵三大兵种的单独作战、配合作战的战术，要求以最大限度发挥军队效能等，重心是军队的指挥训练。

《六韬》涉及战争观、军队建设、战略战术等，最精彩的是对战略和战术的论述。其中对阴谋手段论述的详细程度，为一般兵书中所未见。《六韬》指出，在战争中，要事权专一、兵力集中、行动统一，如此方能机动灵活、不受牵制，从而出神入化、战无不胜。对于军队建设，要将选拔和

八、齐鲁兵家文化

培养将领放在首位，建立一个参谋部。这是我国军事史上最早见于明文规定的参谋部组织法，也是《六韬》的一大创造。在治国思想上，《六韬》要求君主清心寡欲、勤勉治国。

《六韬》的版本大体可以分为四个系统。一是竹简本，即山东临沂银雀山汉墓出土的《六韬》残简和河北定州汉墓出土的《大公》残简，这是现存的最早版本。二是唐人写本，即敦煌本《六韬》残卷。三是《群书治要》本，是魏征给唐太宗编写的摘要本。四是《武经七书》本，初刻于北宋。

《六韬》集先秦军事思想之大成，被誉为兵家权谋类的始祖。历代兵家对其颇为关注，例如张良、刘备、诸葛亮、孙权都重视《六韬》，唐人论兵也多引用它，宋、明、清对《六韬》注释、集释者众多。《六韬》于 16 世纪传入日本，18 世纪传入欧洲，已有日、法、朝、越、英、俄等译本。

（二）司马穰苴与《司马法》

司马穰苴，又称田穰苴。春秋末期齐国人，著名军事家。据《史记·司马穰苴列传》载，司马穰苴是"田完之苗裔"，即田完（陈完）的后代，齐田氏家族的支庶。

齐景公时期缺少将才，因而齐相晏婴向齐景公推荐了司马穰苴。从之后司马穰苴在军事实践中的才干以及发挥的作用来看，晏婴对他了解颇深。齐景公召见司马穰苴之后，征求他对战争的看法。司马穰苴深厚的兵学理论修养、对军事形势的透彻分析，使齐景公折服。景公十分欣喜，拜司马穰苴为将军。司马穰苴临危受命，由庶民被"破格"提拔为齐国最高的军事指挥者之一。

司马穰苴立志重振齐国军威。齐景公派宠臣庄贾充当监军，司马穰苴与庄贾约定，次日中午在营门集合。这天，穰苴先到达军营，然而直到日落时分，庄贾才姗姗来迟，穰苴立刻命令依军法从事。庄贾派人飞驰报告景公求救，未等报信人返回，司马穰苴已将庄贾斩首。三军将士无不为之震慑，由此全军肃然，无不听命。通过严明军纪，齐军面貌焕然一新。司马穰苴深入士兵营帐炊灶，对体弱者疗病送药，亲自照顾。三个月后，穰苴率兵拒敌，士卒争先出战，连伤员都要求参加。晋军得知这一消息，引军退去，燕军也撤回黄河北岸。穰苴率军追击，尽收齐国失地。齐景公封穰苴为大司马。

司马穰苴地位日益尊贵，招来了齐国贵族忌恨和谗言。不久，穰苴被齐景公免去大司马一职，并抑郁病亡。日后田氏得势，代姜齐，灭高、国，自立为齐王，继承司马穰苴的军事思想，用兵于诸侯，使诸侯臣服于齐。齐威王使人整理古代《司马兵法》，将司马穰苴的军事理论附述其中，名为《司马穰苴兵法》（下称《司马法》），大约成书于战国初期。

《司马法》的军事思想以礼、仁、信、义、勇、智"六德"为核心，主要包括战争观、治军原则和作战指导思想等方面，带有较明显的儒家色彩。在战争观方面，《司马法》立足仁与义，支持正义之战，尽量规避战争。"故国虽大，好战必亡；天下虽安，忘战必危"，要正确看待备战与慎战，建设国防力量。该书还将治国与治军之策明确区分："军容入国则民德废，国容入军则民德弱。"在作战用兵时，《司马法》倡导集中力量、以强击弱，提出结合智、勇、巧的作战思想。军事教育层面，该书强调以"六德"教化和塑造军队，培养德才兼备、智勇双全的军事力量。书中也非常重视武器装备的研制，指出了不同兵器的特点，认为兵器应当高效配置。此外，书中包含了大量古军礼方面的内容，较为系统地总结了早期军礼内容。

《司马法》是我国古代重要的军事理论著作，属《武经七书》之一。《李卫公问对》云："今世所传兵家者流，又分权谋、形势、阴阳、技巧四种，皆出《司马法》也。"[1] 由此可见《司马法》在兵学发展史上的重要地位，是先秦军事思想中的一座丰碑。《司马法》现仅存《仁本》《天子之义》《定爵》《严位》《用众》5篇，另有逸文60余条，1600多字，内容弥

---

① 吴如嵩、王显臣校注：《李卫公问对校注》，中华书局1983年版，第14页。

足珍贵，记载了殷商、西周到春秋、战国时期的作战原则和方法，为我们研究古代军事思想提供了重要依据。

（三）孙武与《孙子兵法》

春秋战国之际，社会巨变，百家争鸣，孙武就是这个时代造就的兵家之星。孙武（约前545—约前470），字长卿，春秋末期齐国乐安（今山东省北部）人，后因避乱出奔吴国，隐居民间，经过潜心研究军事理论，写下了流传千古的兵学著作《孙子兵法》，在世界军事史上留下了浓墨重彩的一笔。

孙武祖籍在齐。孙氏出自齐国贵族田氏一系，孙武祖父本名田书，齐国大夫。田书伐莒有功，齐景公为表示对他的器重和嘉奖，遂以孙氏赐姓田书，食采于乐安。后来，为躲避齐国祸乱，大约在孙武不足20岁时，孙武父孙凭带着全家南逃至吴地隐居，孙武也因此开始了亦耕亦读的田园生活。此时恰逢伍子胥由楚国迁往吴国避难。孙武和伍子胥惺惺相惜、互为知己。伍子胥眼见出身军事世家的孙武奋发执着、立志从戎，心生敬佩。所以，伍子胥成为吴王阖闾的谋臣后，多次向吴王举荐孙武。吴王召见孙武时，发现孙武果然气度不凡、学识渊博，经练兵检验之后，封孙武为将军。在孙武的治理下，吴军纪律严明，作战勇敢，面貌一新。

吴王阖庐攻楚破郢，孙武发挥了关键作用。其战略方针是：西破强楚，北威齐晋，南服越人。吴国首先剪除楚国的几个羽翼小国，又鼓动桐国背叛楚国，诱使楚国令尹囊瓦出兵，于豫章大破楚军，削弱了楚国军事力量。一次次积小胜为大胜，吴国逐步控制了江淮的豫章地区，为伐楚做好准备。唐国和蔡国因被楚国围攻而向吴国求救。吴军采用孙武的作战计划，战略迂回、大举突袭、直捣腹心，正式打响了灭楚的战争。

吴楚交兵的决定性战役在柏举（今湖北麻城东北）进行，即柏举大战。这场战争选择在楚疲吴赢之际，进攻地点是遭到楚国欺凌的蔡国境内。在吴国军队进攻前，孙武联同各位谋臣对这次进军做好了充分的战前准备与战略部署：联合唐、蔡，三军合谋伐楚，以兴师救蔡为名，虚实并举，达到破楚入郢之目的。吴军长驱直入，五战五胜，最终攻破楚国都城郢，完成破楚大业。柏举大战是孙武战术思想的一次集中体现和完美实践。"上兵伐谋""兵者诡道""避实击虚""因敌制胜""造势任势"等战略战术发挥得淋漓尽致，有力促进了我国兵学理论的发展。吴楚之战对春秋时期的诸侯列国形势产生了巨大影响，吴王阖闾以及孙武、伍子胥等人，亦表现出卓越的军事才略。著名历史学家范文澜先生称这场大战是"东周时期第一大战争"。

孙武的军事思想影响了自春秋以来的中国历史。他的著作《孙子兵法》（又称《孙子》《吴孙子兵法》《孙武兵法》）共十三篇。根据史料来看，《孙子兵法》是孙武到达吴国后呈送吴王阖闾的。孙武实施了一场别开生面的"吴宫教战"，后又参与指挥柏举大战。《孙子兵法》从战争实际出发，总结和揭示了战争的普遍规律和基本的战术原则，体现出深刻的谋略内涵、道德内涵和哲学内涵，具有超越所处时代的思想性和创造精神。

孙武继承和发展了前人的军事理论，归纳出战争的原理与原则。两千多年来，《孙子兵法》一直被视为兵家经典。其注本以曹操的《孙子略解》为最早，另有清朝孙星衍的《孙子十家注》、朱墉的《武经七书汇解》、夏振翼的《武经体注大全会解·孙子》、近人杨炳安的《孙子会笺》、今人吴九龙的《孙子校释》等。

全书共6100余字。每篇以"孙子曰"开头，分专题论述，中心明确。它体现了朴素的唯物论和辩证法思想，反映出丰富的哲学内容。在军事思想方面，提倡重战、备战、慎战。孙子认为："兵者，国之大事，死生之地，存亡之道，不可不察也。"他将战争看作国家大事，是军队生死搏斗的手段，关乎国家存亡。要知己知彼，全面把握作战双方的情况，这是取得战争胜利的基础。在战略与战术思想方面，孙子主张上兵伐谋、其次伐交、危加于敌，即结合政治斗争与军事斗争，注重战争效益，尽量减少战争中

图1　临沂银雀山汉墓竹简

的生命财产损失。他强调，"兵者，诡道也"，要出其不意、灵活出击，从而掌握战争主动权。而在治军方面，孙子指出，"将在外，军令有所不受"，战机不可失。此外，还应善待俘虏，壮大自己的军事力量。孙子也关注到坚决执行法令的必要性，认为这是决定战争胜利的重要因素。在建军思想方面，孙子认为，将领身居主导地位，要"智、信、仁、勇、严"，方能委以重任。而且将领要协助、配合国君，使政治清明，用人唯贤。《孙子兵法》中亦体现出丰富的辩证法思想，指出了战争中的主客、攻守、强弱、奇正、虚实、动静等对立的矛盾关系，认为在一定条件下，矛盾双方可以相互转化，并强调了人在这种转化中的主导作用。孙子还意识到获得军事情报十分关键，提出乡间、内间、反间、生间、死间，突出了解敌情的必要性，以此为取得战争的胜利做好准备。

孙武被誉为"百代谈兵之祖"，他的军事思想深刻影响着后世军事家。他们潜心钻研《孙子兵法》，并将其应用于战争实践。司马迁云："世俗所称师旅，皆道孙子十三篇。"（《史记·孙子吴起列传》）曹操称："吾观兵书战策多矣，孙武所著深矣。"① 诸葛亮也赞叹："战非孙武之谋，无以出其计远。"② 《孙子兵法》在著名战例中都有实际应用，诸如齐魏桂陵之战、马陵之战、韩信破赵之战、萨尔浒之战等。红四军在大柏地一战，借鉴"围魏救赵"打败敌军。新中国成立后，刘伯承曾任中国人民解放军军事学院院长，他经常对学员讲解《孙子兵法》中的谋略、兵势、正兵和奇兵、虚和实、用兵的主动性和灵活性、用间等理论。在抗美援朝战争中，彭德怀将军率领中国人民志愿军奔赴朝鲜作战，也曾以孙子的理论打败过美国麦克阿瑟率领的美军。战争年代，《孙子兵法》成为革命战争的宝典，孙子的军事理论被赋予了新的意义。《孙子兵法》的国际影响同样深远，外文译本数不胜数。

在浩如烟海的文献典籍中，兵法与谋略始终闪耀着中华民族智慧的光芒，是中华民族对人类文明的重要贡献。作为世界上第一本兵书，《孙子兵法》以哲学理念探讨战争，内容博大精深，思想深邃富赡，逻辑缜密严谨，被誉为"兵学圣典"。

（四）《孙子兵法》对世界的影响

《孙子兵法》是世界上最早的兵书，是中国古代最伟大的军事理论著作之一，也是中国古籍在世界影响最大、最为广泛的著作之一。《孙子兵法》揭示了一系列具有普遍意义的军事规律，形成了一套完整的军事理论体系，深受战国以来历代军事家的推崇，在世界军事思想领域也形成了广泛影响。

很早以前，《孙子兵法》就走出国门，产生了一系列作用与影响。唐朝中期，日本遣唐使吉备真备在中国留学十八年，于 735 年把《孙子兵法》带回日本。日本军事家织田信长、丰臣秀吉、德川家康等人皆熟读《孙子

---

① ［汉］曹操：《曹操集》，中华书局 2013 年版，第 65 页。
② ［三国］诸葛亮：《诸葛亮集》，中华书局 1960 年版，第 68 页。

兵法》，并成为日本精通中国兵法的大家。在实际应用中，据佐藤坚司的《日本武学史》记载，吉备真备在回国后不久，即根据孙子的"兵之情主速"等作战原则，平定了惠美押胜发动的一次叛乱。日本名将武田信玄对《孙子兵法》尤其推崇，曾将《军争篇》中"风林火山"四字写在旌旗上以鼓士气、壮军心。

因与我国接壤，加之历史文化传统上的密切联系，朝鲜、越南也很早就开始了对《孙子兵法》的研究，诞生了具有学术价值的论文和专著。15世纪朝鲜李朝的义宗至世祖时期，有了《武经七书》的注释本，其中就包括《孙子兵法》。1777年，朝鲜曾刊印《新刊增注孙武子直解》。不久后，在越南出现了署名施达志的《孙子兵法》译本。亚洲国家中，有一部希伯来文《孙子兵法》于1973年在以色列出版。

《孙子兵法》的西传，以法国为最早。1772年，曾在北京生活多年的法国神父约瑟夫·阿米奥特根据《武经七书》的满文手抄本，对照汉文版本，将《孙子兵法》翻译为法文，作为《中国军事艺术》丛书中的第二部在巴黎出版，从而成为西方世界的第一部《孙子兵法》译本。该书一经问世即博得好评，为多家杂志摘要转载，十年内发行两版。当时法国一家刊物评论说："如果我们指挥军队的将军以及一般军官能够拥有这部'杰作'，人手一册，那就会对王国起重大作用。"1905年和1908年，卡斯鲁翻译的英文版《孙子兵法》先后在东京和伦敦问世。《孙子兵法》的第一部俄文译本，是俄国汉学家斯列兹涅夫斯基于1860年完成的。1986年，荷兰文译本《孙子兵法》出版。

在欧洲各国，《孙子兵法》不断被翻译、出版，影响巨大。据传，法国统帅拿破仑常在作战间歇阅读《孙子兵法》，从中汲取一些可资运用的军事原则，指导战争实践。发动第一次世界大战的德皇威廉二世被废黜后，侨居生活中的他在读到《孙子兵法·火攻篇》的"主不可以怒而兴师，将不可以愠而致战，合于利而动，不合于利而止。怒可以复喜，愠可以复悦，亡国不可以复存，死者不可以复生，故明君慎之，良将警之，此安国全军之道也"时，不禁感叹："早二十年读《孙子兵法》就绝不至于遭受亡国之痛苦了！"第二次世界大战中的英国著名指挥官蒙哥马利元帅，在20世纪60年代初访问中国时说："世界上所有的军事学院，都应把《孙子兵法》列为必修课程。"

英国军事家利德尔·哈特称赞孙子所说的"不战而屈人之兵，善之善者也"，是"不必经过严酷战斗而能达到目的的战略"，也是"最完美的战略"。近代俄国学者郭泰纳夫称孙子"是世界第一流的军事家"。苏联米里施坦因、斯洛博琴科认为在古代军事学论著中，"最早、最优秀的是孙子的著作"；该书"奠定了古代中国军事科学的基础"；其作者具有"极为丰富的军事知识"和"研究军事问题的极为深刻的方法"。

《孙子兵法》在美国很受欢迎，许多美国人熟悉《孙子兵法》中的名句。据说，美国前总统罗斯福在第二次世界大战中，常用《孙子兵法》的理论来指导战争实践。美国前国防部长麦克纳马拉也经常阅读《孙子兵法》，从而使孙子的一些名言在美军中得以传扬。

《孙子兵法》迄今盛行不衰，并形成了世界范围的"孙子热"。从单纯军事领域的研究转向非军事领域的应用性研究，更呈现出《孙子兵法》研究崭新的时代特点。《孙子兵法》在世界军事史上具有划时代的意义，它成书时间早、学术性强，而且形成了独特新颖的思想体系，提出了深邃的军事观点，科学揭示了军事领域的一些基本规律，成为后世兵书的典范。它的理论思想跨越千年，至今仍有宝贵的借鉴作用和指导意义。

（五）孙膑与《孙膑兵法》

孙膑（前380—前321），齐国人，战国军事家。史载孙膑与庞涓一起师从鬼谷子。庞涓入魏当了将军，自认才能不及孙膑，密召孙膑到魏国，借故对孙膑施加膑刑（即去膝盖骨，使人不便行动）。"孙膑"一名由此而来。后来，孙膑设法逃回齐国。齐将军田忌将他推荐给齐威王，威王"遂以为师"（《史记·孙子吴起列传》）。田忌曾与人赛马，上驷、中驷、下驷都比不上别人。孙膑建议，先以下驷对别人上驷，然后再以上驷对别人的中驷，以中驷对别人的下驷，结果田忌获胜。这就是著名的"田忌赛马"。

相传孙膑是孙武的后代，但历史上曾有人怀疑孙武和孙膑可能是同一个人。直到1972年，在山东临沂银雀山汉墓中同时发掘出《孙子兵法》和《孙膑兵法》，确认孙武、孙膑各有其人、各有著述。这宗历史公案才算了结，失传两千多年的兵书也重新面世。

孙膑的军事思想汇集在《孙膑兵法》中。该书分为上、下编，上编通过孙膑与齐威王、田忌的问答，揭示了战争的规律；下编大概是他看到齐相邹忌和将军田忌的矛盾日益激化，知道齐国不足与为，乃辞官归隐后，与徒弟研究军事的成果。

在战争观方面，孙膑主张慎重对待战争，认为战争不仅关系到国家安危存亡，也是除暴乱、禁争夺、实现与巩固国家统一的重要手段；要积极做好战前准备工作从而取得胜利，才能做到以战争抑制战争。他指出，政治和经济条件是决定战争胜负的基础，"强兵"必先"富国"，做到"事备而后动"。在战争认识论方面，孙膑认为用兵作战应遵循战争的规律——"道"，也就是要掌握战争的主动权，发挥主观能动性，一步步将战争引向胜利。孙膑所说的"道"，是战争正义性以及战争的战略、策略、战术的总称。

孙膑也十分重视战争中人的因素，对士兵素质的要求很高，即勇、巧、利、德、富、强。他主张着眼于训练精兵强将，提高军队的士气和战斗力；对于将帅而言，最重要的是义、仁、德、信、智，身体力行；战争中人的多少、疏密、劳逸、饥饱、远近、快慢、虚实等，相反相成、相互转化，关键是必须具体情况具体分析，然后采取有针对性的对策。《孙膑兵法》关于军队建设和管理方面的阐述极有特色，而其治军思想的核心可以归纳为：以人为贵，选贤取良，严正辑众，明赏重罚。

《孙膑兵法》在继承前人军事思想的基础上，在战争、治军以及战争指导艺术方面皆有新建树，是一部具有很高价值的战争、战略理论名著，受到了中外兵家以及军事学术界的推崇。

（六）诸葛亮的兵法与谋略

诸葛亮（181—234），字孔明，琅琊阳都（今山东沂南）人，早年躬耕于南阳，他博览群书，关心时事，被人誉为"卧龙"。建安十二年（207），因为刘备"三顾茅庐"，他以《隆中对》相筹策，开始走上政治舞台。

诸葛亮在《隆中对》里指出，曹操、孙权割据一方，暂时无法动摇。刘备要开创霸业，复兴汉室，必须造就第三方势力。"外结孙权，内修政理"，先争取"跨有荆益"，建立自己的政权，达成三分天下的格局；再趁"天下有变"，从荆益两路出兵，图谋进取中原。刘备集团在赤壁之战前后，据此开展政治、军事活动。

建安十三年（208），曹操率军南下，准备攻取荆州，吞并江东。刘备因实力弱小，又遭到曹军的打击，被迫撤退到夏口，处境危急。诸葛亮前往江东会见孙权，与周瑜、鲁肃一起，说服孙权与刘备联合，共同抗御曹军。赤壁之战后，刘备趁势占据荆州的大部分地区，接着又利用益州牧刘璋借兵的机会进军益州。建安十九年（214），诸葛亮领兵从荆州溯江而上，与刘备一起攻取成都，占领了整个益州。刘备集团由此"跨有荆益"，得以同曹操、孙权三分鼎立。诸葛亮的战略构想初步实现。

蜀汉政权建立后，刘备称帝，诸葛亮被任命为丞相。章武三年（223），刘备东征孙权失败，退据白帝城（今重庆奉节），临终托孤于诸葛亮。诸葛亮辅佐后主刘禅继位，实行了一系列政治和经济措施，使蜀汉境内呈现出兴旺的景象。建兴三年（225），南中（今云贵川交界地区）发生愈演愈烈的叛乱。诸葛亮以"攻心为上，攻城为下；心战为上，兵战为下"为战略方针，亲自率军前往平定。据《三国志蜀书·诸葛亮传》记载，诸葛亮对酋长孟获七擒七纵，并于最后一次在孟获城将他擒拿，将他真正收服，不再与蜀汉为敌。

为实现全国统一，诸葛亮在平息南方叛乱之后，于建兴五年（227）决定北上伐魏，并在临行前上书后主，这就是著名的《出师表》。文章言辞恳切，针对当时的局势，反复劝勉刘禅要继承先主刘备的遗志，开张圣听，赏罚严明，亲贤远佞，以完成"兴复汉室"的大业。《出师表》表现了诸葛亮"北定中原"的坚定意志和对蜀汉忠贞不贰的品格。

建兴六年（228）以后，诸葛亮先后六次出兵北伐，以先占领陇右（今甘肃陇山以西地区）、再由西而东夺取关中为作战方针。由于蜀汉国力不足，兵力有限，尤其是翻越深山峡谷作战，粮饷难以补给，蜀军虽曾取得过局部的胜利，但终未占领关中。建兴十二年（234），诸葛亮在军中病故。蜀汉谋求统一的战略构想彻底化为泡影。

诸葛亮作为杰出的政治家，善于从全局出发，依据客观形势的发展变化，利用一切可以利用的力量，共同抗御和打击强大的敌人。在军队建设方面，他注重严明法纪；在作战指挥方面，力求谨慎稳妥。他重视兵、法两家的理论，曾经"写《申》《韩》《管子》《六韬》一通"，用以教导后主刘禅。

诸葛亮熟悉传统兵学。陈寿编辑《诸葛氏集》，收入各种文论24篇，包括《南征》《北出》《兵要》《军令》等。或因搜罗不全，后世署名诸葛亮的著作主要有《将苑》《便宜十六策》。

《便宜十六策》，又称《武侯十六策》，从人事的角度揭示治国用兵的纲领。诸葛亮认为，治国如同治家，治国如同治身。对于所用的人才，应当详加考核，以便迁善黜恶。在施政方针上，应做到"政治当有先后，先理纲，后理纪；先理令，后理罚；先理近，后理远；先理内，后理外；先理本，后理末；先理强，后理弱；先理大，后理小；先理身，后理人"①。

---

① ［三国］诸葛亮：《诸葛亮集》，中华书局1960年版，第71页。

在战争指导方面，诸葛亮提出了一整套思路：

> 夫用兵之道，先定其谋，然后乃施其事，审天地之道，察众人之
> 心，习兵革之器，明赏罚之理，观敌众之谋，视道路之险，别安危之
> 处，占主客之情，知进退之宜，顺机会之时，设守御之备，强征伐之
> 势，扬士卒之能，图成败之计，虑生死之事，然后乃可出军任将，张
> 禽敌之势，此为军之大略也。①

这一思想共包含十五项内容，具有很强的系统性。在军队建设方面，诸葛亮主张严明教令。《便宜十六策》以君主治国为主，兼及军事问题。这部著作问世后，颇受世人关注。宋代张预注《孙子》，就有多处征引，而到明清时期，更是广泛流传。

《将苑》，又称《新书》《心书》《诸葛亮将苑》。基本内容是论述为将之道，包括将帅的品格、性情、才能、气度和缺陷，以及指挥作战诸问题。诸葛亮从将帅本位出发，汲取以往的兵学成果，包括《孙子》《吴子》《六韬》《三略》等，通过系统的梳理和提炼，提出了一系列观点。将帅有不同的才能，可以分为九种类型：仁将、义将、礼将、智将、信将、步将、骑将、猛将、大将。将帅有不同的气度，可以分为六个等次：十夫之将、百夫之将、千夫之将、万夫之将、十万人之将、天下之将。将帅既有"五善""四欲"，又有"五强""八恶"。将帅要有高尚的品格，要注意克服八种缺陷：追逐名利，贪得无厌；心胸狭窄，嫉贤妒能；轻信谗言，阿谀逢迎；盲目乐观，不能自省；临危遇难，犹豫不决；嗜酒好色，荒淫无道；性情奸诈，胆小怕事；花言巧语，不守规矩。在《将苑》末尾，诸葛亮以《东夷》《南蛮》《西戎》《北狄》为题，论述各少数民族的特点及同他们作战的方法。

---

① ［三国］诸葛亮：《诸葛亮集》，中华书局 1960 年版，第 67 页。

诸葛亮指挥作战，比较注重阵法。他的《八阵图》颇具神秘性，备受世人关注。为了提高蜀国军队的战斗力，诸葛亮还十分重视兵器制造。陈寿称赞他"性长于巧思，损益连弩，木牛流马，皆出其意"（《三国志·蜀书·诸葛亮传》）。

诸葛亮一生行事，虽然"出师未捷身先死，长使英雄泪满襟"[①]，留下许多遗憾，但他以高洁的品格、卓越的才能、显赫的功业成为中华民族智慧的化身，给人以无形的精神力量。

（七）戚继光抗倭与《纪效新书》

戚继光（1528—1588），字元敬，号南塘，晚号孟诸，山东登州（今山东蓬莱）人，明朝抗倭名将、军事家。

嘉靖年间，我国东南沿海地区频遭倭寇的侵扰和危害。15世纪后期，日本进入了"战国时代"，封建诸侯割据，攻战不休。一些在战争中失败的封建主组织武士、商人和浪人到我国沿海地区进行海盗活动。他们经常杀人越货，并且进行走私贸易，明朝百姓称其"倭寇"。明初在沿海修筑十六座城池严防倭寇，取得了一些成效。但至嘉靖时，倭寇再次猖獗，并与中国海盗勾结，在闽浙沿海地区劫掠。就在抵抗倭寇的战争中，涌现出了著名的民族英雄戚继光。

当时明朝政治腐败，沿海防务空虚。士兵军纪败坏，缺乏严格训练，作战器械又多被毁坏。江苏、浙江、福建等沿海地区的百姓，生活在水深火热之中，岁无宁日。出身将门之家的戚继光，家境贫寒，潜心读书，通晓儒经史籍。嘉靖二十三年（1544），十七岁的戚继光袭父职任山东登州卫指挥佥事，负责山东防御倭寇事宜。此时，山东沿海倭寇为患，戚继光于

---

① ［清］彭定求编：《全唐诗》，中华书局1979年版，第2431页。

激愤中写下"封侯非我意，但愿海波平"①，表达了他决心平定倭患的志向。他整训士兵，严肃军纪，修筑工事，巩固山东沿海防务，使倭寇不敢进犯。

戚继光指挥抗倭作战时机智勇敢。嘉靖三十四年（1555），朝廷调他至浙江任参将，驻守在倭寇经常出没的军事要地。为了增强抗击倭寇的战斗力，戚继光在多次上书朝廷并获得批准后，于浙江义乌招募农民和矿工多达3000余人，并按照年龄和身材为他们配发不同兵器，进行编组训练。他以击刺枪法，长短兵器兼用教授。同时，添置战舰，制造各种器械，选用当时最精良的火器。戚继光以"岳家军"为榜样，教育士兵严守纪律，勇敢杀敌，爱护百姓。他还根据南方沼泽地的特点研究阵法，创编了鸳鸯阵。经过一段时间的训练，新军将士训练有素、英勇善战，被百姓誉为"戚家军"。戚家军的纪律严明闻名天下，但凡出征时有扰民行为的，一律斩首示众。所以，戚家军无论在哪里作战，都能够获得当地百姓的支持，就连少数民族都愿意为之誓死效力，这样的军队在封建王朝是非常少见的。在抗倭期间，戚继光带领部队加固长城，筑建墩台、整顿屯田、训练军队，制定车、步、骑兵配合作战的战术，形成墙、台、堑密切联络的防御体系，多次击退侵扰之敌，军威大振。时人誉为"足称古之名将，无愧万里之长城"。戚继光与这支队伍辗转各地，用十余年的时间扫平倭患，取得了丰硕战果。

嘉靖四十年（1561），倭寇劫掠浙东，戚继光率军于龙山大败之，继而又在台州地区九战连捷。其间歼灭倭寇4000余人，明军战死20人，一举扫平浙东倭患，为世人称颂。嘉靖四十二年（1563），他奉命率兵万余急赴福建，于平海卫大败倭寇，升福建总兵。这年冬天，倭寇万余人围仙游（今属福建）。次年二月，他率军数千驰救，以内外配合、各个击破之策，解仙游困境，追歼逃敌数千，福建倭患遂平。隆庆二年（1568），戚继光奉命以都督同知总理蓟州、昌平、保定三镇练兵。整饬边备，整肃军容，安定蓟门。后

八、齐鲁兵家文化

---

① ［明］戚继光：《止止堂集》，中华书局2001年版，第13页。

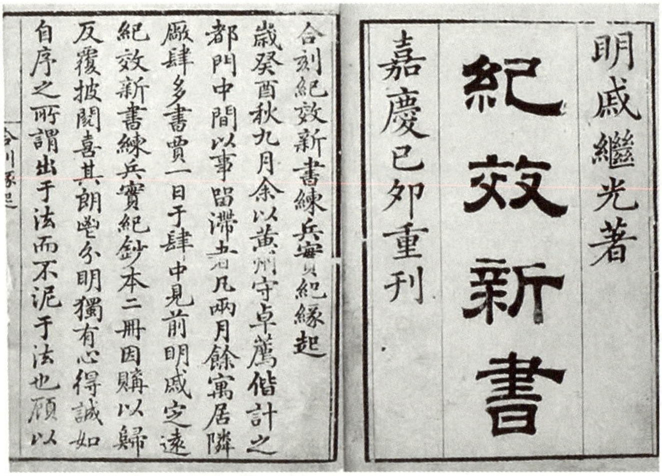
明戚繼光著
紀效新書
嘉慶己卯重刊

合刻紀效新書練兵實紀緣起
歲癸酉秋九月余以黄州守卓薦偕計之
都門中間以事留滞者凡两月餘寓居隣
厰肆多書賈一日于肆中見前明戚定遠
紀效新書練兵實紀鈔本二冊因購以歸
反覆披閲喜其朗鬯分明獨有心得誠如
自序之所謂出于法而不泥于法也顧以

图2 《纪效新书》书影

来，戚继光又在北方抗击蒙古部族，保卫了北部疆域的安全，促进了蒙汉民族的和平发展。他于万历十一年（1583）调任广东总兵官，万历十五年（1587）十二月病逝，谥号“武毅”。

繁霜尽是心头血，洒向千峰秋叶丹。戚继光在抗击倭寇的战争中建立了不朽的功绩，赢得了当时乃至后世人民的赞誉。其所著《纪效新书》《练兵实纪》两部军事名著均被列为中国古代经典兵书，丰富了中国兵学智慧的宝库。

《纪效新书》是戚继光担任浙江参将，在宁波、绍兴、台州、金华、严州等处练兵备倭时所作。全书共十八卷，分束伍、操令、阵令、谕兵、法禁、比较、行营、操练、出征、长兵、牌筅、短兵、射法、拳经、诸器、旌旗、守哨、水兵等。其显著特征是以兵法理论指导战争实践，理论与实践紧密结合，并推动理论发展。《纪效新书》所反映的是明代中期的兵学理论，语言精辟，富有哲理性，有许多超越时空的思想观点。

《纪效新书》特别重视选兵，开篇就讲“兵之贵选”。对于选来的士卒，要根据各自不同的特点发给他们兵器。在练兵方面，《纪效新书》特别强调按实战要求、从难从严训练：练胆气、练技术、练战术、练听从号令。士兵应当人人勇敢，技术精，战术强，守纪律，听指挥。对于培养将领，要注重读书和实际锻炼，使他们心术正、做实事，有志向，廉洁奉公，宽宏大量，对上级不阿谀奉承，对他人不嫉贤妒能，集众思考，用群策，爱护士兵，不求功名，报效国家等。书中还要求将帅不仅要有带兵制敌的文韬武略，而且要精通各种技艺，堪当士卒的表率；不仅战时与士卒患难与共，平时也要处处与士卒同甘共苦。特别强调赏罚在治军中的作用，主张赏罚要公正，赏不避仇，罚不避亲。

《纪效新书》是明代著名兵书。它出于抗倭名将之手，所述内容具体实用，既是抗倭中练兵实战的经验总结，又反映了明代军事训练和作战的特点，尤其是体现了火器发展过程中作战形式的变化，成为明朝军队热兵器化的佐证，具有较高的军事学术价值。该书在明朝万历壬辰战争时期传入朝鲜，被奉为军事科学经典，大量刊印。《纪效新书》是我国军事学史上的一部重要著作，它继承并发展了自孙子以来我国古兵书强调的军事原则，又结合当时的形势，致力于创新更具实用意义的战术，用来指导御倭战争。

《练兵实纪》是戚继光于隆庆二年（1568）总理蓟州、昌平、保定练兵时所撰，包括正集九卷、附杂集六卷。其内容广泛，与《纪效新书》针对抗倭不同，《练兵实纪》主要根据当时蓟北长城守边的敌我双方情况写成。书中论及士兵选拔、部队编制、武器装备、军礼军法等多方面，全面总结了作者的练兵、练将心得，反映出当时的军队编制、武器装备以及练兵革新情况。戚继光认为，将帅应通晓兵法、精通武艺。他们带兵打仗的前提是忠于职守，对待士兵要赏罚分明，珍惜自己身为将帅的名声，身先士卒，以身作则。此外，作者还对队列训练、军队调度等提出新见，反映了古代军事思想的一次飞跃。

戚继光不仅是军事统帅，更是军事理论家。他熟练掌握文武典籍，又从实战中总结出新的作战经验，形成了一套成熟的军事理论体系。他的《纪效新书》《练兵实纪》，承续着《孙子兵法》以来历代的兵法兵学并加以发展，大大丰富了中国古代兵法理论，在中国古代兵学史上占有重要地位。戚继光的《止止堂集》，所收诗作近三百首，豪放而兼婉约，表达了这位爱国志士的热血襟怀。他的许多诗作得到评论家的高度赞誉并被广泛传颂。

（八）田单复国

田单，妫姓，临淄人。战国时期齐国名将。早年任市掾，主管维护临淄市场秩序。在齐国遭燕军侵袭、生死存亡之际，田单坚守即墨，并且以即墨为据点，用火牛阵大破燕军，成功收复失地，书写了复国佳话。

公元前284年，燕昭王封乐毅为上将军，联合秦、韩、赵、魏四国伐齐，直击齐都城临淄，城内宫庙宗室尽被烧毁，齐国只剩莒城和即墨没有被攻下。

田单原是基层官员，燕军攻打临淄时，他带领族人逃到即墨。即墨守城大夫战死后，田单被公推为将军，指挥守城。他深知击败燕军的困难，而且双方实力悬殊，贸然硬拼无异于以卵击石。所以他坚守城池，等待有利时机的到来。在此期间，他亲自巡视城防，编妻妾、族人入行伍，分饮食给士卒，深得军民信任。终于，重用乐毅的燕昭王病逝。田单听说新即位的燕惠王素与乐毅不合，他便派人潜入燕国，散播乐毅想要自立为齐王的消息。惠王信以为真，于是派骑劫接替乐毅。乐毅自知回国的后果，便逃亡到赵国。

为了增加齐人对燕军的痛恨，田单派间谍到燕军中散布谣言："齐国人最怕鼻子被割、祖坟被挖。以此威胁，城中军民必然毫无斗志，开门投降。"燕军听后立即把俘虏的鼻子割去并推到前线，又将齐人祖坟挖开。当齐军见到燕军如此羞辱俘虏、当齐人看到自家祖坟惨遭蹂躏，他们发誓要与燕军死战到底。

田单意识到军民的决心已定，便开始带兵加固城防工事，安排精干力量作为埋伏，又派遣老弱妇孺登上城墙防守，用以瓦解燕军的戒备之心。燕军自以为胜利在望，连日举行庆功宴，对齐军放松了警戒。

田单找来千余头牛，牛角扎上尖刀，牛身披上五彩龙纹外衣，牛尾绑上浸油的芦苇。他命人在城脚挖开几十个直通城外的洞，又精选了五千名壮士，在他们身上画满油彩。在一个晚上，田单下达攻击命令，点燃牛尾的芦苇。火牛疼痛受惊，横冲直撞，拼命奔向尚在睡梦中的燕军军营，燕军帐篷瞬间变成火海。燕军大败，主帅骑劫被杀，燕军主力被彻底击溃。田单趁势攻击，带领齐军追杀燕军直到黄河边。路上，齐军经过的城池纷纷归附田单，田单尽收七十余座城池。之后，田单迎齐襄王回到都城临淄。为表彰田单的功绩，齐襄王封他为安平君。

几经努力，田单赢得了这场几乎没有胜算的战争。他利用反间计、火牛阵等计谋，助力齐国延续了六十多年的历史，暂缓了被灭亡的命运。

在齐国危亡时刻，田单率军智守即墨，他的赫赫战功在历史上广为流传。荀子称："故齐之田单，楚之庄蹻，秦之卫鞅，燕之缪虮，是皆世俗之所谓善用兵者也。"[1] 司马迁亦赞其"出奇无穷"（《史记·田单列传》）。唐建中三年（782），礼仪使颜真卿向德宗建议，追封古代名将六十四人，其中包括田单；宋宣和五年（1123），皇室为古代七十二名将设庙，田单亦名列其中，足见其历史地位及影响。

早在两千多年前，兵家之学就在齐鲁大地上诞生，远早于西方兵学。历经积淀，形成齐鲁兵学。更为可贵的是，齐鲁兵学内容深厚丰富，具有完整的思想体系。齐鲁兵学源远流长，有博大精深的武经典籍、叱咤风云的著名将领和青史留名的重要战役。齐鲁兵家文化具备如下特点：爱好和平，以兵学立身而不主张战争；以人为本，格外强调人的意义，重视道德修养和实践；文化多元，在不同文化的互动中，既保留了齐鲁兵家文化的个性，又在交融中发展丰富；从实际出发，遵天时、就地利、因民俗、顺形势；辩证思维，正确认识事物间相互联系、相互依存的辩证关系。齐鲁兵家文化主张用正义战争来制止不义的战争，凝结着中国古代的和平思想。齐鲁兵家文化的很多内涵、见解被历史实践证明是正确的，其在现代社会中的价值越来越受到人们的重视，对于认识中华优秀传统文化具有重要的启示意义。

---

[1] ［清］王先谦著，沈啸寰、王星贤点校：《荀子集解》，中华书局 1988 年版，第 276 页。

参考文献:

1. 褚良才主编:《军事学概论》,浙江大学出版社 2001 年版。

2. 褚良才:《孙子兵法研究与应用》,浙江大学出版社 2002 年版。

3. 何晓明、何顺进编著:《兵家韬略》,武汉大学出版社 2007 年版。

4. 孟祥才主编:《齐鲁古代兵家评传》,山东大学出版社 1996 年版。

5. 仝晰纲:《青铜的战神:齐鲁兵家文化研究》,学林出版社 1999 年版。

6. 王兆春等:《中国军事科学的西传及其影响》,河北人民出版社 1999 年版。

7. 张文儒:《中国兵学文化》,北京大学出版社 1997 年版。

8. 朱亚非、赵树国编著:《兵圣孙子研究》,山东人民出版社 2006 年版。

九、 诗文中的山东

齐鲁自古为文学之邦，历史上出生于齐鲁大地的文人不计其数，他们尽情讴歌家乡，创作了无数饱含深情的诗文。齐鲁地区又是历代文人墨客仕宦或游历之处，这些人因齐鲁胜景而心有所感，也创作出诸多名垂青史的佳作。

（一）《齐风》与《鲁颂》

中国自周代开始就有天子派人采集歌谣以察民风的传统，传说孔子对这些诗歌进行整理，编成了我国最早的诗歌总集——《诗经》。《诗经》现存305篇，分为风、雅、颂三部分。"风"指各地民间歌谣，"雅"指宫廷宴享或朝会时的乐歌，"颂"为宗庙祭祀的舞曲歌辞。《诗经》的成书与山东有着密切的联系，其中的《齐风》和《鲁颂》最能反映齐鲁文化的地域特色。

《齐风》现存11篇，主要包含以下3个方面的内容：

1. 表现婚恋与家庭生活。《鸡鸣》展现了妻子催促丈夫早起的场景，饶有生活情趣。《著》以新娘的口吻，描写了举行婚礼时丈夫于门屏之间等候新娘的样子，展现了齐国婚不亲迎的风俗。《东方之日》以男人的视角，描写了一位大胆追随所爱之人的女子。《东方未明》以妇女的口吻，写出了丈夫作为小吏的忙碌。齐地在两性关系方面比较开放，形成了勇敢追求爱情、不拘礼俗的风气。《齐风》中所表现的大胆开放的婚恋态度，正是这种民风的表现。

2. 表现狩猎场景与对猎人的赞誉。如《还》《卢令》。《还》展现两个猎人之间互相赞美的情景，诗中的猎人身手敏捷、体魄健壮、善于狩猎。《卢令》中的猎人英俊、仁厚、勇壮、多才。这些英武潇洒的形象，展现出齐人的审美取向。

3. 讽刺上层统治者的淫乱行为。如《南山》《敝笱》《载驱》。

孔子的弟子子夏评价齐音"敖辟乔志"（《礼记·乐记》），认为齐音容易让人心志傲慢，大约便是针对《齐风》中尚武的一面。吴国公子季札在听了齐国的乐曲后称赞："美哉，泱泱乎！大风也哉！表东海者，其大公乎？国未可量也。"（《左传·襄公二十九年》）这又反映出《齐风》中宏大、深远的一面。

《鲁颂》指鲁国的宗庙祀典乐歌，现存4篇。《鲁颂》歌颂鲁僖公功业，又各有偏重。《駉》赞美骏马的强壮有力，其中的"思无邪"一句被孔子用来概括《诗经》的主旨。《有駜》描写了君臣庆祝丰收的宴饮场景。《泮水》描写鲁侯打败淮夷、献俘庆功的情景，赞美了鲁侯的文德武功。《閟宫》是《诗经》中篇幅最长的一篇。诗云："泰山岩岩，鲁邦所詹。"（《诗经·鲁颂·閟宫》）以泰山作比，歌颂了鲁侯兴祖业复疆土的豪情。

除了《齐风》和《鲁颂》外，《曹风》《豳风》《小雅·大东》也反映出齐鲁地区的历史文化。

曹国在今山东定陶附近，《曹风》现存4篇。《蜉蝣》感叹人生的短暂。《候人》通过小吏与新贵的比较，讽刺了好人沉居下僚而庸人居于高位的现象。《鸤鸠》赞美了一位道德高尚的淑人君子。《下泉》怀念周初的安定环境，慨叹王朝的战乱。

豳虽指周人在先祖公刘时代所居的陕西彬县、旬邑一带，但《豳风》出于鲁的观点得到了学界的普遍认可。《豳风》现存7篇。尤其值得称道的是《七月》，这是一首农事诗，描写了先民一年四季的劳动与生活情况，展现了农村生活风光，对于研究古代农业生活、物候情况等都有重要的价值，历来为世人重视。《东山》被认为作于周公东征时，展现出征人归家前的复杂心情。诗中的"东山"，即今山东省临沂市的蒙山。《破斧》赞美周公东征的伟绩。《九罭》是鲁人为周公返回洛邑所作的送行之诗。《狼跋》为赞美周公之作。季札赞美《豳》乐："美哉，荡乎！乐而不淫，其周公之东乎？"（《左传·襄公二十九年》）也反映了《豳风》与鲁国的关系。

《小雅·大东》的作者据说为谭国大夫。谭国位于今山东济南章丘。这首诗批评了周王室对东方诸国的盘剥。

（二）山东历代文学名家

齐鲁地区自古以来人文荟萃，是中国文学发展的重镇。

1. 春秋战国

春秋战国时期，山东出现了孔子、孟子、墨子、庄子、管子、荀子、孙子等思想家。荀子，名况，他曾三为稷下学宫祭酒，两任兰陵令，晚年于兰陵著书立说。荀子是第一位以赋名篇的文学家。他的赋作借隐语说事，对具体事物极尽铺张刻画之描述，是汉赋"体物写志"的先声。《荀子》中的《成相》篇为歌谣式的通俗文学，被称为"后世弹词之祖"。

2. 汉魏六朝

汉末三国时期，"建安七子"中有四位山东人。诸葛亮，字孔明，琅琊临沂人，其《出师表》为千古名篇。曹植，字子建，曹操之子，先后受封于山东多地，死后葬于东阿，是当时客居齐鲁的重要文人。

两晋南北朝时期，出身寒门的左思与鲍照代表了当时文学的较高成就。左思，字太冲，山东临淄人。其赋作辞藻壮丽，体制宏大。左思构思十年创作出《三都赋》，被人争相传抄，一时出现了洛阳纸贵的场面。因出身寒门，左思屡不得志，故心中常怀不平。其《咏史》诗八首，借咏史抒发感情，风格刚健，被称为"左思风力"。这种借史咏怀的体式，为中国诗歌开创了新的样式。左思之妹左棻因才学出众而被晋武帝选入宫中，其代表作有《离思赋》等。

鲍照，字明远，东海（今山东郯城）人，与谢灵运、颜延之并称"元嘉三大家"。其乐府诗以《拟行路难》十八首最为著名，诗中抨击了门阀制度，抒发了自己的愤懑不平，对后世李白等人的创作产生了影响。其骈文《登大雷岸与妹书》《芜城赋》等文气高古，于奇绝细腻的铺陈中表现深沉英拔之气。鲍照之妹鲍令晖也是著名的女诗人，其作品多写离思别恨。

3. 两宋

北宋时期，齐鲁地区文教兴隆。王禹偁，字元之，济州巨野（今山东嘉祥）人。他反对唐末五代以来崇尚艳冶的文风，为当时文风的转变作出了重要贡献。晁补之，字无咎，济州巨野（今山东嘉祥）人，受苏轼赏识，名列"苏门四学士"。张耒曾评价其文章"晁论峥嵘走珠玉"[①]。其词豪放沉咽。词学史上，被称为"济南二安"的李清照和辛弃疾，分别是婉约与豪放两种词风的代表。另外，无棣（在今山东滨州）人李之仪的词作深受苏轼推许，其《卜算子·我住长江头》被广为传诵。

在宋代，许多文人曾在齐鲁游历或做官。苏辙曾游览大明湖、鹊山亭、泰山、灵岩寺、四禅寺等名胜，留下众多的诗歌。曾巩曾为齐州知州，在此创作大量诗文。调任之后，曾巩依依不舍地感叹："从此七桥风与月，梦魂长到木兰舟。"[②] 表达了对济南的怀念。其他文人如欧阳修曾作《留题齐州舜泉》和《晓发齐州道中》，黄庭坚作《寄黄几复》，陈师道作《登鹊

---

① ［宋］吴曾：《能改斋漫录》，上海古籍出版社1979年版，第313页。
② ［宋］曾巩撰，陈杏珍、晁继周点校：《曾巩集》，中华书局1984年版，第117页。

山》，这些与齐鲁有关的名篇广为流传。

4. 元代

东平府在元朝曾是繁盛的戏曲活动中心。东平府学培养了大量优秀的杂剧人才。高文秀，东平人，时人称其为"小汉卿"。他多写关于李逵的"黑旋风戏"，对《水浒传》的成书产生了影响。张养浩，字希孟，自号云庄，山东济南人，诗文兼善，尤以散曲见长，其《山坡羊·潼关怀古》表达了对百姓苦难的深切同情，广为流传。

元代客居山东的作家中，元好问成就最高。元好问（1190—1257），字裕之，号遗山，太原秀容（今山西忻州）人，被誉为"北方文雄"。元好问居山东六年。在此期间，他游览济南大明湖、千佛山、华不注山、鹊山等名胜，创作《济南杂诗》十首，自称"有心长做济南人"[①]。他还与东平行台严实结交，成为东平文化圈的关键人物，带动了东平文化的发展。

5. 明清

明代山东人边贡、李攀龙、谢榛都是文学复古运动中的干将，引领了一代风尚。清代山东文学名家有新城王士禛、博山赵执信等。赵执信，字伸符，号秋谷。在诗歌创作上主张写实，注重诗歌的社会功能。宋琬，字玉叔，号荔裳，莱阳（在今山东烟台）人。诗与施闰章并称，号为"南施北宋"。其诗歌沉郁顿挫，凄婉悲凉。"桐城派"的代表作家姚鼐曾同挚友登泰山，其创作的《登泰山记》，描写自己登山与观日所见，读之令人感到身临其境，是描写泰山文章中的佼佼者。

在小说方面，《金瓶梅》的作者兰陵笑笑生的具体身份历来有争议，但书中所用的语言，与鲁西运河一带语言相一致，故兰陵笑笑生多被认为是山东人。《金瓶梅》由《水浒传》"武松杀嫂"的故事演化而来，生动地描

---

① ［金］元好问著，狄宝心校注：《元好问诗编年校注》，中华书局 2011 年版，第 725 页。

写了城市生活与社会风情，艺术价值高绝，被列入"四大奇书"。此书开世情小说之先河，推动了世情小说的发展。蒲松龄的《聊斋志异》是文言小说的巅峰。西周生的《醒世姻缘传》也是小说中的佳作，虽然作者身份难考，但与山东的关系密切是毋庸置疑的。

李开先是明代著名的戏曲作家，字伯华，号中麓，山东章丘人。他所创作的传奇剧本《宝剑记》取材于《水浒传》，与梁辰鱼的《浣纱记》、王世贞的《鸣凤记》并称明代中期三大传奇。

（三）建安文学中的山东人

汉末三国时期，建安文学的代表人物有"建安七子"，其中孔融、王粲、徐干、刘桢都是山东人。当时其他山东作家如祢衡、仲长统、吴质、缪袭等，也活跃于文坛。

孔融，字文举，鲁国（今山东曲阜）人，孔子二十代孙。少年即有异才，后为北海相，世称"孔北海"。他为人刚直，不拘礼法，终被曹操借故杀害。孔融的散文气势遒劲，以情辞见长而不以理胜。曹丕评价他"体气高妙，有过人者"[1]，并将其与扬雄、班固相比。他的诗歌成就虽不如散文，但仍然颇具特色。《六言诗》三首，是最早的完整的六言体作品。《杂诗》之二悼念早夭的儿子，哀痛欲绝，情感真挚，是抒情的佳作。

王粲，字仲宣，山阳高平（今山东金乡）人，在建安七子中最负盛名，被刘勰称为"七子之冠冕"。王粲文多兼善，诗、文、赋皆有佳作。其创作以建安十三年（208）归顺曹操为界发生了转变。早期的诗赋多表达身处乱世的动荡、感伤与不平。如《七哀诗》反映了汉末动乱的现实，抒发了对时局的忧心和对故土的怀恋，格调苍凉；《登楼赋》表达了客居异乡的愁闷和怀才不遇的不平，是建安时期抒情小赋的代表，体现出汉大赋到魏晋小

---

① ［三国］曹丕著，夏传才、唐绍忠校注：《曹丕集校注》，湖北教育出版社 2013 年版，第 236 页。

赋的转变。王粲后期的作品多为唱和之作，但也对诗歌创作作出了一些有益的探索，推动了五言诗的发展。

徐干，字伟长，北海剧县（山东潍坊）人，他的辞赋辞采壮丽，被认为可与王粲匹敌，可惜没有完整的赋作保留下来。他的《室思诗》拟思妇口吻，表达对丈夫的思念与自己的忧愁苦闷。其中"思君如流水，何有穷已时"① 一句历来为人称道。《答刘桢诗》语言浑朴，感情真挚，是写友情的佳作。另外，徐干还著有《中论》，阐发义理，一以圣贤之道为准则，兼有学术性和文学性。

刘桢，字公干，东平宁阳人。曹丕评价"其五言诗之善者，妙绝时人"②。他曾游览曲阜，作《鲁都赋》，可惜文字大多散佚。他的五言诗气势豪壮，风骨超拔，如《赠从弟》三首，以比兴的手法，借松树自喻，表现出自己刚正不阿的品格。

建安时期，山东涌现出许多文学名家。他们的创作代表了当时文学转型时期的创作倾向，推动了建安文学的繁荣和发展，也为中国文学的发展贡献了力量。

（四）刘勰与《文心雕龙》

在中国古代，有一部重要的文学理论著作，鲁迅曾将其与亚里士多德的《诗学》相提并论。③ 这部著作就是刘勰所著的《文心雕龙》。

刘勰，字彦和，祖籍东莞郡莒县（今山东莒县），我国古代著名的文学理论家。

刘勰出身士族，少孤家贫，笃志好学，曾入建康定林寺依名僧僧祐十余年。他自称曾梦见自己手执丹漆礼器，随孔子南行，由此坚定了撰写文

---

① 俞绍初辑校：《建安七子集》，中华书局 2016 年版，第 165 页。
② ［三国］曹丕著，夏传才、唐绍忠校注：《曹丕集校注》，湖北教育出版社 2013 年版，第 110 页。
③ 参见鲁迅：《题记一篇》，《鲁迅全集》第八卷，人民文学出版社 2005 年版，第 370 页。

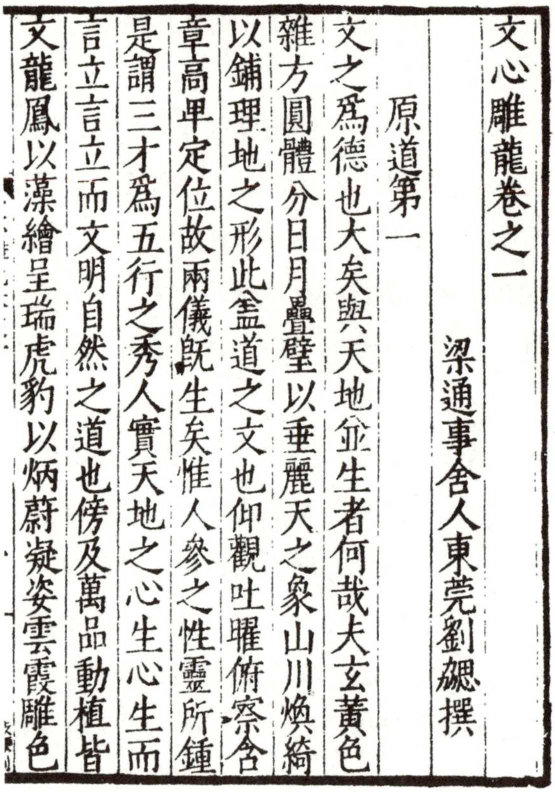

图1 《文心雕龙》书影（《四部丛刊初编》上海涵芬楼藏明刊本）

论的决心，创作出不朽的名作《文心雕龙》。

《文心雕龙》成书后并未得到时人称许。为求见知于世，刘勰扮作买卖人，将书献给文坛领袖沈约。沈约读后大为赞叹，"谓为深得文理，常陈诸几案"（《梁书·刘勰传》）。南梁建立以后，刘勰担任太子通事舍人，受到昭明太子萧统的赏识。刘勰佛学造诣颇深，他接受皇帝敕令整理佛教典籍，功成之后，焚烧须发出家为僧，法名"慧地"。

"文心雕龙"的题名，指为文应当如雕刻龙纹一样用心。全书分上下两编，共计十卷五十篇，大致可以分为总论、文体论、创作论、文学史论和文学批评论几个部分。刘勰的创作动机，在于矫正六朝时期江南文风崇尚浮言的弊端。因此，《文心雕龙》一书以儒学为根柢，以经史为立论根据。该书认为，文章本源于儒家经典，应当服务于政治，宗经明圣。全书对上古到南齐以前文学创作与文学评论的经验进行了全面总结，结构严整、体系严密，是中国文学批评史上的经典之作。

《文心雕龙》被评价为"体大而虑周"①。其"体大"表现在所论作家

①　[清]章学诚撰，叶瑛校注：《文史通义校注》，中华书局2014年版，第648页。

众多，涉及文体广泛，时间跨度久远。其"虑周"体现在能够兼收并蓄，评论得当，结构严谨周详。全书用骈文写成，文辞优美。文中的许多语句，如"操千曲而后晓声，观千剑而后识器"① 等已经成为广为流传的名句。

《文心雕龙》作为一部有着完整理论体系的文学批评专著，是对过去文论的系统总结与阐发，其体大思精，在古代文学评论著作中是空前绝后的。它的产生标志着中国古代文学理论的成熟，对中国文学的发展产生了深远影响。后世的《史通》《二十四诗品》《四六丛话》等论著，都从《文心雕龙》中汲取营养。更为难得的是，《文心雕龙》本身就是一部文辞优美的文学作品，其文学成就在文论中独树一帜。《文心雕龙》至迟在九世纪末已经流传到新罗、日本。到了近代，在黄侃、范文澜、杨明照等人的努力下，《文心雕龙》研究更加兴盛，成为一门专门的学问——"龙学"，取得了诸多研究成果。

（五）我家寄东鲁：李白、杜甫与山东

唐代文学史上最耀眼的两个诗人无疑是李白与杜甫。二人曾一同游历山东，谱写了一段文学史上的佳话。

李白（701—762），字太白，号青莲居士，祖籍陇西成纪（今甘肃秦安），有"诗仙"之美誉。

李白一生好游览，在齐鲁大地居住了二十余年。他先后寓居任城（今山东济宁）、沙丘（今山东新泰）。齐鲁的自然风光滋养了李白的诗情，如他的《游泰山》六首描绘出了泰山的雄壮，他的《陪从祖济南太守泛鹊山湖》三首有云："湖阔数十里，湖光摇碧山。"② 笔底的湖山风光令人心驰神往。

① ［南朝梁］刘勰著，［清］黄叔琳注，李详补注，杨明照校注拾遗：《增订文心雕龙校注》，中华书局 2000 年版，第 592 页。

② ［唐］李白著，［清］王琦注：《李太白全集》，中华书局 1977 年版，第 937 页。

李白长居齐鲁，对这里的风土物产都很熟悉。他赞美"鲁酒如琥珀，汶鱼紫锦鳞"①"兰陵美酒郁金香，玉碗盛来琥珀光"②。在寓居齐鲁期间，李白留下了许多脍炙人口的诗篇，如《金乡送韦八之西京》《南陵别儿童入京》《梦游天姥吟留别》（又名《别东鲁诸公》）等。③李白与山东关系如此密切，以至于屡屡被误认为是山东人。

李白在齐鲁地区与众多文人雅士结交，如他曾与孔巢父、裴政等人同游徂徕山，号称"竹溪六逸"。尤其值得一提的是李白与杜甫在山东的交往。天宝三年（744），得不到唐玄宗重用的李白来到东都洛阳，结识了杜甫。二人相约同游梁宋（今河南开封、商丘一带）。后李白至齐州紫极宫受道箓，杜甫也来到山东，与李白一起寻访隐士，度过了一段快乐时光。二人分别时，李白写下了《鲁郡东石门送杜二甫》。此后，李白来到沙丘，写下了《沙丘城下寄杜甫》，以浩荡的汶水来比喻自己对杜甫的思念之情；而杜甫也写下了多首诗歌来怀想李白。

杜甫（712—770），字子美，生于河南巩县（今巩义市），唐代伟大的现实主义诗人。杜甫一生两次来到齐鲁大地，在这里度过了一段"放荡齐赵间，裘马颇清狂"④的岁月，留下了许多著名诗篇，为齐鲁文化增添了闪耀的光彩。他望着巍峨的泰山，写下了著名的《望岳》：

> 岱宗夫如何？齐鲁青未了。
>
> 造化钟神秀，阴阳割昏晓。
>
> 荡胸生层云，决眦入归鸟。
>
> 会当凌绝顶，一览众山小。⑤

---

① ［唐］李白著，［清］王琦注：《李太白全集》，中华书局1977年版，第886页。
② ［唐］李白著，［清］王琦注：《李太白全集》，中华书局1977年版，第1012页。
③ 据李伯齐等著《山东文学史》，《李太白全集》中标明与山东有关的诗歌有60余首。参见李伯齐、王勇、徐文军：《山东文学史》，山东人民出版社2011年版，第223页。
④ ［唐］杜甫著，［清］仇兆鳌注：《杜诗详注》，中华书局1979年版，第1441页。
⑤ ［唐］杜甫著，［清］仇兆鳌注：《杜诗详注》，中华书局1979年版，第3页。

《望岳》展现了泰山的雄奇与秀丽之美，是歌颂泰山的佳作。在汶水之上，杜甫与高适结识，高适后来成为有名的边塞诗人。滔滔汶水，见证了这段文学史上难得的相遇。

杜甫第二次来到齐鲁大地时，当时的北海太守李邕也来到齐州，杜甫陪他宴饮，写下了《陪李北海宴历下亭》《同李太守登历下古城员外新亭》等诗，其中"海右此亭古，济南名士多"① 一句广为传诵。此后他又与李白结伴而游，两人登临池台，亲如弟兄。杜甫深情赋诗："余亦东蒙客，怜君如弟兄。"② 最后杜甫与李白在曲阜石门山作别，离开齐鲁。

李杜二人在齐鲁的相会，犹如两颗巨星交汇在文学史的天空，使盛唐的齐鲁文明更加绚烂夺目。

（六）范仲淹、苏轼与山东

在宋代，许多文学家曾经游宦山东，其中最著名的有范仲淹与苏轼。

范仲淹（989—1052），字希文，我国古代著名的文学家与政治家。其《岳阳楼记》中的名句"先天下之忧而忧，后天下之乐而乐"千古流传。

范仲淹早年丧父，其母改嫁山东淄州长山县（在今山东邹平）人朱文翰。后朱文翰任淄州长史，范仲淹随之来到山东。

范仲淹青少年时期在邹平市南长白山中的醴泉寺苦读。当时的长山人、谏议大夫姜遵返乡，范仲淹随人拜访，姜遵对其青眼有加，认为他将来必能获得极大的名望。后来范仲淹果然不负期望，成为一代名臣。

宋仁宗皇祐三年（1051），范仲淹赴青州担任知州。经过长山时，参拜父老，并留下《寄乡人》诗：

---

① ［唐］杜甫著，［清］仇兆鳌注：《杜诗详注》，中华书局1979年版，第36页。
② ［唐］杜甫著，［清］仇兆鳌注：《杜诗详注》，中华书局1979年版，第36页。

长白一寒儒，登荣三纪余。

百花春满地，二麦雨随车。

鼓吹前迎道，烟霞指旧庐。

乡人莫相羡，教子读诗书。①

范仲淹自称"长白一寒儒"，表明他对自己久居山东的身份认同。

在青州任上，范仲淹兢兢业业，受到百姓爱戴，留下了范公亭、范公泉、范公台等遗迹，其间曾作《石子涧二首》《登表海楼》《尧庙》等诗。皇祐四年（1052），范仲淹改知颍州，病逝于途中。范仲淹死后不久，人们在他居住过的朱家村建立祠堂，以纪念这位长于齐鲁的伟人。

苏轼（1037—1101），字子瞻，四川眉州眉山人。苏轼与其父苏洵、其弟苏辙都是我国著名的文学家，合称"三苏"。苏轼一生两度任职于山东，与齐鲁大地结下了不解之缘。

北宋熙宁七年（1074），苏轼调任密州（今山东诸城）知州。熙宁八年（1075）秋，苏轼外出打猎，写下了著名的《江城子·密州出猎》。苏轼在《答陈述古》二首中称："漫说山东第二州，枣林桑泊负春游。城西亦有红千叶，人老簪花却自羞。"②把密州称为山东第二州，并称赞城西红叶的自然风光。密州原有旧台，苏轼重新修葺后，苏辙将其命名为"超然台"，并作《超然台赋》。苏轼也写有《超然台记》，表达了对密州淳朴民风的喜爱。卢山相传是秦时博士卢敖的隐居之地，苏轼《出城送客，不及，步至溪上》二首中有"东望峨眉小，卢山翠作堆"③，因卢山的美好风光兴起了对故乡峨眉山的思念。《卢山五咏》歌咏了卢敖洞、饮酒台、圣灯岩、三泉和障日峰五处胜迹。不朽名篇《水调歌头·明月几时有》也是作于密州任上。

---

① ［宋］范仲淹著，李勇先、王蓉贵点校：《范仲淹全集》，四川大学出版社 2009 年版，第 737 页。
② ［宋］苏轼著，［清］王文诰辑注，孔凡礼点校：《苏轼诗集》，中华书局 1982 年版，第 641 页。
③ ［宋］苏轼著，［清］王文诰辑注，孔凡礼点校：《苏轼诗集》，中华书局 1982 年版，第 619 页。

熙宁九年（1076），苏轼接到调令，临行前写卜许多作别诗，如《别东武流杯》："百年父老知谁在，惟有双松识使君。"① 《留别雩泉》："二年饮泉水，鱼鸟亦相亲。"② 表达了对密州的不舍。

元丰八年（1085），苏轼被任命为登州（今山东蓬莱）知州。上任途经密州，写下了《次韵徐积》："若说峨眉眼前是，故乡何处不堪回。"③ 密州障日峰似峨眉，使苏轼有归乡之感。到达登州后，苏轼见到了神奇瑰丽的海市蜃楼，写下《登州海市》，描绘"重楼翠阜出霜晓"④ 的景象。但苏轼到任五天，即接到回京的命令。返京途中，行至莱州遇雪，写下《过莱州雪后望三山》："东海如碧环，西北卷登莱。云光与天色，直到三山回。"⑤ 将雪后的东海描绘得如同美丽画卷。

离开莱州后，苏轼还经过济南，为长清真相院僧人写下《齐州长清县真相院释迦舍利塔铭》，许诺将苏辙所藏释迦舍利供奉于此。此塔铭现存于长清区博物馆。

苏轼与齐鲁大地渊源颇深，他的弟子晁补之、李之仪、李格非也都是山东人。苏轼对他们多方提携，为齐鲁文化作出了贡献。

（七）李清照与辛弃疾

中国词史上有两位一流的山东词人，合称"二安"，他们分别是号为易安的李清照与字为幼安的辛弃疾。

李清照为章丘人，其父李格非以文章受知于苏轼。李清照少年时随父亲生活于汴京，后与大臣赵挺之之子赵明诚成婚。两宋之际兵乱，李清照逃难至南方，于绍兴五年（1135）定居临安（今杭州），绍兴二十五年

---

① ［宋］苏轼著，［清］王文诰辑注，孔凡礼点校：《苏轼诗集》，中华书局 1982 年版，第 702 页。
② ［宋］苏轼著，［清］王文诰辑注，孔凡礼点校：《苏轼诗集》，中华书局 1982 年版，第 703 页。
③ ［宋］苏轼著，［清］王文诰辑注，孔凡礼点校：《苏轼诗集》，中华书局 1982 年版，第 1378 页。
④ ［宋］苏轼著，［清］王文诰辑注，孔凡礼点校：《苏轼诗集》，中华书局 1982 年版，第 1388 页。
⑤ ［宋］苏轼著，［清］王文诰辑注，孔凡礼点校：《苏轼诗集》，中华书局 1982 年版，第 1391 页。

（1155）前后去世。

李清照最大的贡献在于词的创作，以南渡为界，可分为前后两个时期。前期主要写闺中生活，如《如梦令·常记溪亭日暮》《醉花阴·薄雾浓云愁永昼》。后期的作品多抒发伤时怀旧、思乡悼亡的情感，如《永遇乐·落日镕金》。李清照的词在艺术上自成一格，称为"易安体"，被认为是婉约派的正宗。她的诗也颇可称道，如《乌江》一诗表现了她的爱国情怀，使须眉汗颜。

图2　济南趵突泉李清照纪念堂李清照像

作为山东人，李清照即使流落江南，也始终没有忘记家乡。她的《上韩公枢密、胡尚书诗》称："嫠家父祖生齐鲁，位下名高人比数。当时稷下纵谈时，犹记人挥汗成雨。子孙南渡今几年，飘零遂与流人伍。欲将血泪寄山河，去洒东山一抔土。"① 抒发了对家乡的思念与对国家前途的担忧，表现了李清照的家国情怀。

除了诗词创作外，李清照还和赵明诚共同完成了《金石录》，这是我国最早的金石目录和研究专著之一。李清照所写《金石录后序》，被清人李慈铭评价为"宋以后闺阁之文，此为观止"②。

辛弃疾（1140—1207），字幼安，号稼轩居士，历城人。辛弃疾自称：

---

① ［宋］李清照撰，黄墨谷辑校：《重辑李清照集》，中华书局2009年版，第89页。
② ［清］李慈铭：《越缦堂读书记》，上海书店2000年版，第565页。

"臣之家世，受廛济南。"① 当时北方已经沦陷，其祖父辛赞一直不忘故国，并以此教育辛弃疾。后来辛弃疾作《永遇乐·戏赋辛字送茂嘉十二弟赴调》："烈日秋霜，忠肝义胆，千载家谱。"② 以忠肝义胆来总结辛氏家风。绍兴三十一年（1161），辛弃疾响应耿京起义，对抗金朝。耿京被害后，辛弃疾南下投宋。归宋后，辛弃疾一直希望能够光复故土。可是南宋朝廷不思收复，仅授辛弃疾闲职。最终，辛弃疾只能空怀一腔热血，于开禧三年（1207）悲愤而终。

辛弃疾的词风以豪放为主，多表现抗击侵略、恢复中原的爱国情怀，如"男儿到死心如铁。看试手，补天裂"③；也抒发自己怀才不遇和报国无门的悲愤，如"西北望长安，可怜无数山"④。辛弃疾在农村生活多年，创作了一些田园词，如《清平乐·茅檐低小》。另外，辛弃疾的婉约词也颇有成就。如《摸鱼儿·更能消几番风雨》《青玉案·元夕》等。元好问高度评价辛弃疾的创作："乐府以来，东坡为第一，以后便到辛稼轩。"⑤

虽然辛弃疾的创作始于他离开家乡以后，但我们仍能从他的词作中找到故乡的痕迹。如《满江红·题冷泉亭》，他在词中细致地描写了冷泉亭的景物，在最后说道："恨此中，风物本吾家，今为客。"⑥ 对故土的思恋与对国家的忧患意识，交织成了这一声长叹。

清代王士禛曾不无骄傲地说："仆谓婉约以易安为宗，豪放惟幼安称首，皆吾济南人。"⑦ 虽然为形势所迫，二人离开山东后都没能再履故土，但他们心中依旧饱含着对故乡的热爱。李清照与辛弃疾的词作，将山东文学推上了新的高峰。

---

① ［宋］辛弃疾撰，邓广铭笺注：《辛弃疾集编年笺注》，中华书局 2015 年版，第 216 页。
② ［宋］辛弃疾撰，邓广铭笺注：《稼轩词编年笺注》，上海古籍出版社 2016 年版，第 777 页。
③ ［宋］辛弃疾撰，邓广铭笺注：《稼轩词编年笺注》，上海古籍出版社 2016 年版，第 347 页。
④ ［宋］辛弃疾撰，邓广铭笺注：《稼轩词编年笺注》，上海古籍出版社 2016 年版，第 58 页。
⑤ ［金］元好问著，狄宝心校注：《元好问文编年校注》，中华书局 2012 年版，第 336 页。
⑥ ［宋］辛弃疾撰，邓广铭笺注：《稼轩词编年笺注》，上海古籍出版社 2016 年版，第 80 页。
⑦ ［清］王士禛：《花草蒙拾》，《王士禛全集》第 4 册，齐鲁书社 2007 年版，第 2489 页。

（八）前后七子中的山东人

明朝中期，文坛掀起了一场推崇"文必秦汉、诗必盛唐"的复古运动。这场运动的干将是被称为"前七子"的李梦阳、何景明、王九思、边贡、康海、徐祯卿、王廷相和"后七子"的李攀龙、王世贞、谢榛、吴国伦、宗臣、徐中行、梁有誉。其中，边贡、李攀龙、谢榛都是山东人。

边贡（1476—1532），字廷实，一作庭实，历城（今山东省济南市）人，号华泉。早负才名，以诗见长，与李梦阳、何景明、徐祯卿并称"弘正四杰"，与李梦阳等合称"弘治十才子"。边贡的诗歌轻灵圆润，在当时颇具盛名。边贡创作的成功，带动了山东诗歌的发展。因此，王象春评价："济上之诗，以边庭实为鼻祖。"① 王士禛也认为，边贡对济南诗派的发展作出了筚路蓝缕的贡献。

边贡诗以吟咏山水的写景诗居多。他热爱家乡的山水，曾自豪地宣称："我济富山水，人称名士乡。"②（《春日卧病寄刘子希尹王子孟宣》）在游览观赏之余，他写下了大量描写家乡山水风光的诗歌，如《西园八景》《九日登千佛山寺》《游龙洞次王定斋韵》《泉上归登西城楼》等。其《卜山居成有作》中有"圃巷环高柳，渊泉抱古墟"③ 之句，对刘鹗《老残游记》中的"家家泉水，户户垂杨"产生了影响。《西园八景（其三）》中的"月落古堤上，人行春陌头。晓烟如有意，长伴绿杨楼"④ 尤为后世所推崇。

---

① ［明］王象春：《齐音》，济南出版社1993年版，第150页。

② ［明］边贡：《华泉集》，《景印文渊阁四库全书》第1264册，台湾商务印书馆1983年版，第51页。

③ ［明］边贡：《华泉集》，《景印文渊阁四库全书》第1264册，台湾商务印书馆1983年版，第73页。

④ ［明］边贡：《华泉集》，《景印文渊阁四库全书》第1264册，台湾商务印书馆1983年版，第133页。

李攀龙（1514—1570），字于鳞，号沧溟，历城人。李攀龙是"后七子"中的魁首，主盟文坛数十年，被称为"文苑之南面王"①。在诗歌方面，李攀龙服膺"前七子"，继承了他们文学复古的主张。其诗歌创作以七律最佳，被胡应麟赞为"高华杰起，一代英风"②。

李攀龙长居济南，大明湖、千佛山、华不注山、龙洞、灵岩寺、泰山等地都留下了他的足迹。他歌颂泰山日出的诗句"河流晓挂天门树，海色秋高日观峰"③（《同元美与子相公实分赋怀太山得钟字柬顺甫》），大胆夸张，气魄雄浑豪迈；《杪秋同右史南山眺望》一诗中有"坐久镜中悬片华，望来城上出双河"，生动地描写了在千佛山望济南城的景色。如今济南趵突泉公园内的白雪楼，即是为纪念李攀龙而建造。每年有无数人在这里观摩李攀龙的塑像，凭吊前贤。

临清人谢榛字茂秦，自号四溟山人。他在"后七子"中年辈最长，与李攀龙、王世贞等结诗社，以布衣执掌诗社牛耳，后与李攀龙交恶而遭排斥。谢榛专力于诗，明代诗人卢宗哲评价他："一代诗人，出吾山东矣。"④沈德潜称其"五言近体，句烹字炼，气逸调高，七子中故推独步"⑤。其诗歌多描写漂游中的凄苦，同时由于长期在北方游历，所以其笔下多见塞外风光。

谢榛还是"后七子"中唯一提出较为完备论诗主张的人，著有诗论专集《四溟诗话》。其论诗虽主张宗法盛唐，但是在取法古人上，并不完全迷信唐人，持论较为公允。他还强调情真，反对过度的模拟，对后代性灵派、神韵派产生了影响。

① ［明］虞淳熙：《徐文长集序》，见［明］徐渭：《徐渭集》附录，中华书局1983年版，第1353页。
② ［明］胡应麟：《诗薮》，上海古籍出版社1979年版，第352页。
③ ［明］李攀龙：《沧溟先生集》，上海古籍出版社1992年版，第190页。
④ ［明］谢榛：《谢榛全集》，齐鲁书社2000年版，第10页。
⑤ ［清］沈德潜：《明诗别裁集》，浙江古籍出版社1988年版，第94页。

（九）蒲松龄、王士禛与孔尚任

清代山东文学在各个领域皆有名家，如小说领域有蒲松龄，诗歌领域有王士禛，戏剧创作领域有孔尚任。

蒲松龄（1640—1715），字留仙，一字剑臣，号柳泉居士，山东淄川人。他自幼颖悟，初应童子试，就取得了县、府、道三试第一。但自此便科场失意，他一生参加了十余次乡试，皆以失利告终。为谋生计，他曾应宝应县知县孙蕙之邀，担任其幕僚。在此期间，他对官场的丑恶有了深切认识，次年便辞职归乡。之后以教书维持生计，直到七十岁才撤帐回家。康熙五十四年（1715），蒲松龄于淄川家中逝世。

蒲松龄所作的《聊斋志异》是一部文言短篇小说集，全书共490余篇，在他40岁前基本完成，后又有增补。所谓"志异"，是指记录不常见的奇闻逸事，多写狐鬼花妖故事。蒲松龄自谓和《搜神记》的作者干宝以及苏轼一样爱好搜罗鬼神故事。总结《聊斋志异》中的故事，或为作者亲身经历，或根据古书记载改编，或整理民间故事传说而成。其内容主要

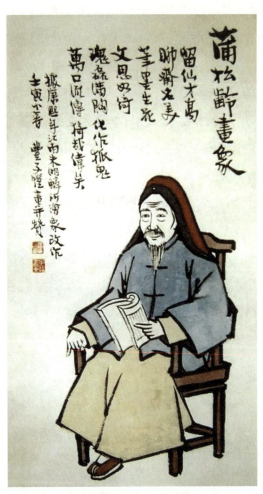

图3　蒲松龄画像（丰子恺绘）

包括歌颂反抗封建礼教的爱情、揭露政治黑暗与统治阶级的贪婪、抨击科举制度的腐败与毒害。郭沫若为坐落于淄川的蒲松龄故居题写"写鬼写妖高人一等，刺贪刺虐入骨三分"的对联，精准地点出了《聊斋志异》的艺术价值。

《聊斋志异》被鲁迅称为"专集之最有名者"①，以唐人传奇法志怪，对清代文言小说的创作产生了影响，模仿赞颂者众多，造就了中国文言小说创作的顶峰。书中的《画皮》《婴宁》《聂小倩》等故事广为流传，并被后人不断改编为戏剧、影视剧等。蒲松龄因《聊斋志异》的创作，在文学史上具有不朽的地位，被称为"短篇小说之王"。

蒲松龄除了小说创作外，对诗词、俚曲等皆有涉猎。蒲松龄现存诗词千余首，其中很大一部分描写百姓疾苦，反映社会现实。他晚年创作的聊斋俚曲，也是俗文学领域的一朵奇葩。聊斋俚曲是蒲松龄采用当时流行的时调俗曲作为曲牌，用淄川一带方言填词创作的长篇叙事说唱艺术，形式活泼，语言通俗，为百姓喜闻乐见，一直流传至今。2006 年，聊斋俚曲入选第一批国家非物质文化遗产名录。

王士禛，字子真，一字贻上，号阮亭，别号渔洋山人，后因避讳被改名为"王士祯"。山东新城人。王士禛是清初的诗坛盟主，与朱彝尊合称"南朱北王"。

新城王氏为书香门第，王士禛早有诗名，十五岁时就已经刻印诗集。二十四岁在大明湖与同好结秋柳诗社，其《秋柳》诗风靡一时。如今大明湖附近有秋柳园遗址，相传正是王士禛作诗之处。

王士禛在诗歌理论方面作出了杰出贡献。他提倡神韵说，主张含蓄蕴藉，冲淡清远，追求"不着一字，尽得风流"的诗歌境界，反对"高华""壮丽"的诗风，力求摆脱社会因素对诗歌艺术的干扰，而回归到对诗歌意境和语言的关注中来。神韵说标举盛唐，纠正诗坛肤浅、诡僻、直尽的弊

① 鲁迅：《中国小说史略》，《鲁迅全集》第九卷，人民文学出版社 2005 年版，第 215 页。

端，在当时开创了全新的创作风气，迎合了诗坛的审美需要。神韵说在康熙诗坛占据着绝对的主流，一直影响到乾隆朝初期。

王士禛主盟诗坛五十余年，"宇内尊为诗坛圭臬"①。他又好推奖后进，许多后辈诗人因为他的称赞而成名。他的门生中有许多山东籍诗人，如淄川唐梦赉、曲阜颜光敏等。王士禛的文学创作和对后学的培养，推动了山东诗歌的发展。

除了诗歌上的成就外，王士禛在清初散文创作中也堪称大家。他一生著述颇丰，先后编有

图4　《桃花扇》书影（清康熙孔氏介安堂刻本）

《渔洋集》《渔洋续集》《渔洋文略》《蚕尾集》四部诗文总集，还著有《池北偶谈》《古夫于亭杂录》《香祖笔记》等多部笔记小说，不愧为一代文学大家。

孔尚任（1648—1718），字聘之，又字季重，号东塘，别号岸堂，山东曲阜人，孔子六十四代孙。孔尚任自幼接受儒学教育，兼及诗文音律，具有很高的文学造诣。他早年屡试不中，遂隐居曲阜石门山，后因被荐举为康熙讲经而受到赏识，成为国子监博士。然而孔尚任仕途不顺，终于因文字之祸而罢官。

孔尚任与洪昇是清朝著名的戏曲作家，被称为"南洪北孔"。他创作的传奇剧本《桃花扇》成书于康熙三十七年（1698），前后创作历时十余年，

---

① ［清］沈德潜：《清诗别裁集》，上海古籍出版社2013年版，第125页。

三易其稿。全书以桃花扇为线索，以复社文人侯方域与名妓李香君悲欢离合的爱情故事为主线，展现了明朝灭亡前夕到南明王朝灭亡期间的历史事件。故事最终以清军南下、南明灭亡、侯李二人双双出家为结局。

《桃花扇》将历史与艺术相结合，人物个性鲜明又复杂丰富，结构紧凑，脉络清晰。《桃花扇》的创作，不仅仅是为了展示侯李爱情，更是要总结明朝灭亡的历史经验，借悲欢离合的感情，来抒发易代之际的历史兴亡之感。成书后，王公贵族竞相传抄，连康熙也命人索阅。梁启超评价《桃花扇》"冠绝古今"。如今，《桃花扇》不光被改编为戏剧、电影、电视剧等，还有英、日、德、法、俄等多种译本，在海外也产生了重大影响。

（十）顾炎武、施闰章与郑板桥

有清一代，许多名人曾在山东游历或为官，如顾炎武、施闰章和郑板桥。

顾炎武（1613—1682），字宁人，苏州府昆山（今江苏昆山）人。初名绛，后改名炎武，世称亭林先生。明末清初伟大的启蒙思想家。

自顺治十四年（1657）开始，顾炎武因避祸离开家乡，寄居齐鲁二十年。他在章丘大桑家庄置地营生，还曾在德州、曲阜长期居留。在潍县，他创作《潍县》（其二）凭吊孔融："我行适东方，将寻孔北海。此地有遗风，其人已千载。"[1] 在莱州，他作《莱州》诗称赞莱州是海右名郡、齐东大都。他曾拜谒纪念齐国名将田单的安平君祠，评价田单"如君真是一男儿"[2]。他也曾登上崂山，写下长诗《劳山歌》，将崂山的气势

---

[1] ［清］顾炎武撰，刘永翔点校：《亭林诗文集》，《顾炎武全集》第 21 册，上海古籍出版社 2011 年版，第 396 页。

[2] ［清］顾炎武撰，刘永翔点校：《亭林诗文集》，《顾炎武全集》第 21 册，上海古籍出版社 2011 年版，第 387 页。

与景致描摹得淋漓尽致。在泰山、孔庙、周公庙、不其山等地，他也留下了诸多诗篇。

顾炎武与山东文人徐夜、程先贞、颜光敏、张尔岐等交游，彼此之间诗文唱和，切磋学问。在山东期间，他创作了《山东考古录》《山东肇域记》等著作，对山东的地理、遗迹等进行了考察。他还参与了《邹平县志》《德州志》《山东通志》三部山东地方志的编写，为山东的历史文化作出了贡献。

施闰章（1618—1683），字尚白，一字屺云，号愚山，宣城（今安徽宣城）人。他与高咏主持东南诗坛数十年，与宋琬齐名，时有"南施北宋"之称。

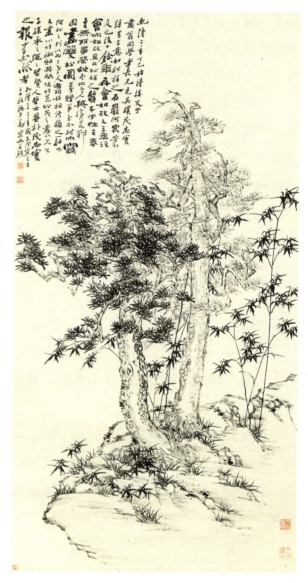

图 5　郑燮《双松图》（山东博物馆藏）

其诗歌主张言之有物，诗风清淡超远，号为"宣城体"。

施闰章于顺治十三年（1656）提学山东，主管文教。来到山东后，施闰章与山东学子讲学论道，邹鲁学风为之一振。在任内，他奖掖后进，蒲松龄即受到他的关照，多年之后还称其为师。

施闰章对孔子与齐鲁圣地非常向往。来到山东以后，他专门到曲阜拜谒孔林，又凭吊齐鲁先贤遗迹，盛赞山东为"千古圣贤一大都会"①。他因泰山美景兴起历史的感慨，写下《五大夫松下看流泉》。他也曾在重阳节登上历山采菊饮酒，写下《济南九日登历山》。他还曾与友人泛舟游大明湖，感慨"此地风流倘未央"②，华不注山、龙洞、趵突泉等地也都留下了他的足迹。他在回归故里后，将自己在山东所写的诗文编为《观海集》。后来他途经山东，还写下了《过长清怀济南旧游》，怀念往日在山东度过的岁月。

郑板桥（1693—1765），原名郑燮，字克柔，号板桥，江苏兴化人，清代书画家、文学家，"诗书画"号称三绝。郑板桥后客居扬州，与金农、黄慎、李鱓、李方膺、汪士慎、罗聘、高翔合称"扬州八怪"。乾隆七年（1742），郑板桥被任命为山东范县（今属河南）知县，乾隆十年（1745）调任山东潍县（今属山东潍坊）。在山东期间，他注意倾听民间疾苦，作有《潍县署中画竹呈年伯包大中丞括》："衙斋卧听萧萧竹，疑是民间疾苦声。些小吾曹州县吏，一枝一叶总关情。"③ 体现了他为百姓分忧解难的仁爱之心。时逢灾荒，郑板桥以工代赈，积极应对，百姓得以全活。

郑板桥对山东的风物喜爱异常，他创作《潍县竹枝词》，描写潍县风土人情，称道潍县彻夜灯火、四处佳肴的繁华，将其称为小苏州，认为潍县甲于山东。离开山东以后，他创作了《怀潍县二首赠郭伦升》："相思不尽又相思，潍水春光处处迟。隔岸桃花三十里，鸳鸯庙接柳郎祠。纸花如雪满天飞，娇女秋千打四围。五色罗裙风摆动，好将蝴蝶斗春归。"④ 表达了他对潍县的热爱。

九、诗文中的山东

---

① ［清］施闰章撰，何庆善、杨应芹点校：《施愚山集》第 4 册，黄山书社 1993 年版，第 95 页。
② ［清］施闰章撰，何庆善、杨应芹点校：《施愚山集》第 3 册，黄山书社 1993 年版，第 228 页。
③ ［清］郑板桥著，吴泽顺编注：《郑板桥集》，岳麓书社 2008 年版，第 107 页。
④ ［清］郑板桥著，吴泽顺编注：《郑板桥集》，岳麓书社 2008 年版，第 100—101 页。

参考文献：

1. 王守信、孔德志：《刘勰与〈文心雕龙〉》，齐鲁书社 2001 年版。

2. 王志民：《稷下散思——齐鲁古代文学简论》，齐鲁书社 2002 年版。

3. 戚良德：《刘勰与〈文心雕龙〉》，山东文艺出版社 2004 年版。

4. 邓红梅：《李清照》，山东文艺出版社 2004 年版。

5. 徐北文、张华松：《〈诗经〉中的山东诗歌》，山东文艺出版社 2004 年版。

6. 李伯齐主编：《山东分体文学史》，齐鲁书社 2005 年版。

7. 李伯齐、王勇、徐文军：《山东文学史》，山东人民出版社 2011 年版。

8. 唐先田、陈友冰主编：《安徽文学史》，安徽文艺出版社 2013 年版。

十、 山东历代石刻与书画艺术

在齐鲁文化的长河中，山东先民创作了大量石刻及书画艺术作品。大汶口文化遗址出土的陶器刻画符号初见中国汉字雏形，《峄山刻石》开启中国立碑铭德的新篇章，齐鲁汉碑素有"天下汉碑半山东"之美誉，东晋王羲之则有千年"书圣"之尊号，北朝泰峄山区、云峰诸山摩崖碑刻为华夏榜书之冠，张择端《清明上河图》系中国传世风俗画代表……可谓成就卓然，美不胜收。齐鲁大地不仅培育了王羲之、王献之、萧子云、展子虔、颜真卿、张择端、刘墉等书画名家，同时还吸引诸多文人宦游于此。李邕、苏轼、顾炎武、郑板桥、阮元、何绍基、康有为等均在山东大地上留下了翰墨遗珍。

（一）秦始皇东巡与山东秦刻石

公元前221年，39岁的秦王嬴政兼并六国，统一天下，称作秦始皇。为巩固政权、巡视边防、树立威严，他于公元前220—前210年在全国进行了五次大规模巡游，其中四次东巡海滨地区。所到之处，秦始皇登名山、祭先祖、立石刻，依次立有《峄山刻石》《泰山刻石》《琅琊刻石》《芝罘刻石》《东观刻石》《碣石刻石》《会稽刻石》七块刻石，并称"秦七刻石"，前五块立于齐鲁名山海滨胜迹（依次为今山东邹城、泰安、诸城、芝

图1　秦泰山刻石（岱庙东御座院藏）

罘），后两块分别刊于碣石山（今河北秦皇岛）和会稽山（今浙江绍兴）。

由于风霜兵火、湮沦磨灭，"秦七刻石"大多损毁佚失，仅山东《泰山刻石》《琅琊刻石》残存片字，为秦代原刻。《泰山刻石》现存10字，藏于岱庙东御座院内，被尊为"天下第一名碑"。《琅琊刻石》现存13行87字，藏于中国国家博物馆。《峄山刻石》为秦刻石第一碑，是中国历史上第一块铭功记事碑。该碑不知何时佚损，以宋淳化四年（993）郑文宝重刊南唐徐铉摹本最善，世称"长安本"，此本现藏于西安碑林博物馆。

"秦七刻石"碑文皆由秦始皇东巡赞铭和秦二世复刻诏书两部分组成。始皇赞铭相传由秦相李斯撰写并书丹，文字是在秦国原有大篆籀文基础上进行简化的小篆，亦称秦篆。此种书体因笔画圆润匀细，状如筷子，又称"玉箸篆"或"铁线篆"。它具有承前启后的作用，对后世隶、楷、行、草诸体演变产生重要影响。另外，秦始皇对文字的统一，不仅便于其行政管理，而且有利于加强中央集权，并促进各地区文化交流与民族融合。

（二）山东汉碑与汉画像石

汉代遵从"以孝治天下"，盛行厚葬，各类墓葬石刻应运而生。它们以不同形式依附于丧葬建筑，石面中的碑刻铭文及画像故事，图文并茂地传达了颂赞逝者、安慰生者、宣扬人伦、再现生界、憧憬彼岸的思想。

1. 山东汉碑

山东是全国汉碑最为集中的地区之一，这里有我国目前发现最早的墓碑——平邑西汉河平三年（前26）《麃孝禹碑》，最早的墓志——高密东汉熹平四年（175）《孙仲隐墓志》，也有年代最久、规模最大、保存最完整的家族墓葬群——曲阜孔林。

"孔庙三碑"《礼器碑》《乙瑛碑》《史晨碑》具体记录了有关祭孔的典礼制度。《礼器碑》赞扬韩敕修饰孔庙和制作礼器等事，《乙瑛碑》记载吴雄、赵戒上书请御为孔庙增置执掌礼器庙祀官吏之事，《史晨碑》叙述了史晨飨孔子庙的盛况。现存山东的《孔宙碑》《张寿残碑》《衡方碑》《孔彪碑》《鲁峻碑》《武荣碑》等碑文皆录有碑主人"举孝廉"的内容，这一方面彰显了墓主人的孝德品行，另一方面印证了汉代举孝廉的选官制度。

汉碑大多采用隶书入文，淳古典雅。清王澍曾云"隶法以汉为极，每碑各出一奇，莫有同者"。无论是"硬骨肉匀"的《乙瑛碑》，"瘦劲如铁"的《礼器碑》，"八分正宗"的《史晨碑》，还是"古朴典雅"的《张迁碑》，抑或

图 2　麃孝禹碑（山东博物馆藏）

是"温润古雅"的《衡方碑》,都各领风骚,别具一格。

2. 汉画像石

两汉时期,青州、兖州、豫州是我国重要的冶铁中心,发达的冶铁业使境内工匠可以娴熟地掌握阴线刻、凹面刻、减地平面阴刻、浅浮雕、高浮雕和透雕等各种石雕镌刻工艺,为石刻画像制作提供了坚实的技术保证。目前,山东共出土汉画像石七百余块,居全国首位,主要分布于济宁、临沂、泰安及潍坊等地区。

地下画像石墓以北寨汉画像石墓、董家庄汉画像石墓最具代表性。"北寨汉画像石墓"为目前我国现存规模最大、保存最完整的大型汉画像石墓。画像内容以成组大型主题故事为特色,"车马出行图"作为《中国历史》高一教材封面插图,"丰收宴享图"收录于《中国历史》初中教材中。2006年中国人民银行发行的第29届奥林匹克运动会纪念币中,1/3盎司"马术"第一组金币即取材于北寨汉画像石墓的"百戏图"。"董家庄汉画像石墓"规模庞大,以"奇珍异兽"题材最具特色,使用了浅浮雕和高浮雕技术,图像立体感极强。

地上画像石室中,沂水西汉昭帝元凤元年(前80)"鲍宅山凤凰画像石"为我国最早的纪年画像石,济南长清孝里东汉初年(1世纪左右)的"孝堂山郭氏石祠"为我国现存年代最早、保存最完整的石祠堂。闻名海内外的嘉祥东汉晚期"武氏祠",宋代被欧阳修、赵明诚亲临考察,并著录于册。后因黄河泛滥冲毁,清乾隆年间被黄易等人再次发现,冯云鹏对残留的四十余件画像石进行修复。自此之后,中外学者持续对其进行研究。

山东汉画像石题材广泛,在内容主题与刻画工艺上极具齐鲁文化特色,反映了汉代齐鲁大地的风土民情、典章制度与宗教信仰。鲁地石匠常常在画像旁刊制矩框,其上刻文字,用以说明画像名称与内容,形成独具山东特色的画像榜题形式,以嘉祥"武氏祠"最具代表性。"武氏祠"画像石中有伏羲、神农、夏禹、齐桓公、秦始皇等历代圣贤与帝王,有二桃杀三

图3 嘉祥武氏左石室后壁小龛西侧画像（武氏墓群石刻博物馆藏）

士、专诸刺吴王、聂政刺韩傀、荆轲刺秦王等游侠义士的故事，还有闵子骞善待后母、老莱子娱亲、曾母投杼、鲁义姑姊等表现忠孝节义的历史人物和故事。这些画像组成一套历史故事，是受山东儒家文化影响而形成的特色画像石刻粉本。

汉代鲁地石匠技艺非凡，具有一定的社会影响力。现藏故宫博物院的东阿《芗他君祠堂石柱》和泰山岱庙碑廊的东平《张迁碑》均出于鲁地"石师"之手，它们造型精美，采用难度较大的透雕工艺，是汉代石刻的典范。许多鲁地名工不远万里前往异地建造石刻，如鲁地石工"巨宜"曾到北京石景山建造秦君墓阙，河北定州东汉简王刘焉陵墓刻石与山东济宁汉任城孝王刘尚墓均有鲁地石工"鲁柏仲"的参与。这些鲁地石工前往异地制作石刻，不仅促进了鲁地与其他地区石刻手工业的交流，而且影响到各地区墓葬石刻文化的互动。

（三）云峰刻石与北朝摩崖刻经

北朝山东地区的石刻在中国碑刻文化史上占有重要地位，如云峰刻石与北朝佛教刻经享誉海内外。它们出于僧俗两界，具有不同的书风特色，在巍峨壮丽的摩崖石壁上共同展现出博大包容的齐鲁气象。

1. 云峰刻石

云峰刻石是对莱州市云峰山、大基山和平度市天柱山及青州市玲珑山北朝摩崖题刻的总称。共有北魏楷书作品 40 件，北齐隶书 5 件，被誉为魏碑书法三大宝库之一（另二者为龙门造像题记和四山摩崖刻经）。这些刻石的书丹刊刻与北魏时任光、青二州刺史的郑道昭和其第三子郑述祖及相关幕僚、道人等有直接关系。

郑道昭（455—516），河南荥阳人。他出身名门世家，少而好学、博览群书、精通儒家思想与礼学。北魏孝文帝时期，他官运通达、仕途顺利。

图4　郑文公碑下碑（莱州云峰山之东寒洞山）

太和二十三年（499），宣武帝执政，其仕途屡受挫折。永平元年（508）他被降为司州都督，永平三年（510）以平东将军衔出任光州刺史，调离京都洛阳，延昌二年（513）转任青州刺史。

在山东任职期间，郑道昭常于政务之闲，率门生幕僚，携道俗友人，游览名山，题诗刻铭，其中以《郑文公碑》最著名，被尊为"北书第一"。此碑是郑道昭为父郑羲所立。郑羲才华出众，虽有战功，但多次受贿，名声败坏，卒时谥号"文灵"，《庄子·则阳》谓"灵"乃"无道之谥"。对于如此恶评，郑氏一族迟迟未为郑羲立碑。永平四年（511），初到光州的郑道昭，为父亲郑羲刊制碑志成为他政务之外的主要任务。为挽回父亲声名，他私改"文灵"为"文公"，题额"荥阳郑文公之碑"，碑文竭力宣扬其父功德。他巡访名山，择佳石刊制《郑文公碑》，共计上下二碑。上碑在平度天柱山，石质粗劣，风化严重，字迹漫漶不清；下碑在莱州云峰山，保存较好。二碑中锋用笔，方圆兼并，气韵贯通，与南朝《瘗鹤铭》风格相似。郑道昭被尊为"北方书圣"，与东晋王羲之齐名。

永平四年（511）春秋两季，郑道昭在云峰山除了为父亲刻碑外，还刊制了其他8处题字，以排解内心烦闷。同年秋冬季节，郑道昭在云峰山题刻了14处题字。他接九仙，论道经，尽显好仙乐道之情。延昌元年（512）夏，郑道昭已成为一名道教居士，与道友游大基山，设仙坛，开道场，行法会，刊石纪铭12处。延昌二年（513），年近花甲的他转任青州刺史，巡游玲珑山水间，更多了一分对于时光荏苒、人生苦短的感叹与无奈。北齐河清二年（563），其子郑述祖亦任光州刺史，往巡父迹，不胜感慨，留下五件隶书石刻诗铭，以作纪念。

2. 北朝摩崖刻经

北朝山东境内佛事兴盛，佛教徒把重点文句刻在寺院的摩崖石壁上，主要为宣扬佛法、推行佛教、劝导行善布施。山东北朝摩崖刻经大体集中于"峄山—东平湖"沿岸的鲁西佛教区，其开始于东魏武定二年（544），

图5　泰山经石峪《金刚经》

结束于北周大定二年（582），前后延续四十余年。

北朝晚期的山东摩崖刻经主要由僧安（道壹）主持刊制。该僧有两个名字，一名僧安，一名道壹。他最早出家于济南平阴洪范寺，隋文帝曾赐舍利于此寺。僧安最早的刻经活动即在该寺附近进行，此时僧安刻经具有浓厚的隶书韵味，文字在百字以内，多为重复刊刻的佛名与经文节选部分，字径不超过30厘米，刻面约30—40平方米之间。另有刊刻于洪顶山、书院东山、天池山、云翠山等地的"大空王佛"字样，四字字径均在十米以上，气势恢宏，乃榜书之最。

北齐武平年间（570—580），僧安离开洪范寺，来到邺城，宣扬佛法，在南北响堂山留下了"大空王佛"等佛名及书刻经文。武平六年（575），僧安返回山东，到达邹城，开始集资发愿刻经。西行归来的僧安刻经受邺城刻经风格影响，呈隶楷结构。此时题刻重在经文，刻经规模增大，文字在几百字，甚至过千字，字径多在50厘米左右，刻面不少于100平方米。泰山经石峪《金刚经》竟达1200平方米，被尊为"大字鼻祖""榜书之宗"。

北周大象元年（579），僧安又在邹城铁山、岗山、葛山继续主持刻经。铁山所刊"缣竹易销，皮纸易焚；刻在高山，永留不绝"，道出了当时僧众护法刻经的原因。弟子赞其书法"精跨羲诞，妙越英繇"，意指僧安书法比王羲之、韦诞精妙，比张芝、钟繇通达。处于邹城铁山、岗山、尖山、葛山的摩崖刻经，以其气势宏大、苍劲险峻的书风，成为北朝最负盛名的书法遗迹，并被称为"四山摩崖刻经"。

（四）山东历代名人题刻

自西晋"永嘉之乱"后，琅琊王氏、琅琊颜氏、泰山羊氏、兰陵萧氏等，为避战祸，迁到江南。但山东丰厚的文化土壤，依然培养了诸多文化名家，并吸引了大量外籍名人来此祭祀、做官、寓居、巡游、研学。他们在汲取山东文化的同时，也将其书作留于山东名胜古迹中，为齐鲁大地增添新的光辉书刻。

1. 泰山名人题刻

泰山，乃五岳之首，立有石刻纪铭，以表后世。如秦始皇的《泰山刻石》，汉武帝和汉光武帝的《封禅刻石》，唐高宗与武则天的《泰山建醮造像》《岱岳观造像碑记》《垂拱残字碑》，唐玄宗的《纪泰山铭》，宋真宗的《岱宗神符碑》《封祀坛颂碑》《天贶殿碑铭》，康熙的《云峰》《普照乾坤》，乾隆则在泰山、岱庙留有 50 余块碑刻。

泰山雄伟壮丽的自然景观也吸引了诸多文人墨客、达官显贵前来观赏奇景，司马迁、应劭、曹植、李白、杜甫、王安石、苏辙、米芾、赵明诚、赵孟頫、王蒙、王世贞、董其昌、徐霞客、王士禛、阮元、吴大澂、康有为、梁启超等均在此留有碑刻作品。

2. 济南名人题刻

济南，北依黄河，南靠泰山，古称"泺"，后称"历下"，境内碑刻众多。位于历城彩石的《唐故徐州都督房公碑》，为隋代"天下第一能吏"房彦谦墓碑。此碑由 67 岁的史学家李百药撰文、74 岁的楷书名家欧阳询书丹，是欧阳询罕见的隶书作品。历城王舍人的《读书堂碑》，是北宋熙宁十年（1077）二月初一苏轼行经王舍人庄龙图阁学士张掞故宅所书。

千年古刹长清灵岩寺存有四百余方碑刻题记。其中名人碑刻有：唐代李邕撰文、书丹并亲自刊刻的行书《灵岩寺颂碑》，北宋苏轼行书《黄茂岗诗碑》《灵岩寺建塔手札》，北宋苏辙行书《题灵岩寺诗》，北宋蔡卞草书《圆通经》，金代党怀英隶书《灵岩寺碑》，明代张钦"千崖万壑"题字，等等。

济南泉水，素有"泉甲天下"之美名。宋神宗熙宁元年（1068），欧阳修由亳州至青州赴会，途经济南，观游舜泉后写下《留题齐州舜泉》诗，后来苏轼将此诗书刻于舜泉之畔。熙宁六年至熙宁八年（1073—1075），苏辙调任齐州掌书记，歆慕齐州泉水，题刻有《槛泉亭》《舜泉复发》《岳下》《环波亭》《舜泉诗》《齐州泺源石桥记》《齐州闵子祠堂记》等。

清代，在考据学、金石学及碑学研究热的影响下，顾炎武、翁方纲、黄易、孙星衍、阮元、毕沅、何绍基、铁保等江浙文人走出书房，来到山东访求、研究及著述山东碑刻。他们常在济南千佛山、大明湖、五龙潭雅聚交流，留下的题刻有：阮元撰文、桂馥书写的《历山铭》，桂馥《潭西精舍记》，阮元《小沧浪亭雅集诗序》，翁方纲《铁公祠记碑》，何绍基题"海右此亭古，济南名士多"及《重修历下亭记》，铁保题"四面荷花三面柳，一城山色半城湖"，乾隆题"历下亭"与《大明湖题》诗碑等。

3. 潍坊名人题刻

潍坊青州为中古九州之一，这里古迹众多，有诸多名人雅士留下的题记诗作。天宝元年（742），64岁高龄的李邕自汲郡移官至青州做太守，留有行书《李北海残碑》和楷书"龙兴之寺"题额。苏轼在青州有《题石佛寺布袋罗汉像》、潍坊有《布袋真仪赞》、诸城有《雪夜书北台杂诗》《正书超然台赋》等题刻。潍坊十笏园是北方汉族著名古典袖珍园林，园内碑院作品上至隋唐，下迄明清，以董其昌、文徵明、张瑞图、郑板桥、金农、冯起震等人的石刻作品最为著名。

4. 济宁名人题刻

汉碑密集地济宁，一直是金石爱好者的必寻之地。宋神宗元丰六年至八年（1083—1085），先后任德州德平镇和兖州邹县知事的黄庭坚，在邹县峄山题刻甚多，现仅存卧虎石"凌虚真上"、风烟石"云蒸霞蔚"等榜书。金代党怀英入仕前隐居徂徕山，在此留有碑刻十余处。

5. 沿海地区名人题刻

海滨小城蓬莱，素有"仙境"之誉，至今存有不少文人雅士的诗文题刻。北宋嘉祐年间（1056—1063）建成的蓬莱阁，悬挂有清代书法家铁保所书"蓬莱阁"匾额。苏轼曾两度官居山东，他在蓬莱阁卧碑亭留有楷书《海市诗》、行草书《题吴道子画后》。在蓬莱阁"避风亭"内，还存有关于"海市"的诗词，如明代袁可立撰文、董其昌书丹、温如玉刊刻的《观海市诗》。另外，苏轼在莱州还留有《正书天堂寺诗》。在蓬莱阁天后宫外壁还有乾隆五十九年（1794）阮元隶书所书"三台石"，以及清代徐绩撰文、孔继涑书丹的《蓬莱阁阅水操记》。

崂山作为道教名山，有境内人文景观 46 处，山石间多刊文人墨客题记。白龙洞刻有道教全真道掌教丘处机的二十首绝句及序。太清宫后山一巨石上，至今尚刻有"南海先生"康有为的诗作《崂山》。

（五）山东历代书法名家

山东古代书法发端于先秦，发展于秦汉，兴盛于魏晋南北朝，至唐代达到顶峰，宋元开始衰落，清代中叶重新振兴。在这一过程中，山东诞生了诸多书法名家，以琅琊（今山东临沂）"书圣"王羲之与颜真卿最为著名。

1. 王羲之

王羲之（303—361），字逸少，乃"华夏首望"琅琊王氏家族成员，丹阳尹王旷次子，有"书圣"之称。王氏家族人人善书，皆精行书，以王羲之、王献之成就最高，并称"二王"。王羲之幼时口讷，不善言辞，7 岁学书于卫夫人，12 岁父亲王旷传授蔡邕《笔论》要义。20 岁书名显赫，23 岁出仕秘书郎，后任会稽太守、右军将军等，人称"王右军"。24 岁与当朝太尉郗鉴女郗璿成婚，郗璿亦善工书，为女中仙笔，二人堪称志同道合。50 岁与好友谢安、孙绰等 41 人在绍兴兰亭修禊，即兴挥毫为此诗集作《兰亭集序》。52 岁称病弃官，58 岁安逝于会稽金庭。

王羲之书艺超群，独创新体。其楷书，师法"正书鼻祖"钟繇，改其"存隶外放"古法，采用"内擫爽利"新法，创《黄庭经》《乐毅论》《曹娥碑》等今楷典范。其行书，汲取民间营养，以妍美通达为书写特性，开创面目一新的行书风格。《兰亭集序》为"天下第一行书"，《快雪时晴帖》被乾隆列为"三希堂"法帖之首，另外，还有《姨母帖》《丧乱帖》《何如帖》《奉橘帖》《二谢帖》等行书名作。其草书，师法东汉张芝，变章草字字独立为今草"一笔书"，一气呵成，代表作有《十七帖》《初月帖》《行穰帖》《平安帖》《远宦帖》等。他的书法对后世书坛产生重大影响，梁武帝、唐太宗对其书法尤为喜爱，唐太宗亲自为《晋书·王羲之传》作赞，称其书法"尽善尽美"。

2. 王献之

王献之（344—386），山东临沂人，王羲之第七子。五岁习书，初见灵性，卫夫人书《大雅吟》赠予临习，王羲之作《乐毅论》教其书写。20岁与表姐郗道茂结婚，30岁迫于政治压力休妻迎娶新安公主，做了简文帝驸马，但他特别钟爱郗氏，常书《洛神赋》以寄托思念之情。书法上，他勇于创新，独创"破体"和"一笔书"，代表作有现藏故宫博物院的《中秋帖》、上海博物馆的《鸭头丸帖》及首都博物馆的《洛神赋十三行》。《洛神赋十三行》原帖亡佚，现流传下来的刻本为宋代根据真迹上石的拓本，有"碧玉版本"和"白玉版本"两种，以"碧玉版本"较好。它于明万历年间在杭州西湖葛岭的半闲堂旧址出土。

3. 羊欣

羊欣（370—442），山东新泰人，出身官宦世家，为王献之外甥。羊氏家族世代擅长书法，羊欣最负盛名。他是王献之的传人，民间传说"买王得羊，不失所望"。另外，他还是一位书法理论家，著有《采古来能书人名》《续笔阵图》等。

4. 王僧虔

王僧虔（426—485），山东临沂人，王羲之四世孙。喜文史，善音律，工书，尤精行书。传世作品有现藏辽宁省博物院的《王琰帖》《御史帖》《陈情帖》，著有《论书》《书赋》《笔意赞》。

5. 萧子云

萧子云（487—549），山东临沂人，齐豫章文献王萧嶷第九子，南朝梁史学家、文学家、书法家。20岁撰写《晋书》。工书，擅楷、隶、行、草、小篆、飞白书，尤精草、隶、飞白书。代表作草书《千字文》、楷书《进写古文启》《颜回问孝》，均已佚失。

6. 颜真卿

唐代诞生了中国书法史上另一位书法大家——颜真卿。他为琅琊颜氏后裔，家学渊博，其祖乃孔门七十二贤之首的颜回。五世祖颜之推北齐时徙居长安，隋朝时官至东宫学士，著有《颜氏家训》。他少年悲苦，三岁丧父，母亲殷氏含辛茹苦将其抚养长大。开元二十二年（734）登进士第，历任监察御史、殿中侍御史。后因得罪权臣杨国忠，被贬为平原太守，世称"颜平原"。安史之乱时，颜真卿率义军对抗叛军，一度光复河北。唐代宗时官至吏部尚书、太子太师，封鲁郡公，人称"颜鲁公"。兴元元年（784），他被派晓谕叛将李希烈，凛然拒贼，终被缢杀。遇害后，举行国葬，追赠司徒，谥号"文忠"。

颜真卿书法行以篆籀之笔，结体宽博而气势恢宏，体现了大唐帝国的盛世气象，是书法美与人格美高度契合的典范。他的楷书被称为"颜体"，与欧阳询、柳公权、赵孟𫖯并称"楷书四大家"，与柳公权并称"颜柳"，有"颜筋柳骨"之誉。代表作有《王琳墓志》《罗婉顺墓志》《郭虚己墓志》《多宝塔感应碑》《麻姑仙坛记》《颜勤礼碑》《颜氏家庙碑》《争座位稿》《自书告身》《祭侄文稿》等。在山东德州陵城区曾留有《东方朔画赞碑》，现藏于台北故宫博物院的《祭侄文稿》被奉为"天下第二行书"。

7. 赵明诚

赵明诚（1081—1129），山东诸城人。他自幼博览群经诸史，17 岁时喜收钟鼎彝器与古书字画，其妻乃著名词人李清照。在金石方面，两人竭二十年之力，积得三代古器铭文、汉唐石刻 2000 卷。建炎三年（1129），集著《金石录》初成，但赵明诚染疾身亡，年仅 49 岁。绍兴二年（1132），李清照寓居临安，整理遗稿，两年后完成《金石录后序》。不久，《金石录》刊行问世，备受学界推崇。

8. 党怀英

党怀英（1134—1211），山东泰安人，金代文学家、书法家、史学家。他喜山乐水，常以诗酒自娱，工书，擅隶、楷，精篆籀。在山东留下的书作：曲阜有隶书《恽国夫人殿碑》、楷书《重修文宣王庙记》、篆书《杏坛》，济宁有隶书《普照寺照公开堂疏》、篆书《州学王荆公诗刻》《普照寺照公禅师塔铭》，泰安有楷书《旧县村天封寺碑》、隶书《谷山寺记碑》《玉泉碑》、篆书《金重修东岳庙碑》碑额等。

9. 邢侗

邢侗（1551—1612），山东临邑人。能诗文、擅书画，晚明四大家（另有张瑞图、董其昌、米万钟）之首，与董其昌并称"北邢南董"。精于行草书，尤善章草。其蝇头小楷，俊美秀逸；擘窠大书，雄强奇绝；临古书帖，可以乱真。传世书迹有《来禽馆帖》《临王羲之帖》《论书册》《古诗卷》《临晋人帖》等。

10. 邢慈静

邢慈静（1572 或 1573—?），山东临邑人，邢侗胞妹。工书，擅绘画，山水、花鸟、人物皆精，以白描观音最善，是继卫烁、管道昇之后的又一书画名媛。她一生坎坷，28 岁出嫁，青年丧夫、中年丧子、晚年又痛失爱孙。代表作《之室集帖》为梨木板刻，共三卷，现藏山东临邑邢侗纪念馆。

11. 刘墉

刘墉（1719—1804），山东诸城人。清代名臣刘统勋长子，官至吏、工、礼、兵部尚书，体仁阁大学士。他精通经史百家，工诗，善古文考证。乾嘉之际，其书法与翁方纲、梁同书、王文治并称"清四家"。他擅长楷、行书，为帖学大家。喜用硬笔短

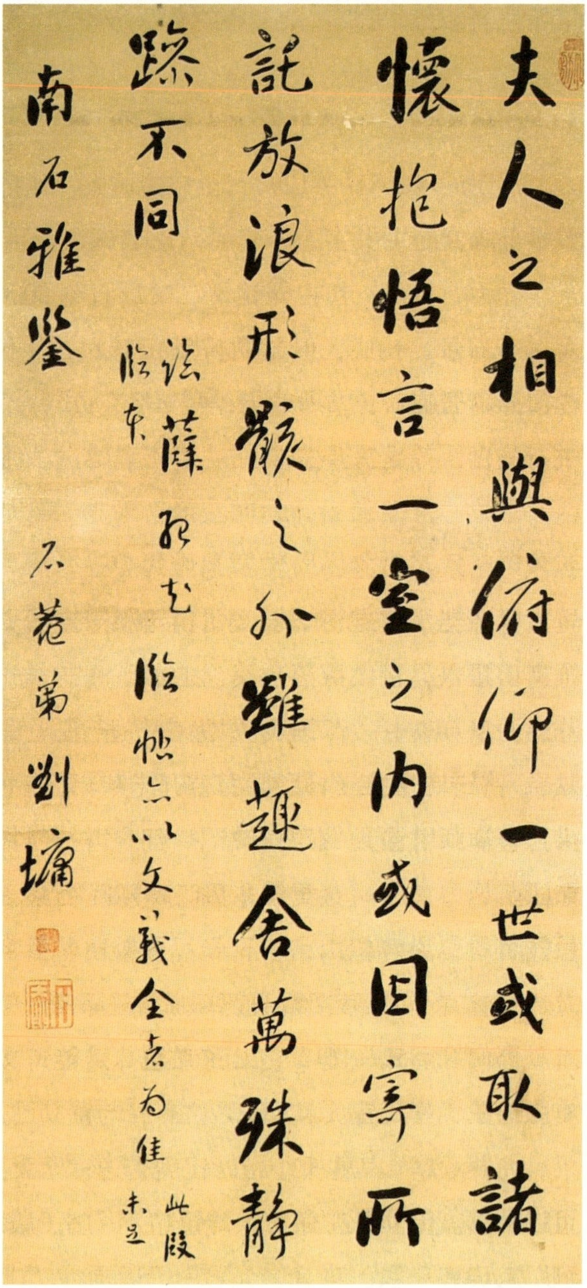

图 6　刘墉节临《兰亭集序》（山东博物馆藏）

毫，墨色浓重，拙内蕴巧，绵里藏针，素有"浓墨宰相"之称。著有《石庵诗集》《清爱堂帖》。

12. 孔继涑

孔继涑（1727—1791），山东曲阜人，孔子六十九代孙。自幼酷爱书法，乃书法家张照之婿，与江南梁同书齐名，有"南梁北孔"之称。他手摹名家墨迹，装成 101 卷，亦称《百一帖》，后雇工刻成《玉虹楼法帖》。该法帖石刻原陈列于十二府玉虹楼，现存刻石 569 块，陈列于孔庙东西两庑北首，为中国著名大型书法丛刻之一。

13. 桂馥

桂馥（1736—1805），山东曲阜人，清代训诂学家、书法家、画家。工书法，尤精隶书，与隶书名家伊秉绶齐名，被称为"中国文字学双子星座"。致力于《说文解字》研究，著有《说文解字义证》，与段玉裁、王筠、朱骏声并称清代"说文四大家"。他在五龙潭集资修建"潭西精舍"书斋，并协助好友周永年筹办借书园，开创了我国私人创办公共图书馆之先河。

14. 陈介祺

陈介祺（1813—1884），山东潍坊人，历任工、兵、礼、吏部尚书和协办大学士等要职。其时正值鸦片战争，他目睹朝廷腐败与衰落，产生消极避世的想法。咸丰四年（1854），他借母丧归里，不再从政，建"万印楼"，潜心金石古物收藏与研究。《清史稿》赞他"所藏钟彝金石为近代之冠"。著有《十钟山房印举》《封泥考略》《簠斋吉金录》《簠斋金文考释》等三十余部。

15. 王懿荣

王懿荣（1845—1900），山东福山人，生性耿直，号称"东怪"。中国近代金石学家、鉴藏家和书法家，为发现和收藏甲骨文第一人。撰有《汉石存目》《古泉选》《南北朝存石目》《福山金石志》等。

16. 王垿

王垿（1857—1933），山东莱阳人。工书，融历代碑、帖精华，独创雅俗共赏、形体长方的行书，又称"垿体"。他不仅官居二品，书法更享誉朝野，京城银号、钱庄、酒楼、茶馆、绸缎布店、洋广杂货的牌匾多出其手，民间流传"有匾皆书垿，无腔不学谭"。

（六）山东历代绘画名家

山东悠久的历史文化底蕴，培养了展子虔、燕肃、张择端、梁楷、商琦、赵元等绘画名家，同时还有在山东为官的李成、赵孟頫、郑板桥等。

1. 展子虔

展子虔（约545—618），山东惠民人。隋代绘画大师。历经东魏、北齐、北周、隋朝四代，北朝时已负盛名。擅长画佛道、人物、鞍马、车舆、宫苑、楼阁、翎毛、历史故事，尤精山水。代表作有现藏于故宫博物院的《游春图》，乃中国存世最古老的山水画、现存最早的卷轴画，为"唐画之祖"。

2. 顾闳中

顾闳中（910—980），南唐画院待诏，以人物画著称，曾为后主李煜绘制肖像画，现藏故宫博物院的《韩熙载夜宴图》是他唯一传世的作品。画面按照夜宴、观舞、休息、演乐、应酬五个场面，描绘了南唐大臣韩熙载放荡不羁的夜生活。韩熙载（902—970），山东潍坊人，长于文学，唐朝末年登进士第。其父因事被诛，他逃至江南，投顺南唐，受南唐中主李璟宠信。后主李煜继位后，外受后周威胁，内部政治斗争激烈，国势衰微。李煜欲任韩熙载为相，但他不想从命，借生活放荡而逃避任职。此画便是李煜派顾闳中潜入府中，了解他真实生活的纪录，画中逼真地呈现了韩熙载失意的矛盾心理和醉生梦死的生活场面。

3. 李成

李成（919—967），原籍陕西西安，五代避乱，迁居山东昌乐，五代、北宋著名画家。他擅长山水画，喜画郊野开阔风景，以作寒林平远著称，好用淡墨，创"卷云皴""蟹爪"画法，所画山水在北宋誉为"古今第一"。代表作有现藏日本大阪市立美术馆的《读碑窠石图》、台北故宫博物院的《寒林平野图》、美国堪萨斯城纳尔逊美术馆的《晴峦萧寺图》、辽宁省博物馆的《茂林远岫图》等。

4. 燕肃

燕肃（961—1040），山东青州人，定居山东曹县。北宋著名科学家、画家、诗人。工诗善画，以诗入画，为文人画先驱。代表作有现藏故宫博物院的《春山图卷》《寒林岩雪图》。

5. 张择端

张择端（约1085—1145），山东诸城人。自幼喜爱绘画，及长，游学京师，入皇家翰林图画院为待诏，专工楼台界画，善于绘制市俗生活画，存世作品有藏于天津博物馆的《金明池争标图》和故宫博物院的《清明上河图》。《清明上河图》绢本，全长534.6厘米，宽25.8厘米，是献给宋徽宗的贡品。它以汴河为中心，跨河"虹桥"为分界，有城郊、汴河和城关三部分。开首为宁静的郊区风光；中部以虹桥为中心，展现汴河及两岸繁华的都市生活；后部是城门内外，展现街道纵横、店铺密布、车水马龙的热闹场景。整幅画采用散点透视方法，涉及824人、牲畜96头、房屋122间、树木174棵、舟船25艘、车辆25架、轿子8顶，各色人等熙熙攘攘，自行其是，形成一幅微缩的写真照片，再现了北宋都城汴梁市民的百态生活，是宋代风俗画的杰出代表。

6. 梁楷

梁楷（1150—？），山东东平人，南宋画家。善画人物、山水、花鸟，喜饮酒，生活放纵，人称"梁风（疯）子"。画作采用泼墨法，以减笔洗练手法准确表达人物形态，开写意减笔人物画先河，传世作品有《六祖伐竹图》《李白行吟图》《泼墨仙人图》《八高僧故事图卷》等，其中，以台北故宫博物院收藏的《泼墨仙人图》最为著名。

7. 赵孟頫

赵孟頫（1254—1322），浙江湖州人，宋太祖赵匡胤第十一世孙，元代著名书画家。至元二十九年到三十一年（1292—1294）曾任同知济南路总管府事。他博学多才，擅绘画、工书艺、精诗文、通音律、解鉴藏、晓金

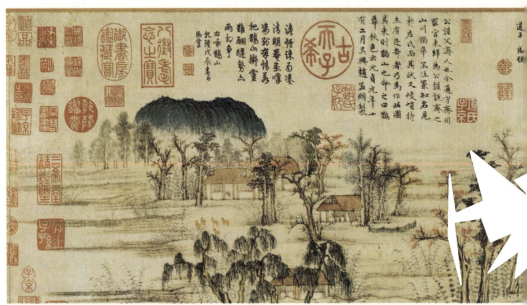

图7 鹊华秋色图（台北"故宫博物院"藏）

石、懂经济，其画开元代"复古"之风，被誉为"元人冠冕"。代表作有现藏辽宁省博物馆的《重江叠嶂图》、台北故宫博物院的《鹊华秋色图》及《秋郊饮马》。其书俊逸圆熟，创"赵体"，有现藏于故宫博物院的《洛神赋》《道德经》《胆巴碑》等。他的夫人管道昇，儿子赵雍、赵麟，外孙王蒙皆为元代著名书画家。

《鹊华秋色图》创作于元贞二年（1296），全卷纵 28.4 厘米、横 90.2 厘米，为纸质水墨画本，是赵孟頫送给好友周密的画作，现藏于台北故宫博物院。周密祖籍济南，南宋文学家，生于湖州，仕于杭州，入元后弃官归隐。一日他与赵孟頫等几位好友在吴兴雅集，赵孟頫谈及自己在济南任职时，游览济南山川风物，赞叹鹊山和华山峻美巍峨，在场的人为之神往，只有周密一言不发、难以开颜。赵孟頫询问缘由，得知好友从未去过故乡，便将济南秋天鹊山和华山的景致绘为《鹊华秋色图》，赠予周密，以聊慰其思乡之情。此画被后世画坛定为文人画青绿山水的代表作，备受世人追捧，画作中历代名人印章有 150 多方、题跋 20 多处。

清代乾隆亲自题署"鹊华秋色"于引首，题跋 9 则。乾隆十三年（1748），乾隆巡游山东济南时，看到华山在河之南岸，鹊山在河之北岸，而此图二山绘于同一岸边，认为赵孟頫弄错了二山的位置，有失实之处。事实上，赵孟頫的鹊华二山位置并没有错，乾隆所见，当属黄河改道的原因。另外，相传乾隆登大明湖鹊华桥，借用银河鹊桥，作《题鹊华桥》于此画。五天后，皇后去世，乾隆认为自己所作诗词不吉，该画为罪魁祸首，故将其封存清宫内阁大库。由此，清代《鹊华秋色图》一直深藏皇宫不为外人所见，直到 1949 年它与其他 5500 多箱珍贵文物一起被运往台湾。

8. 商琦

商琦（？—1324），山东菏泽人，元代画家。擅画墨竹、山水，为蒙古贵族宅第和宫廷殿宇绘制多处壁画，与高克恭、赵孟頫并称"元初三杰"，有"天下无双比"之誉。故宫博物院现存其传世真迹孤本绢本设色《春山图》。

9. 赵元

赵元（？—1372），本名元，入明后，避朱元璋讳，改名"赵原"，山东莒县人。元末明初画家，善画山水、花鸟，代表作有现藏上海博物馆的《合溪草堂图》《友竹图》《听松图》等。

10. 崔子忠

崔子忠（约 1594—1644），山东莱阳人。年少时曾为诸生，后因屡试不举，无意功名，寓居北京，专事绘画，尤精白描人物。明亡后"走入土室而死"，为爱国文人画家。代表作有现藏于上海博物馆的《云中玉女图》《伏生授经图》等。

11. 高凤翰

高凤翰（1683—1749），山东胶州人。诗、书、画、印兼善，为扬州八怪之一。乾隆二年（1737）因病废右手，诸事均用左手，画作朴拙而有意趣。他喜鉴藏砚台，著有《砚史》《南阜山人诗集》。传世作品有《章草书》《牡丹竹石图》《博古图》等。20世纪60年代初，山东大学刘敦愿先生根据其《博古图》所绘三足陶，发现了三里河黑陶，后经察访成功发掘胶州三里河文化遗址。

12. 郑板桥

郑板桥（1693—1766），江苏兴化人。康熙秀才，雍正十年举人，乾隆元年（1736）进士。乾隆五年（1740）任山东范县知县，乾隆十一年（1746）调任潍县知县。他为官清廉，赈济贫苦，颇得民众称颂。清代著名文学家、书画家，为"扬州八怪"之一。书法创"六分半书"，以画入书，精擅兰、竹、石，尤善墨竹。在山东留有诸多书法碑刻与兰竹画卷，如《新修城隍庙碑记》《题卧竹图诗》《双松图轴》等。现藏山东博物馆的《双松图轴》，名列十大镇馆之宝。该作是郑板桥在乾隆二十三年（1758）为好友肃翁所画，属郑板桥鼎盛时期作品。

参考文献：

1. ［汉］司马迁：《史记》，中华书局1959年版。

2. 安作璋、王志民主编：《齐鲁文化通史》，中华书局2004年版。

3. 赖非：《云峰刻石调查与研究》，齐鲁书社1992年版。

4. 赖非：《山东北朝佛教摩崖刻经调查与研究》，科学出版社2007年版。

5. 刘瑞轩、管斌：《山东古代书法论》，山东大学出版社1995年版。

6. 华人德、刘恒等：《中国书法史》（七卷本），江苏教育出版社2009年版。

7. 中央美术学院美术史系中国美术史教研室：《中国美术简史》，中国青年出版社2002年版。

十一、 中国最早的大学：稷下学宫与登州文会馆

在中国教育史上，有两个值得关注的"最早的大学"，都产生在齐鲁大地上：一个是战国时代的稷下学宫——中国古代历史上最早的大学，曾与"轴心时代"的西方希腊学园并称为世界文明史上"绝美双璧"；另一个是清朝末年的登州文会馆——中国近现代史上第一所高等教育学堂。而创办于省会济南的泺源书院是清代山东境内最大且最具规模的书院，对山东大学堂的创设，对山东大学乃至山东高等教育的早期发展，有着重大而直接的影响。

（一）稷下学宫：中国古代最早的大学

稷下学宫，又称"稷下之学"，因其坐落于齐国故都临淄稷门而得名。根据历史资料，稷下学宫成立于齐桓公田午当政之时，到秦灭齐时遭到毁灭，一共存在了150多年。稷下学宫是中国古代思想文化史上的里程碑，对文化的传承、传播与发展都产生了重大而深远的影响。

1. 稷下学宫的性质与特点

春秋战国时期，礼崩乐坏，权力下移，导致各诸侯登上争霸的政治舞

台。齐国国君决定创办稷下学宫，招揽天下英才而礼遇之。稷下学宫是中国教育史上最早的高等大学堂，因为它符合"大学"的三大要素和条件：校舍与设施、师生人数、规章与管理制度。

第一，具有固定、宏大的校舍和优越的设施条件。《史记·孟子荀卿列传》记载学宫"开第康庄之衢，高门大屋尊崇之"。司马光在《稷下赋》中更是有精彩描述："筑钜馆，临康衢……高门横闶，夏屋长檐，樽罍明洁，几杖清严。"可见其校舍建筑群的富丽堂皇。

第二，有众多的师生在此展开教学活动。《史记·田敬仲完世家》记载齐宣王时，"齐稷下学士复盛，且数百千人"；而《孟子·滕文公下》则记载孟子"从者数百人"，田骈有"徒百人"，淳于髡去世时竟有"弟子三千人"为其服丧。稷下人数最多时相传有"谈说之士七千余人"，可见师生人数之众。

第三，有一定的规章制度和管理措施。根据仅存的历史资料，荀卿曾在稷下"三为祭酒"，既说明当时的学宫既有总管之校长，而且也有定期任命或考选制度。再比如，根据郭沫若等学者的考订，《管子·弟子职》乃是稷下学宫的学生守则。[①] 从内容上来看，饮食起居、衣着服饰、课堂纪律、课后温习、尊敬师长、品德修养都有具体的规定，说明稷下的管理制度是周密严格的。

稷下学宫还具有两个明显的特点：

第一，从办学形式上来说，"官办私学"相结合，乃是稷下学宫的特色之一。稷下学宫由官方出资兴办，以"招致贤士"为目的，所以是"官学"；但是各学派汇聚于此，教育与学术活动自由，官方不加干涉，且学术领导者都是由当时颇具名望的私家学者担任，故明显具有私学性质。稷下学宫实际上是官方兴办而成为私学联盟性质的高等教育实体。稷下学宫与

---

① 王志民：《稷下学宫：世界文明史上的奇观》，见《齐鲁文化与中华文明》，人民出版社 2015 年版，第 274—282 页。

孔子创办的私学相比较，二者"都是中国教育史上的空前的创举，在战国时代的新形势下，稷下学宫以国办官学的形式，继承、发展了孔子私学的本质属性和诸多优势，又以国家实力为后盾，从办学体制、教学形式、教育内涵等等方面，创新、超越了孔子以来的私学教学，并积极主动地影响和引导了战国私学的发展方向"①。

第二，从学术特点来说，稷下学宫"兼容并包"、学术自由，对各家各派一律平等对待。稷下学宫成为战国诸子百家争鸣的重要阵地，主要在于它实现了真正的学术平等与自由，对于各家各派的学术观点均能采取兼容并蓄的策略。更为重要的是，稷下学宫带有明显的政治色彩，"喜议政事"是其基本功能，而"各著书言治乱之事，以干事主"则是当时稷下学者们的强烈愿望。

2. 稷下学宫的历史贡献

我们可以看出，稷下学宫的确是中国古代第一次思想大解放和学术文化大繁荣黄金时代的重要标志，是中国文化发展史上的一座里程碑。它不但开启了秦汉文化发展之源，而且对秦汉及以后中国文化的发展和繁荣，都产生了深远的影响，其历史贡献可以概括为以下几点：

第一，百家争鸣的主要阵地。稷下学宫曾经汇聚了儒、道、阴阳、法、名、墨、兵、农等各家学派，这里的学者们所讨论的问题也是包罗万象，如天人关系、古今之辨、义利之辩、人性善恶、王霸之争与大一统等等。各家各派都表达出自己的观点，呈现出多元化与综合创新的观点，以至于司马光在写《稷下赋》中有这样一个评价："致千里之骑士，总百家之伟说。"可见当时绝对是"盛况空前"。

第二，培育学派的沃土。稷下学宫的学术讨论不但提升并发展了原有的学派，使原有学派理论不断深化、日臻完善，而且不断产生众多新的学

---

① 王志民:《稷下学宫在教育史上的创新与超越》,《管子学刊》2017 年第 3 期。

派，比如典型的代表就是黄老道家与阴阳学派。黄老道家很明显是在稷下产生的集道、法两家思想为一体，同时吸收儒、墨、名、阴阳诸家思想的新道家。而稷下的阴阳家，则是将阴阳与五行有机结合而又多有创新的阴阳五行家学派。所以，在稷下学宫，诸子百家争鸣，既有利于各学派之间相互借鉴与整合，也有利于新思想与新理论的创造与产生。

第三，培养大师的摇篮。稷下学宫造就了一批杰出的思想家，很多"集大成"的大师级人物都产生于此。汉代著作《盐铁论·论儒》记载："齐宣王褒儒尊学，孟轲、淳于髡之徒，受上大夫之禄，不任职而论国事，盖齐稷下先生千有余人。"另有史料记载，齐宣王时，将稷下著名学者 76人封为上大夫，而他们都应该说是大师级的人物，比如传名后世者有孟子、荀子、田骈、慎到、邹衍、鲁仲连等等。可以说，稷下学宫实实在在是有利于产生重大学术成果与培养学术大师的摇篮。

第四，博士制度的先声。稷下学宫对秦汉博士制度的建立和发展，也产生了重大的影响。据《说苑·尊贤》载，"战国时，齐置博士之官"有"博士淳于髡"之称，这说明稷下学宫应该就是博士制度的滥觞之地。而且汉代博士官有被称为"稷下"生者，将博士之官视为稷下后继。秦代设博士七十人，应该与稷下学宫封七十六人为上大夫的影响有直接关系。可见，稷下之学对秦汉博士制度影响之大，实为秦汉及其以后博士制度之先声。

用比较的眼光，把稷下学宫与西方文明史上最早的大学——柏拉图学园进行比较研究，就会发现，稷下学宫的创设在世界文明史和教育史上也有着非同寻常的意义。这两所分别在东、西方几乎同时出现的最早的大学，充分表明："不同质的文明，在出发点上却是多么类近，以此为基，回溯原点，我们可以寻找世界文明对话的共识，共创全球化背景下世界文明发展的未来。"①

---

① 王志民：《世界文明史上的双璧——稷下学宫与希腊学园的比较研究》，见《齐鲁文化与中华文明》，人民出版社 2015 年版，第 299—307 页。

首先，我们来看希腊学园与稷下学宫的相同与相似之处：

第一，基本功能相似。两者均为教育与学术研究功能相结合的机构，学者云集，名人辈出。稷下学宫曾经吸引众多学者率徒来这里讲学与访学，孟子、荀子以及淳于髡等等众多大师都曾经在此研讨，并且留下了大量的学术著作；而希腊学园更是古希腊的学术研讨中心，许多哲学名家，包括亚里士多德都曾经在此受教与执教。

第二，教育形式相似。两者均以讨论、争辩与对话等形式来培养学生。在稷下学宫，学者多采用辩论、争辩等教育形式，尤其孟子好辩乃是公认事实，所以这里是百家"争鸣"的阵地；而在希腊学园，柏拉图也主要以回答、对话和讨论、反诘的形式教育学生，所以柏拉图留下的著作多是其"对话录"。

第三，学术风气相似。两者都遵循学术自由与平等交流的办学理念。稷下对各门各派的学者及其门徒一律平等对待，来者欢迎走者送行，崇尚独立与自主，致力于平等研讨，自由争鸣；而希腊学园也重视培养学生的独立思考，讲究的是自由讨论与协商对话。

第四，文化贡献相似。两者都是传承师说与培育大师的摇篮。稷下学宫汇集了各家学者，孟子与荀子等儒学大师都曾在这里收徒讲学；而希腊学园的创设则是为了传承与发展苏格拉底、柏拉图的哲学精神与思想理念，所以产生了古希腊"三哲"：苏格拉底、柏拉图与亚里士多德。

其次，我们再来看两者的相异与相别之处：

第一，办学性质差异。稷下学宫为战国时期齐国统治者所设立，属于官学；希腊学园则是柏拉图个人所设，为私学。这是二者的办学性质之差异。稷下学宫具有很浓厚的政治色彩，因为它是齐国统治者为实现自己的政治目标，广揽人才而兴办；希腊学园则为柏拉图自己所创立，虽然也讨论政治问题，但其主要目的还是为要传承与发展自己的学术理念，讲授知识与培养人才。这也导致二者结局不同：稷下为齐国政权服务，国亡则政息，仅存在 150 多年；而希腊学园则很少受政权影响，长久存世达 900 年之久。

第二，教育内涵差异。这主要包括学校管理方式、教学科目设置以及教学方法运用三个方面。在学校管理方式上，稷下各学术流派云集，学者来去自由，开放度高；而希腊学园则有很多规定，最为人所知的就是相传的那句"不懂几何者莫入此门"的铭文，这相当于希腊学园的入学条件与要求。而且希腊学园的园长皆为柏拉图自己选任，其后由其弟子选举产生，以至于可以终身任职。在教学科目上，稷下学宫没有统一的科目设置，教学多以人文社会科学为主，尤其是宣传与推阐各学派自己的主要观点；而希腊学园则包括哲学、算术、几何、天文学、物理、音乐等科目，教学既有自然科学，也有人文社会科学。在教学方法上，稷下以讲学、争辩、研讨与争鸣等方法为主，而希腊学园则以柏拉图讲学为主，以问答与对话等方式讲授知识。

第三，哲学突破差异。稷下学宫的哲学突破，主要体现在哲学突破与政治现实问题以及各学派观点的交融紧密结合。与政治现实问题的紧密结合，主要体现在稷下的各位先生们皆"喜议政事"，为中国从分裂走向统一奠定了深厚的理论基础；各学派观点的交融紧密结合，主要体现在百家争鸣之后，各学派的理论体系都得以丰富、发展与提升，新的学派和观点的得以产生。希腊学园的哲学突破，则表现在哲学思维与宗教的紧密结合，以至于希腊哲学衰落之后，宗教成为解释西方文明起源的观点，而且学园的哲学突破还体现在柏拉图思想理论体系的构建、发展与创新。

第四，对后世的影响差异。这主要体现在对东、西方的教育与文化影响不同。从教育上来说，稷下学宫设立后，没有形成国办大学的热潮，而是对秦汉大统一之后的政治制度设置及治国思想的形成产生了直接而重大的影响；而希腊学园之后，雅典的私人办学成为风尚，很多学园陆续成立，比如亚里士多德的"吕克昂"学园，伊壁鸠鲁学园等等，以至于后来的雅典大学，即西方古代的第一所大学，也是在希腊学园的基础上成立的。其次对东西方文化影响也不同。稷下学宫汇集了儒、道、法、阴阳等诸派的学术观点，由此形成了中华文化多元一体的兼容特质，以及重人文、轻科学、泛政治化等倾向；而苏格拉底、柏拉图和亚里士多德号称"希腊三哲"，乃是整个西方世界哲学、科学与教育的奠基人，甚至可以说，整个西方文化都离不开这"三哲"。

我们知道，德国思想家卡尔·西奥多·雅斯贝尔斯曾经提出一个公元前800年至公元前200年是世界文明发展的"轴心时代"的概念。而根据这个概念，公元前4世纪，战国时期出现的稷下学宫与几乎同时代出现的希腊柏拉图学园，应该是这个时代催生的"不寻常的事件之一"。稷下学宫与希腊学园乃是世界文明史上永远闪耀着智慧之光的"绝美双璧"。

（二）登州文会馆：近代中国最早的大学

与中国历史上最早的大学产生于齐鲁大地相呼应，近代中国历史上的第一所大学——登州文会馆，也产生在山东登州（今蓬莱市）。

1. 狄考文创立登州文会馆

狄考文（Calvin Wilson Mateer，1836—1908）是美国宾夕法尼亚人，美国北长老会传教士。在母亲的影响下，他青年时代就立志要将海外宣教作为自己一生的事业。他在1863年携其夫人（Mrs. Julia Brown Mateer）一块儿来中国山东，积极进行传教，终于在1864年创立了登州文会馆。

"登州文会馆"是中国近代教育史上真正意义的大学，也是晚清高等教育从传统学宫书院向现代新式大学转型的典型代表。根据当代的学术研究，我们发现，如果用比较的眼光，从追溯中国现代大学渊源的角度来进行考量，山东的登州文会馆其实"比1888年（光绪十四年）创办的'汇文书院'（金陵大学—中央大学—南京大学的前身）早4年；比（光绪十八年）始设大学课程的上海'圣约翰大学'（后来分化为华东师范大学、复旦大学和上海交通大学各一所）早8年；比1895年（光绪二十一年）清政府创办的'北洋大学'（天津大学前身）早11年；至于1898年

（光绪二十四年）维新变法期间设立的'京师大学堂'（北京大学前身）"①。基于此，如果仅从时间上来说，我们认为"登州文会馆"应该是中国近代教育史上的第一所"大学"。所以我们接下来不妨就考察一下这所大学的历史发展脉络。

2. 登州文会馆的历史发展

首先，从历史发展的角度来说，登州文会馆从最初创立到转型消失，其间也经历了初期创立、创新发展、繁荣昌盛、达到顶峰与调整撤销几个时期。

第一，初期建立时期。1864 年 9 月，狄考文夫妇在登州一所破旧的观音堂创办了登州男童蒙养学堂（Teng Chou Boy's Boarding School）。但是限于当时山东民风未化，很多人还是以中国传统的"科举"为正业，且对白皮肤蓝眼睛说洋话的外国人抱有很大的戒心，所以学堂最初仅仅招到六名"寒素不能读书的"贫家男童作为学生。1866 年，学生增加到了 11 人，而且学堂也增设了图书馆和实验室。随着狄考文传教事业的展开，特别是他们夫妻为人处世以及学堂的名声为更多周围人所了解，学堂的规模和生源都日益增加。到 1872 年，招收学生人数达到了 83 人。于是狄考文又开始扩大校舍，增加课程，比如将中国儒学经典四书五经也总括于课程之中，而且鼓励学生参加中国的科举考试。据说，后来有个叫邹立文的学生去参加乡试，还中了秀才，无形之中让学堂的名声大震，更加为人所知，招生规模也越来越大。

第二，创新发展时期。1876 年，狄考文开始尝试第一次"教学改革"，他称前 3 年为"备斋"（相当于现在的小学程度），后六年为"正斋"（相当于现在的中学程度）。1877 年初，学堂正式更名为登州文会馆（Tungchow College），取"以文会友"之意，并且正式举行了首届三名学生的毕业典

---

① 田海林:《登州文会馆与中华文明之现代转型》,《山东高等教育》2015 年第 3 期。

礼。他们分别是邹立文、李青山和李秉义。狄考文宣布这三人乃是这座"大学"的首届毕业生，以至于发展到后来的"齐鲁大学"也将这三名学生看作是第一届校友。1886 年，狄考文又大规模扩建校舍，增添书籍、仪器和设备。到了 1887 年，登州文会馆的工作房和理化室已经大体上完成了，设备上来说，已经有了蒸汽机、柴油机、电动机、锅炉、发电机以及木工和锻工等比较现代化的工具，而化验室中也有了各种药品、药水以及电池、显微镜、望远镜等等，这都是传统中国教育史上闻所未闻的工具和用具，更新了中国传统的"科举"考试制度下的教育。

第三，繁荣昌盛时期。狄考文的身份是传教士，1881 年，他以长老会山东差会牧师的身份向美国长老会本部提出办"大学"申请。经过三年的不懈努力，1884 年，美国长老会本部正式授权"登州文会馆"为"大学"，英文名也改为 Shantung College（即"山东书院"）。这时登州文会馆这个名称正式消失。随后，其规模又有了进一步发展。1904 年，登州文会馆作为"先进典型"，与青州的广德书院迁到潍县（今潍坊市），合并为广文学院，标志着山东基督教大学正式创办。1917 年，在济南南关新建门外建筑校舍，正式定名为"齐鲁大学（Cheeloo University）"。齐鲁大学所设科目也逐步细化和现代化，即包含了文科、理科、社会教育科、天文科、农科、国学研究所等，尤其是神学更是重中之重的科目。这是登州文会馆达到繁荣昌盛的最佳时段。1930 年，齐鲁大学聘请孔祥熙为董事长兼任名誉校长，并于1931 年，在"中华民国"教育部正式立案，真正改校名为"私立齐鲁大学"。经过长期的发展，登州文会馆终于从小型的教会学校发展成为"华北第一学府"，与当时的燕京大学并称为"南齐北燕"。

第四，调整撤销时期。1952 年，全国大学院系大调整，齐鲁大学正式被撤掉，其学科并入山东大学齐鲁医学部；文学院文史专业并入山东大学，物理、化学和生物三个专业并入山东师范学院；农学专业并入山东农业学院。

3. 登州文会馆的课程设置、教学方法与师资培养

第一，从课程设置上来说，登州文会馆的课程主要分三类：宗教类、中国经学类以及自然科学类。这是中国近代教育史上首次把西方自然科学和理科的相关科目介绍到中国。比如代数、化学、微积分、航海法、动植物学等等，这些课程设置大大开拓了中国人的视野，完全不同于中国传统科举教育下的课程设置。

第二，从教学方法上来说，登州文会馆的自然科学重视学生的实践与动手能力，讲究学以致用，采用实验、实习、实践等新式教学方法，培养学生的积极性与实践性。比如，狄考文就购买了很多实验设备，包括声学、蒸汽、天文、天学、力学与光学等各种仪器。这些教学手段与方法让中国学生耳目一新，能把书本上的知识与社会实践真真实实结合在一起，促进了中国自然科学的发展以及学生对自然科学的学习兴趣。

第三，从新式师资培养上来说，文会馆所培养的学生，为传授新知与西学，也纷纷走上教育岗位。据统计，文会馆自 1877 年有首届毕业生，至

图1　登州文会馆一角

1904 年搬迁至潍县，共培养出 170 名学生，加之并校之后的前四届毕业生共 208 人，且"踪迹所至，遍及十六行省"。据资料统计，中央的京师大学堂、山西大学堂、江南高等学堂、天津北洋师范、云南法政学堂等等，都来登州聘请文会馆毕业生。[①]

狄考文作为传教士，最初举办教会学校，背后的真实目的是让中国孩子归信基督教。但不可否认，无论登州文会馆还是齐鲁大学，也的的确确"完成了中国传统书院向现代高等教育

图 2　狄考文肖像

的初步转型，刺激了现代教育体制及机构在中国本土的萌发，一定程度上可视之为中国现代高等教育的起源性大学"[②]。显然，这也是他们带给中国教育的积极意义，也是我们要重视的历史事实。

（三）从泺源书院到山东大学堂：中国第一批省立大学

最后，我们再谈论中国教育史上第一批官办的省立大学堂——山东大学堂，其前身叫作泺源书院。根据史料记载，泺源书院始建于 1733 年（即清雍正十一年），到 1901 年改制为山东大学堂，最后演化为今天的山东大学。

第一，初期建立时期。 清朝雍正皇帝即位之后，为了进一步巩固其统

---

① 崔华杰：《登州文会馆与中国现代高等教育起源》，《北京教育学院学报》2019 年第 4 期。
② 崔华杰：《登州文会馆与中国现代高等教育起源》，《北京教育学院学报》2019 年第 4 期。

治，决定对"书院"采取更加扶持的政策，于是在 1733 年发布上谕，要求各省巡抚及下属官员挑选德才兼备的士子到书院就读，由此为国家培养贤德之才。该谕旨颁布之后，各省督抚相继行动。由此，山东巡抚岳濬将历山书院（原白雪书院）改为省会书院，后将其迁移至都司衙门（也就是济南市泉城路原省统计局院内），并改名为泺源书院，取义为"泺水之源"（据《水经》云，"泺源"乃趵突泉之旧称）。之后，泺源书院历经了乾隆、嘉庆、道光、光绪以及民国等历史时期，多次进行了整修与规整，一直到 1901 年改为山东大学堂。从组织结构来说，泺源书院主要包括教学人员和行政人员，且在组织内部实行山长负责制，各个岗位分工明确且清晰。但从功能上来说，当时的泺源书院的功能主要呈现以下几项：

一是人才培养。泺源书院的办学宗旨就在于培养人才，"得天下英才而教育之"，乃是泺源书院鸿儒学者的心愿，并且秉承"为国储材"的办学宗旨，先后邀请一大批硕学大儒汇集于此讲学与传道。这一切都与当时的山长所采取的宽松、自由的教学政策有关。以泺源书院比较著名的山长匡源为例。匡源曾为咸丰皇帝的顾命大臣，同治皇帝统治时期，他到济南泺源书院担任山长达 17 年。匡源致力于学以致用，将经学研究与教学相结合，培养出一大批优秀人才。据说，在他担任山长期间，从学弟子达到 3000 多人，科举金榜高中者 400 余人，门生中成名者多至百人。[①] 1881 年，匡源病逝，颇受后世人的敬仰与怀念。

二是学术研究。泺源书院的任教者都是当时学有专长和威望的知名学者，或者担任书院的山长或主讲，一时文风兴盛。而且在书院学习的士子，由山长挑选资质优异者，传授经史之学、治世之术以及对偶声律之学等；对于资质平庸者，则以八股、专经、余经为先，然后学习经史与治世之术等。

三是藏书基地。泺源书院藏书的特点，具有几个"多"：数量多、种类

---

① 由卫娟：《泺源书院的旧时气象》，《齐鲁周刊》2018 年第 43 期。

多（经史子集各部无所不有）、版本多。根据道光年间《济南府志》记载的藏书目录，泺源书院有经史子集各类文献一百零六种，共计九百五十七本又四百八十五封二十九套二部，[①] 这在当时也属于藏书较多的基地了。但到了后来，有资料记载，泺源书院的藏书，按卷册、封、部折算后共有2000册以上，超出了一般书院的藏书水平。之后，随着山东大学堂的多次变迁，收藏的图书数量、种类和涵盖的领域也日益增加。

四是祭祀或礼敬先贤。泺源书院内时刻供奉着先师孔子和先儒圣贤等牌位，诸位学生均需要在每月初一、十五等行礼敬拜，并聆听教习宣讲圣谕广训。到了特别的节日，比如万寿圣节或孔子诞辰日，还需要齐班行礼等。

五是社会教化。泺源书院有很强的学规、规约等，对学生的行为有着很强的规范，所以对整个社会也起到了很强的道德教化功能。比如，对学生的作息时间，要求学生夏季早上五点半就起床读书，晚上九点停课休息。而且学生在学堂内更要懂礼数、讲礼貌、遵礼仪等。

图3 登州文会馆，左侧是教学楼，中间是由观音堂改造的小教室，右侧是备斋教室

① 陈谷嘉、邓洪波：《中国书院制度研究》，浙江教育出版社1997年版，第159页。

第二，改制山东大学堂时期。1900 年，清政府经历了血与火的考验，内忧外患，被迫搞起了"新政"。"新政"有一项重要内容，就是教育改革，这是中国教育制度由传统向现代的转变。于是，全国范围内掀起了自戊戌变法之后书院改学堂的高潮。时任山东巡抚的袁世凯一方面调蓬莱知县李于锴专门进行山东大学堂的筹备工作，另一方面邀请专门人才遍查资料，开始着手起草《山东试办大学堂暂行章程》。该章程旨在"把政府原则性的宣谕变成了具体可行的细则，为书院改学堂面临的如何改、如何办理学堂的问题提供了一个具体而可操作的模式"[①]。该章程分为 96 节，共计 1.4 万字，主要由学堂办法、学堂条规、学堂课程和学堂经费等多个部分组成，对如何创办大学堂作了详尽的规定，对当时学堂的办法及课程设定都有重大的影响。1901 年 10 月 6 日，即《辛丑条约》签订后不久，慈禧太后和光绪皇帝从西安"回銮"途中，批准了袁世凯的奏折，并下旨将这个关于建立大学堂的《章程》通谕各省。很显然，山东大学堂作为当时全国教育改革的一个典型，实实在在起到了率先垂范的作用，而且，《章程》也成为各省制定学堂章程的一个重要蓝本。所以，皇上的谕旨下达不久，筹备已久的山东大学堂就正式开学了：1901 年 11 月 16 日，原济南泺源书院正式改为"山东大学堂"。山东大学堂的成立，不仅使山东近代教育事业展现了新的一页，而且就全国范围来说，它也是为数不多的新兴学堂之一。从时间上来说，它可能比北洋西学学堂（即第二年的北洋大学堂）、京师大学堂等名校略晚几年；但从体制上和管理上来说，则相对更加系统化、完整化、现代化与科学化。

山东大学堂是山东大学的前身。从诞生之日起，百廿山大历经风雨，多次变迁与变化，根据有关介绍，学校先后历经了山东大学堂、"国立青岛大学"、"国立山东大学"、山东大学以及由原山东大学、山东医科大学、山东工业大学三校合并组建的新山东大学等几个历史发展时期。发展到新世

---

① 陈谷嘉、邓洪波主编：《中国书院史资料》，浙江教育出版社 1998 年版，第 684 页。

纪之后，如今的山东大学，乃是一所历史悠久、学科齐全、实力雄厚、特色鲜明，在国内外具有重要影响的教育部直属重点综合性大学，是世界一流大学建设高校（A 类）。

参考文献：

1. 王志民：《齐鲁文化与中华文明》，人民出版社 2015 年版。

2. 田海林：《登州文会馆与中华文明之现代转型》，《山东高等教育》2015年第 3 期。

3. 陈谷嘉、邓洪波主编：《中国书院史资料》，浙江教育出版社 1998 年版。

4. 崔华杰：《登州文会馆与中国现代高等教育起源》，《北京教育学院学报》2019 年第 4 期。

5. 朱龙：《登州文会馆——西学东渐的孵化器》，《鲁东大学学报》2016 年第 4 期。

十二、 齐鲁好家风

家风是修身之本，齐家之要，治国之基。一个家族能够持续数百年长盛不衰，在很大程度上得益于良好家风与优秀家学的熏陶。作为儒家文化的发源地，齐鲁地区素来重视家庭教育和家风建设，形成了以儒家思想为底色，以诗礼传家、孝悌忠信、崇仁尚义、勤俭好学等为特色的家风文化，诞生了诸葛亮《诫子书》、颜之推《颜氏家训》等名垂千古的家规家训。齐鲁地区优秀的家风文化，不仅缔造了一个个学术与政治传奇，而且为新时期家庭教育及家风建设提供了成功范例。挖掘齐鲁地区优秀的家风文化，促进齐鲁优秀家风在新时期的创造性转化和创新性发展，有利于在全社会形成"注重家庭、注重家教、注重家风"的良好氛围。

（一）诗礼传家的曲阜孔氏

在中国历史上，有这样一个文化世家，它延续两千多年从未间断，以传承儒学为己任，世受封爵，谱系井然，这就是曲阜孔氏家族。孔氏家族被称为"天下第一家"，拥有世界上最长、最完整的家族谱系，《孔子世家谱》延续 2500 多年，于 2005 年被吉尼斯世界纪录列为"世界最长家谱"。孔氏家族作为"文章道德圣人家"，具有特殊的政治地位和文化使命，其"诗礼传家"的家风家教，在中国古代社会具有典型的教化意义。

孔氏家族之所以长盛不衰，除了历代统治者的推崇之外，与其"诗礼传家"的家风家教有着直接关系。在曲阜孔庙东路承圣门后有五间正殿，上悬"诗礼堂"匾额，为纪念孔子教导儿子孔鲤学诗学礼而建，是孔庙的标志性建筑之一。孔子教导儿子孔鲤学诗学礼的故事在《论语》中有详细记载。有一次，孔鲤从庭院中经过，孔子叫住儿子询问学习情况，并告诫孔鲤"不学诗，无以言""不学礼，无以立"（《论语·季氏》），意思是说不学习《诗经》，就不知道如何说话；不学习礼仪，就不知道如何立身行事。此后"学诗学礼"成为孔氏家族的祖训，诗礼传家也就成为孔氏家族的家风。孔子站在庭院中训子的方式，后来也成为家教文化中的专用术语"庭训"。

孔子之孙孔伋（字子思）亦恪守家学，志承祖业，学诗学礼，著书立说。相传《礼记》中的《中庸》《表记》《坊记》等皆出自子思之手，他继承并发展了孔子思想，为孔氏家族文化在后世的崛起奠定了基础。子思的弟子传道孟子，形成了儒家学派中的重要一脉——思孟学派。后世尊称子思为"述圣"，以表彰其对孔子思想的继承和发展。孔氏家族的家学和家风也影响到了其他圣裔家族，颜氏家族、曾氏家族、孟氏家族都将诗礼传家作为家风传承的重要内容。

"诗礼传家"实际上包含着两层含义。"诗"不仅指《诗经》，而是包括以《诗经》为代表的儒家经典；"礼"是指以儒家礼仪为代表的道德规范。所谓"诗礼传家"，要求子孙既要学习文化知识，又要加强道德修养。这不仅是孔氏家族子孙世代传承的祖训，也是历代统治者对孔氏家族的深切期许。乾隆皇帝向孔府颁题的"诗书礼乐"匾额，咸丰皇帝赐给的"诗礼泽长庭有训"诗句，无不寄托着国家对孔氏子孙学诗学礼的殷切希望。

孔氏后裔以经学为业，诗礼传家，形成了良好的家风家教。孔子十世孙孔安国克绍家学，为鲁壁藏书作传，先后撰成《古文尚书传》《古文论语训解》《古文孝经传》等，《古文尚书》等经典赖以流传。孔子第二十世孙、一代名儒孔融，为文体气高妙，针砭时弊，直抒胸臆，与王粲、陈琳、

過庭詩曰孔
學日詩孔子
以又孟嘗詩
禮無以獨禮
立以詩立
乎禮立乎
鯉對曰乎鯉
退日鯉未趨
而未趨學而
學也而也過
禮詩不過庭
禮曰他學庭

图1 《孔子圣迹图》中的《过庭诗礼图》（清同治十三年孔宪兰刻本） 267

徐干、阮瑀、应玚、刘桢合称"建安七子"，引领一时文学风尚。"孔融让梨"的故事更是家喻户晓。第三十二代孙孔颖达奉命纂修《五经正义》，融合南北经学，集魏晋南北朝经学之大成。六十四代孙孔尚任的传奇剧本《桃花扇》，"借离合之愁，写兴亡之叹"，流露出深沉的历史感和浓重的家国意识，体现了孔氏家风中勇于担当的家国情怀，后人将他与《长生殿》作者洪昇并称"南洪北孔"。孔氏家族还有一个显著特点，就是拥有众多的女性诗人。从清初开始形成女性文学群体，她们中有孔氏女儿，也有嫁入孔家的外姓媳妇，代表诗人有孔丽贞、颜小来、叶粲英、孔璐华、孔祥成、孔祥淑等。孔氏家族女性文学群体的崛起，与经传诗礼的家风家教是密不可分的。

明万历十一年（1583），孔子第六十四代孙、袭封衍圣公孔尚贤颁布《祖训箴规》，虽然只有短短 10 条，但其中不乏"崇儒重道，好礼尚德""父慈子孝，兄友弟恭，雍睦一堂""读书明理""克己奉公"等内容，充分体现了孔氏家风的精神所在，被孔氏后裔尊为"圣典"，塑造了孔氏家族好礼尚德、质朴正直、勇于担当、廉洁公正的良好风尚，这也是孔氏家族诗礼传家的家风在后世的继承和发展。

孔氏家族诗礼传家的祖训，融贯于每一代孔氏子孙的血脉之中，成为他们立身处世的重要依据。一直到最后一代衍圣公孔德成仍然遵循着学诗学礼的祖训。孔德成的学屋门侧挂着这样一副对联："东趋家庭学诗学礼承旧业，西瞻祖庙肯堂肯构属何人"，对联是孔德成的老师庄陔兰所书，教育孔德成要自幼承继家学，而学诗学礼正是孔氏家族的家学传统。从孔鲤一直到孔德成，秉承这一祖训，也是孔氏家族长盛不衰的秘诀。

礼乐传家久，诗书继世长。曲阜孔氏家族是中国传统家族的典型代表，诗礼传家更是中国古代家训文化的高度凝练。两千多年来，孔氏家族子孙依旧恪守着诗礼传家的祖训、礼门义路的家规，书写着家族传奇，也将儒家文化的精神内涵发扬光大。诗礼传家的良好家风，蕴含着中华民族厚重的文化底蕴和价值追求，不仅为中国古代家族树立了道德典范，而且足以垂范后世，为当下的家风建设提供重要借鉴。

（二）孟母教子与孟氏家风

在距离曲阜仅二十余公里的山东邹城，诞生了中国历史上另一位圣人——"亚圣"孟子。孟子"受业子思之门人"（《史记·孟子荀卿列传》），是孔子之后儒家最重要的代表人物，后世以"孔孟之道"代指儒家学说。受儒风习染而形成的孟母教子的家学传统，不仅是孟氏家风的一个重要表现，也引导着中国母教文化的走向，对中国的家族教育和家风流传具有重要影响。

孟氏家风最显著的特点，就是具有鲜明的母教文化色彩。在孟庙孟母殿的右前方有一块非常醒目的石碑，上书"母教一人"四个大字，为民国时期毕庶澄所刻，这显示了孟母教子在孟氏家族乃至中国家教史上的重要地位。中国母教文化源远流长，从周代三母教子开始，先后有鲁国敬姜、孟母，齐国田稷母，两汉的叔孙敖母、隽不疑母，三国的徐庶母，晋代陶侃母，隋代郑善果母，两宋苏（轼）母、岳（飞）母等等，形成了中国一脉相承的母教文化。其中，孟母教子无疑是其中流传最广、影响最大的母教典范。

图2　母教一人碑（民国毕庶澄刻）

孟母教子的故事一共有五则，散见于汉代韩婴的《韩诗外传》和刘向的《列女传》之中。这其中就包括我们耳熟能详的"孟母三迁""断织喻学"。"孟母三迁"讲的是孟母对孟子成长环境的重视。孟家最初住在墓地旁边，孟子热衷于模仿丧葬的仪式，于是孟母把家迁到集市旁，孟子又模仿集市叫卖，孟母不得已把家迁到学校旁，于是孟子"乃设俎豆，揖让进退"，最终成就了一代大儒。明嘉靖年间，时任沂州兵备道史鹗过访孟子庙，感念孟母蒙养之正而有孟子作圣之功，乃命兖州府滋阳县教谕费增纂修孟氏家志，以"三迁"命名。《三迁志》遂成为孟氏家族第一部独立的家志，后经数次续修，与孔氏家族《阙里志》、颜氏家族《陋巷志》并传于世。"断织喻学"是孟母教育孟子学习要持之以恒的故事。孟子读书中道而辍，正在织布的孟母很生气，挥刀斩断已经织成的布，以此教育孟子学习贵在有恒，不可半途而废。

除了"孟母三迁""断织喻学"外，孟母教子的故事还包括"买豚示信""出妻之教""拥楹之叹"。"买豚示信"反映了孟母切己省思、诚实守信的教子理念。孟子的邻居家杀猪，当时年幼的孟子问母亲"邻家为什么杀猪"，孟母随口回答"欲啖汝"，也就是"给你吃"的意思。孟母话一出口，就非常后悔，因为当时的条件很难吃得起猪肉，而有口无心的一句话如果不去实现，就会为孩子树立一个言而无信的坏榜样，于是孟母就从邻家将猪肉买回来给孟子吃，兑现了自己之前说过的话，以此教育孟子做人做事要诚实守信。"出妻之教"是孟母引导孟子正确处理家庭关系的一则故事。孟子回家看到妻子"踞坐"在地上，按照当时的礼仪，"踞坐"被视为不雅和无礼的表现，孟子欲以此休妻。孟母问清缘由后，引用"将上堂，声必扬"等礼仪规范，批评了孟子无礼，制止了孟子休妻。"拥楹之叹"是孟母对孟子的入世之教。孟子欲周游列国推行王道之政，但又担心年迈的母亲不能长途跋涉，犹豫纠结之间不禁"拥楹"（"楹"为厅堂前的柱子）叹息。孟母发现后，援《诗》引《易》，鼓励孟子志存高远，勇于实现自己的理想。

可以说，孟母在孟子成长和成才过程中发挥了关键作用。她不仅为孟子选择了绝佳的学习环境，而且以身作则，教导孟子树立远大志向，做事持之以恒、诚实守信。孟母的教子经验，还被编入少儿启蒙读物《三字经》，成为民间广泛传播的童蒙教育范本。

除孟母教子外，孟氏家风还有一项重要内容，那就是"七篇贻矩"。在山东邹城孟府大堂檐下正中悬挂着"七篇贻矩"的金匾，为清雍正帝亲笔所书。"七篇"指的是《孟子》七篇，即《梁惠王》《公孙丑》《滕文公》《离娄》《万章》《告子》《尽心》；"贻"是赠送之意，"贻矩"指《孟子》七篇留给天下人为人处世的规矩。《孟子》七篇中关于社会教育、学校教育、家庭教育的理念俯拾皆是。如孟子强调社会教化的重要作用，指出："仁言不如仁声之入人深也，善政不如善教之得民也。善政，民畏之；善教，民爱之。善政得民财，善教得民心。"（《孟子·尽心上》）他还非常重视学校教育，倡言"谨庠序之教，申之以孝悌之义"（《孟子·滕文公上》），即他认为只有大力兴办学校教育，把孝悌的道理反复讲给百姓听，才能真正实现老有所养。

在人性论方面，孟子认为人性本善，他说："人性之善也，犹水之就下也。人无有不善，水无有不下。"（《孟子·告子上》）他以"不忍人之心"论"本心"，得出"四端"说，由本心论本性，确立性善论。孟子坚信人人都可以向善，为统治者尤其是普通民众打开了一扇向善的希望之门，也为仁政的施行提供了可能性。在义利观方面，孟子强调君子爱财，取之有道。他甚至认为"义"比生命更重要，正如其所言："生，亦我所欲也；义，亦我所欲也。二者不可得兼，舍生而取义者也。"（《孟子·告子上》）孟子的性善论和义利观，有利于引导人们树立正确的价值观，在全社会形成良好的社会风尚。

孟氏子孙在潜移默化中秉承了孔孟思想的精髓，并在各自的人生实践中诠释了儒家思想的精神内涵。从唐代开始，随着孟子地位的抬升，孟氏家族开始走向繁荣。孟子第三十三代孙孟浩然是唐代山水田园派诗人的代表，他创作的《望洞庭湖赠张丞相》《过故人庄》《春晓》《宿建德江》等诗，成为千古吟诵的名篇。因孟浩然诗歌艺术上的独特造诣，后人将之与盛唐另一位山水诗人王维并称为"王孟"。南宋时期孟氏家族的支裔孟珙从普通兵卒成长为抗金名将，诠释了儒家忠勤体国、经邦济世的人生追求。晚清以瑞蚨祥的创始人孟雒川为代表的旧军孟氏家族，将儒家的诚信理念内化为以诚实守信为核心的儒商精神，坚持"至诚至上、货真价实、言不二价、童叟无欺"的经营宗旨，创造了晚清以来的商业奇迹。

孟氏家族因邹鲁相邻的地缘特征，而被赋予鲁风孔学意味；尊礼重教的儒风习染，成就了孟母教子的家学教育渊源；孟子对儒学的弘扬，又使家族在延续儒家传统、承接儒学根脉上肩负着重要使命，这些共同塑造了孟氏家族的文化底色。孟母教子的故事，孟子的仁政学说、性善理论、富贵不淫、贫贱不移、威武不屈、浩然正气等理念，不仅是孟氏家族信奉的金科玉律，而且对今天的家风建设仍具有重要意义。

（三）家训之祖：《颜氏家训》

家训是父祖对子孙或后辈进行训示、告诫而订定的各种规范、礼仪、家法等。良好家风的形成，与家族内部形成的家训、家规有着直接关系。中国古代家训的撰作由来已久。《尚书·五子之歌》就记载夏启之子追忆先祖大禹的三则遗训，可以视作家训之嚆矢。中国历史上第一部内容丰富、体系完备的家训专著当属《颜氏家训》，它奠定了中国传统家训文献的基本形式，对后世家训发展产生了重要影响。宋代学者陈振孙评价《颜氏家训》为"古今家训，以此为祖"①，足见其重要价值。

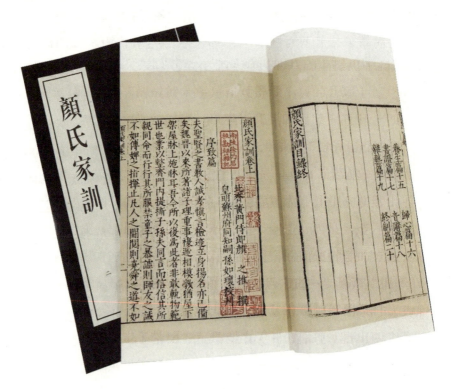

图3　明代孙如瑰校勘本《颜氏家训》（国家图书馆出版社线装影印出版）

---

① ［宋］陈振孙：《直斋书录解题》，上海古籍出版社1987年版，第305页。

《颜氏家训》的作者颜之推，字介，祖籍琅琊临沂（今山东省临沂市），历仕南梁、北齐、北周、隋四朝，而以北齐时所任黄门侍郎最为清显，世称"颜黄门"。《颜氏家训》大约写于颜之推居北齐之时，完成于隋开皇年间。颜之推数次经历朝代更迭，可谓一生三化、命途多舛。故国之思、宦海沉浮、人间百态无不流露于《颜氏家训》的字里行间，也使得这部著作具有厚重的历史底色。

　　颜氏家族的家风传承由来已久。颜氏家族的始祖为颜回，是孔子最得意的门生，以德行闻名于世，被后世尊为"复圣"。东汉末年，在颜氏家族发展史上发生了一件影响深远的大事，那就是第二十四代孙颜盛率族迁离祖籍曲阜，来到山东琅琊，从此为家族文化开辟了一片新天地。颜盛率族东迁的故事也被颜真卿写入《颜氏家庙碑》中。因颜氏家族世代以孝悌传家，故其所居之地被称为"孝悌里"。西晋永嘉元年（307），颜盛的曾孙颜含离开孝悌里，随晋元帝渡江，成为金陵颜氏之祖。从颜盛到颜含，颜氏家族坚守祖训，以儒为行，笃行"孝悌"，世代为官，初步形成了以"孝悌"为基础的良好家风。现存文献如颜含《靖侯家规》、颜延之《庭诰》、颜之推《颜氏家训》等，多强调儒雅立身，以道修身，以儒治国，守道弘道。其中，尤以《颜氏家训》最称完备。

　　《颜氏家训》全书七卷二十篇。首篇《序致》言明作书主旨，末篇《终制》作为遗嘱，一首一尾，前后呼应。卷一《序致》《教子》《兄弟》《后娶》《治家》五篇，卷二《风操》《慕贤》两篇，卷三《勉学》一篇，卷四《文章》《名实》《涉务》三篇，卷五《省事》《止足》《诫兵》《养生》《归心》五篇，卷六《书证》一篇，卷七《音辞》《杂艺》《终制》三篇。内容涉及立身、齐家、交友、处事、教子、治学、养生等诸多方面，既有说教，又有例证，既有前人经验，又有亲身体悟，成为当时乃至后世管理和训诫子弟的经典之作。

　　《颜氏家训》全书重点讨论家族兴亡之道与个人修养之学，在儒家义理的基础上杂以百家之说，以儒家思想为主导，以孝悌为根本，与六经旨趣相映照。颜之推在《序致》中把圣贤之书的主旨归纳为"诚孝、慎言、检迹"六字，即忠诚孝顺、言语谨慎、行为检点，这正是《颜氏家训》的宗旨所在，也是颜之推对人生经历的真实感悟和经验总结。

《颜氏家训》特别强调读书的重要性，指出"积财千万，无过读书"。在为学方面，他主张读书贵在能行，强调知行结合，反对空谈高论，不务实际，认为"所以读书学问，本欲开心明目，利于行耳"①。《颜氏家训》还倡行节俭。如颜之推在《治家》篇中指出，"可俭而不可吝""施而不奢，俭而不吝"②，即他虽然倡导节俭，但又强调不能因节俭而过分吝啬，而要以克勤克俭、戒骄戒奢作为持家的根本，这对敦厚节俭的良好门风的养成至关重要。

《颜氏家训》集前代家规、家训之大成，是中国历史上第一部系统完备的家训，不仅对于颜氏家风的树立与传承起到了决定性的作用，更为中国古代家风建设指引了方向。颜氏家风推重德行，诸如恭孝传家、处守正道、勤俭淡泊、好学博物、恪尽职守等内容，展现了颜氏家族以德立家、以才传家的朴实门风。《颜氏家训》的治家原则和方法已转化为传统社会治家的普遍原则和基本方法，在中国家庭教育史上产生了巨大影响。

（四）琅琊王氏家风与"王与马共天下"

魏晋南北朝门阀士族之盛，莫过于琅琊王氏。琅琊王氏不仅培养了书圣王羲之等一大批文化名人，而且产生了王衍、王导、王敦等在政治舞台上举足轻重的人物，创造了"王与马共天下"的政治传奇。琅琊王氏之所以能够引领魏晋风流数百年，与世代传承的家风家教有很大关系。

东汉末年，王祥、王览兄弟以孝悌立家，确立了琅琊王氏家族的门风。

---

① 王利器：《颜氏家训集解》，中华书局 2016 年版，第 199 页。
② 王利器：《颜氏家训集解》，中华书局 2016 年版，第 51 页。

王祥、王览因德行取得高名，特别是王祥"卧冰求鲤"，孝感动天，成为中华"二十四孝"之一，也是后世孝悌之典范。"卧冰求鲤"的故事最早见于东晋干宝编撰的故事集《搜神记》，主要讲述的是王祥继母生病想吃鲤鱼，但时值寒冬，河水结冰，王祥无奈解开衣服，想用身体将冰融化来捕鱼。王祥的孝行感动上天，结冰的河水突然解冻，河中鲤鱼一跃而出。这段故事后来被房玄龄收入正史《晋书》之中，作为历史佳话流传下来。元代郭居敬编录《二十四孝故事》将之收入其中，在民间广为流传，王祥因此被尊为"孝圣"。

《晋书·王祥传》还记载了王祥临终遗嘱："夫言行可覆，信之至也；推美引过，德之至也；扬名显亲，孝之至也；兄弟怡怡，宗族欣欣，悌之至也；临财莫过乎让。此五者，立身之本。"这段话是说，做人要言行一致且经得住时间考验，这是诚信的最高境界；把美誉让给他人，把责任留给自己，这是德行的最高境界；自己功成名就，使父母显扬，这是孝的最高境界；兄弟相处融洽，家族和睦兴旺，这是悌的最高境界；面对财物最好的态度是能够谦让。这五个方面，是人立身处世的根本。王祥的临终遗嘱成为王氏子孙代代尊奉的家训。

王祥同父异母的弟弟王览，孝友恭悌，与王祥齐名。王览与兄长感情要好，但其生母朱氏憎恨王祥，非但在丈夫面前中伤王祥，更经常施以虐待，但王览对兄长则爱护有加。后来王览得知母亲朱氏想用鸩酒毒杀王祥，便不顾危险争饮鸩酒。"王览争鸩"也成为中国历史上著名的孝悌故事，王览也因此被尊为"友圣"。王祥和王览以孝悌知名于世，深受魏晋两朝君主的重用，直接引领了琅琊王氏家族在汉魏之际的崛起。

永嘉之乱后，西晋政权迅速走向覆亡。皇族司马睿率中原汉族臣民南渡，北方士族纷纷南迁，史称"永嘉之乱，衣冠南渡"。王导依赖南渡的北方士族，团结江东豪强，协助司马氏建立东晋政权。司马睿从南渡到登基，主要依赖北方世家大族琅琊王氏家族王导、王敦兄弟的大力支持。因此，司马睿登基后，对他们特别尊重。让王导担任尚书，掌管朝中大权；又让王敦总管军事。王氏家族子弟中，很多人都担任要职。司马睿曾力邀王导与自己共享皇帝宝座，时人称之"王与马，共天下"。

王导（276—339），字茂弘，为王览之孙，东晋著名政治家、书法家，历仕元帝、明帝、成帝三朝，是东晋政权的奠基人之一。王导对东晋政权的贡献主要有四点：一是促成南迁，建立新朝；二是用人惟贤，维护新政；三是力主北伐，恢复士气；四是大义灭亲，平定王敦之乱，稳定朝野。[1] 王导一生克己为政，对东晋政权的建立、稳定起到了无可替代的作用，被誉为"江左管夷吾"。管夷吾，即春秋名相管仲。王导一手缔造了王氏家族的政治传奇，把琅琊王氏家族的地位推向历史巅峰。

魏晋南北朝数百年间，琅琊王氏家族中有 600 余人名垂青史，其中载入正传者 62 人，三公令仆 50 余人，有 90 人担任过相当于后世宰相的官职。除了政治上的辉煌，琅琊王氏在书法、音乐、绘画及文学上也取得了卓越成就，被誉为一时之冠冕。王氏家族的王衍、王导、王敦不仅具有出色的政治才能，而且拥有很高的书法成就。王羲之、王献之父子被后人尊称为"二王"，王羲之的代表作《兰亭集序》，又被誉为"天下第一行书"。根据历代史书及书学史记载，两晋南北朝时期，王氏家族以书法知名于世的就有 40 余位，书法成为王氏家学的重要组成部分。

王氏家风概括起来有如下几点：一是孝悌为本，德行为先。王祥临终时的《训子孙遗令》，告诫族中子弟以信、德、孝、悌、让五者作为立身之本，即要求后世子孙要孝悌为本，德行为先，注重诚信、谦和礼让，培养和睦友爱的待人态度，讲求重义轻利的为人处世之道。而遗训中的"言行可覆""推美引过"和"临财莫过乎让"等内容，蕴含着忠诚、责任、担当、廉洁等高尚的美德理念，值得后人继承和发扬光大。

二是维护国家，仁爱治民。王氏家族除了王祥、王戎、王衍、王导等在国家政权中具有中流砥柱意义的重臣外，还有王荟、王弘、王志、王

---

① 赵静：《琅琊王氏家风》，人民出版社 2015 年版，第 62 页。

亮、王琨等一时重臣，他们的名气虽然不大，但在为官行政中的思想、行为都体现了维护国家、仁爱治民的原则，这成为维系家族命运的重要保障。

三是勤俭治家，清廉为官。除了恪守人臣之责、仁爱治民外，王氏家族还以为人处世和气谨慎作为世代相传的家风。王僧虔有《诫子书》，告诫子孙不要凭借祖荫入仕，而应读书勤学，建功立业。梁陈之际的王褒著有《幼训》，要求子弟惜时好学，立身行道，始终如一。从西汉王吉到梁陈时期的王劢，琅琊王氏家族绝大部分为官士子都恪守廉俭家风，廉洁奉公，俭朴修身，这也是王氏家族数百年屹立不倒的重要原因。

唐代刘禹锡有诗云："朱雀桥边野草花，乌衣巷口夕阳斜。旧时王谢堂前燕，飞入寻常百姓家。"这首怀古诗《乌衣巷》，既描写了乌衣巷当时的破败，同时又巧妙地暗示了乌衣巷昔日的繁华。纵观琅琊王氏家族的兴衰史不难发现，家族的兴旺与否，与家族成员是否恪守孝悌、勤俭、好学等家风有着密切关系。鉴往知来，我们要自觉传承良好家风，躬身笃行，形成风清气正的良好家风和社会风气。

（五）明清文化世家的家风传承

明清两代，齐鲁大地人才辈出，出现了很多科甲连第的名门望族。这些世家大族大多以耕读起家，以科举兴家，遵从孝道，讲求仁义，崇文重教，形成了良好的家风家教，这也是他们维持数百年长盛不衰的重要原因。以科举兴家是明清山东文化世家的一个共同特征。但科举而外，每个家族的家风又各有其特色。细言之，明清文化世家的家风大致可以分为四类：一是清廉传家，以新城王氏家族、诸城刘氏家族家风为代表；二是母裔垂范，以安丘曹氏家族、德州田氏家族家风为代表；三是文学传家，以临朐冯氏家族、莱阳宋氏家族家风为代表；四是藏书传家，以聊城杨氏家族家风为代表。

1. 清廉传家：新城王氏与诸城刘氏家风

新城（今山东桓台）王氏家族是明清时期山东地区最为显赫的官宦世家。明清数百年间，共出进士 29 人，举人 38 人，贡生 115 人，号称"王半朝"。王氏子孙通过科举考试出仕为官，科甲连第，文化相承，有"江北青箱"的美誉。新城王氏的家学门风，起于四世祖王重光。王重光因在贵州平蛮督木，死于王事，嘉靖帝下诏褒奖，并降旨礼部尚书吴山书"忠勤报国"四字以示嘉奖。嘉靖四十一年（1562），诏赠王重光为太仆寺少卿，在贵州永宁特立祠以祀，命名为"忠勤祠"。后来，王重光之子王之垣、长孙王象乾认为贵州祠远，奏请万历皇帝，别立祠堂，仍用"忠勤"二字，示不忘本。"忠勤"二字也成为王氏家风中的重要内容。

自四世祖王重光开始，王氏家族代代有"家训"。五世祖王之垣著有《念祖约言》《历仕录》《炳烛编》《百警编》《摄生编》等，用以告诫劝谕子孙。王之垣次子王象晋编写的家规著作有《清寤斋心赏编》《日省格言》《日省撮要》等，八世祖王士禛撰有《手镜》，被后世奉为做官处事"明镜"。王氏家训历代不断充实完善，形成了内容丰富、体系完善、独具特色的家训族规体系。

王氏家训著作中，尤为值得一提的是王士禛所编《手镜》。《手镜》是王士禛写给儿子王启汸的家书，也是王士禛为官数十年的经验总结。康熙三十六年（1697），王启汸到唐山担任知县，王士禛手书《手镜》50 条，告诫儿子做官要清廉、谨慎、勤勉。《手镜》中的很多内容，至今仍具有重要启示。如其中有云"做官自己脚跟须正，持门第不得"，即告诫儿子做官首先要自身清正，正所谓"其身正，不令而从"。再如，"皇上御书赐天下督抚，不过清、慎、勤三字。无暮夜枉法之金，清也；事事小心，不敢任性率意，慎也；早作夜思，事事不敢因循怠玩，勤也"一条，将为官之道高度概括为"清、慎、勤"三字，"清、慎、勤"也成为王氏家族世代传承的家风。从王重光到王士禛，形成了整个家族成员崇尚道义、重视读书、忠勤报国、洁己爱民的良好家风，这也使得王氏家族历经明清之际的朝代更迭，而始终立于不败之地。

诸城刘氏家族是清代著名的科举名门，刘统勋、刘墉父子先后入相，人称"父子宰相"。刘统勋于雍正二年（1724）考中进士，官至陕甘总督、工部尚书、吏部尚书、翰林院掌院学士、军机大臣、东阁大学士等。死后谥号"文正"，这是封建王朝给予有功文臣的最高谥号。其子刘墉于乾隆十六年（1751）中进士，累官至工部、吏部、兵部尚书，授体仁阁大学士。放眼中国历史，也只有安徽六尺巷的张英、张廷玉父子可以与之媲美。科举而外，刘氏家族子孙在其他领域也颇有建树，如刘墉的堂弟刘奎，是中国古代著名的瘟疫学家，为后世留下了一部不朽的医学著作《松峰说疫》。刘墉的侄孙刘喜海不仅官至浙江布政使，还是清代著名金石学家、大藏书家，也是近代钱币学的奠基人。

诸城刘氏家族自刘必显开始，开创了以科举立家的传统。刘必显于顺治九年（1652）得中进士，累官户部员外郎，以清慎著称。他的两个儿子刘果、刘棨都是康熙年间著名的廉吏。刘果担任河间知县时，治声达于京师，康熙九年（1670），康熙皇帝微服至河间，召见刘果，褒扬他"清廉爱民"，擢升刑部主事。后来，刘墉的祖父刘棨任天津道副使时，迎驾五台山，借机上奏其兄刘果在河间任知县时受褒奖之事，请康熙皇帝赐书，康熙皇帝遂书"清爱堂"赐予刘家。自此以后，"清廉爱民"成为刘氏家风的核心。正是秉承着"清廉爱民"的家训，刘氏子孙出仕为官，清正廉明，足迹遍及华夏各地，出现了"一门三公，父子同宰"的盛况。

2. 母懿垂范：安丘曹氏和德州田氏家风

中国古代素有母教文化传统，母亲对于一个家族家风的形成和传承至关重要。明清时期，世家大族中的女性，在家道兴旺时，则相夫教子；如遇家世困顿，则隐忍持家，身兼严慈，勤谨贤德，成为一个家庭能否崛起和兴盛的关键所在。安丘曹氏家族、德州田氏家族在明清时期的兴盛，正得益于家族中的伟大母亲。

母教在曹氏家族走向兴盛的过程中起了关键作用。安丘曹氏家族既以科举名世，又是当时著名的文学世家。明清两代，安丘曹氏家族共出了8名进士，有"一门八进士"的盛誉。曹氏家族第一位进士曹一凤，订立《宗说》，强调孝敬父母、敬爱兄长、敬畏国法、宗族和睦、朋友守信、体恤孤独、为人谦逊、生活节俭、言语谨慎，从而培养起曹氏家族仁厚之门风。

安丘曹氏家族涌现出多位值得称道的女性，她们在曹氏家风传承中发挥了重要作用，其中尤以曹汝勤之妻王氏、曹复植之妻刘氏为代表。曹汝勤之妻王氏治家严格，门风肃正，她把典籍故事转化成育儿故事，融入日常教子之中。她的两个儿子曹一麟、曹一凤是明清安丘曹氏家族第一代进士。曹复植之妻刘氏出身书香门第，其父为顺治朝重臣刘正宗。刘氏是曹氏家族经历明清鼎革能够复盛的关键人物，她在曹复植去世后，持家守节，督导幼孤，复兴家业，延续曹氏家风，其子曹贞吉、曹申吉皆中进士。特别是曹贞吉，在清代词坛上与纳兰性德、顾贞观并称"京华三绝"；在清代诗坛上与嘉善曹尔堪并称"南北二曹"；在京师又与宋荦、田雯、颜光敏等唱和，当时被称为"金台十子"，足见其在清初文坛的重要地位。清初兵部右侍郎孙光祀曾赞赏曹氏家风"渠邱（安丘古称）称家训之善者，以曹氏为最"①，而母教对曹氏家学门风的传承贡献巨大。

德州田氏凭借在诗坛上的影响，成为山东乃至国内著名的文化家族。明清两代田氏家族共诞生了6位进士，以诗歌享誉海内，特别是田雯，是康熙朝"金台十子"之一，足与清初诗人王士禛匹敌。在家族繁衍过程中，德州田氏逐渐形成崇文尚学、严谨处事、崇尚俭朴、孝悌持家、乐善好施的家族门风，成为维系田氏家族兴旺发达的精神力量。

德州田氏也是一个母教文化鲜明的家族。在德州田氏走向鼎盛的过程中，田绪宗之妻、田雯之母张氏居功至伟。张氏出身书香门第，其父张祯虽未出

---

① ［清］孙光祀著，魏伯河点校：《孙光祀集》，齐鲁书社2014年版，第158页。

仕，但在德州也是饱学之士。张氏自幼读书，学习圣贤要旨，处事干练，深明大义。她早年辅佐丈夫科甲成功，中年丧夫后，又能忍辱负重，理性持家，教子有方，为德州田氏的崛起作出了非凡贡献。张氏既是慈母，又是严师，教导子孙读书励学，传承家风，明清德州田氏所出的六位进士中，有三位是在张氏辅佐下考中的。《清史稿》将张氏列为《列女传》第一人，表彰其节烈事迹。正是在张氏的苦苦经营下，德州田氏家族迎来了最鼎盛的时期。

3. 文学传家：临朐冯氏与莱阳宋氏家族家风

在官、学一体的中国古代社会，仕宦与治学往往纠结在一起，科举世家往往也是文化世家。明清时期山东的世家大族，还涌现出众多引领风潮的文学名家，如新城王氏家族的王士禛、安丘曹氏家族的曹贞吉、临朐冯氏家族的冯惟敏、德州田氏家族的田雯、莱阳宋氏家族的宋琬等。特别是临朐冯氏家族和莱阳宋氏家族，是典型的文学世家，在家族发展过程中，父子相承，兄弟相继，创造了辉煌的家族文化。

临朐冯氏家族是明清时期一个显赫的文学世家。冯氏家族以科举兴家，明中期自冯裕开始，冯氏家族连续七代出过进士，有 8 人正史有传，举人、贡生数十人；又以诗文传家，冯裕及其四子以诗文名噪一时，他们在精神品格、文学趣尚等方面表现出惊人的一致性，在明清之际的诗坛颇有影响。冯裕是明正德三年（1508）进士，累迁贵州按察司副使，他曾与挚友八人创立"海岱诗社"，开启了家族诗文创作的先声。冯裕的四个儿子冯惟健、冯惟重、冯惟敏、冯惟讷更是名满乡里，时人称为"临朐四冯"，他们的诗歌创作既各具特色，又具有内在的一致性，那就是独标真情，反对模拟。此外，冯氏家族冯琦、冯溥不仅是当时的馆阁重臣，也具有很高的文学成就。清初学者王士禛指出："明朝正德至清朝康熙二百年来，海岱间推学者，必首临朐冯氏。"[①] 足见临朐冯氏家族诗文创作在明清之际文学史上的地位。

---

① ［清］王士禛：《佳山堂集序》，见冯溥：《佳山堂集》，清康熙刻本。

冯氏家族的家风传承主要通过两种形式：一是家书，二是家训诗。冯氏家族在外为官者大多通过家书训诫子弟，如冯裕在《冯氏世录》中提出的"三不负"："希宠者负君，媚人者负己，谋身者负人。"意思是说，无所贡献而一味邀宠就会辜负君主，谄媚别人就对不起自己，只顾一己私利就会损害别人的利益。"不希宠""不媚人""不谋身"，既是冯裕立身行事的准则，也在无形中成为冯氏族人的族训，对整个冯氏世家产生了深远影响。

家训诗是冯氏家族维系家风的另一种形式，也是这一文学世家诗文传承的特色。冯氏家族内部长辈对晚辈的教诲往往以诗词的形式表现出来，这其中尤以冯惟敏最具代表性。冯惟敏以散曲创作名重一时，被称为"明代散曲第一人"。冯惟敏曾有《醉太平·家训》一首，大抵是他一生处世原则的真实写照。在这首词中，冯惟敏以自己亲身体悟告诫子侄"休舍命贪饕""学性格温存，得饶人处且饶人""循天理处安吾分，占便宜处甘吾笨""读书为本"① 等，这对冯氏家族子弟立身处世具有重要影响。除冯惟敏外，冯珣、冯溥等人也创作了大量的家训诗，这些诗词大多收录在《冯氏世录》中，成为冯氏家风的重要内容。

宋氏家族为明清莱阳望族，也以文学誉满海内。宋氏家族同样以科举兴家。明清两代一共有43人取得进士、举人或贡生科名，前后延续四百余年。明末，宋继澄以文名冠山左，号称"一代儒宗"；其子宋琮、宋玫兄弟皆中进士，以擅诗文赢得了"南翁北宋"（"翁"指翁鸿业）的赞誉；清初顺治、康熙年间，宋琬与施闰章并称"南施北宋"，领袖诗坛。从宋继澄到宋琬、宋玫、宋琮，莱阳宋氏在明清之际涌现出了一个诗人团体。尽管宋氏家族秉承的还是科举取士之路，但他们积极引领莱阳的文化风潮，和当地的世家大族过往频密，形成了当时独特的"莱阳文化圈"，蔚为壮观。

宋氏家族秉承耕读传家的祖训，以经学立世，以文学传家，立身中正，

---

① ［明］冯惟敏著，凌景埏、谢伯阳点校：《海浮山堂词稿》，上海古籍出版社2018年版，第106页。

大节昭然，这是宋氏家族延续数百年的重要保证。宋氏家族是一个有民族气节和担当的家族。明清之际，宋继澄与其子宋琏一起加入复社，并参与了讨伐阉党阮大铖的活动。面对清军入侵，宋氏家族的宋应亨、宋玫、宋璜等率众守城，力战而亡，用自己的行动和鲜血谱写了一首悲壮的英雄史诗。明亡后，宋继澄隐居不仕，于万柳庄授徒自给，他的诗作"物贵有所宗，乾坤以终始""望帝悲何极，当时花正开"等，借物咏思，表达了自己的故国之思、亡国之痛，表明以道义为己任、忧患天下的立场和态度，显示出"大节可钦"的文人风骨，为一代代宋氏子孙称道和传承。

4. 藏书传家：聊城杨氏家风

在京杭大运河河畔的山东聊城，有一个以藏书知名的文化世家——杨氏家族。杨氏所建藏书楼名为海源阁，是清代最著名的私家藏书楼之一，由著名藏书家杨以增始建于清道光二十年（1840）。海源阁与江苏常熟瞿氏的"铁琴铜剑楼"、浙江杭州丁氏的"八千卷楼"和浙江吴兴陆氏的"皕宋楼"并称为清代四大藏书楼。海源阁藏书以宋元珍本见长，其镇阁之宝为"四经四史"，即宋刻本的《毛诗》《周礼》《仪礼》《礼记》和《史记》《汉书》《后汉书》《三国志》，现藏于国家图书馆。标点本《二十四史》的前四史，就是以海源阁藏书版本为底本进行标点排印的。

杨氏家族是典型的以藏书传家的家族。杨氏藏书始于杨以增之父杨兆煜，他广搜善本书籍，是杨氏藏书之开端。其子杨以增任河道总督时，斥巨资搜罗大江南北的文化典籍，通过京杭大运河运至家乡，并在运河岸边建起藏书楼，取《礼记》中"先河后海"之意，为其藏书楼取名为"海源阁"，杨氏藏书渐成规模。杨以增之子杨绍和、其孙杨保彝，不断扩大图书规模，精心守护，并撰写《海源阁书目》等藏书目录，杨氏藏书渐成体系，达到鼎盛。杨保彝无子，择族子杨敬夫为嗣，时已进入民国，内忧外患，战乱不已，藏书散佚严重。海源阁藏书历经杨兆煜、杨以增、杨绍和、杨保彝和杨敬夫五代人的传承，诞生了一个藏书文化世家。

图4　聊城海源阁

　　明清山东地区文化世家的家风传承各有其特点。除上述诸家外，聊城傅氏家族清正廉洁、崇儒重道的家风代代相传，不仅诞生了清代历史上第一位状元傅以渐，还出现了近代博古通今的史学大家傅斯年。栖霞牟氏家族耕读世业、勤俭持家、忠诚宽厚、孝悌传家，不仅在"读书取仕"上成绩斐然，而且"世代以儒显"，先后培养出著名经学大师牟庭、文学家牟应震和新儒家代表牟宗三等文化名人。诸城王氏家族勤俭敛抑，"老实"传家，不仅以古琴为世所知，还是山东新文化运动的"第一家族"。博山赵氏家族、海丰吴氏家族、日照丁氏家族也各有其家训门风，日照丁氏家族还诞生了诺贝尔奖获得者丁肇中。

　　历数齐鲁名门家风，不难发现，它们有着共同的特征，那就是以儒家思想为基础，忠孝传家、勤俭治家、仕宦兴家，家风与家学紧密结合在一起，共同缔造了家族传奇。齐鲁优秀家风激励着一代代山东人求真务实，奋发有为，开拓进取，勇攀高峰，也为当今建立新型家庭、培育新式家风提供了历史借鉴。

参考文献：

1. 王志民主编：《山东文化世家研究书系》，中华书局 2014 年版。

2. 王志民主编：《中国名门家风丛书》，人民出版社 2015 年版。

3. 王志民主编：《山东区域文化通览》，山东人民出版社 2012 年版。

4. 王利器：《颜氏家训集解》，中华书局 2016 年版。

5. 田余庆：《东晋门阀政治》，北京大学出版社 2012 年版。

十三、 山东非物质文化遗产（上）

山东有着悠久的历史和灿烂的文明，在这片广袤的土地上，山东人民创造了特色鲜明的非物质文化遗产。独具风韵的传统戏剧、风格迥异的传统曲艺、地域鲜明的民俗文化、神秘动人的民间传说，无不展示着山东人民的智慧，蕴藏着齐鲁文化的深刻内涵。无论是吕剧、柳琴戏、山东大鼓、山东快书等传统戏曲，还是祭孔大典、民间祭礼、开洋节、谢洋节等传统民俗，抑或是"孟姜女""牛郎织女""梁山伯与祝英台"等民间传说，都被传承和保留下来，列入非物质文化遗产名录，成为齐鲁优秀传统文化的重要组成部分。

（一）吕剧、柳琴戏与传统戏剧

山东地区的传统戏剧，主要以吕剧、柳琴戏等民间戏剧为代表，以精美多样的戏剧形式，体现浓郁的齐鲁地域特色，极大地丰富了山东人民的精神文化生活。

1. 吕剧

吕剧又称"化装扬琴""琴戏"，是山东省地方戏曲剧种之一，于2008年入选第二批国家级非物质文化遗产名录。

吕剧是在民间说唱艺术"山东琴书"（坐腔扬琴）的基础上吸收民间花鼓、小曲、沌腔等发展演变而成的，其起源于广饶、博兴，流传于济南、滨州、东营。据《中国戏曲志·山东卷》记载，

图1　吕剧《大唐魃官记》剧照（王春艳摄）

山东琴书盛行于黄河下游一带。光绪初年，黄河三角洲地区连年灾荒，老百姓为生活所迫，不得不四处逃荒流浪。有不少逃荒的人随身携带坠琴、节子板、蝴蝶琴（小型扬琴）等乐器，以唱琴书小段为主，有时也顺口编些有趣的故事，在逃荒路上边耍边唱。在长期的流浪生涯中，他们还不断地吸收戏曲唱腔和民间小调来丰富自己的演出形式。由于条件限制，艺人只能在路边搭地摊演唱，又因以扬琴为主要伴奏乐器，所以将这种表演形式称为"坐唱扬琴""坐腔扬琴"。光绪二十六年（1900）冬，琴书艺人时殿元、崔心悦等，将琴书段子《王小赶脚》由坐唱改为化装演出：用竹篾、纸、布等材料扎成驴形，缚在崔心悦身上，作骑驴之形态；时殿元扮演脚夫王小，头戴毡帽，腰系围裙，执鞭撵驴；琴师武春田等人伴奏。整个演出声、情、做、舞、唱并茂，获得了观众的交口称赞，初步尝试便获得极大成功。此后人们将这种化装演出的"坐腔扬琴"称为"化装扬琴"或"上装扬琴"，这便是吕剧的雏形。化装扬琴的出现，是吕剧由民间说唱演变为戏曲艺术的开端。因最早演出的小戏《王小赶脚》中"二姑娘"骑的驴是个驴形道具，所以被俗称"驴戏"，后改称"吕戏"。

吕剧角色以小生、小旦、小丑"三小"为主，唱词和道白亦多取自民间用语，演唱时以坠胡、二胡、三弦为主要伴奏乐器。吕剧唱腔音乐系

由民间俗曲演化而来，属于典型的板腔体结构，由"四平""二板"等调式和部分曲牌构成，后又创作"反四平""快板"等板式，音乐旋律简单、平实、朴素。因吕剧深受流行地妇女喜欢，故有"拴老婆橛子"的俗称。

现有吕剧演出剧目近三百个，有《王小赶脚》《姊妹易嫁》《李二嫂改嫁》等著名剧目。其中最具代表性的剧目《李二嫂改嫁》，讲述了1947年鲁中南解放区某村年轻寡妇李二嫂爱上了本村农民张小六，两人在劳动中建立了感情，但遭到旧的习惯势力和婆婆的反对，后在妇女主任等人的帮助下，李二嫂决心改嫁，最终与张小六结为终身伴侣的故事。

吕剧发展到现在，已经有传统小戏、连台本戏、现代戏、古装戏等多种题材。这些戏曲题材多表现普通人的日常生活，表演形式也更加贴近人们的日常生活，深受广大人民群众的喜爱。

2. 柳琴戏

柳琴戏，旧称"拉魂腔"，又有"拉呼腔""拉洪腔""拉花腔""拉后腔"等名称，因演出以柳叶琴为主要伴奏乐器而得名。柳琴戏大约起源于清代乾隆年间，距今已有二百余年。2006年，柳琴戏入选第一批国家级非物质文化遗产名录。

柳琴戏的起始样式，主要来源于曾经在临沂地区广泛流行的"肘鼓子"（周姑子）、弦子戏、花鼓和民间小调。当时，鲁南的临沂一带旱涝灾害不断，贫苦百姓无以为生，只得四处逃荒乞食。为了便于乞讨，有人就用当地的"肘鼓子""花鼓调"等民歌小调"唱门子"（也叫"跑坡"），来替代"叫门子"。后来，乞食艺人们采用了打地摊演唱的形式，这是拉魂腔的初级阶段。

拉魂腔最初演唱的大都是小段子，唱词自由，曲调丰富。在其他剧种的影响下，很快就发展成为对子戏①，使拉魂腔初步具备了戏曲的雏形。后

---

① 由小旦、小丑，或小旦、小生一对脚色演唱的戏叫对子戏，也叫二小戏。

来，又出现了两个演员表演多个人物的演出形式。为了区分不同人物，艺人们借助礼帽、毛巾等，在演出中不断变换身份。这种演出形式持续了很长一段时间。后来又从柳子戏伴奏乐器中引进了大三弦，使拉魂腔开始有了弦乐伴奏，演员演出开始有了简单化装。

1900 年前后，出现了比较固定的班社，其演出形式，基本上是一个演员扮演一个人物。民国初年，鲁南地区开始出现了一些较大的班社，拉魂腔的影响进一步扩大。拉魂腔演出时，除柳叶琴伴奏外，还有人声帮腔，称为"满台腔"。同时，伴奏乐器有所增加，演出剧目逐渐丰富，脚色行当逐渐完善。在 1920 年前后，一些拉魂腔班社进入集镇或者城市演出，并开始向其他剧种学习，武场普遍增加了锣鼓，并引进了京剧等剧种的锣鼓经。通过向其他剧种学习，拉魂腔的发展更加成熟，因其以柳琴作为主奏乐器而定名为"柳琴戏"。1949 年以来，柳琴戏发展较快，山东临沂、枣庄以及江苏徐州等许多地区相继成立了专业剧团。

柳琴戏的唱腔以徵调式与宫调式为主，徵调式温和缠绵，宫调式明快刚劲。柳琴戏的唱腔曲调包括起板、导板、拉腔、射腔、叶里藏花、回龙调、四六长腔、男女拉拉腔、叠断桥、打牙牌、千金小姐进花园调等，其板式大致可分为慢板、二行板、数板、紧板和五字紧板等。柳叶琴、笛子、坠琴、二胡、板胡、唢呐、笙及板鼓、大锣等是柳琴戏主要的伴奏乐器。柳琴戏的表演粗犷朴实，节奏明快，乡土气息浓厚，演员的身段、步法明显带有民间歌舞的特点。柳琴戏的传统剧目非常丰富，共有本戏、折子戏180 个，连台本戏 41 个，多从民间故事、章回小说改编而来。《四平山》《八盘山》《鲜花记》《鱼篮记》《断双钉》《小鳌山》《雁门关》《白罗衫》《喝面叶》《小书房》等都是其中代表性的剧目。

除吕剧、柳琴戏外，山东还存有十多种传统戏剧，如发源于山东章丘、历城一带，流行于济南、淄博及周边地区的五音戏，是首批国家级非物质文化遗产保护项目。五音戏的内容多反映民间生活，剧目十分丰富，《王小二赶脚》《王二姐思夫》《拐磨子》《彩楼记》《王定保借当》《墙头记》等都深得一方百姓喜爱。另外，山东梆子、柳子戏、茂腔、柳腔、四平调、济南皮影戏、枣梆等皆具有地域特色，流传广泛。

山东传统戏剧不仅具有厚重的齐鲁文化底蕴，而且与流行地群众的日常生活有着密切联系。山东传统戏剧在长期的传承过程中与时俱进，吸收各种姊妹艺术的优点，形式日趋多样，极大地丰富了山东人民的精神文化生活。

（二）山东大鼓、山东快书与传统曲艺

传统曲艺，是由民间口头文学和歌唱艺术经过长期发展演变形成的一种独特的艺术形式。山东传统曲艺极为丰富，主要以山东大鼓、山东快书为代表。

1. 山东大鼓

山东大鼓发源于鲁西北农村，由于最初以犁铧碎片为伴奏乐器，又名"犁铧大鼓"，又因《老残游记》记述"白妞"演唱时使用"半月形梨花片"，又称"梨花大鼓"。它是我国北方现存最早的曲艺鼓书和鼓曲形式。相传，山东大鼓形成于明代末期，至今已有350多年的历史。2006年，山东大鼓入选第一批国家级非物质文化遗产名录。

清末以前，山东大鼓一直活跃于农村，著名艺人有郭老占、何老凤、范其凤、李老凤等。后来白妞（王小玉）、黑妞进入城市演唱，女艺人大量增加。享有盛名的有上半截、下半截、盖山东、白菜心、郭大妮等。20世纪30年代以后享名曲坛的是所谓的"四大玉"，即谢大玉、李大玉、赵大玉、孙大玉。之后，杜大桂、姬素英、鹿巧玲相继而起，山东大鼓流传地区由山东城乡扩展到徐州、南京、上海、郑州、洛阳、汉口、重庆、北京、天津和东北各地，盛极一时。

山东大鼓传统曲目繁多，已知有中篇《三全镇》《金锁镇》《大破孟

州》《大送嫁》《范孟亭推车》等数十部；短篇段儿书尤为丰富，以《三国》题材的唱段最多，有《东岭关》《长坂坡》《河北寻兄》等六十余段；其次是《红楼梦》题材的唱段，有《黛玉葬花》《宝玉探病》等十余段；《水浒》唱段有《李逵夺鱼》《燕青打擂》等。

图2　山东大鼓

山东大鼓历史悠久，音乐唱腔独特，节目蕴藏丰富，地方色彩浓郁，它直接促进了山东快书的形成，并对"乔派"河南坠子和西河大鼓的形成与发展产生过重大影响，具有很高的历史文化价值。

2. 山东快书

山东快书是典型的韵诵表演曲艺说书形式，因早期主要表演武松故事，武松排行第二，故俗称"武老二"，艺人被称为"说武老二的"或"唱武老二的"；又因为其所表现的主人公武松身躯高大魁伟，人们又将艺人称为"唱大个子的"。后来在不同时期这一曲艺形式还曾有过"竹板快书""滑稽快书"的名称。1949年6月艺人高元钧在上海大中华唱片厂灌制《鲁达除霸》唱片时，正式将其定名为"山东快书"。2006年，山东快书入选第一批国家级非物质文化遗产名录。

关于山东快书的渊源，传说较多，较为可信的说法是：清道光六年（1826），落第举子十余人归途中遇雨滞留临清，为发泄胸中的愤懑不平，他们以当地广为流传的武松故事为基础，编成唱词（即后来《武松传》的雏形）。由作者之一的茌平杠子王庄的李长清带回家乡，交其表侄山东大鼓艺人东阿傅楼、傅汉章排练演唱。他们潜心研究，并借用山东大鼓"梨花片"伴奏，在山东大鼓"老牛大捽缰调"基础上创造出特有的韵诵体唱法。清道光十九年（1839），首演于曲阜林门会（孔林前的庙会），以其形式新颖受到欢迎，曾被当时的衍圣公孔祥珂召进孔府演唱。用农民的语言，唱农民喜爱的人物，是这个新曲种得以迅速发展的原因。傅汉章及其师弟赵震，是山东快书发展的关键人物，其后绝大多数艺人的师承关系都与傅、赵一脉相传。

清末民初，山东快书以曲阜、兖州为中心，传播至平阴、东阿、肥城、新泰等广大地区。艺人队伍逐渐扩大，经过吴洪钧、李合钧、卢同武、卢同文、戚永立等知名艺人的努力，表演也日臻成熟，山东快书发展成为影响整个华北和华东部分地区的大曲种。20世纪中期，山东快书队伍空前扩大，创作繁荣，表演技艺日趋精湛，并逐渐发展出艺术风格相对独立的三种艺术流派：高元钧及其传人的表演火爆风趣，人称"高派"，活跃于北京及全国各地，影响范围最广；杨立德及其传人的表演细腻俏皮，人称"杨派"，主要流布于山东省境内；于传宾及其传人的表演热烈刚劲，独创四页板伴奏，人称"于派"，主要活跃于鲁中农村以及潍坊、烟台等地。

山东快书的表演采用山东方言，以韵诵为主，间有说白。唱腔为典型的韵诵体，早期偏重"吟诵"，后来趋向"板诵"。唱法上有所谓"平口""俏口""贯口"和"散口"之别。说白所使用的"白口"，又分为穿插说明性的"表白"和打岔议论性的"过口白"。唱词是以七字句为主的韵文，具有口语化和形象性的特点。

山东快书的传统节目是长篇快书《武松传》，但演出常常选取其中的回目或者段落，如《景阳冈》（又名《武松打虎》）《十字坡》《快活林》《闹公堂》等。20世纪中期以来，山东快书的题材不断扩大，新书目不断出现，代表性作品有：宣传抗日的《智取袁家城子》和《大战岱崮山》，表现抗美援朝的《一车高粱米》《三只鸡》《抓俘虏》和《侦察兵》，反映社会主义建设和军队生活的《青海好》《师长帮厨》《张大发走娘家》《李三宝比武》《金妈妈看家》等。

除山东大鼓、山东快书外，山东还有胶东大鼓、山东琴书、山东落子、山东花鼓、端鼓腔、莺歌柳书等传统曲艺，充满地域特色，为山东传统曲艺的瑰宝。

（三）祭孔大典与民间祭礼

在中国古代，祭祀是国家的头等大事，贯穿于社会生活的各个方面。而历代统治者多以儒家思想作为正统思想，崇儒重道，因此，山东曲阜的祭孔大典也就成为国家第一等的重典。除祭孔大典外，山东地区还有石敢当、东镇沂山祭仪等民间祭礼。

1. 祭孔大典

祭孔大典，是为了尊崇与怀念至圣先师孔子而在孔庙举行的专门祭祀孔子的大型庙堂乐舞活动，亦称"释奠礼"，是集乐、歌、舞、礼为一体的综合性艺术表演形式。2006年，祭孔大典入选第一批国家级非物质文化遗产名录。

祭孔活动由来已久。据文献记载，孔子卒后第二年（前478），鲁哀公将孔子故宅辟为寿堂祭祀孔子，孔子故居遂成为世界上第一座孔庙。汉高祖刘邦以"太牢"之礼祭祀孔子，开历代帝王祭孔之先河。随着历代帝王的褒赠加封，祭典仪式日臻隆重恢宏，礼器、乐器、乐章、舞谱等也多由皇帝钦定颁行。历代帝王或亲临主祭，或遣官代祭，或便道拜谒，总计达196次，仅清乾隆皇帝一人就先后8次亲临曲阜拜谒孔子。民国时期对祭孔程序和礼仪做了较大变动，献爵改为献花圈，古典祭服改为长袍马褂，跪拜改为鞠躬礼。1986年，沉寂了半个世纪的祭孔大典经曲阜市文化部门发掘整理，在当年的"孔子故里游"开幕式上得以重现。

图 3　庚子年公祭孔子大典

　　祭孔活动最初每年只在秋季举办一次，后增为春季、秋季各一次。再后来，人们又在农历八月二十七日（相传为孔子诞辰日）举行大祭，举国上下同参大典，以示敬重。祭孔大典主要包括乐、歌、舞、礼四种形式，乐、歌、舞都是紧紧围绕礼仪而进行的，所有礼仪要求"必丰、必洁、必诚、必敬"。祭孔的最重要议程是三献礼，即分初献、亚献和终献。初献帛爵，亚献和终献都是献香献酒。

　　祭孔大典用音乐、舞蹈等形式，集中表现了儒家思想文化的内涵，体现了艺术形式与政治内容的高度统一，形象地阐释了孔子学说中"礼"的含义，表达了"仁者爱人""以礼立人"的思想，具有较强的思想亲和力、精神凝聚力和艺术感染力。

2. 石敢当习俗

　　山东的民间祭礼当属石敢当习俗分布地区最为广泛。2006年，泰山石敢当习俗入选第一批国家级非物质文化遗产名录。

石敢当习俗以山东泰山地区为中心，逐渐扩散到全国各地，以及日本、韩国、东南亚乃至世界各地其他华侨居住区。石敢当习俗起源于上古时期的灵石崇拜。明代以后，石敢当信仰与东岳泰山崇拜紧密结合，由"石敢当"发展到"泰山石敢当"，其功能也经历了从最早的"镇宅"到"化煞"再到"治病""门神""辟邪""防风"等的转变。在历史的演变过程中，关于石敢当的神话故事也在各地演绎成多种版本。它的主要表现形式是以小石碑（或小石人）立于桥道要冲或砌于房屋墙壁，上刻（或书）"石敢当"或"泰山石敢当"之类字样，以禁压不祥。

3. 东镇沂山祭仪

东镇沂山祭仪是历代帝王对东镇沂山的"望秩之礼"。商周之前，祭祀时间为阴历二月，隋唐以后为阴历的"立春"。民国以后，帝王的"望秩之礼"演变为大型的民间沂山祭祀典仪，时间为阴历四月初八。2014年，东镇沂山祭仪入选第四批国家级非物质文化遗产名录。

沂山又名东泰山，古称"海岳""神岳"，素享"五镇之首"之美誉。它是泰沂山脉的东主峰，位于山东省临朐县南部，是沂河、汶河、沭河、弥河的发源地。据《史记·封禅书》记载：黄帝最先登封东泰山（即沂山）。舜肇州封山，定沂山为重镇，禹时即祭祀沂山。汉、隋、唐、宋、元、明、清，历代对沂山屡有增封，祀典不废。凡遇大典，如皇帝登基，或"天时不顺""地道欠宁"，皇帝或亲率众臣，或派遣重臣祭祀东方神祇，对东岳泰山、东镇沂山、东海依次致祭。沂山现存历代御碑共16幢，代祀碑共200幢。自黄帝至清，十六位帝王先后祭祀，诏封沂山。民国建立，帝制取消后，沂山祭仪继续举行，转由沂山东镇庙的道人主持祭祀。

山东各地的祭祀仪式延续数千年，深深根植于人们的观念之中。同时，这种祭礼活动也增强了人们奋进向上的力量，对民族文化、历史文化、传统文化的传承与发展产生着重要影响。

（四）孟姜女、牛郎织女、梁山伯与祝英台

中国民间传说浩瀚如烟，有许多经久不衰、家喻户晓的故事。中国最著名的四大民间传说，除"白蛇传"外，"孟姜女"传说、"梁山伯与祝英台"传说、"牛郎织女"传说都与山东有关。

1. "孟姜女"传说

孟姜女的故事起源于春秋时期的齐国，其原型为齐国的杞梁之妻。2006年，"孟姜女"传说入选第一批国家级非物质文化遗产名录。

据《左传·襄公二十三年》记载：公元前550年，齐庄公派大将杞梁袭击莒国（今山东莒县），杞梁战死在莒国城下。庄公带着杞梁的尸体返齐途中，于城郊（齐长城与淄水交汇处）遇到迎柩的杞梁之妻。庄公欲在此处吊唁，遭到杞梁之妻的抵制，要求按仪节到宫舍祭祀。庄公不得已，就去她家举行了祭吊之礼。杞梁安葬后，其妻仍悲痛万分。杞梁妻是孟姜女传说的原初形态。因为春秋时候的齐国公室为姜姓，姜家长女称孟姜女。孟姜女的传说起源于齐地，先秦时代，这一故事已在齐鲁地区流传。至今在山东各地仍然流传着孟姜女的故事，只是她哭倒的城墙变为山东境内的齐长城而已。

在《左传》记载的基础上，杞梁妻的故事不断被丰富、演化。战国时期，齐国人将杞梁妻演绎为善哭的形象。到了汉代，杞梁妻的故事又发展成了哭倒城墙的情节：杞梁妻到丈夫战死的城墙下痛哭，城墙为之崩塌。所崩之城又分别有齐都临淄、杞城（今山东安丘东北）和莒城（今山东莒县）的说法。北齐和隋朝时，大规模修筑北地长城，用来抵御塞外民族侵扰，修长城所用民力物力众多，人们借杞梁妻哭城故事抒发胸中郁结。杞梁妻哭城后来又演化为哭秦长城的故事：民夫杞梁为筑秦长城而死，其妻寻夫认骨，哭倒秦长城，其悲剧命运与秦始皇和秦长城联系了起来，主要

反映封建时代繁重徭役给人民带来的沉重苦难。到唐代，杞梁妻的名字变为"孟姜女"。杞梁，改为万喜良。

孟姜女传说因其深厚的群众性，流传两千五百多年而不衰，流传地区遍及全国，据顾颉刚 20 世纪 20 年代的研究统计，该传说流传的省区包括：北京、河北、辽宁、山东、山西、河南、陕西、江苏、上海、安徽、浙江、湖北、湖南、福建、广东、广西、云南、四川、甘肃。有孟姜女相关遗迹的地方也很多，如山海关的姜女祠庙、姜女坟，辽宁绥中县姜女祠，河南杞县孟姜女庙，陕西哭泉孟姜女庙，上海的万喜良石像，山东博山的姜女泉（4 处）等。

2. "牛郎织女"传说

牛郎织女的传说为中国古代著名的民间爱情故事，该故事赋予了七夕节浪漫色彩。2008 年，"牛郎织女"传说入选第二批国家级非物质文化遗产名录。如今这段故事在山东沂源得到了完美诠释。

牛郎织女的传说最早见于《诗经·小雅·大东》："维天有汉，监亦有光。跂彼织女，终日七襄。虽则七襄，不成报章。睆彼牵牛，不以服箱。"当时借谭国人之口道出牛郎和织女名称，谭国位于今济南历城、章丘之间。

相传，有一个忠厚的小伙，名叫牛郎。他在放牛时遇见下凡的织女，两人相识相爱。牛郎和织女，男耕女织，情深义重。可是，二人之事被天庭知晓，王母娘娘亲自下凡，强行把织女带回天上，恩爱夫妻被拆散。牛郎去追，王母娘娘拔下头上的金簪一挥，一道波涛汹涌的天河就出现了，牛郎和织女被隔在天河的两岸，只能相对流泪。王母娘娘于心不忍，允许二人在每年的七月初七见一次面。于是，每到农历七月初七就是牛郎织女鹊桥相会的日子。

"牛郎织女"故事的起源地，有河南鲁山、山西和顺、山东沂源、河南南阳和陕西等之说。据有关专家考证，《诗经》中"大东"的地址与"牛郎织女"传说的山东沂源县最为相近相合。山东省沂源县燕崖乡拥有一处与传说实地实景相对应的古建筑遗址，即建于唐代的织女洞和牛郎庙。二者隔沂河东西相对，这种山水格局，与天上"牵牛星-银河-织女星"遥相呼应，有着惊人的相似。沂源民间有"天上银河，地下沂河"的说法。牛郎庙旁边的村叫牛郎官庄，村里的人大部分都姓"孙"，与牛郎（孙守义）刚好同姓，这个村子在明朝就有。牛郎织女景区内还有织女泉、织女台（天孙台）等自然和地质奇观，都与牛郎织女传说有关，具有浓重的地方文化色彩。

3. "梁山伯与祝英台"传说

"梁山伯与祝英台"传说作为中国四大民间爱情传说之一，是一首响彻东方乃至整个世界的千古爱情绝唱。2008 年，"梁山伯与祝英台"传说入选第一批国家级非物质文化遗产名录。

相传，汉代济宁九曲村有一户祝姓人家，因在当地有一定威望，被人称作祝员外。祝员外因无子而整日发愁，其女祝英台为解父忧，女扮男装到邹县峄山求学。途中邂逅同时到峄山求学的邹邑（邹县）梁山伯，于是双双结伴到峄山游学，同窗三载，结下深厚情谊。祝英台学成先归，因不舍梁山伯，便邀梁山伯到家中，梁山伯受邀拜访时，方知祝英台是女儿身，遂回家告知父母，意欲娶其为妻。遗憾的是祝英台已由父母之命许配邹县西庄马家公子，无法答应梁山伯的要求。梁山伯回家后日夜思念祝英台，久而久之相思成疾，不到一年，便离开人世。梁山伯死后第二年，马家迎娶祝英台那天，锣鼓喧天，热闹非凡，而祝英台却因思念梁山伯而自杀于家中，马家迎亲队伍空车而返。梁山伯和祝英台因相恋而殉情的故事在当地流传开来，一些人士为两人相爱的故事感动，经多方商议，将祝英台与梁山伯合葬，以此表达对他们爱情的真诚祝愿。

梁山伯与祝英台凄美动人的爱情故事，一直为人们津津乐道，后人也以各种方式纪念他们。有关梁祝的遗迹，目前已发现 20 多处，其中包括读书处 6 个、坟墓 10 处、庙 1 座等。专家普遍认为，梁祝读书处是受梁祝传说的影响后形成的，不能反证其源头。2003 年 10 月 27 日，一块立于明朝正德年间的梁祝墓碑在微山县马坡乡出土，为这一问题的讨论提供了新的资料。专家据此推定，济宁是梁祝传说的真正发源地，是梁祝文化的传播中心。梁祝故事由济宁发源，逐渐流传到全国许多地区，至今在山东、浙江、江苏、安徽、河南、河北等省，都有梁祝墓、庙，可见其深入民间，影响之大。同时，它还流传到朝鲜、日本、越南等国，对国外的影响也很大。梁祝故事不但是民间传说的杰出代表，而且还渗透到多种文艺形式之中，传奇、唱本、民歌、弹词、鼓书、戏曲等，对梁祝故事都有反映。据梁祝传说改编的越剧《梁山伯与祝英台》、小提琴协奏曲《梁祝》、电影《梁山伯与祝英台》等各种文学艺术作品，以及由此而形成的求学、婚恋的独特风尚，构成了庞大的梁祝文化系统。

　　"孟姜女"传说、"牛郎织女"传说、"梁山伯与祝英台"传说在民间广为流传，与"白蛇传说"并称为中国四大民间传说。这些传说是中华文化的瑰宝，以鲜明的人物性格、曲折动人的故事情节而受到民众的广泛喜爱。

（五）庙会、灯会、书会

1. 庙会

　　庙会又称"庙市""山会"，是在寺庙及其附近定期举行的一种民间信仰活动，流行于全国各地。一些大型庙会在唐代已有相当规模，到明清时期，庙会已经成为集民间信仰、商业贸易、休闲娱乐等功能于一体的节日。山东各地庙会举行的时日不一，但多在春秋两季，名称也因地而异。如山东的庙会主要有泰山东岳庙会、烟台蓬莱阁庙会、烟台毓璜顶庙会、济南千佛山庙会等。

　　泰山东岳庙会是一种融宗教文化、商业贸易为一体的综合性民俗活动，长期流行于山东泰安市的泰山东岳庙。2008年，泰山东岳庙会被列入国家级非物质文化遗产名录。泰山作为五岳之首，自古以来就是人们心目中的神山，是滋养道教精神的沃土，也是历代帝王举行封禅的地方。泰山脚下的岱庙，旧称"东岳庙"，俗称"泰庙"，是泰山最大、最完整的古建筑群，庙里供奉着泰山神东岳大帝，传说农历三月二十八日是他的诞辰，历代帝王多于这天在岱庙举行祭祀活动和封禅大典。帝王的祭祀庆典活动、道教的宗教信仰活动及民众的朝山进香活动，在岱庙一带形成了以贸易和娱乐活动为主要内容的东岳庙会。据唐《岱岳观造像记碑》记载："（唐高宗）显庆六年二月二十二日，敕使东岳先生郭行真，弟子陈兰茂、杜知古、马知止，奉为皇帝皇后七日行道，造素像一驱，二真人夹侍。"有唐一代，岱岳观修斋设醮活动不断，四方善男信女云集，是泰山东岳庙会的滥觞。自宋代开始，将东岳大帝降诞之辰农历三月二十八定为祭祀日，由此形成泰山东岳庙会的固定会期。新中国成立后，泰山东岳庙会一度被不定期的物资交流会所取代。1986年，在岱岳观旧址一带恢复了泰山东岳庙会，会期是公历五月六日至十二日，庙会内容除正常的宗教活动外，以物资交易、文化娱乐和旅游观光活动为主。1991年的泰山东岳庙会为期六天，与会者达120万人次。1992年泰山东岳庙会扩大了规模，以红门路为中轴线，南起白鹤泉，北到关帝庙，西临普照寺，东至王母池，范围达到一平方公里，会期也延长至十天。

蓬莱阁庙会是胶东地区最为重要的庙会之一，融道教文化、佛教文化、民俗文化、商贸文化、饮食文化、海洋文化为一体，是一项具有浓厚地方特色的民俗活动。2016年，蓬莱阁庙会被山东省人民政府列入第四批省级非物质文化遗产代表性项目名录。蓬莱阁庙会源于人们对海神娘娘的崇拜，沿袭至今已有900多年的历史。海神娘娘，也称天后，行善济世，常在海上救助遇险渔民，人们非常敬仰她。蓬莱当地相传正月十六是海神娘娘的生日，因此蓬莱沿海地区便有正月十六为其祝寿的习俗。这在早期仅是一种祈福活动，到了宋朝，随着蓬莱阁、天后宫等建筑群的兴建，活动内容逐渐丰富，周边村落纷纷组织戏班、秧歌队到天后宫对面的戏楼、广场献艺表演，节日气氛日益浓郁，逐渐形成了蓬莱阁庙会。当地有"正月十六赶庙会""蓬莱阁上逛庙会，一生平安又富贵"之说。

烟台毓璜顶庙会于每年正月初九举行。毓璜顶，原名玉皇顶，因山上有玉皇庙而得名，庙内供奉玉皇大帝，建于元末明初，距今有六百多年的历史。民间传说农历正月初九是玉皇大帝生日，善男信女们成群结队进庙烧香磕头，乞求降恩赐福、保佑平安等，后来逐渐形成庙会。

济南千佛山庙会一年两次，于春季的上巳节（农历三月的第一个巳日，魏晋时固定为三月初三）和秋季的重阳节期间举行。每年的庙会这天，人们喜欢到千佛山登山，站在"赏菊岩"上赏菊。千佛山附近盛产柿子，尤以大盒柿最为著名，庙会期间，适值大盒柿成熟上市，赶庙会者，多买柿子而归，故千佛山庙会有"柿子会"之称。

2. 灯会

灯会是中国民间传统的群众性节庆活动，它流行于全国各地，在海外华人聚居区也颇为盛行。山东地区较为有名的灯会有烟台渔灯节、淄博花灯会。

烟台渔灯节是山东烟台沿海渔民特有的一个传统民俗节日，它盛行于烟台地区的山后初家、芦洋、八角等十几个渔村，至今已有五百多年的历史。起初，烟台沿海渔民未能完全摆脱对农耕文化的依附，将陆地习俗搬到了船上。随着历史的变迁，渔家文化不断发展，形成了渔灯节的雏形，其后这一节日逐渐从传统的元宵节中分化出来，成为渔民专有的节日。农历正月十三、十四午后，烟台沿海渔民从各自家中出发，抬着祭品，高举彩旗，一路燃放鞭炮，先到龙王庙或海神娘娘庙送灯、祭神，再到渔船上祭船、祭海，最后到海边放灯。渔灯节是胶东沿海地带渔家文化的典型代表，具有鲜明的渔家特色和丰富的文化内涵，在长期发展过程中渐渐融入渔民生活，成为胶东渔民习俗中不可缺少的重要组成部分。2008年，烟台渔灯节入选第二批国家级非物质文化遗产名录。

淄博花灯会是淄博人民在每年元宵佳节举办的节庆活动，又叫"闹花灯"。花灯会以花灯展示、民间扮玩、商贸活动为载体，含有历史、民俗、艺术、商贸等诸多文化内容。淄博花灯会，源于姜太公封齐，鲁中地区商周先民植桑养蚕者居多，有正月十五日趁着月色、打着灯笼刷蚕帘子的习俗。正月十五是农历新年的第一个月圆之夜，取团圆之意；"灯"与"丁"谐音，故将提灯、闹灯视为人丁兴旺的佳兆。人们把元宵佳节赏花灯、闹花灯看作是酬神娱人、迎春祈福的民俗活动。2014 年，淄博花灯会入选第四批国家级非物质文化遗产名录。

3. 书会

书会最早源于曲艺艺人的竞技活动，后逐渐演变为以联谊为主、具有习俗性质的自发性民间曲艺交流活动。山东以胡集书会名声最大。2006 年，胡集书会入选第一批国家级非物质文化遗产名录。

图 4　近年胡集书会盛况

胡集书会兴起并扎根于山东省惠民县胡集镇，是民间艺人自发的活动。书会期间，公推德高望重者主持祭奠、授徒等仪式。每年农历的正月十二为胡集书会的"偏节"，十五为"正节"。每逢书会，艺人们于十一日晚前赶到胡集，借宿在村民家，集体进行"望空""报门"等联谊活动，次日早八时至下午一时，聚集在镇东南的干沟附近，择地演唱。书会上有西河大鼓、木板大鼓、毛竹板书、评书、渤海大鼓、山东快书、山东琴书、渔鼓书等曲艺表演形式。附近群众及各村的"请书"代表轮番前来观看，选定艺人及节目后，拿走艺人的乐器以表示成交。从当日晚至正月十六，艺人在约请演出的人家或单位连演四天，所得报酬颇为丰厚。1985年，政府修建了可容纳八百多人的曲艺厅，平整了场地，为到会艺人提供了便利。

（六）开洋节与谢洋节

开洋节、谢洋节是我国沿海地区一种特殊的民俗活动，主要流传于浙江省的象山县、岱山县和山东省的荣成市、日照市、即墨区等地。2008年，谢洋节、开洋节入选第二批国家级非物质文化遗产名录。

开洋节、谢洋节源起于祭海，是东部沿海渔民在传统社会里长期形成、世代传承的一种节日祭祀民俗，是一种行业性、地域性的传统节日。渔民开洋节、谢洋节包括渔民祭祀活动和传统民间文艺表演等内容。开洋节是渔船出海时，渔民祈求平安、丰收的民俗活动。谢洋节则是渔船出海平安归来，渔民为了感恩大海的民俗活动。开洋节、谢洋节作为渔民的一种精神寄托，主要有娱神、娱人两大板块，以祭祀为核心，以民间文艺表演为主轴，含有历史、宗教、生产、民俗等诸多文化内容。根据《荣成县志》记载，渔民开洋节、谢洋节活动，距今已有一千多年历史。清雍正年间到民国期间是鼎盛时期，后来逐渐衰弱，"文革"期间停止，改革开放后恢复，院夼村及周边渔村尤为兴盛。

渔民开洋节、谢洋节已形成了固定的活动形式，举办这些活动的原始意义是希望神灵保佑渔民出海能一帆风顺，满载而归。因此，它具有祭祀对象的多元性，祭祀对象包括龙王爷、财神爷、海神娘娘等；活动目的的唯一性，即出海平安、渔业丰收。渔民开洋节、谢洋节展示了渔民独特的龙王信仰文化，关乎渔民的精神寄托，关乎海洋与渔业的保护与发展，是一种原生态的海洋文化。

山东省荣成市院夼村渔民在每年谷雨时节，都会举办一场别开生面的开洋节、谢洋节祭海活动，渔村热闹的场面不亚于过春节。祭祀活动分三天进行。第一天，准备祭品。同一条船的渔民共同准备带皮去毛的肥猪一头，用腔血涂红，簇一朵大红花拴在猪头上，还有白面大枣饽饽十个，烧酒一瓶，鞭炮数串，香纸一宗。单个家庭祭拜一般用猪头代替整头猪，没有猪头就用蒸制的猪形饽饽代替。第二天，即谷雨前一天的下午，出海渔民陆续收网上岸，抬上肥猪，带着祭品来到龙王庙或海神娘娘庙前，先将花饽饽、整猪等传统祭品依次摆开，再放鞭炮，然后烧香磕头，面海跪祭。

图 5　2018 年日照涛雒镇首届渔民文化节

海神庙前祭祀完毕，再带祭品来到海边，举行祭海、祭船活动。如果家里有男人出海未归就由女人代祭。第三天即谷雨当日，全村渔民会休息一天，因此谷雨也成为渔民的欢乐节日。谷雨过后，休整了一年的渔民就开始忙碌起来，捕鱼、钓鱼、赶海，一年的海上生产从这天就开始了。

在山东日照沿海一带的两城镇、石臼所、裴家村等沿海村镇，传说农历六月十三是海龙王生日。种粮者这天用新打的麦子磨面蒸饽饽祭龙王，全家人下面条吃，以祈顺利。打鱼人在此日举行非常隆重的仪式，祈求龙王保佑出海平安。这种祭拜海神的习俗形成于明代洪武年间，是渔民人舟平安、渔业丰收愿望的具体表现。

山东省即墨区田横镇周戈庄村的上网节，又称"祭海"，是当地渔民的盛大节日。上网仪式在明代永乐年间初具规模，后逐步演变成一种民间习俗活动，传承至今。周戈庄上网节活动多在每年谷雨前后举行，即将出海作业的村中渔民带着虔敬之心祭祀海神，以祈平安丰收。

大海是渔民的粮仓，同样也是渔民的希望，开洋节、谢洋节作为传承了两千多年的地方民俗文化，已深深地烙印在渔民的生活观念之中，历经世代演变，成为渔民出海作业的精神支柱和文化信仰。

十四、 山东非物质文化遗产（下）

　　齐鲁文化以其博大精深的内涵，成为中华文化沃野中一棵参天巨树。在数千年的历史长河中，山东人民创造了丰厚的非物质文化。无论是精神形态的音乐、舞蹈、戏曲、节庆、礼仪，还是物质层面的工艺、服饰，乃至饮食、体育等，都鲜活地体现着齐鲁大地区域文化的独特风采，传承着不朽的中华民族精神，成为我们应该继承与发扬的非物质文化遗产和宝贵的精神财富。

（七）蹴鞠、螳螂拳、查拳与传统体育

　　山东传统体育项目众多，主要以蹴鞠、武术等竞技项目为核心，形成了富有齐鲁文化特性的民族传统体育体系。千百年来，这些传统体育强健着人们的身体，娱乐着人们的情趣，成为人们日常生活的一个重要组成部分。

1. 蹴鞠

　　蹴鞠又名"蹋鞠""蹴球""蹴圆""筑球""踢圆"等，"蹴"即用脚踢，"鞠"系皮制的球，"蹴鞠"就是用脚踢球。2004年6月9日至11日，足球起源专家论证会在山东省淄博市临淄区召开并形成一致结论：中国古

代蹴鞠起源于春秋战国时期的齐都临淄。2004 年 7 月 15 日，亚洲杯足球赛开幕式和中国第三届国际足球博览会在北京开幕。国际足联主席布拉特在北京宣布：中国古代蹴鞠就是足球的起源，足球起源于 2300 多年前的淄博临淄。2005 年 5 月 20 日，布拉特主席向临淄颁发了足球起源地认定证书，赠送了百

图 1　临淄仿古蹴鞠

年庆典纪念牌匾。2006 年，蹴鞠作为最具代表性的山东省传统体育项目，第一批被列入国家级非物质文化遗产代表性项目名录。

蹴鞠比赛有直接对抗、间接对抗和白打三种形式。进行直接对抗比赛时，设鞠城即球场，周围有短墙。比赛双方都有像座小房子似的球门；场上队员各 12 名，双方进行身体直接接触的对抗，踢鞠入对方球门多者胜。进行间接对抗比赛时，中间隔着球门，球门中间有两尺多的"风流眼"，双方各在一侧，在球不落地的情况下，穿过"风流眼"多者胜。白打则主要是比赛花样和技巧，亦称比赛"解数"，每一套解数都有多种踢球动作，如拐、蹑、搭、蹬、捻等，古人还给一些动作取了名字，如转乾坤、燕归巢、斜插花、风摆荷、佛顶珠、旱地拾鱼、金佛推磨、双肩背月、拐子流星等。

蹴鞠是中国一项古老的体育运动，流传了两千三百多年，起源于春秋战国时期的齐都临淄，在汉代获得较大的发展，唐宋时期最为繁荣，元明时期开始走向衰落，清代主要在民间流行。20 世纪以来，由于受到战争、灾害等原因的影响，蹴鞠活动已越来越少见。蹴鞠对现代足球的产生具有重要的影响。在唐代，中国蹴鞠向东传播到日本和朝鲜，向西传播到欧洲，在英国发展为现代意义上的足球。

山东著名传统体育项目青州花毽，就是由蹴鞠演化而来的。2011 年，青州花毽被列入第三批国家级非物质文化遗产代表性项目名录。

相传春秋战国时期，青州已盛行蹴鞠之类的游艺活动。蹴鞠逐渐演化为蹴毛丸，进而演化为踢毽子，至今已有两千多年的历史。青州踢毽花样繁多，有 108 式，即天罡 36 式和地煞 72 式。天罡 36 式是将踢花毽技艺形象与青州风土民情、山川景物紧密结合起来命名，富有鲜明的青州地方特色；地煞 72 式是指历代积累的踢花毽各种技巧动作的名称。青州花毽与天地人文融会贯通，富有浓郁的传统文化内涵。

此外，聊城杂技、宁津杂技等传统游艺项目，也因其历史悠久，内容丰富，极具地方特色，分别被列入国家级非物质文化遗产代表性项目名录。聊城是中国杂技的发源地之一。聊城杂技现分布于东阿、茌平、阳谷等县及其周边地区。主要包括马戏、魔术、表演三大种别，重视腰腿顶功，突出新、难、奇、美、险，艺术风格朴实、英武、粗犷，深受广大群众喜爱。宁津杂技流行于鲁北地区，在漫长的发展过程中逐渐形成各具特色的门类和派别，演出规模和范围日渐扩展，以"惊、险、奇、美"的艺术特点闻名遐迩，《蹬板凳》《舞中幡》《小花旦抖空竹》等节目深受国内外观众喜爱。

2. 螳螂拳

山东拳法以螳螂拳最为著名，是首批被国家体育总局武术运动管理中心列入系统研究整理的传统武术九大流派之一，在胶东半岛多有流传，莱阳市流传最盛。

山东民间武风盛行，是全国当之无愧的武术大省，仅 1996 年国家体育总局承认并公布的 29 个全国武术之乡中山东省就占了 6 席，分别是淄博、博山、东明、单县、台儿庄和莱州。山东传统武术素来以拳法著称，其中螳螂拳、查拳等 7 种拳法被分批次列入国家级非物质文化遗产代表性项目名录。

螳螂拳为明末清初胶东人王朗所创。相传，王朗体察螳螂捕蝉的动作，取其神态，赋以阴阳、刚柔、虚实之理，施以上下、左右、前后、进退之法，演古传十八家手法于一体而创螳螂拳法。其传人有李秉霄、梁梦香、宋子德等。螳螂拳从莱阳传出后，逐渐形成胶东的太极螳螂、梅花螳螂、七星螳螂、六合螳螂四种主要流派。螳螂拳派别虽多，但都强调象形取意，"重意"不"重形"，手法、步法、腿法、身法密连而巧妙，稳健而灵活，活中求快，快中求稳，稳中求精。螳螂拳的手法主要是勾、搂、采、挂、黏、沾、贴、靠、刁、进、崩、打十二字诀，要求"不刁不打，一刁就打，一打几下"的连环进攻。螳螂拳的风格，总体来讲是快速勇猛、斩钉截铁、勇往直前。其特点是正迎侧击、虚实相互、长短兼备、刚柔相济、手脚并用，使人难以捉摸，防不胜防；用连环紧扣的手法直逼对方，使敌无喘息机会。螳螂拳手法很丰富，既有大开大合的长打手，又有短小快捷的偷漏手；既有肘靠擒拿，又有地趟摔打。外功是铁砂掌，内功是罗汉功。常练螳螂拳，可以培养人们的坚强斗志和敏捷应变能力。

3. 查拳

查拳是回族中流传较广的中国传统拳术长拳的五大流派之一，主要流传于山东省，分冠县"张氏"查拳、"杨氏"查拳和任城"李氏"查拳三支。2008年，查拳经国务院批准，列入第二批国家级非物质文化遗产代表性项目名录。

查拳起源于唐朝，"安史之乱"时由大食国将领滑宗歧传授于山东冠县张尹庄村穆斯林。因跟随学艺者众多，滑宗歧又将自己的师兄查元义从哈密请来传授拳术"身法势"。查、滑二人去世后，当地人为纪念他们，便将滑宗歧传授的"架子拳"称为"滑拳"，查元义传授的"身法势"称为"查拳"。因为自古查、滑是一家，后世便将两者统称为"查滑拳"，简称"查拳"。查拳只在穆斯林中传授，在武术界素有"南拳北腿山东查"之誉。通过长期的发展演变，约在清代乾隆年间，查拳在山东冠县形成了两个不同的技术流派，即"张式"和"杨式"。"张式"查拳快速敏捷，拳法严谨，以冠县城外张尹庄张其维为代表；"杨式"查拳舒展大方，势正招圆，以冠县城里南街杨鸿修为代表。查拳以弹腿为基础，它包括十路查拳，还包括枪、棍、刀、剑等器械练习，动作舒展，节奏明快。

新中国成立后，民族藩篱被打破，查拳开始广泛传播，现已成为在全国拥有重要影响和众多习练者的著名武术流派之一。

除螳螂拳、查拳外，山东本土传统武术门类中，孙膑拳、徐家拳、梅花拳、佛汉拳、肘捶等也因历史悠久、流传地区广泛、地域特色浓厚，被列入国家级非物质文化遗产代表性项目名录。其中孙膑拳因其演练出击时，常以长袖藏手，故又称"长袖拳"，主要流传于济南、青岛、聊城、淄博一带。徐家拳为新泰市通济村徐盛才于清代雍正年间所创，主要流传于泰安新泰一带。梅花拳又称"梅花桩"，因在百余根桩阵上练武而得名，是我国比较古老的拳种之一，在山东主要流传于济宁梁山一带。佛汉拳亦称"佛汉捶""佛拳"，又称"七二三八"。这种拳法源于少林拳法，具有拳路简洁、朴素实用、不用器械、实战性强、近距离发力等特点，主要流传于菏泽东明一带。肘捶则为一百多年前由山东临清人张东槐所创的一种拳法，因其能巧妙使用多种肘法、拳法而得名，主要流传于聊城临清一带。

（八）秧歌、鼓舞与传统舞蹈

山东传统舞蹈是齐鲁文化的重要组成部分，是山东历代艺人创作智慧的结晶和舞蹈文化的积淀，山东的传统舞蹈主要有秧歌、鼓舞、灯舞、祭祀舞蹈等。

1. 秧歌

秧歌是山东民间传统舞蹈的主要舞种之一，主要分为"地秧歌""跷秧歌"两种形式。其中"跷秧歌"风行齐鲁大地，每逢年节喜事，踩高跷跳秧歌已经成为山东各地普遍存在的习俗。"地秧歌"则以鲁西、鲁北最为丰富，其风格舒展豪放、气魄雄伟。山东三大秧歌都属于"地秧歌"，其中以"鼓子秧歌"为最。

2006年，山东三大秧歌——"鼓子秧歌"、海阳大秧歌、胶州秧歌，全部被列入第一批国家级非物质文化遗产代表性项目名录。

"鼓子秧歌"为山东三大秧歌之首，主要流传在黄河以北的商河、惠民、阳信、济阳一带。"鼓子秧歌"最早被称为"打鼓子"或者是"大鼓子秧歌""跑秧歌"等。秧歌队伍中有伞头、鼓子、棒槌、腊花、丑角五种角色，表演风格迥异，韵味独特。现存鼓子秧歌主要分为"行程"和"跑场"两部分。"行程"是舞队在行进或进入场地前的舞蹈；"跑场"是表演的主体，又分不同角色表演的"文场"和"武场"。鼓子秧歌表演所跑的场子队形极为丰富，有"牛鼻钳""勾心梅""一街二门""六六大顺""里四外八""八条街""四门斗"等百余种。"伞头"动作圆润，"鼓子"动作粗犷豪放，"棒槌"动作轻巧敏捷，"腊花"动作泼辣大方，而颠颤、划圆、蹲扑、跳窜等动作为各角色所共有。

图2　鼓子秧歌闹元宵（张宝贤摄）

关于"鼓子秧歌"的来源，有诸多说法，最为著名的是商河县著名秧歌老艺人韩振玉所讲："北宋年间，商河一带连年受灾，包公从河南到此放粮，赈济灾民，并由他的属下把鼓子秧歌传授给当地百姓。后来每逢新春佳节人们就跑起秧歌，以示对包公的感激之情。"① 这种舞蹈庆祝形式流传至今，相沿成俗。

海阳大秧歌是山东三大秧歌之一，系民间社火中的舞蹈部分。海阳大秧歌起源于明代，流行于山东半岛南翼、黄海之滨的海阳市一带。海阳大秧歌是一种集歌、舞、戏于一体的民间艺术，它遍布海阳的十余处乡镇，并辐射至周边地区。海阳大秧歌表演内容丰富，队伍结构严谨，主要由三部分组成：出行时排在最前列的是执事部分，其次是乐队，随后是舞队。舞队有各类角色几十人，其中包括指挥者——药大夫，集体表演者——花鼓、小嫚、霸王鞭，双人表演者——货郎与翠花、箍漏与王大娘、丑婆与傻小子、老头与老婆、相公与媳妇等，排在最后的是秧歌剧人物或戏曲杂扮者。秧歌队常用阵式有"二龙吐须""八卦斗""龙摆尾""龙盘尾""二龙绞柱""三鱼争头""众星捧月"等。海阳秧歌舞蹈动作的突出特点是跑扭结合，舞者在奔跑中扭动，女性扭腰挽扇、上步抖肩，活泼大方；男性颤步晃头、挥臂换肩，爽朗风趣。

山东三大秧歌还包括胶州秧歌，胶州秧歌又称"地秧歌""耍秧歌""跷秧歌""扭断腰""三道弯"等，流行于山东省胶州市东小屯村一带。胶州秧歌起源于清代咸丰年间。胶州秧歌有膏药客、翠花、扇女、小嫚、棒槌、鼓子等角色，基本动作主要有"翠花扭三步""撇扇""小扭""棒花""丑鼓八态"等，表演程序有"开场白""跑场""小戏"三部分，跑场队形有"十字梅""四门斗""两扇门""正反挖心""大摆队""绳子头"等，还有《送闺女》《三贤》《小姑贤》《双推磨》等小戏。胶州秧歌中，女性舞蹈动作抬重踩轻腰身飘，行走如同风摆柳，富有韧性和曲线美，

---

① 孙丽主编：《齐鲁特色文化丛书·舞蹈》，山东友谊出版社 2004 年版，第 22 页。

"扭断腰""三道弯"为其代表动作;"棒槌"的动作清脆洒脱;"鼓子"的动作有"丑鼓八态",韵味奇特。其音乐由打击乐、唢呐牌子、民间小调三大部分组成。

2. 鼓舞

山东的鼓类舞蹈源远流长,形制多样,分布广泛,舞蹈姿态各异,种类千差万别,其中较为典型的形态主要有陈官短穗花鼓、花鞭鼓舞等。2008年,陈官短穗花鼓、花鞭鼓舞等,被列入第二批国家级非物质文化遗产代表性项目名录。

陈官短穗花鼓是一种独特的民间舞蹈,流传于山东省东营市广饶县陈官乡一带及济南市商河县等地。它原是流浪艺人借以乞讨谋生的一种手段,由一人打镲说唱,一人击鼓表演,动作舒展、奔放,讲究"打场脚微颤,八字腿弓箭。击打头略晃,跑鼓轻如仙"。击鼓有三四十种套路,如张飞骟马、苏秦背剑等;说唱现突破为一人唱或两人对唱,多人以锣、镲等伴奏。代表曲目有《串九州》《枕头记》等。

花鞭鼓舞在商河县张坊乡一带大为盛行,张坊乡苟家村的张氏家族几代人都会跳花鞭鼓舞,逢年过节便进行演出,热闹非常。花鞭鼓舞表演使用的是一般的腰鼓,同时以小锣、小镲伴奏。舞者头系白毛巾,身着短衣,左胁下斜挎腰鼓,双手各持一鞭,鞭杆长22厘米,鞭条长50厘米,鞭梢系成疙瘩。表演时两条鞭上下翻飞,甩至背后,在胸前和胯下准确地击打鼓面,鞭飞鼓鸣,独具一格,引人入胜。花鞭鼓舞有前八步、后八步、鹞子翻身、鲤鱼跳龙门、古树盘根、张飞骟马、苏秦背剑、二龙吐须、金丝葫芦、菊花盖顶、就地十八滚等三十余种动作,表演时花鞭翻腾似金蛇狂舞,令人眼花缭乱,目不暇接;鼓音咚咚若战马奔腾,使人精神振奋,情绪高涨。

此外,由道教斋醮仪式衍生的栖霞八卦鼓舞和由"鼓子秧歌"与武术融合产生的柳林花鼓等,也都是有地方特色的山东鼓舞。

除上述舞蹈形式外，山东比较著名的传统舞蹈还有流传于临沂地区的龙灯扛阁，流传于济宁市邹城地区的阴阳板，以及鄄城地区的特色舞蹈商羊舞。这些舞蹈源于古代劳动人民祭祀求雨的活动，充分表现出当地人民朴素虔诚的信仰和对幸福生活的孜孜追求。这三种舞蹈形式也分别被列入国家级非物质文化遗产代表性项目名录。

（九）年画、剪纸、草柳编与传统美术

山东传统美术风格多变，艺术个性明快而简练。山东的传统美术种类主要有木版年画、剪纸、草柳编等。

1. 年画

山东年画手法多样，色彩鲜艳，因地域差异而产生出多种风格。它审美品位高，艺术特色鲜明，信息承载量大，蕴涵着深刻的民族心理和传统的人文观念。2006 年，杨家埠木版年画、高密扑灰年画，被列入第一批国家级非物质文化遗产名录。2008 年，东昌府木版年画、张秋镇木版年画，被列入第二批国家级非物质文化遗产代表性项目名录。

木版年画的产地主要分布在潍坊、聊城等地区，以潍坊杨家埠年画最负盛名，与天津杨柳青年画、河北武强年画、苏州桃花坞年画统称为中国四大木版年画。

杨家埠木版年画制作方法简便，工艺精湛，色彩鲜艳，内容丰富。每年春节年画题材都会更换一次，许多新思想、新事物出现之后，马上就能够在年画中反映出来，紧随社会的进步而变化。明代隆庆二年（1568）后，杨家埠年画艺人创立了"恒顺""同顺堂""万曾城""天和永"四家画店。清代乾嘉年间，杨家埠木版年画开始兴盛，至咸丰年间达到鼎盛。

潍坊高密姜庄的扑灰年画亦以其独特的绘画技巧闻名。扑灰年画作画时先用柳枝烧制的炭条打好草稿，然后用白纸拓印，一稿可拓扑多张，"扑

灰"由此得名。草稿拓印好后，再用毛笔勾勒，最终完成作品。扑灰年画相传形成于明代成化年间，初时一些民间画工临摹庙宇壁画出售，因为临摹需要大量底稿，故在传统民间壁画底稿"扑粉"拓印法的基础上形成了"扑灰"拓印法，主要有"老抹画""红货"两个主要流派。

图3　杨家埠"年年有鱼"木版年画（山东博物馆藏）

东昌府（聊城）木版年画是流传于山东聊城的一种民间美术样式，主要分布在山东省聊城市东昌府古城区内的东关街、清孝街，堂邑镇的许堤口及梁水镇的大赵村等城镇乡村。

东昌府木版年画至今已有三百多年的历史，民国时期一度达到鼎盛。东昌府木版年画将年画与门神画融为一体，兼具审美欣赏和驱邪祈福的功能。它取材广泛，既有现实生活、历史人物、戏曲故事和神话传说的内容，又有围绕福、禄、寿、喜等祥瑞主题的表现。这些年画作品构图简洁，格调高，整体感强，人物造型夸张，形体丰满朴实，线条圆润流畅，刚柔相济，色彩鲜艳亮丽，对比强烈。

聊城张秋镇木版年画于元代时传入阳谷县境内，至今已有数百年的历史。张秋木版年画题材新颖，形式多样，品种达到三百个以上。它刻版精细，印刷讲究，线条简洁，构图丰满。人物刻画夸张而朴实，造型独具特色，眼睛窄长，眼皮纹路清晰，鼻梁鼻翼瘦窄。画面色彩以亮青、大红、二红、大绿、绛绿、丹红、黄、蓝八色为主，明快沉着兼而有之。

除潍坊、聊城两地外，平度、滕州、鱼台等地也有不少独具地方特色的年画，反映了当地的社会文化和风土人情，保存了中国民间绘画的传统技能，并且不断与时代相结合，促进了当地的文化繁荣。

2. 剪纸

山东省是我国剪纸流行的主要地区之一，剪纸种类多样，流行较广。2008 年，烟台剪纸、滨州剪纸、高密剪纸等，被列入第二批国家级非物质文化遗产代表性项目名录。

山东民间剪纸的风格多种多样，有粗有细，有写实有变形有夸张。总体来说胶东的剪纸精致细腻，鲁北的剪纸粗犷豪放。

比如，早在清代就在胶东半岛民间普遍流行的烟台剪纸。烟台剪纸样式繁多，主要包括单色剪纸、勾绘染色剪纸、拼色剪纸和衬色剪纸四种类型。传统的单色剪纸多以红纸剪制而成，红而不艳，悦目耐看。勾绘染色剪纸在剪的基础上勾勒墨线，再施以色彩。拼色剪纸主要流传在莱州市，系以各种色纸剪制的局部内容拼贴成完整的作品。衬色剪纸也称"纸衬剪纸"，以莱州、招远的墙花最为著名。制作时先用黑纸镂刻出基本形象，而后在镂空处衬贴各种色纸或染色，作品即告完成。烟台剪纸呈现出朴素自然、随意性强的特点，常善于利用谐音双关等手法来表现吉祥喜庆的寓意，具有广泛的群众性。

再如广泛流布于黄河、徒骇河流域广大乡村集镇的滨州剪纸与流传于高密一带的高密剪纸。滨州剪纸粗犷豪放，古朴浑厚，继承了黄河流域文化的遗风，但由于濒临渤海，江浙风情乘海风而入，因此滨州剪纸便具有了粗中兼细、拙中见巧、刚柔相济的独特风格。高密剪纸形成于明代洪武年间。明初朱元璋下旨移民，山西、河南、河北、江西等地各有一些民众迁入高密。移民中的民间艺人将各地不同风格的剪纸艺术带到高密，经过一个交流融合的过程，逐渐形成朴拙、粗犷、金石味浓郁的高密剪纸，在全国剪纸艺术中独树一帜。

除上述例子外，还有流传于鲁西平原，风格古朴稚拙、粗犷豪放的往平剪纸；流传于鲁东南郯城、莒县等地区，样式独特、具有浓厚乡土气息的"过门笺"；以及高密、泗水等地的民俗剪纸。这些剪纸艺术都以其贴近生活的创作形式与丰富多变的艺术内涵，深受当地人民喜爱。

3. 草柳编

山东草柳编历史悠久，取材广泛，流传地域较广，主要分草编与柳编两大类。草柳编有着广泛的群众基础，具有很强的实用性和艺术性，比较有代表性的草柳编种类有博兴草柳编与曹县柳编。博兴草柳编与曹县柳编皆于2011年被列入第三批国家级非物质文化遗产代表性项目名录。

博兴草柳编工艺主要分布于山东省滨州市博兴县的麻大湖畔和锦秋街道。明清时期，草柳编工艺开始在锦秋等地的妇女之间流传，后逐渐成为当地的主要副业。草柳编工艺的原料主要是当地湿地生长的蒲草、苇草、毛草、玉米皮以及生长时间较长的冬麦秆，这些植物都具有纤维均匀、质地柔软、皮杆度长、木质化程度较低、易于使用等特点。近年来，当地生产的草柳编产品有茶垫、坐垫、门踏垫、草编储物箱、草编玻璃瓶套等日用家居工艺品，品类齐全，造型美观，色彩鲜艳，技艺精湛。

曹县柳编工艺主要分布于山东省曹县的倪集乡岳楼村、魏庄村、古营集镇。曹县境内盛产杞柳，其柳条具有皮薄、柔韧、洁白、实心、着色力强等特点，因而为柳编技艺的发展奠定了良好的基础。长期以来，当地民众就地取材，家家户户以柳编为生。曹县柳编的主要品种有轻巧的食篮、菜筐、果盘、笸筐、簸箕以及动物造型的篮筐，还有形象别致的花篮、礼盒、壁挂等艺术品，造型富于新意，色泽洁白光亮，装饰简练美观。

山东传统美术除了上述三种主要表现形式外，还有石刻，如在山东省嘉祥地区流传的，造型端庄凝重，线条刚直简劲，气势雄伟恢宏，具有中国北派石雕艺术典型风格的嘉祥石雕；泥塑，如型、色、声、动四者俱全，流传于山东省高密市姜庄镇的聂家庄泥塑；砖塑，如鄄城县谢姓世家创始并传承，构思巧妙完整，手法朴质，造型生动传神的鄄城砖塑；面塑，如流行于山东省冠县郎庄，造型浑圆饱满，简洁夸张，形神兼备的郎庄面塑；葫芦雕刻，如流传在山东省聊城市，用料考究，制作精良，呈现出鲜明地域特色的东昌府葫芦雕刻等，形式多种多样、内容丰富多彩。

（十）风筝、贡砖、陶瓷与传统技艺

山东传统技艺历史悠久，源远流长，春秋战国时期，齐国的手工业水平就已经走在了诸国前列。历经千年传承发展，齐鲁传统技艺与时俱进，在今天依然充满活力。

1. 风筝

风筝是我国著名的传统工艺品，历史悠久，工艺成熟，赏玩性强，深受广大人民的喜爱。山东潍坊是中国著名的风筝产地。2006年5月，潍坊风筝制作技艺被列入第一批国家级非物质文化遗产代表性项目名录。"国际风筝联合会"的会议总部也设在了潍坊。现在潍坊成为世界风筝文化交流的中心，被世界各国人民称为"世界风筝之都"。

潍坊风筝具有起飞平稳、放飞高的特征。无论是软翅、硬翅还是串式、立体式的风筝，除了板子风筝需要坠外，其他不需要任何辅助物都能平稳地直升蓝天。

图4　潍坊风筝

其扎制方法简单，少则竹条三根，多不超过七根，但讲究竹条均匀、骨架周正、左右对称、重心拴线，形象简练、色彩鲜艳，对比强烈。

潍坊风筝兴起于明初的杨家埠村。那时，村民已有木版年画的刻印技术，利用每年春天的空余时间，用印年画的纸张、颜料，绘制出各种图案，扎制风筝。开始时风筝仅供当地民众自娱自乐或馈赠亲朋好友，后逐渐发展为商品。随着放风筝习俗的流行，风筝艺术亦达到鼎盛阶段。至乾隆年间（1736—1795），风筝已成为当地重要的手工业产品。

由于当地政府的重视和民众的钟爱，伴随着每年4月20日至25日国际潍坊风筝节的举办，风筝已成为当代潍坊人的文化象征物，它越洋过海，联结起了与世界人民的友谊，也成为潍坊市经济腾飞的巨大杠杆。

2. 贡砖

明代永乐年间，明成祖朱棣迁都北京，用十多年时间大兴土木，营建皇家宫苑，为此特地在山东临清和江苏陆慕设立官窑烧制建筑用砖，这两个窑厂所产建筑用砖，只供皇家御用，因此被称为贡砖。

临清官窑的生产一直延续至清代，前后达五百余年。明代中叶以后，临清官窑的制品成为建筑皇宫的主要用材，被称为"临清贡砖"。2008年，临清贡砖烧制技艺被列入第二批国家级非物质文化遗产代表性项目名录。

临清贡砖烧制工艺十分复杂精细，制成的贡砖、副砖、券砖、斧刃砖、线砖、平身砖、望板砖、方砖、脊吻砖、刻花砖等一般在25公斤上下，重的可达三四十公斤。现在北京故宫、天坛、地坛、日坛、月坛、钟鼓楼、文庙、国子监及各城门楼和各王府建筑上的临清贡砖随处可见。明十三陵、清东陵、清西陵等皇家陵园建筑中所用的寿工砖①也多由临清烧造。此外，南京中华门城墙、山东曲阜孔庙、德州张秋镇荆门等处也相继发现临清贡

---

① 为建造明定陵而特别烧制的城砖。与其他陵城砖有所不同，寿工砖上除了有产地、窑户等文字外，还特加"寿工"二字，如"寿工 临清窑户吴春匠人□虎造""寿工 乙酉年临清窑户孙岳匠人于其"等。

砖。这些贡砖至今不碱不蚀，敲击有声。

3. 陶瓷

山东陶瓷制作技艺历史悠久，技术成熟，陶瓷种类繁多，德州黑陶与淄博陶瓷则是其中的佼佼者，凭借着构思巧妙的器型和精湛的制作工艺而享誉海内外。

德州黑陶烧制技艺于2014年被列入第四批国家级非物质文化遗产代表性项目名录。德州黑陶选用京杭大运河两岸特有的红胶泥作原料，这种泥土质地纯净细腻，土质密度大，用传统手工轮制成型后不上釉，在坯体晾干过程中压光、雕刻，高温烧结后封窑，独特的"高温焙烧渗碳还原法"，使烧制出来的陶器黑中透莹，望之如金，坚实凝重；叩之如磬，给人以"乌金墨玉"之感。黑陶烧制不仅是一种技术，更是一种艺术，纯正的德州黑陶色泽温润、黑中透亮、极富韵味，蕴含着深厚的文化内涵。

淄博市是中国陶瓷发祥地之一，是国家命名的"中国陶瓷名城"。考古发现，淄博沂源扁扁洞为新石器早期人类居住遗址和制陶遗址。淄博陶瓷充分利用当地的陶瓷资源，创造了色彩缤纷的陶瓷文化，在制作工艺上形成了粗犷豪放、简洁明快的风格。在器物造型上素以釉色丰富、浑厚凝重、构思巧妙、技法精湛见称。淄博陶瓷经过若干代人的奋斗，创造出了许多既有浓郁民族特色、地域特色和时代特色，又有较高艺术价值及使用功能的陶瓷精品。淄博陶瓷制作技艺于2011年被列入第四批国家级非物质文化遗产代表性项目名录。

山东传统技艺除上述种类外，还有各地特色食品的制作技艺，各地特色生产生活工具的制造技艺。其中比较著名的有龙口粉丝制作技艺、德州扒鸡制作技艺、周村烧饼制作技艺、淄博琉璃制作技艺等。据史料记载，龙口粉丝传统制作技艺存世流传300余年。[①] 龙口粉丝的主要原料是优质绿

---

① 王玮琦：《传承记忆：非物质文化遗产代表性传承人寻踪实录（下）》，山东人民出版社2014年版，第512页。

豆，制成的粉丝纯净光洁，入水即软，久煮不碎不糊，食之清嫩适口，是一年四季适用佳品。德州扒鸡源于明代，由烧鸡演变而来，德州扒鸡的原料选自鲁北特有的大尾花鸡，以饲养十周左右的童子鸡为主料。成品扒鸡造型美观，色泽金黄，鲜嫩松软，熟烂适度，五香透骨，香而不腻。周村烧饼是山东省周村的地方特产，它用料简单，只需用面粉、芝麻、食糖或食盐即可制成。周村烧饼以薄、酥、香、脆而著称，曾在清末作为贡品进奉朝廷。淄博博山是我国元、明、清时期琉璃制作中心，淄博琉璃制作技艺历史悠久，工艺制品种类繁多，主要有珠、簪珥、鼓珰、烟嘴、料兽、花球、文具、花瓶、内画鼻烟壶、料丝等。其中内画鼻烟壶是博山著名工艺品，代表作品有《百子图》《百寿图》等，其作品场面宏大、人物众多、构图饱满、层次分明、人物生动传神。这些技艺同人们的衣食住行息息相关，在不断地传承创造中历久弥新，极具地域特色，深受百姓喜爱，分别被列入国家级非物质文化遗产代表性项目名录。

（十一）衣食齐鲁：鲁绣与鲁菜

1. 鲁绣

鲁绣又被称为"衣线绣"，是山东地区的代表性刺绣，也是历史文献中记载最早的一个绣种。鲁绣属"八大名绣"之一，独具齐鲁文化的特色。其绣品既有日常用品，也有极具观赏性与收藏价值的书画艺术品。鲁绣日常用品大多以棉线绣制，有拉花围裙、割花袜底、挑花裤边等；喜庆用品及艺术品一般以丝线绣制，丝线采用山东本地产的生丝，韧性大，绣制出来的作品花纹苍劲、质地坚实、色彩浓丽、丰厚拙朴，颇具齐鲁地方特色。2021年5月24日，山东省申报的鲁绣，经国务院批准，被列入第五批国家级非物质文化遗产代表性项目名录。

鲁绣的风格迥异于"苏、粤、蜀、湘"四大名绣，风格豪放粗犷、淳

图 5　鲁绣蓝纳纱云幅纹龙袍局部（孔子博物馆藏）

朴坚实、抽中寓秀，与细线淡彩、密不透风的江南刺绣形成鲜明对比，有着浓郁的山东地方特色。鲁绣独特的风格主要取决于其材质与工艺的特点。鲁绣艺人们将双股柞蚕丝合捻，双捻绣线粗糙坚韧、耐水性能极好，增强了作品的层次性和立体感，也更加耐用。鲁绣选用的绣地，即刺绣底布，多是以较暗较厚的带花纹的绸、缎为主。鲁绣选用的绣线也视绣品的用途进行选择，有细线发丝绣就的艺术品，也有延续拙中寓秀风格的服饰绣品。

　　鲁绣独特的风格还取决于其精湛独特的针法工艺。传统鲁绣针法灵活多样，有齐针、套针、网绣、打籽、辫子股针等，其中最常用且独具特色的是齐针、套针等针法。齐针是我国传统刺绣中最基础的针法，鲁绣的"齐针"讲究"留水路"，这与江南刺绣中密不透风的齐针绣法迥异。在纹样重叠或相连之处，空出一线的绣地，这就是水路，犹如国画中的勾边，增强绣面的质感。套针的特点是皮皮相叠、针相嵌，易于和色，分为单套和双套。鲁绣的单套针针脚长、针迹外露，并用对比色处理每皮之间的色彩关系，整个画面清晰明亮、色彩饱满，彰显出山东人质朴、豪爽的性格。

　　据史料记载，春秋战国时期，齐鲁地区是我国最早的丝织中心，"齐纨""鲁缟"闻名天下，《史记》中记载齐国"冠带衣履天下"。丝织业带动了刺绣的发展。齐都临淄郎家庄一号东周殉人墓中发现的刺绣残片，绣工风格精致疏朗。《国语·齐语》记载有齐桓公对管仲说："昔吾先君襄……接数百，食必粱肉，衣必文绣。""文绣"指的是有刺绣的织品或服饰，可见当时齐鲁大地已有刺绣。汉代还出现了专门为绣业而设置的"服官"，据《汉书》记载："齐三服官作工各数千人，一岁费数巨万。"东汉王充《论衡》描述当时齐郡的刺绣之繁盛："齐郡世刺绣，恒女无不能。"明清时期鲁绣进入鼎盛时期。故宫博物院收藏的《芙蓉双鸭图轴》《衣线绣文昌出行图轴》《荷花鸳鸯图》，是精品中的精品。曲阜孔府珍藏的绣品是最具有代表性的鲁绣实物。清代，刺绣在民间成为妇女必修功课，鲁绣的民间技艺传承达到了全盛时期。当代鲁绣则分为手绣和机绣两种，在机绣飞速发展的同时，手绣技艺走向更为精品化、艺术化的道路。

2. 鲁菜

鲁菜是中国传统四大菜系中的唯一一个自发型①菜系，也是历史最悠久的菜系，是黄河流域烹饪文化的代表。2011 年，鲁菜主要流派之一孔府菜的烹饪技艺，经国务院批准，被列入第三批国家级非物质文化遗产代表性项目名录。

鲁菜基本组成有：包括济南、德州、泰安在内的济南菜；青岛、烟台等沿海城市的胶东菜；包括淄博、潍坊在内的博山菜；临沂、菏泽、聊城、枣庄等城市的鲁南及鲁西南菜和典雅华贵的孔府菜五大风味派系。鲁菜正是在以上五大派系的基础上，集山东各地烹调技艺之长，兼收各地风味特点加以发展升华而成。

鲁菜总体以咸鲜为主，擅用葱、姜、蒜。原料质地优良，以盐提鲜，以汤壮鲜，调味讲求咸鲜纯正。胶东菜起源于福山县（今烟台市福山区），故又名"福山菜"。胶东菜以烹制各种海鲜见长，以保持主料原味为特色，口味清淡鲜嫩，讲究造型，刀工精细。烹调方法以炸、溜、爆、炒、煎、焖、扒为主，尤其讲究汤菜、爆菜和扒菜。胶东菜出现于春秋时期，经过

---

① 相对于淮扬、川、粤等影响型菜系而言，鲁菜完全是自发形成的菜系。

了汉、晋、隋、唐不断发展，明末清初被引入北京，后来发展出以烟台福山为代表的"本帮胶东菜"及以青岛为代表的"改良胶东菜"。代表菜有葱烧海参、油爆海螺、清蒸加吉鱼、扒原壳鲍鱼、糟溜鱼片、浮油鸡片、余双脆、烤大虾、炸蛎黄等。

济南历城为济南菜发源地，地处南北要冲的济南，自古商业发达，讲究饮食。济南厨师擅长爆、烧、炸、炒，口味偏重，精于制汤，又善于烹制海产。济南菜以汤菜最为著名，它具有鲁西地方风味，又受孔府烹调技术的较大影响，在这两个基础上，不断发展和创新，从而形成了自己的风味特色。制作细腻，讲究刀功、火候、调味，对菜肴的色香味形都有严格的要求。代表菜有糖醋鲤鱼、九转大肠、奶汤蒲菜、汤爆双脆、宫保鸡丁等。

在鲁中饮食风味体系中，最富有地域文化特色的菜式系列，则是源自陶瓷、琉璃之乡的"博山菜"。博山地区，地处古齐国腹地，深受古代齐国饮食文化的影响与浸润，历经千年历史沧桑的积累与积淀，形成了具有鲜明地方特色的饮食文化。根据菜肴烹饪特色的总结来看，博山菜的菜式包括三大系列，即"炸""酥""烩"。博山的炸菜，特色鲜明，调制面糊讲究味厚香浓、色泽红艳，而且挂糊浓厚。所谓"酥"，即是将原料加入汤和以醋为主的调料，小火焖至酥烂的烹饪技法。成菜骨酥肉烂，滋味浓郁。所谓"烩"，就是把已经可以食用的菜肴重新加汤、加热烹饪的方式，人们习惯把这种烹饪方式叫作"烩烩锅"。以上的菜肴制作方法虽然在山东其他地区也有应用，但最具特色和代表性的还是"博山菜"的制作。博山菜的代表菜有博山炸肉、博山酥锅、酥鲫鱼、酥海带、博山烩菜、博山豆腐箱等。

鲁南及鲁西南包括临沂、济宁、枣庄、菏泽等。该地区多为古代鲁国之地，居民讲究礼仪，也精于饮食膳事。如临沂菜以烹鱼为特长，号称"临沂鱼菜"。菜用沂河、沭河所产鲤鱼为主料，所制剔骨鱼菜，名叫"锅爆鱼"。糖醋鲤鱼改进为露酸、露甜、露咸，名为"三露"。菏泽安兴镇潘家鸡丝面，可为鲁西南面条的代表。擀面以小米面作面霜，下面炝锅，炝锅后加入姜末、葱花、盐与小块母鸡肉爆炒，然后添老鸡汤，加胡椒粉、海米，再下面。出锅时碗内又放香椿末、蒜末和少许米醋。面条柔韧可口，面汤香味浓郁，酸咸微辣，味中有味。鲁南及鲁西南菜系其他代表菜还有清蒸鳜鱼、红烧甲鱼、奶汤鲫鱼、油淋白鲢等。

孔府菜则秉承孔子"食不厌精，脍不厌细"的饮食观念，用料广泛，做工精细，善于调味，讲究盛器，烹饪技法全面，制作程式复杂。在诸多技法上，尤以烧、炒、煨、靠、炸、扒见长，形成了色、香、味、形、器、意独具一格的菜系。其风味特色则是清淡鲜嫩，软烂香醇。而盛器和用餐桌椅更是华贵奇巧，精美绝伦，仅御赐"满汉全席"银质餐具就有404件。孔府菜的代表菜有一品豆腐、诗礼银杏、寿字鸭羹、翡翠虾环、神仙鸭子等。

鲁菜有着悠久的历史。《尚书·禹贡》中记载"青州贡盐"，说明在当时，山东已经用盐调味；《诗经》中已有食用黄河的鲂鱼和鲤鱼的记载，而今糖醋黄河鲤鱼仍然是鲁菜中的佼佼者，可见其源远流长。历经汉、晋、隋、唐、宋、金各代的提高和锤炼，鲁菜逐渐成为北方菜的代表，以至宋代山东的"北食店"久兴不衰。明清两代，鲁菜已成为宫廷御膳的主体，对京、津和东北各地的影响较大。鲁菜是中国饮食文化的集中表现，它的烹饪技法是中国乃至世界饮食发展史中弥足珍贵的非物质文化遗产。

参考文献：

1. 王志民主编:《山东区域文化通览》,山东人民出版社2012年版。

2. 王志民主编:《齐鲁历史文化丛书》,山东文艺出版社2004年版。

3. 仝晰纲主编:《山东非物质文化遗产研究》,中国文史出版社2013年版。

4. 朱正昌主编:《齐鲁特色文化丛书》,山东友谊出版社2004年版。

5. 山东省文化和旅游厅编:《山东省级非物质文化遗产普及读本》,济南出版社 2019 年版。

6. 《国家级非物质文化遗产大观》编写组编:《国家级非物质文化遗产大观》,北京工业大学出版社 2006 年版。

7. 山东省地方史志编纂委员会编:《山东风物大全》,世界知识出版社1990 年版。

8. 王敏主编:《山东当代文化丛书》,山东人民出版社 2006 年版。

9. 周巍峙主编:《中国节日志》,光明日报出版社 2014 年版。

山东省国家级非物质文化遗产项目总表一

（共 105 个）

市/省直	项目名称	申报地区或单位	国家级项目批次
民间文学（27）	崂山民间故事	崂山区	第二批
	秃尾巴老李传说	即墨区	第二批
	孟姜女传说	淄博市	第一批
	牛郎织女传说	沂源县	第二批
	鲁班传说	滕州市	第二批
	秃尾巴老李传说	诸城市	第二批
	董永传说	博兴县	第一批（扩）
	陶朱公传说	定陶区	第二批
	麒麟传说	巨野县	第二批
	秃尾巴老李传说	莒　县	第二批
	八仙传说	蓬莱市	第二批
	梁祝传说	济宁市	第一批
	麒麟传说	嘉祥县	第二批
	孟母教子传说	邹城市	第四批
	鲁班传说	曲阜市	第二批
	秃尾巴老李传说	文登区	第二批
	孟姜女传说	莒　县	第三批（扩）
	孟姜女传说	莱芜区	第四批（扩）
	徐福传说	龙口市	第三批

市/省直	项目名称	申报地区或单位	国家级项目批次
民间文学（27）	舜的传说	诸城市	第三批
	柳毅传说	寒亭区	第三批
	徐福传说	黄岛区	第二批（扩）
	尧的传说	牡丹区	第三批（扩）
	庄子传说	东明县	第三批
	牡丹传说	牡丹区	第三批
	泰山传说	泰安市	第三批
	胡峄阳传说	城阳区	第四批
传统音乐（18）	崂山道教音乐	崂山区	第二批
	《聊斋》俚曲	淄博市	第一批
	鱼山梵呗	东阿县	第二批
	鲁南五大调	东港区	第二批
	鲁南五大调	郯城县	第二批
	胶东全真道教音乐	烟台市	第二批
	长岛渔号	长岛县	第二批
	诸城派古琴	诸城市	第二批（扩）
	鲁西南鼓吹乐	嘉祥县	第一批
	邹城平派鼓吹乐	邹城市	第二批（扩）
	泰山道教音乐	泰安市	第二批
	腊山道教音乐	东平县	第二批
	鲁西南鼓吹乐	牡丹区	第二批（扩）
	山东古筝乐	菏泽市	第二批
	菏泽弦索乐	菏泽市	第三批
	鲁西南鼓吹乐	巨野县	第三批（扩）
	鲁西南鼓吹乐	单　县	第三批（扩）
	锣鼓艺术	临清区	第五批（扩）
传统戏剧（33）	吕剧	济南市	第二批
	济南皮影戏	济南市	第二批（扩）
	茂腔	胶州市	第一批

市/省直	项目名称	申报地区或单位	国家级项目批次
传统戏剧（33）	柳腔	即墨区	第二批
	五音戏	淄博市	第一批
	鹧鸪戏	临淄区	第三批
	柳琴戏	枣庄市	第一批
	吕剧	东营区	第二批
	蓝关戏	莱州市	第一批
	茂腔	高密市	第一批
	莱芜梆子	莱芜区	第二批
	山东梆子	嘉祥县	第二批
	四平调	金乡县	第二批（扩）
	山东梆子	泰安市	第二批
	泰山皮影戏	泰安市	第二批（扩）
	柳琴戏	临沂市	第二批（扩）
	一勾勾（四音戏）	临邑县	第一批
	吕剧	博兴县	第二批
	渔鼓戏	沾化区	第二批（扩）
	柳子戏	山东省	第一批
	京剧	山东省	第一批
	吕剧	山东省	第二批
	山东梆子	菏泽市	第二批
	枣梆	菏泽市	第二批
	大弦戏	菏泽市	第二批（扩）
	二夹弦	定陶区	第二批
	大平调	牡丹区	第二批（扩）
	大平调	东明县	第二批（扩）
	四平调	成武县	第二批（扩）
	定陶皮影戏	定陶区	第二批（扩）
	吕剧	滨州市	第二批（扩）
	大平调	成武县	第三批
	茂腔	黄岛区	第五批（扩）

市/省直	项目名称	申报地区或单位	国家级项目批次
曲艺（13）	胶东大鼓	青岛市	第二批（扩）
	端鼓腔	微山县	第三批
	胶东大鼓	烟台市	第一批
	山东大鼓	山东省	第一批
	山东琴书	山东省	第一批
	山东快书	山东省	第一批
	山东琴书	菏泽市	第二批（扩）
	山东落子	单　县	第二批
	山东花鼓	菏泽市	第四批
	莺歌柳书	菏泽市	第二批
	端鼓腔	东平县	第三批
	山东落子	金乡县	第四批（扩）
	山东琴书	郓城县	第三批（扩）
民俗（14）	祭孔大典	曲阜市	第一批
	泰山石敢当习俗	泰安市	第一批
	泰山东岳庙会	泰安市	第二批
	渔民开洋、谢洋节	荣成市	第二批
	渔民开洋、谢洋节	东港区	第二批
	胡集书会	惠民县	第一批
	淄博花灯会	张店区	第四批（扩）
	渔民开洋、谢洋节	即墨区	第二批
	渔灯节	烟台市	第二批
	阁子里芯子	淄博区	第二批
	周村芯子	周村区	第二批
	章丘芯子	章丘区	第二批
	东镇沂山祭沂	临朐县	第四批（扩）
	莱芜中元节习俗	莱芜区	第五批（扩）

附录2：

山东省国家级非物质文化遗产项目总表二

（共 78 个）

市/省直	项目名称	申报地区或单位	国家级项目批次
传统舞蹈（16）	鼓子秧歌	商河县	第一批
	鼓子秧歌	济阳县	第二批（扩）
	章丘芯子	章丘区	第二批
	花鞭鼓舞	商河县	第二批
	胶州秧歌	胶州市	第一批
	周村芯子	周村区	第二批
	阁子里芯子	临淄区	第二批
	陈官短穗花鼓	广饶县	第二批
	海阳大秧歌	海阳市	第一批
	栖霞八卦鼓舞	栖霞市	第二批
	龙灯扛阁	临沂市	第三批（扩）
	柳林花鼓	冠县	第二批
	阴阳板	邹城市	第五批
	独杆跷	泰安市	第二批（扩）
	商羊舞	鄄城县	第二批
	鼓子秧歌	阳信县	第三批（扩）
传统体育、游艺与杂技（15）	聊城杂技	聊城市	第一批
	查拳	冠县	第二批
	宁津杂技	宁津县	第二批

市/省直	项目名称	申报地区或单位	国家级项目批次
传统体育、游艺与杂技（15）	蹴鞠	临淄区	第一批
	螳螂拳	莱阳市	第二批
	螳螂拳	崂山区	第二批（扩）
	螳螂拳	栖霞市	第二批（扩）
	孙膑拳	市北区	第三批
	临清肘捶	临清市	第三批
	孙膑拳	安丘市	第三批
	青州花键	青州市	第三批
	徐家拳	新泰市	第四批
	佛汉拳	东明县	第三批
	鸳鸯螳螂拳	市南区	第四批（扩）
	梅花拳	梁山县	第五批（扩）
传统美术（25）	锡雕	莱芜区	第二批
	鲁派内画	张店区	第四批（扩）
	烟台剪纸	烟台市	第一批（扩）
	（掖县）滑石雕刻	莱州市	第二批
	杨家埠木版年画	寒亭区	第一批
	高密扑灰年画	高密市	第一批
	聂家庄泥塑	高密市	第一批（扩）
	高密剪纸	高密市	第一批（扩）
	潍坊核雕	潍坊市	第二批
	曲阜楷木雕刻	曲阜市	第二批
	嘉祥石雕	嘉祥县	第二批
	莒县过门笺	莒 县	第一批（扩）
	郯城木旋玩具	郯城县	第四批
	惠民泥塑	惠民县	第二批（扩）
	滨州剪纸	滨城区	第一批（扩）
	曹州面人	牡丹区	第二批
	曹县江米人	曹 县	第二批

市/省直	项目名称	申报地区或单位	国家级项目批次
传统美术（25）	鄄城砖塑	鄄城县	第二批
	东昌府木版年画	东昌府区	第二批
	郎庄面塑	冠　县	第二批
	张秋木版年画	阳谷县	第二批
	鲁绣	山东省	第五批
	东昌葫芦雕刻	东昌府区	第二批
	木雕	曹　县	第五批（扩）
	柳编	临沭县	第五批（扩）
传统技艺（22）	亓氏酱香源肉食酱制技艺	莱芜区	第四批（扩）
	周村烧饼	周村区	第二批
	淄博陶瓷烧制技艺	淄博市	第三批
	博山琉璃烧制技艺	博山区	第四批（扩）
	黄金溜槽碓石砌灶冶炼技艺	招远市	第二批
	龙口粉丝传统手工生产	招远市	第四批
	莱州草辫技艺	莱州市	第二批
	潍坊风筝	寒亭区	第一批
	潍坊嵌银漆器	潍坊市	第二批（扩）
	卤水制盐技艺	寿光市	第四批（扩）
	孔府菜烹饪技艺	曲阜市	第三批
	鲁西南民间织锦技艺	嘉祥县	第二批
	曲阜琉璃瓦制作技艺	曲阜市	第四批（扩）
	蒸馏酒传统酿造技艺	安丘市	第五批（扩）
	豆腐传统制作技艺	泰山区	第五批（扩）
	德州扒鸡制作技艺	德州市	第四批
	德州黑陶烧制技艺	德州市	第四批（扩）
	柳编编织技艺	博兴县	第二批（扩）
	鲁锦制作技艺	鄄城县	第二批
	柳编编织技艺	曹　县	第二批（扩）
	丝绸染织技艺	周村区	第五批
	临清贡砖制作技艺	临清市	第二批

十五、 方言与区域文化

方言，俗称"土话""土音"，是区别于标准音的地方语言。山东方言就是山东人所说的地方话，是山东文化的有机组成部分，反映出山东人的世界观、价值观以及思维方式。同时，它也是地方民俗、传统艺术、民间文学的重要载体，是一种重要的社会现象。

（一）山东方言分区及其特点

从语言学的角度来说，方言分区的标准应聚焦于语言条件，而非行政区划。比如说，按照《中国方言地图集》的分类，山东境内的方言应分别属于汉语官话方言的冀鲁官话、中原官话和胶辽官话三个次方言区。"山东方言"这个概念，是从行政区属的角度划分出来的。因为同一行政区域内有着政治、经济、文化、交通的密切接触，人员往来交流频繁，所以在一定程度上削弱了方言间的差异，使其内部具有一致性、稳定性。因此，行政区属也就成了划分方言分区的一个参照标准。

综合语言特点和人文历史特点，山东方言可分为两个大区：东区与西区。东西二区以寿光、青州、临朐、沂源、蒙阴、沂南、莒南一线为界，上述各点及其东属东区，上述各点以西属西区①。东区与胶东方言对应，西

---

① 分区原则和特点，参见钱曾怡主编：《山东方言研究》，齐鲁书社 2001 年版，第 20—22 页。文中用例，笔者多有解释、增补。

区与齐鲁方言对应。东西二区的方言在语音上有较大差别，主要表现在以下三个方面：

第一，声母读音不同。例如，"争蒸""抄超""生声"的声母，东区读音不同，如莱州话、沂水话；西区读音相同，如济南话、淄博话。再如，"人银""如鱼"读音，东区读音相同，如长岛话、莒南话；西区读音不同，如济南话、菏泽话。又如，"精经""取曲""修休"声母，东区读音不同，如荣成话、日照话；西区绝大多数方言点读音相同，如济南话、泰安话。

第二，韵母读音不同。例如，"哥锅""可课""饿卧"的韵母，东区读音多相混，如蓬莱话、安丘话；西区一般不混，"哥锅"读音不同，如聊城话、滨州话。

第三，声调读音不同。例如，"西昔洗""书叔暑"读音，东区"昔洗""叔暑"同音，如青岛话、沂水话；而西区"西昔""书叔"同音，如枣庄话、济宁话。

东西二区又可依据内部的读音差异各分为两个小片：东区大致以胶莱河为界，分为东莱片和东潍片；西区大致以大运河、磁莱线为界，分为西齐和西鲁两片。四小片下辖方言点如下①：

东区东莱片：荣成、威海、文登、牟平、烟台、福山、栖霞、乳山、海阳、莱阳、蓬莱、长岛、龙口、招远、莱西。

东区东潍片：莱州、平度、即墨、城阳、青岛、胶州、胶南、诸城、高密、昌邑、潍城、坊子、寒亭、五莲、安丘、昌乐、临朐、青州、寿光、沂水、日照、莒南、莒县、蒙阴、沂南、沂源。

西区西齐片：新泰、莱芜、博山、淄川、章丘、邹平、桓台、博兴、广饶、利津、滨州、沾化、无棣、阳信、庆云、惠民、乐陵、商河、临邑、济阳、济南、齐河、禹城、平原、宁津、德州、武城、夏津、临清、高唐、荏平、东阿、平阴、长清、肥城、冠县、莘县、聊城、阳谷。

十五、方言与区域文化

---

① 钱曾怡主编：《山东方言研究》，齐鲁书社2001年版，第22—23页。

西区西鲁片：临沭、郯城、苍山、费县、平邑、临沂、枣庄、峄城、薛城、滕州、微山、邹城、泗水、曲阜、济宁、嘉祥、汶上、东平、梁山、金乡、单县、成武、巨野、郓城、鄄城、菏泽、东明、曹县、定陶。

这种分类方式全面、立体，它不仅考虑了语言本身的特点，还参考了山东地区的历史背景和文化特点。山东方言分区基本与龙山文化的分布类型相吻合，山东龙山文化可分为六种类型，与山东方言二区四片的关系如下：

东区东莱片对应杨家圈类型，东区东潍片对应姚官庄类型和两城镇类型；西区西齐片对应城子崖类型，西区西鲁片对应尹家城类型和鲁西南类型。①

其中，"两城镇类型"兼跨山东、江苏两省，"鲁西南类型"兼跨山东、河南、安徽三省。这两种类型处于山东的边缘地带，在山东的分布范围较小，尤其是方言上有着明显的过渡特点。比如"桌子""裤子"等带"子"尾的词，在绝大多数山东方言中读为两个音节，在菏泽东明焦园一带（方言属西鲁片，为龙山文化的鲁西南类型）则读为一个，比如"车子"，音"敲"；"鸡子"，音"交"。这种现象被学界称为子变韵，与河南中北部地区具有一致性，而与东明县城大有不同。

山东方言与毗邻的河北、河南、安徽、江苏等地方言有诸多共同之处，但独有的区域历史、文化背景使其本身也有鲜明的特色。山东方言的特点主要表现在语音、词汇、语法三个方面②：

语音上。第一，声母比较丰富。其分类较细，且同一音类在山东各地方言中也有不同读音。比如，普通话中的"书"音 shu，在山东各地方言中的发音位置和方法都有所不同，济南作 shu、烟台作 xü、济宁作 su、临沂作 fu。第二，韵母趋于简化。如音类合并，即普通话中分属两类读音的，

---

① 钱曾怡、蔡凤书：《山东地区的龙山文化与山东方言分区》，《中国语文》2002 年第 2 期。

② 关于山东方言特点的讨论，参见殷焕先主编：《山东省志·方言志》，山东人民出版社 1995 年版，第 5—12 页。笔者依据个人调查和钱曾怡《山东方言研究》，对文中案例多有增补。

在山东部分方言中合为一类，比如，平度"灯＝东""兴＝兄"，菏泽牡丹区双河集镇"奔＝崩""巾＝精""盾＝动""允＝永"。第三，声调出现合并。比如博山话"姐节"同音。

词汇上。山东方言中保留了较多的古语词，同实异名的情况也较多。比如说，"向日葵"在山东方言中称名不同，济南作"朝阳花"、新泰作"常花杆子"、利津作"苍阳花"、曲阜作"葵花头"、东明作"照照葵"、龙口作"转莲"、荣成作"庄稼莲"、沂水作"长永花"。再如，"蟋蟀"，济南作"蛐儿蛐儿"、新泰作"拎拎盖盖"、利津和莱州作"促织儿"、荣成作"寒虫"、郓城作"土蜇子、素织"、龙口作"土织织"、沂水作"蝈狗子"等。

语法上。第一，比较句式较为特殊，普通话"老王比老张高"，在胶东一带作"老王高起老张"，否定句为"老王不高起老张"，疑问句作"老王高起老张吗？"反问句作"老王高不高起老张？"这种比较句式不仅成套出现，而且在一定程度上沿用了古汉语中的句式。第二，反复问句形式特殊，与普通话相差较大。聊城"你愿意去不？（你愿不愿意去？）"荣成"外边是不下雨？（外边是不是下雨？）"招远"这是你的书？（这是不是你的书？）"龙口"你实会？（你会不会？）"

除了上述提到的语言特点外，山东方言还潜移默化地影响着社会的各个方面，比如《金瓶梅》《醒世姻缘传》《聊斋俚曲集》等著名文学作品都是以山东方言为载体，再如吕剧、四平调、山东梆子、山东琴书、山东大鼓、临清时调等地方戏剧也以山东方言为艺术呈现形式。[1] 另外，一些地域文化也与方言相关，鲁西南有些乡镇喜欢用楝子树做床，只因"楝子"与"连子"同音，取接连生子之义，以图吉祥如意。

---

① 殷焕先主编：《山东省志·方言志》，山东人民出版社 1995 年版，第 5—11 页。

（二）源远流长：历史上的山东方言

山东历史文化悠久，早在远古时期就是人类繁衍生息的摇篮。"现代山东方言无疑是从古代山东地区的汉语方言发展而来的，是古老的齐鲁文化的一个重要侧面。"①

山东是中国发现文字最早的地区之一。"大汶口文化已经是有文字可考的文明时代"，"是我国现行文字的远祖"。② "文字反映民族语言，是民族文化高度发展的标识。"③ 换而言之，或许早在远古时期山东地区已有地方语言存在。可惜去时已远，我们无从考察。

夏商时期，山东并非华夏民族活动的中心地带，但大辛庄等地出土了大量的商代甲骨文字，反映出那个时期山东语言文字高度发展的状况。

至春秋战国时期，齐鲁语言已成为一种非常具有影响力的地域语言。当时的共同语称为"雅言"，类似于今天的普通话。如"子所雅言，《诗》《书》执礼，皆雅言也"。（《论语·述而》）意思就是说，孔子在读《诗经》《尚书》等经典和执行礼事的重要场合，都会使用"雅言"。换言之，孔子日常所使用的语言，一定与"雅言"有所不同，应为山东的地域方言。山东方言在当时也应有所差异，只是囿于文献不足，我们很难还原其本貌，只能在散碎的记录中捕捉其掠影。当时的山东，齐国实力较为强大，"齐语"自然也是较为强势的一支方言，比如说《孟子·滕文公下》中有这么一句："孟子谓戴不胜曰：'子欲子之王之善与？我明告子。有楚大夫于此，欲其子之齐语也，则使齐人傅诸？使楚人傅诸？'曰：'使齐人傅之。'曰：'一齐人傅之，众楚人唯之，虽日挞而求其齐也，不可得也。引而置之庄岳之间，数年，虽

① 张树铮：《山东方言历史鸟瞰（上）》，《古汉语研究》1996 年第 2 期。
② 唐兰：《从大汶口文化的陶器文字看我国最早文化的年代》，见山东大学历史系考古教研室编：《大汶口文化讨论文集》，齐鲁书社 1979 年版，第 79—84 页。
③ 张树铮：《山东方言历史鸟瞰（上）》，《古汉语研究》1996 年第 2 期。原观点刊登于《大众日报》1992 年 12 月 30 日第 1 版。

日挞而求其楚，亦不可得矣。'"孟子之言虽意在点明环境对人影响之深远，却也道出"齐语"和"楚语"之别。同时也不难看出"齐语"在当时的地位，为方便与齐国交流，连楚大夫的儿子都要学习"齐语"。

西汉时期，扬雄著《輶轩使者绝代语释别国方言》一书，专门比对了西汉13个方言大区的词汇差异。其中，山东地区的方言分为齐、东齐、东齐之间、东齐海岱之间、中齐、齐鲁之间、齐鲁之郊七小片。可见，自西汉起，齐鲁方言已经有了一个较为清晰的轮廓和初步的区片划分。进入魏晋南北朝时期，社会动荡不安，山东人多南迁，以鲜卑族为主的部分北方少数民族也涌入山东地区。在这一时期，有部分著述零散地记录了山东方言面貌，如《尔雅·释虫》："蚍蜉，大螘，小者螘。"郭璞注曰："齐人呼蚁蚁蜉。"再如《四民月令》："齐人呼寒食为冷节，以曲为蒸饼样，团枣附之，名曰枣糕。"

与魏晋南北朝相比，隋唐时期社会较为安定。这一时期并无系统反映山东方言的资料，只有一些零星的关于词汇的记录，如释玄应《一切经音义》："捞，音力导反，关中名磨，山东名捞，编棘为之，以平块。"[①] 元代蒙古人入主中原，山东也有部分北方少数民族迁入，其语言自然也会与山东话融合，部分特点在今天的方言中仍能找到痕迹。比如，济南话"这人真赛"中的"赛"，是"好、有趣"的意思，"赛"实为蒙古语 sain 的音译词，有时也写作"赛银""洒银"等，如关汉卿《鲁斋郎》第三折："这郑孔目拿定了萧娥胡做，知他那里去了赛娘、僧住。"再如，陈以仁《存孝打虎》第二折："安排着筵会、金盏子满斟着赛银打刺苏。"又如，杨显之《酷寒亭》第四折："俺两个僧住、赛娘便是，俺父亲迭配沙门岛。"再者，李致远《还牢末》第二折："我如今知他是死也活也，僧住、赛娘儿呵，知他是有也没也?"其中的"赛娘"就是指"好姑娘"。

"明清两代对现代山东方言来说是非常重要的时期。可以说，现代山东

---

① 张树铮:《山东方言历史鸟瞰(下)》,《古汉语研究》1996 年第 3 期。

方言就是在明清山东方言的基础上发展而来的。"① 明代洪武年间，山西有大量移民涌入山东西部，移民语言与山东本地方言发生融合，并且在山东方言中或多或少地留下了印记。比如滕州一带"猪"音 pfu、"出"音 pfʰu、"叔"音 fu 便与山西一带发音相同，而与山东方言相去甚远。因此有些学者认为，这类读音是移民带来的。至清代，山东方言业已成型。有不少学者以山东方言为基础编写了文学著作，这些文献口语色彩浓厚，反映了当时方言的特点，如《醒世姻缘传》第一回："张天师抄了手——没法可使了。""抄手"指把手放裤管里，今方言仍说。

340

（三）文山书海：典籍里的山东方言

山东典籍浩繁，其中不少具有极大的历史价值，是山东地域文化的瑰宝。其中，以山东话为方言背景的或记录山东方言的文献亦有不少，常见的如施耐庵的《水浒传》、兰陵笑笑生的《金瓶梅》、蒲松龄的《聊斋俚曲集》、西周生的《醒世姻缘传》、孔尚任的《桃花扇》、贾凫西的《木皮散人鼓词》等。他们从语音、词汇、语法等不同侧面反映出山东各地方言的特征，是观察山东方言的最佳窗口。

1.《水浒传》与山东方言

《水浒传》是一部家喻户晓的传世名作，作者施耐庵。书中描述了好汉聚集梁山，反抗欺压，后接受朝廷招安并为朝廷征战的故事。施耐庵虽非山东人，但是其作品中却带着济宁一带的方言特点②：

夜来："次日天晓，去后堂前面，列了金钱纸马摆了夜来煮的猪羊、烧纸。"（第十五回）"夜来"一词在山东方言中多指"昨夜"，尤其是过夜之前

---

① 张树铮：《山东方言历史鸟瞰（下）》，《古汉语研究》1996 年第 3 期。
② 部分词例参见常化涛：《〈水浒传〉山东方言词研究》，中央民族大学硕士论文，2008 年。解释部分，笔者多有增补、修改。

的那段时间。鲁西南一带略有不同，"夜来"指"昨日"，"夜来煮的猪羊、烧纸"即"昨天煮的猪羊、烧纸"，"夜来算了一命"即"昨天算了一命"。

机子："却说宋江坐在机子上，只指望那婆娘似比先时，先来偎依赔话。"（第二十回）普通话"机子"泛指某些机械、装置或枪的扳机。鲁西南方言中"机子"则指"圆形的空心小木凳"。所以此句中，宋江是坐在木凳上，而非机械装置上。

鳌拗："倘或路上与小人鳌拗起来，杨志如何敢和他争执得。"（第十六回）"鳌拗"指"争执"，"与小人鳌拗起来"即"与小人争执起来"。

捻泛："押司不要使这科分。这唐牛儿捻泛过来，你这精贼也瞒老娘，正是鲁班手里调大斧。"（第二十一回）"捻泛"为山东方言词，作"暗示"之义。

2. 《醒世姻缘传》与山东方言

长篇世情小说《醒世姻缘传》成书于 17 世纪，作者是西周生[1]。小说用山东淄川、章丘一带口语写成，书中使用大量方言土语，写尽人生百态，展现了山东地区的风土人情。比如说：

箢子："一百六十文钱买了两个箢子，四十文钱买了副铁勾提仗，三十六文钱钉了一连盘秤。"（第五十四回）"箢子"是流行于山东一带的用柳条或藤条编织而成的一种形似篮子的器具，两头略翘、中间凹，呈元宝状，中间宽口处有梁把或提绳，可提可挎，内多装粮食、碗盏等。山东地区与"箢子"相关的民俗不少，比如临沂地区的"送箢子"，亲戚中有结婚或生子的喜事，必须用箢子盛喜礼，以示祝福；再如，鲁西北的"借箢子"，如若家中米面不足，就可以提着箢子去邻居家借一箢子粮食，无须过称，之后再用箢子提着去送还；又如，"挑箢子"，办丧事时用箢子盛祭品，用担仗挑着，且事主不能亲自挑，需找本家兄弟或子侄挑。

---

[1]　关于作者仍无定论，有蒲松龄说、章丘文士说、丁耀亢说、贾应宠说、蔡荣名说。

撕挠："羊羔酒可说放的过夏，响皮肉五荒六月里还放好几日撕挠不了。"（第八十七回）"撕挠"又写作"丝孬"，多指馒头等食物变质，掰开可见丝状物，济南话至今仍在使用这一方言词，比如"这饭都丝孬了，可别吃了"。

拇量："他适才也送了咱那四样人事，你拇量着，也得什么礼酬他？"（第四回）"拇量"为方言词，作"猜测、估计"义，山东地区至今仍在使用，如济南话"我拇量着这事儿办不成，你得想想别的办法"。

攮颡："小选子也会走到后面，成大瓶的酒，成碗的下饭，偷将出来，任意攮颡。"（第八十三回）"攮颡"又写作"攮丧"或"馕丧"，多指"快速往嘴里塞填食物"，含有贬义色彩。

3.《聊斋俚曲集》与山东方言

蒲松龄的《聊斋俚曲集》是一部通俗说唱作品，基本采用方言写成，使用了大量方俗词语，是反映明末清初时期的山东方言，尤其是淄川及其周边地市方言的宝贵材料。请看下例[①]：

嘲："家里财神不供养，把他简慢又蹭开，这是嘲呀可是怪？"（《墙头记》）"嘲"或写作"彴"："俺如今又不彴，又不傻，又不聋，又不哑，穷的像个耸打瓦。"（《穷汉词》）。"嘲""彴"在山东方言中作"傻"义，该词目前仍活跃在淄博、济南等地方言中，比如口头上说"这个人真嘲啊"，并不是夸赞某人洋气，而是调侃某人傻里傻气。

报："把灰吹，把灰吹，一霎报了一头灰。"（《蓬莱宴》）"报"，或写作"暴""坡"，作"尘土飞扬"义，如济南话"外面真暴啊，赶紧把窗户关上"。

仍崩："樊亲家你好乖，仍崩一去不回来，再找那得个影儿在。"（《禳妒咒》）"仍崩"形容人快走的样子，今方言仍说。

扎括："李氏看了张讷，扎括的上下一崭新，脸儿白胖就像是个学生

① 词例参见张树铮：《蒲松龄白话作品语言研究》，山东大学出版社2018年版，第150—240页。

了。"(《慈悲曲》)"扎括"是梳妆打扮、修理整齐的意思。

诸如此类方言词，在作品中还有很多，兹不赘述。值得注意的是，《聊斋俚曲集》里有不少熟语，反映了山东方言语音特点和地方风俗。比如，章丘的话头——好日子。章丘话中"日"和"儿"同音，此处"好日子"即"好儿子"。再如，二月二的煎饼——就摊了。煎饼是山东地区的主食之一，"摊"是制作煎饼的一道程序，山东在二月二这一天有摊煎饼的习俗。此处，"摊"谐"瘫"之音，指人因情绪激动而身体瘫软，不能自持。

除了文学作品外，还有一些反映山东特点的时音韵书，仅明清时期就有81部。① 比如，刘振统的《万韵书》反映的是清初山东高苑一带的方言，周云炽的《韵略新抄便览》反映的是清初山东掖县的方言，张象津的《等韵简明指掌图》反映的是清代山东新城的方言，王鹏飞的《等韵便读》反映的是清中期山东寿光一带的方言。这类成果众多，受篇幅所限，此不单列。于山东而言，这些古籍不仅是珍贵的文化遗产，还是考察、构建山东方言历史的珍稀材料，为我们梳理各个时期山东的语音、词汇、文字提供了直接参考。

（四）四乡八镇：地名中的山东方言

地名是一种特殊的词汇，具有地域社会属性，是人们从事社会生产和发展的生动反映。山东是中华文明的重要发祥地之一，存在着大量古村落和古地名。比如说山东临沂的郯城，其名称可以追溯到先秦时期。郯，"东海县，帝少昊之后所封"（《说文解字·邑部》），"国名，其后以国为姓"（《广韵》）。"地名用字的分布与各地的地理环境和方言有着密切的关系，地名中的通名用字尤其能反映当地的地理特点和方言特色。"②

---

① 张鸿魁:《明清山东韵书研究》,齐鲁书社 2005 年版,第 183—201 页。
② 王彦:《山东地名中的山东方言》,《民俗研究》2002 年第 2 期。

山东省东、西区地名用字存在着较大的差异，这种差异与方言分区有着较大的一致性，带有山东特色的地名有"夼""疃""垙""泊子""堌堆""垓""堂""集""庙""峪""崮""岚"等十余个，每个地名都体现出较为浓厚的地域色彩。比如①：

夼（kuǎng）：方言词，常指洼地。"夼"作地名的现象，只分布于山东方言的东区，尤其是东莱片。山东以"夼"作地名的，以烟台市最为常见，如"遇驾夼"；威海市次之，如"漩夼"；青岛市、潍坊市、日照市也有，但远不如烟威地区多。

疃（tuǎn）：方言用字，多见于村庄名中，山东常用此字命名，别省他市较为少见。"疃"在山东地区呈现出由东向西递减的趋势，东区不论是东潍片还是东莱片都明显多于西区。用"疃"作地名的，以烟台市为最，如"楮佳疃"；青岛市、威海市也有不少，前者如"沙疃"，后者如"海疃"；与青烟威比，临沂、潍坊、日照以"疃"命名的情况较少，而泰安、淄博、济宁、聊城、枣庄、济南、东营、滨州，更是少见。

垙（jiǎng）：方言用字，或写作"堽"，义为丘陵，有的时候指丘陵的高岗处。作地名用字，只出现于山东东部的威海、烟台一带。比如，威海市的"烟墩垙""南石垙"，烟台市"横岚垙""灵山垙"等。"垙"在烟台部分地名中或写作"堽"，如"里堽""南堽"。

泊（pō）子：多指低洼之地，只有山东以"泊子"作地名，带有胶东特色，只分布于方言东区。其中，烟台市最多，如"八角泊子"；青岛市次之，如"水泊子"；威海市和潍坊市较少，前者如"上泊子"，后者如"市泊子"。与"夼""疃""垙"相比，东区以"泊子"作地名的情况较少。

堌堆：在鲁西南方言中"堌堆"就是"大土堆"的意思。堌堆的土色一般是黑灰色，高出地面数米，堌堆绝大多数是古代村落遗址。因此，一

---

① 下文词例参见王彦：《山东地名中的山东方言》，《民俗研究》2002 年第 2 期。解释部分，笔者多作增补。

般在堌堆上都能采集到商周甚至是龙山文化时期的陶器、骨器等。"堌堆"除作为文化遗址外，这一方言词还用于地名，集中分布在西区西鲁片。其中，菏泽至济宁一带分布最多，如菏泽的"郜堌堆""葵堌堆"等，济宁的"李堌堆""青堌堆"等。

垓：在鲁西南一带多用于地名，音"海"。其中，菏泽市最多，如"夏垓""佀垓"；济宁市次之，如"司垓""路垓"。"垓"的由来有两说：一说认为鲁西南古时常有土匪出没，许多村庄便挖沟筑墙抵御土匪，这些村庄一般会以"X+垓"的形式命名①；另一说认为鲁西南为黄泛区，许多村庄筑墙抵御洪水侵袭，"垓"即为堤名，是一种标志性建筑，后以此为名。

堂：多作地名，山东省较为常见，并且呈现出由西向东递减的特点。西区西鲁片最多，分布在菏泽、济宁、聊城、德州各地，而东区（不论东莱片还是东潍片）以"堂"作地名的，均不常见。

集：指定期交易的市场，某些村镇形成固定交易点后，就会以"X+集"的形式命名。就全国范围来看，山东以"集"命名的乡镇最多，其中又以鲁西为最。菏泽市最多，如"古营集""九女集"；济宁市次之，如"太平集""长直集"；聊城市再次之，如"凤凰集""绣衣集"；德州市也有，但情况较少，如"善集""时集"；其余各市仅是零星分布。这些以"集"命名的村镇多沿山东的大运河分布，其不仅带有鲁西方言用字的特点，还是山东工商业发达的鲜活标志。

山东地名用字与方言的分区基本吻合，"夼""疃""塝""泊子"多分布在方言东区，"堌堆""垓""堂""集"多分布在方言西区。东西过渡地带因处鲁中山区，多以"峪""崮"为主。还有一些地名，分布范围、使用数量虽小，却带有极鲜明的地域方言特点，此处仅举一例：

歇头：歇头仓（潍坊市昌乐县乔官镇）。昌乐方言中，步行二十五里作

---

① 王彦：《山东地名中的山东方言》，《民俗研究》2002年第2期。

一"歇头"，为里程单位。[①]

（五）俗词俗语：山东方言里的生活智慧

"山东方言的词汇既具有北方方言的一般特点，又具有自身鲜明的特色，形成了山东方言词汇的区域特征。"[②] 山东方言是山东民众在长期的生活实践中创造出来的宝贵财富，充分表现出人民生活里的大智慧。

在给事物、现象或与之相关的动作命名时，山东人多使用比喻、描写、拟声的方法造词，体现了生动鲜明的生活气息。[③] 比如：

1. 比喻命名

通过比喻这种修辞手法给事物进行命名，如：

彗星：新泰、济南、利津、曲阜、郓城、龙口、荣成、莱州、沂水等地均称作"扫帚星"，因为彗星划过天际的形状像扫帚，故以其形状命名。

大雪：新泰、济南、曲阜、郓城、龙口、沂水作"鹅毛大雪"或"鹅毛雪"，新泰、利津作"棉花套子雪"，莱州作"棉花穰子大雪"，"鹅毛""棉花"都是又白又大，生动形象地还原了下大雪的情景。

冰锥：在山东称名较多，因形似喇叭，在龙口、蓬莱一带被称作"喇叭"或"喇叭针"；因颜色晶莹透亮，在曲阜、郓城作"琉璃"，郯城作"琉璃簪"。

连襟：因关系密切，在利津被称作"一根绳儿"，在曲阜作"两孔桥""桥梁洞"，在莱州、诸城更是生动形象地称其为"割不断"。

马铃薯：形状为近圆形，又生长在土中。因此，郓城、龙口、莱州等

---

① 词例参见王彦：《山东地名中的山东方言》，《民俗研究》2002 年第 2 期。词例解释部分，笔者略加增补。

② 钱曾怡主编：《山东方言研究》，齐鲁书社 2001 版，第 141 页。

③ 殷焕先主编：《山东省志·方言志》，山东人民出版社 1995 版，第 280—283 页。

地将其称作"土豆"或"土豆子"，利津、诸城称之为"地蛋"或"地蛋子"，新泰、济南、曲阜、荣成、沂水等地则兼用上述两种称呼。

太阳/月亮："太阳"，在山东地区多被比作爷爷，如新泰、济南、曲阜称作"老爷爷儿"。与"太阳"相比，"月亮"在山东地区的形象更为多样化。如，比作"奶奶"，新泰"月奶奶"，章丘"月明奶奶"；比作"姥娘"，郓城、曲阜"月姥娘"；比作"妈妈"，莱州、诸城"月妈妈"；比作"婆婆"，龙口"月婆婆"；比作"爷爷"，济宁"月爷爷"。

2. 拟声命名

通过模拟声音给事物命名，如：

霹雳：山东部分地方模仿打雷震动的声音，将"霹雳"称作"呱啦"，如新泰、济南、利津、沂水等地。

蝈蝈：龙口地区模拟蝈蝈的叫声，将其称之为"吱吱"。

蝉（知了）：山东多地模拟其叫声，将其称之为"嘟了""嘟了子"，如利津、郓城、沂水；或"唧了"，如荣成；或"蠍了""蠍溜"，如新泰、龙口、莱州、诸城等。

鸭子：利津一带唤鸭子的声音为"哩哩"，便模拟人类唤鸭声，将鸭子称作"哩哩"；淄博一带，将鸭子称作"叭叭"，是模拟鸭子走路的"叭叭"声音而命名。

3. 描写命名

通过描写事物的外貌、颜色、性状等，给其命名，如：

犹豫：在新泰、济南、曲阜、郓城、沂水等地称作"二思"或"二二思思"，是以"犹豫"的表现特征来命名的。"犹豫"常指迟疑不定，通常对一件事情反复思考或再次考量，再思考即为"二思"。

吵嘴：新泰作"打嘴官司"，是以其特征命名。吵架的双方目的是辩出对错，这个过程和打官司有异曲同工之处，因此叫"打嘴官司"。

食指：山东绝大多数地区以食指的位次特点，将其称作"二拇指"或"二拇指头"，如济南、利津、郓城、曲阜、荣成、莱州、沂水、诸城等地；食指在龙口一带常用来指人，所以在当地称作"指人指"。

婚事/丧事："婚事"在利津、沂水、诸城作"红公事儿"。中国传统婚礼多以"红色"为主，门口会高挂红灯笼和红绸，又因为是喜事，一个村子里多一起操办，故称"红公事儿"。丧事称作"白公事儿"，是因为遇上丧事一般会挂上白灯笼和白绸。

针线盒：以盛放针线的器皿来命名，如济南、利津、龙口、莱州、沂水、诸城用"笸箩"存放针线，上述各地的针线盒便叫"针线笸箩"；而郓城用"筐子"存放，便叫"针线筐子"；新泰则称作"针线簸篮子"。

山楂：因形似石榴，所以在沂水、诸城等地叫"石榴"；又因其体积较小，所以在新泰叫"小石榴"。而郓城则以其颜色命名，称作"沙拉红子"。

冰糖葫芦：有的地方以其颜色命名，如郓城称"沙拉红"；有的地方以其制作成分（或口感）和方法命名，如沂水作"糖蘸儿"、济南作"酸蘸儿"；有的地方以其形状命名，如荣成作"糖球儿"；有的地方因山楂形状像石榴，所以将冰糖葫芦称作"糖石榴"。

蛇：因为蛇是细细长长的，所以在山东绝大多数地区叫"长虫"，如济南、利津、曲阜、郓城、龙口、沂水、诸城等；另有个别地方还称之为"长长"，如荣成。

除此之外，还有一些方言词因独特的地理环境而造，同样体现了老百姓的生活智慧。荣成一带因沿海而渔业发达，与之相关的方言词也细致入微，如，勒：用渔网捕鱼；流网：随流而下的网；放网：到深海中去捕鱼；拉地网：用大马力的船去深海捕鱼；打挂子：用挂网在离岸较近的地方捕鱼、捕虾。[①] 还有一些是因生活避讳或特殊的生活经历，而使一些生活用语

---

① 钱曾怡主编：《山东方言研究》，齐鲁书社 2001 年版，第 145 页；王淑霞：《荣成方言志》，语文出版社 1995 年版，第 109—110 页。

带有地域性，比如说枣庄一带将"桃"称作"大杏"，就是避讳"逃"字音，因为新中国成立前该地逃荒的人较多；再比如临沂一带将姑娘称为"识字班"，是因为解放初期全国掀起扫盲运动，成立了许多识字班，并且按照性别分类，女青年是成绩最优异的一支，因此得名"识字班"。

参考文献：

1. 钱曾怡主编:《山东方言研究》,齐鲁书社 2001 年版。

2. 殷焕先主编:《山东省志·方言志》,山东人民出版社 1995 年版。

3. 张树铮:《蒲松龄白话作品语言研究》,山东大学出版社 2018 年版。

4. 张树铮:《方言历史探索》,内蒙古人民出版社 1999 年版。

5. 张鸿魁:《明清山东韵书研究》,齐鲁书社 2005 版。

6. 中国社会科学院、澳大利亚人文科学院:《中国语言地图集》(李荣、熊正辉、张振兴主编),香港朗文(远东)有限公司 1987 版。

7. 中国社会科学院语言研究所、中国社会科学院民族学与人类学研究所、香港城市大学语言资讯研究中心:《中国语言地图集(第 2 版)》(汉语方言卷,熊正辉、张振兴执行主编),商务印书馆 2012 版。

8. 王淑霞:《荣成方言志》,语文出版社 1995 年版。

十六、"三孔"圣迹与历史文化遗址

山东省历史积淀深厚，是闻名全国的文化大省，境内遍布各地的文化遗址和丰富多彩的历史文物是独具特色的齐鲁文化的重要载体和实物见证。山东省16市列入第1—8批全国重点文物保护单位的有226处，列入第1—6批全省文物保护单位的有1968处。星罗棋布的历史文化遗址，展现了齐鲁文化具有的鲜明文化特色和独特历史贡献，映照出中华文明的丰富多彩。

（一）山东十大历史文化名城概说

从1982年至今，山东省被批准为国家级历史文化名城的有曲阜、济南、青岛、聊城、邹城、临淄、泰安、蓬莱、烟台、青州十座城市。这些闻名中外的历史文化名城，是山东历史发展的见证，是展现齐鲁文化历史面貌的重要载体。

1. 鲁故城曲阜（1982）

曲阜是儒家圣人孔子的诞生地，有"东方圣城"的赞誉。殷商时期，曲阜为奄国国都，后商王南庚迁都于此。周武王伐纣灭商，封周公于少昊之墟、奄国故地曲阜，立国曰"鲁"。长子伯禽代父就封，沿用周公初封

"鲁"之称号，建都曲阜。曲阜作为鲁国国都，逐渐成为代表周文化的东方重镇。公元前256年，楚灭鲁，始设鲁县。隋文帝开皇十六年（596），朝廷下诏改县名为"曲阜"，"曲阜"作为地理名词，沿用至今①。据考古资料表明，鲁城城垣始建于西周时期，东西长3.7公里，南北宽2.7公里，城内发现了多处城门和手工业作坊遗址，还出土了大量的陶器等遗物。② 今曲阜位于鲁故城西南方向，城内现存"三孔"、少昊陵、周公庙、颜庙等文化遗产，是鲁文化的重要组成部分。

2. 泉城济南（1986）

济南因位于古济水之南而得名，境内泉水众多，有趵突泉、黑虎泉、珍珠泉、五龙潭四大泉群，又称"泉城"。济南历史悠久，考古发现了山东境内最早的陶新石器文化——西河类型后李文化，在境内的章丘龙山镇最早发现了龙山文化古城址——城子崖遗址。汉初，置济南郡，"济南"始见于史册。魏晋以降，济南渐以山水景观而闻名，优美的湖光山色吸引了大量的文人名士，他们或生活游历，或仕宦为官，有"济南名士多"（唐杜甫语）的佳誉。明洪武元年（1368），朝廷下诏设置山东行省，济南成为首府。明清时期，济南在城市建设中充分利用泉水的优势，凸显了山水园林的风景特征，有"四面荷花三面柳，一城山色半城湖"的美誉。

3. 黄海明珠青岛（1994）

青岛，旧称胶澳。光绪十七年（1891），清政府在胶澳设防，青岛正式建置。1899年德国将租界内的新市区定名为青岛。青岛的人文古迹遗存众多，如三里河遗址、东岳遗址、城子遗址、齐长城遗址、青岛山炮台

---

① 关于曲阜县名，唐宋时期多次易名。如唐贞观元年（627）曾废曲阜县，地属博城县，贞观八年（634）复置曲阜县。北宋大中祥符五年（1012）改曲阜为仙源县。金天会七年（1129）复改为曲阜县。明正德、嘉靖年间，兴建曲阜城，移县治于今址。

② 王迅：《曲阜鲁国故城》，《考古》1984年第2期。

遗址、天后宫、湛山寺、康有为墓、琅琊台等。近代以来，青岛城市化建设受到海陆文化、城乡文化、中外文化的影响，形成以"红瓦、绿树、碧海、蓝天"为独特风貌的城市景观。如青岛八大关建筑群，将公园与庭院结合一起，吸收了俄、英、法、德、美、日、丹麦等20多个国家的建筑风格。多元、包容的城市文化在青岛走向现代化和国际化的过程中发挥了重要作用。青岛建成亚洲最早的水族馆，成为中国第一个建设现代港口与铁路联运工程的城市。同时，中国第一所中外政府合作创办的大学——中德"特别高等专门学堂"（又称"德华大学"），也诞生在青岛。

4. 漕运咽喉聊城（1994）

明清时期，聊城依托京杭大运河的漕运之利，逐渐走向繁荣，成为重要的运河商埠。据史籍记载，繁华时期的聊城"舟楫如云""帆樯蔽日"，有"漕运之咽喉，天都之肘腋"的盛誉。境内文物古迹众多，如三国时期的曹植墓、宋代的铁塔、明代的光岳楼、明清时期的运河钞关遗址、清代的山陕会馆等。清代后期，黄河改道北流，繁华的漕运情形日渐逝去，喧闹的聊城渐趋平静。新中国成立后，京九铁路与邯济铁路建成通车，处于交汇点的聊城，成为横跨冀鲁豫三省的最大交通枢纽。

5. 亚圣之都邹城（1994）

邹城，是"亚圣"孟子的诞生地，同曲阜毗邻，二者并称"邹鲁圣地"。西周灭商后，封颛顼后裔曹侠于此，国号"邾"，定都訾娄（今曲阜息陬一带），附庸于鲁国。鲁文公十三年（前614），邾文公迁都于绎，定都于峄山之阳。邹穆公改"邾"为"邹"，邹城因此得名。邾国故城承载着邹城的悠久历史，驰名中外的"四孟"（孟庙、孟府、孟子林、孟母林）古建筑群布局严谨、雄伟典雅，南北朝时期的"四山"（铁山、岗山、葛山、尖山）摩崖石刻镌刻着佛教文化及书法艺术的灵魂，历史文化名山峄山被

誉为"邹鲁秀灵""岱南奇观",明鲁荒王陵是京南江北最大地下宫殿。^①

6. 齐故城临淄（1994）

临淄位于山东省中部，北望黄河，南连泰山，是齐文化的发祥地。周初，姜太公封齐，建都营丘，后由齐献公更名为临淄。战国时期的临淄已是拥有几十万人口的大城市，道路上车水马龙，百姓生活丰富多彩，呈现出前所未有的繁荣。秦汉时期，临淄作为齐郡国的首府，处于交通要道，富冠海内，是汉"五都"之一（《汉书·食货志下》）。考古资料表明，临淄故城及其周围地带文物古迹浩繁，被誉为"地下博物馆"。现已探明城门十一座，其中小城城门五座，大城城门六座。城内十条干道和两处排水系统，将故城内外河流与城壕紧密地联系起来，构成了一个完整的排水网。^②此外，还有东周殉马坑、韩信岭、桓公台、晏婴冢等遗迹。

7. 泰山重镇泰安（2007）

泰安位于泰山脚下，依山而建，寓国泰民安之意，古有"泰山安则四海皆安"的说法。西汉初，以境内泰山为名置泰山郡。北宋末年，金军南侵，在泰山境内增设泰安军。"泰安"之名从此启用，延续至今。泰安名胜古迹众多，文化遗存丰富，保留了大量的古建筑和石刻。据统计，仅泰山上就有古树名木万余株，寺庙58座，古遗址128处，碑碣1239块，摩崖刻石1277处。^③此外，泰安地区还有许多重要的历史文化遗址，如大汶口文化遗址、周明堂遗址、汉明堂遗址、天书观遗址、五贤祠遗址、三阳观遗址、竹林寺遗址、天胜寨遗址、齐长城遗址等。

---

① 土志民、徐振宏主编：《中国地域文化通览·山东卷》，中华书局2013年版，第519页。
② 群力：《临淄齐国故城勘探纪要》，《考古》1972年第5期。
③ 王志民主编：《山东区域文化通览》，山东人民出版社2012年版，第590页。

8. 海上仙境蓬莱（2011）

蓬莱，古称登州，原为海上神山之一，有中国"东方神话之都"的赞誉。"八仙过海"传说和"海市蜃楼"奇观为蓬莱披上了神秘的面纱。相传汉武帝曾东巡到此，遥望海中蓬莱山，遂筑城命之曰"蓬莱"。唐代，朝廷设置蓬莱县，沿用至今。蓬莱地区文化积淀深厚，文物古迹众多，如蓬莱阁、蓬莱水城、戚继光故里、三仙山等。蓬莱阁始建于宋嘉祐六年（1061），与岳阳楼、黄鹤楼、滕王阁并称中国古代四大名楼。蓬莱水城是明清两代海防要塞，是国内保存最完整的古代水军基地之一，与蓬莱阁同为全国重点文物保护单位。

9. 港城烟台（2013）

烟台古称芝罘、港城。明洪武初年，为防备倭寇侵犯边境，朝廷组织在胶东半岛北部依山势建筑城堡，设置狼烟墩台，用来传递信号，故简称"烟台"。清咸丰十一年（1861），烟台开埠，次年设立"东海关"，这是近代山东第一个对外开放口岸。清光绪十八年（1892），张弼士投资创办张裕酿酒公司，成为中国第一个工业化生产葡萄酒的厂家。近年，烟台相继有13个项目被列入国家非物质文化遗产名录，包括海阳大秧歌、莱州蓝关戏、胶东大鼓和"八仙过海传说"等，体现了烟台地区的历史文化和风俗特色。

10. 古九州之青州（2013）

青州之名，最早见于《尚书·禹贡》"海岱惟青州"，是古九州之一。青州地区历史上相继出现过北辛文化、大汶口文化、龙山文化等，地域文化特色鲜明。西周克商后，青州归属齐统辖。青州地处中原通往胶东的交通要道，"左有负海之饶，右有山河之固"①，历来为兵家必争之地。公元

---

① ［宋］司马光：《资治通鉴》，中华书局1956年版，第3490页。

399年，慕容德在青州称帝，建立南燕国，定都广固城。明初，设置山东行中书省，青州城成为历史上第一个山东省省城。古青州地区佛教盛行，如龙兴寺遗址出土了大量佛教造像，形成了独特的"青州风格"。青州现存古街巷上百条，尤其是被评为"全国十大历史文化名街"的昭德古街等，已经延续了几百年，较为完好地保留了古城的原始风貌。

除上述十座国家级历史文化名城外，山东省内还有济宁、淄博、潍坊、临沂、临清、莒县、惠民、枣庄、滕州、文登十座省级历史文化名城，以及35处省级历史文化街区。

值得一提的是，山东省内共有国家一级博物馆18家，国家二级博物馆近50家。

表1　山东省内18家一级博物馆

批次	一级博物馆	馆藏珍品	简介
第一批 （2008）	青岛市博物馆	北魏石佛造像	殿内两尊佛像并立，造型基本相同，皆为北魏圆雕，是魏晋南北朝时期佛教造像艺术的杰出之作。
		北宋钧窑鼓式瓷洗	这件鼓式洗是钧瓷中的上品，且存世量稀少，堪称国之瑰宝。
		明正统十年《道藏》	馆藏《道藏》是现存几部明版《道藏》中较完整的一部，极具历史和研究价值。
	中国甲午战争博物馆	"济远"舰前双主炮	这是我国目前海底打捞出水吨位最大的舰炮，是中日甲午战争的历史见证。
	青州市博物馆	龙兴寺遗址出土佛教造像	龙兴寺遗址出土了北魏至北宋时期各类佛教造像400余尊，是20世纪中国100项重大考古发现之一。
		东汉"宜子孙"玉璧	玉璧纽中央透雕篆书"宜子孙"三字，为汉代玉璧的上乘佳作。
		明状元赵秉忠殿试卷	这是目前大陆现存的唯一殿试状元卷。正文前有万历皇帝批"第一甲第一名"六字。

批次	一级博物馆	馆藏珍品	简介
第二批 （2012）	山东博物馆	红陶兽形壶	造型生动美观，是大汶口文化独有的器形，是新石器时代难得的陶器珍品。
		蛋壳黑陶杯	典型龙山文化的特征性器物，代表了中国远古时期制陶工艺的最高水平。
		亚丑钺	该器器型硕大，是殷商末期青铜钺的典型代表。
		颂簋	该器器型庄重，铸造精良，是西周晚期典型青铜器，器物内底和器盖的铭文是研究西周社会历史重要的文字资料。
		《孙子兵法》《孙膑兵法》竹简	竹简的出土，解开了历史上关于孙子和孙膑其人其书有无的千古之谜，被列为"新中国30年十大考古发现"之一。
		东平汉墓壁画	内涵丰富、色彩艳丽，囊括了汉代人生活方方面面的历史画卷。
		九旒冕	我国目前发现的唯一一件保存完好的明初亲王冕冠实物，是研究我国古代服饰、礼制极为珍贵的实物资料。
第三批 （2016）	烟台市博物馆	秦嵌铜诏版铁权	目前所知最重的秦权，是研究秦始皇统一度量衡的重要实物资料。
		元青花缠枝莲纹玉壶春瓶	玉壶春瓶最早出现于宋代，是装酒的实用器，后演变为观赏性瓷器。此瓶是元代玉壶春瓶的典型器形。
		清象牙席	现存世3张。此席系雍正年间所作，品质高贵，工艺精湛，是稀世奇珍。
	潍坊市博物馆	唐代铁佛	中国现存年代最早、体量最大的唐代铁佛。

批次	一级博物馆	馆藏珍品	简介
第四批 (2020)	孔子博物馆	商周十供	相传乾隆亲临曲阜祭孔，发现祭祀礼器完全不配"孔圣人"，当即从宫中挑出 10 件商周时期的青铜器作为赏赐。
		战国黄玉马	此马雕琢细致，线条简洁，是古代玉雕工艺的珍品。
	济南市博物馆	西汉彩绘乐舞杂技陶俑	它融音乐、杂技、舞蹈、观赏者于一体，是我国最早出土的立体反映汉代百戏演出完整场景的实物。
		西汉载壶彩绘陶鸠、西汉载人载鼎彩绘陶鸠	鸠鸟，在中国古代被视为吉祥之物。以鸠鸟为造型主体，体现了汉代人民向往长寿吉祥、追求幸福生活的美好心愿。
	济南市章丘区博物馆	西汉鎏金青铜当卢	当卢为马具，是系在马额中央的装饰品。此当卢雕刻精美，带有游牧民族装饰风格。
	山东大学博物馆	仙人台遗址出土编钟和礼器	这套青铜礼器和乐器共有 110 件，器形硕大，铸造精美，是春秋时期礼乐文明的展现。
		青铜方壶	此壶通体扁方，口微鼓，四面各有一龙头，龙身盘绕卷曲，线条流畅，为邿国历史研究提供了丰富的材料。
	青岛啤酒博物馆	西门子发电机	这台老电机由德国西门子公司在 1896 年制造，是德国西门子公司现今存有的最古老的一台电机。
	青岛山炮台遗址展览馆		建于 1899 年。是侵青德军的九大永久性炮台之一，德军军事总指挥部所在地。
	淄博市陶瓷琉璃博物馆	北齐青釉莲花尊	此尊全身施以青釉，通体饰有莲花瓣，造型优美，装饰典雅，为北方青瓷代表。
	齐文化博物院	"国宝"牺尊	牺尊，为六尊之一，是青铜礼器。此尊体态丰盈，工艺精美，代表了战国时期手工业技术的最高水平。

357

十六、"三孔"圣迹与历史文化遗址

批次	一级博物馆	馆藏珍品	简介
第四批 （2020）	滕州市博物馆	西周滕侯鼎	此鼎为典型的方鼎样式，造型精美，盖内有铭文，弥足珍贵。
	滕州市汉画像石馆	《牛耕图》《冶铁图》《纺织图》	画像反映了滕州地区古代社会生产力状况，有"汉代社会的缩影"之称。
	济宁市博物馆（朱复戡艺术馆）	元露胎贴花双龙纹龙泉盘	此盘底部有两条龙纹，双龙雄姿腾跃，栩栩如生，堪称瓷中珍宝。
	临沂市博物馆	金缕玉衣	这是迄今为止发现的唯一一套只有头套、手套和脚套而没有四肢和上身的玉衣。

（二）"三孔"与"四孟"

西汉刘邦曾至曲阜，以"太牢"祭祀孔子，封孔子第九代孙孔腾为"奉祀君"，开启了后世王朝封赐孔子嫡裔的先河。北宋仁宗皇帝升格孔子嫡裔爵位，改封孔子第四十六代孙孔宗愿为"衍圣公"。"衍圣公"之爵在孔子嫡裔中世代相袭，历金、元、明、清一直延续到1935年，达880年之久。统治者在封赐孔子后裔的同时，也十分重视孔庙的修建，仅明代共重修、扩建孔庙21次，基本奠定了现在的规模。

孟子在北宋神宗元丰六年（1083）被加封为邹国公，并于次年配享孔子。南宋孝宗时，朱熹编《四书》，将《孟子》列入其中，使得孟子的地位空前提高。元文宗至顺元年（1330），孟子被加封为邹国亚圣公。孟子的"亚圣"地位得到确立。元明时期，孟庙经过多次维修、扩建，形成了现有的五进院落，奠定了孟庙建筑的基本格局。

1. "三孔"

"三孔"指曲阜的孔庙、孔府、孔林，是世人礼拜孔子的圣地。1994年被联合国教科文组织列为"世界文化遗产"。

图1　万仞宫墙（徐志远摄）

　　孔庙，又称"文庙"，是祭祀孔子的祠庙。在全国及东亚各地众多的孔庙中，孔子故里的孔庙修筑时代最早，形成九进庭院的规模，是国内最大的孔庙。曲阜孔庙又称"阙里至圣庙"，是现存极具东方建筑特色的三大古代建筑群（另外二者是北京故宫、泰山岱庙）之一，被建筑学家梁思成称为世界建筑史上的"孤例"。

　　在曲阜明故城正南门上，镌刻着"万仞宫墙"，其意出自《论语·子张》。相传，有一次鲁国大夫叔孙武叔在朝廷上说："子贡比孔子更贤。"子贡听后说道："人的学问好比宫墙，我的墙只有肩高，老师的墙有数仞高，如果找不到他的门，就无法见识到墙内的绚丽多彩。"明人胡缵宗觉得"数仞"不足以表达对孔子的赞扬，便亲书"万仞宫墙"镶于仰圣门上。清乾隆皇帝来到曲阜，为表示对孔子的尊崇，又换上自己御笔题写的"万仞宫墙"。

　　进入南门，迎面便是金声玉振坊。"金声玉振"四字出自《孟子·万章下》，孟子说："孔子之谓集大成。集大成也者，金声而玉振之也。""金声"是我国古代乐器"钟"发出的声音，"玉振"是"磬"发出的声音。古代的奏乐仪式，常以钟发声，以磬收韵，集众音之大成。孟子借此说明孔子为集圣贤之大成者。

大成殿是孔庙的主体建筑，唐代称文宣王殿，宋徽宗时改称大成殿。殿面阔九间，进深五间，重檐九脊，黄瓦飞彩，与北京故宫太和殿的规格一致。四周廊下环立 28 根雕龙石檐柱，每柱有 72 条小幅团龙，衬以云朵，盘绕升腾，造型优美，栩栩如生，今存龙柱当为清雍正年间重刻。[①] 殿中供奉着孔子的塑像，分侍左右的是"四配"（复圣颜

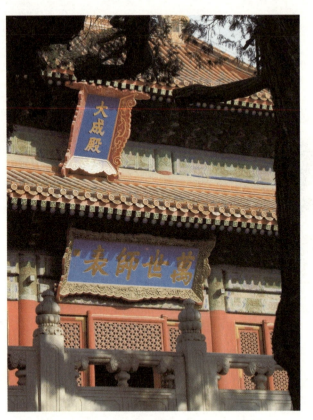

图 2　孔庙大成殿"万世师表"匾

子、宗圣曾子、述圣子思、亚圣孟子）和"十二哲"（闵损、冉耕、冉雍、宰予、端木赐、冉求、仲由、言偃、卜商、颛孙师、有若、朱熹）像龛。

大成殿前的杏坛，相传是孔子讲学之所。北宋天禧二年（1018），孔子后裔孔道辅负责监修孔庙，曾"除地为坛，环植以杏"，命名为杏坛。金代始在坛上建亭，亭内彩绘精细华美，亭中立"杏坛"石碑，为大学士党怀英所书。大成殿后是寝殿，原为供奉孔子夫人的专祠，和奎文阁、大成殿合称为孔庙三大建筑。寝殿后的圣迹殿中存放《圣迹图》120 幅，主要刻画孔子一生的经历，如尼山致祷、宋人伐木、问礼老聃等。

孔府，又称"衍圣公府"，是孔子嫡裔子孙衍圣公居住的衙、宅合一的

① 孔祥林、管蕾、房伟：《孔府文化研究》，中华书局 2013 年版，第 279 页。

建筑，共有九进院落，包括厅、堂、楼、轩等463间。孔府正门上方悬挂"圣府"匾额，两旁有清纪昀手书的一副对联："与国咸休安富尊荣公府第，同天并老文章道德圣人家。"这里的"富"字上面缺一点，寓意永远富贵；"章"的一竖直通上面，寓意文章通天。孔府中路的第二道大门，俗称二门，上有明李东阳手书的"圣人之门"竖匾。进入"圣人之门"，迎面是一座造型独特的木质屏门。屏门前后缀有八个倒垂的木雕花蕾，故称"垂花门"。又因门楣上悬挂着明世宗亲颁的"恩赐重光"匾额，遂有"重光门"之称。此门四周不连垣墙，独立院中，把前院和后院隔绝开来，仅在举行重大活动时才会开启，所以又称"塞门"或"仪门"。

大堂布置森严，是衍圣公处理政事的地方。大堂后为二堂和三堂。二堂内挂着"钦承圣绪"和"诗书礼乐"的大匾。两旁立着几块石碑，其中有清道光皇帝赏赐的"福寿"碑和慈禧太后手书的"寿"字碑以及"九桃图""松鹤图"等。三堂之后，便是孔府的内宅部分。三堂与内宅院间有道禁门，亦称内宅门。内宅门的内壁上绘有状似麒麟的动物，名曰"贪"，是假想的贪婪之兽，用以告诫子孙廉洁奉公。

孔林，又称"至圣林"，位于曲阜城北，是埋葬孔子及其后裔的家族墓地。据史籍记载，鲁哀公十六年（前479），孔子去世后，弟子们把他葬于此地，并"各以四方奇木来植，故多诸异树"①。孔林内有柏、桧、柞、榆、槐、楷、朴等各种树木几十种，十万余株，可称得上是一座人造植物园。孔子墓的封土高约四米，形如隆起的马背，称"马鬣封"，是一种特殊尊贵的筑墓形式，墓前有明朝黄养正篆书"大成至圣文宣王墓"碑。墓东是其子"泗水侯"孔鲤的墓，前边是其孙"沂国述圣公"孔伋（子思）的墓，这种布局被称为"携子抱孙"②。如今，孔林已扩展至3000多亩，成为我国现有规模最大、持续时间最长、保存最完整的宗族墓地。

① ［北魏］郦道元：《水经注》，中华书局2013年版，第567页。
② 孔祥林、管蕾、房伟：《孔府文化研究》，中华书局2013年版，第420页。

2. "四孟"

"四孟"指孟庙、孟府、孟子林、孟母林，是世人礼拜孟子的圣地。1988 年，孟府与孟庙被国务院列为全国重点文物保护单位。

孟庙，又称亚圣庙，为历代祭祀孟子的场所。据史籍记载，孟庙曾三迁其址，于宋徽宗宣和三年（1121）迁至现址。[①] 如今的孟庙占地 4.36 万平方米，为五进院落建筑。孟庙主体建筑"亚圣殿"，始建于宋宣和三年（1121），为绿色琉璃瓦覆顶的重檐歇山式建筑。正中悬挂乾隆皇帝手书的"道阐尼山"匾额，殿内有一副对联："尊王言必称尧舜，忧世心同切禹颜。"殿内正中有雕龙贴金神龛，内供孟子塑像，东侧配有弟子乐正子塑像。

孟庙内各种树木达 430 余株，多为松桧和侧柏，又有银杏、古槐、紫藤等。值得称道的是孟庙中被誉为"古树四奇"的景观：古柏抱槐、藤系银杏、桧寓枸杞、洞槐望月，实乃自然造化，令人称奇叫绝。

孟府，又称"亚圣府"，是孟子嫡系后裔居住的宅第。元代，孟子被加封"邹国亚圣公"，孟子嫡系后裔被封翰林院五经博士，兴建府第。孟府初建时规模较小，后经历代重修扩建，至清初已形成前后七进院落，拥有楼、堂、阁、室共计 148 间，占地约 2.24 万平方米，以主体建筑"大堂"为界，前为官衙，后为内宅，是较为典型的官衙与内宅合一的古建筑群。

"大堂"是孟府的主体建筑。堂前檐下正中，悬挂着清雍正皇帝钦赐孟子第六十五代孙孟衍泰的"七篇贻矩"堂匾。门两侧廊柱上，镌刻一副金字楹联："继往开来私淑千年承燕翼，居仁由义渊源百代仰先烈。"大堂内正中，设有摆放文房四宝等公案，两侧有一副对联："礼门仪路加规矩，智水仁山古画图。"大堂之后是孟府内宅，内宅门的外檐木坊上雕刻有"鲤鱼跳龙门""麒麟送子""鹤鹿同寿"等图案，工艺精美。

---

① 朱松美：《孟府文化研究》，中华书局 2013 年版，第 182—183 页。

孟子林又称"亚圣林"，位于邹城东北四基山西麓，是埋葬孟子及其后裔的墓地。因地处孟母林东侧，又有"东孟林"之称。北宋景祐四年（1037），时任兖州知府的孔子后裔孔道辅，于四基山西麓访得孟子墓，便在墓旁建庙，并特请泰山学派名儒孙复作记，这就是现存的《新建孟子庙记碑》，距今已有九百多年的历史。孟子林经元、明、清历代增修扩建，至清康熙年间形成目前规模，是国内现存历史最为悠久的家族墓地之一。

孟母林位于曲阜城南凫村马鞍山东麓，是埋葬孟子父母及其后裔的家族墓地。孟母林与孟子林遥遥相望，又有"西孟林"之称。孟母去世后，"孟母三迁""断机教子"等故事广泛流传，孟母越来越受到重视。清乾隆二年（1737），孟母被加封为"邾国端范宣献夫人"。今曲阜、邹城等地，仍保存了很多孟母文化遗迹，如凫村的孟子故宅、孟母井，邹城的孟母三迁祠、孟母断机处。

（三）千里风景线：齐长城

长城是中国文化的象征，1987年被联合国教科文组织列入《世界文化遗产名录》。坐落于山东大地上的齐长城，修筑于春秋战国时期，距今已有2500余年的历史，是现存有迹可考的年代最古老的长城，有"中国长城之祖"的盛誉。齐长城西起济南长清区广里村北的岭子头，向东沿泰沂山脉，途经济南、泰安、淄博、临沂、潍坊、日照、青岛等18个县（市、区），跨越2000余座大小山峰，于青岛市小珠山阴向东北入海，全长618.9公里。[①] 值得一提的是，长清区定头崖西山段的长城遗址仍保留着2500年前的原始风貌，称得上是齐长城的"活标本"，于2020年11月26日列入《第一批国家级长城重要点段名单》。

齐长城并非完成于一时，大概始于齐灵公二十七年（前555）防门之战前

---

① 路宗元主编：《齐长城》，山东友谊出版社1999年版，第13—31页。

夕，终于战国中期的齐宣王时期（前319—前301），是在长达数百年的时间里分期逐段完成的，比先秦其他各国长城的修建普遍早200年左右。[①] 齐长城城墙的修筑多是因地制宜，充分利用不同的地形地貌，用料也多就地取材，如石块、石灰岩、花岗岩等。在没有连绵山岭可利用筑城的西面、西南和西北部分，则主要借助济水、黄河的水道设置水防。[②] 齐长城将山地防御与济水防御、黄海防御连为一体，构筑了一项绵延千里的军事防御工程。

图3　齐长城淄川段

　　在齐长城山地防御的冲要地方，多会筑城、设关。如位于莱芜境内的青石关是齐国首都临淄的南大门，自古有"直淄之门，当南之冲，为出兵要路"的说法。青石关地势险要，素有"齐鲁第一关"盛名。从关口向北是一个峡谷，古称"瓮口道"，最窄处仅2米左右，是重要的咽喉要塞。蒲松龄路过此处，作《青石关》[③]一诗，描述过关时的情景。同在莱芜境内的锦阳关，又名通齐关，是齐长城三大重要关隘之一。锦阳关的关口是有着

　　① 王志民、徐振宏主编：《中国地域文化通览·山东卷》，中华书局2013年版，第524页。
　　② 王献唐：《山东周代的齐国长城》，《社会科学战线》1979年第4期。
　　③ 蒲松龄《青石关》："身在瓮盎中，仰看飞鸟渡。南山北山云，千株万株树。但见山中人，不见山中路。樵者指以柯，扪萝自兹去。勾曲上层霄，马蹄无稳步。忽然闻犬吠，烟火数家聚。挽辔眺来处，茫茫积翠雾。"

悠久文化历史的三槐树村，此村紧邻古代齐鲁边界，曾是齐国的兵营大寨，有"大寨"之称。锦阳关和青石关皆是齐长城西段重要的军事要塞，历来为兵家必争之地，著名的长勺之战、艾陵之战等就发生在两关附近。

又如位于临朐县与沂水县交界的穆陵关，地处大岘山峡口处，地势峻险，是齐国南境的重要门户，有"齐南天险"之称。清人顾炎武《山东考古录》点明了穆陵关的重要性："大约齐之边境，青州以南则守在大岘，济南以南则守在泰山。"相传，齐王派常将军监督穆陵关一带的长城修建，常将军深感工程浩大，民众劳苦，便提出反对意见，却被齐王所杀。民众感其恩德，遂在穆陵关之北为其修庙祭祀。① 自唐以降，历代皆有文人涉足穆陵要塞，如李白、刘长卿、苏轼、薛瑄、王世贞、周亮工等，并有诗文传世。

饱经沧桑的齐长城蕴藏着丰富的民间传说，最著名的当属"孟姜女哭长城"。相传范杞梁与孟姜结婚不久，就被征调去修建齐长城。范杞梁走后，数月没有音信。孟姜思念丈夫，千里迢迢赶到修城的地方，却得到丈夫去世、被埋在长城下的消息。她悲痛万分，放声痛哭，哭声感动了上天，只听"轰隆隆"一声巨响，城墙坍塌一片，露出了丈夫的尸体……这个传说故事以《左传》"杞梁妻哭夫"为蓝本，经过历代文人的艺术加工，成为具有高度人民性和民主性的文学作品。②

作为山东省境内四大世界遗产（泰山、三孔、齐长城、大运河）之一，齐长城是中国长城的滥觞，有着悠久的历史底蕴。巍峨壮丽的齐长城绵延起伏，犹如一条伏卧于崇山峻岭中的巨龙，横穿山东全境，将黄河、泰山与黄海勾连贯通，构筑了一道独具特色的千里风景线。

---

① 关于常将军的传说，历代文献时有记载，但内容却大相径庭。如《临朐县志》引《齐记补》："将军秦昭宣帝时为大岘戍主，建元中战殁，后人立庙此山。"《沂水杂记》："将军曾为五姓牧，姓常名玄通，因筑城失主将意，斩之。"《沂水县志》记刘侠《穆陵常将军庙》诗："金椎隐怨不堪闻，颈血横飞谢主君，淄水久湮齐社稷，穆陵千古有将军。"诗有小注："相传战国时人。齐王命筑长城，以忤逆获罪，工人感其德，立庙祀之。"

② 路宗元主编：《齐长城》，山东友谊出版社 1999 年版，第 356—360 页。

（四）佛教建筑遗产：神通寺、灵岩寺与龙兴寺

历史上山东地区佛教盛行，寺庙众多，是齐鲁文化长廊中的重要组成部分。山东地区佛教寺院的兴建最早可追溯到东汉初年。[1] 至南北朝时期，佛教逐渐盛行，在泰山、沂山、青州一带的碧峰丛林间，相继兴建了多所寺刹。如朗公寺（隋代更名神通寺）、灵岩寺、龙兴寺、兴国寺、明道寺等。自唐宋以降，山东地区佛教兴盛不衰，寺院兴建热度不减。相传明万历年间，皇帝为答谢庞氏子治疗太后眼疾之功，下诏在五莲山为他开山建寺，赐名"万寿护国光明寺"。据《山东通志》记载，至清宣统时期，山东省内共有寺院377座，其中长清灵岩寺、益都法庆寺、诸城侔云寺和五莲光明寺，并称山东四大禅寺。

1. 神通寺

在济南市历城区的青龙山麓，隐藏着一座古老的佛家寺院遗址——神通寺遗址，它是山东省内最早的一座寺院遗址，有"山东第一寺"的美誉。神通寺始创于前秦皇始元年（351），因开山祖师为朗公和尚，故称朗公寺。隋开皇三年（583），文帝杨坚赐封曰"神通寺"。相传杨坚少年穷困，父母早逝，即位后多次寻访母亲的亲族，但未获音讯，后在梦中得佛祖点化，于济南郡找到亲人，便更寺名，并诏命河南王拓建神通寺。如今，历经千年风雨的神通寺早已败落，但其遗址及其周围所遗留下的佛塔、石刻造像等建筑，依然引人注目。现存的四门塔、龙虎塔、墓塔林等建筑多建于隋唐时期，是齐鲁佛教文化的重要见证。

四门塔位于神通寺遗址东侧，建于隋炀帝大业七年（611），是国内现存最古老的单层方形石塔。四门塔塔身用大块青石筑成，通高15.04米，因四面各有一半圆形拱门，俗称"四门塔"。塔内有一方形塔心柱，四面各

---

[1] 高爱颖、刘守亮编著：《齐鲁名寺》，山东文艺出版社2004年版，第4页。

置一尊石雕佛像，佛像的神态端庄自然，衣纹流畅飘逸，堪称石雕佛像典范。1997 年春，面向东方的佛首惨遭盗卖。五年后，佛首重归故里。^①

2. 灵岩寺

灵岩寺，坐落于泰山西北麓长清区境内，与浙江天台国清寺、南京栖霞寺、湖北江陵玉泉寺并称"域中四绝"（唐李吉甫语）。此处峰峦叠嶂，泉溪争流，是国家级风景名胜区，素有"登泰山不游灵岩，不成其游"（明王世贞语）之说。

灵岩寺与神通寺建于同时，开山祖师均为朗公和尚。相传朗公在石旁讲法，听者千余人，石为之点头，于是取名"灵岩"。现东天门南侧山崖处，有一数丈高的天然巨石，形似老僧伛

图 4　灵岩寺辟支塔（董承华摄）

立之状，人称"朗公石"。朗公所立精舍，不足百年便遭毁坏。晋宋之交，法定和尚来到方山修行，于方山南麓重建灵岩寺。唐贞观年间，慧崇将灵岩寺迁到方山西南麓，建造寺庙殿阁，开拓道场。唐麟德二年（665），高

---

①　高爱颖、刘守亮编著：《齐鲁名寺》，山东文艺出版社 2004 年版，第 41 页。

宗李治与武则天前往灵岩寺礼佛。清乾隆皇帝曾 8 次驻跸灵岩，前后作诗 60 余首歌颂灵岩美景。

千佛殿为灵岩寺的主殿，是寺内保存下来最早的木构建筑，因周壁供置众多佛像而得名。最为人惊叹的是殿内被称为"海内第一名塑"（梁启超语）的 40 尊彩色泥塑罗汉像。这些罗汉身高 1 米至 1.2 米，神态各异，动作多样，是罕见的艺术珍品。当代艺术大师刘海粟观后赞曰："灵岩名塑，天下第一。有血有肉，活灵活现。"

御书阁，又称大悲阁，位于千佛殿东北，是泰山"五阁"（另外四阁为壶天阁、飞云阁、蓬莱阁、摩空阁）之一。辟支塔位于千佛殿西北处，全称"辟支伽佛驼塔"，为八角九层楼阁式砖塔，塔座四周环绕着精美的浮雕，讲述了古印度阿育王皈依佛门的心路历程，是寺内的标志性建筑。由辟支塔西行，便是灵岩寺历代高僧墓地——墓塔林。这是中国规模最大的石质墓塔群，其中有由日本正法寺住持邵元撰写的《息庵禅师道行碑记》，是中日两国文化交流的见证。

3. 龙兴寺

龙兴寺始建于刘宋泰始二年（466），至北齐时期逐渐兴盛，成为青州地区的著名寺院，有"正东之甲寺"的称号。"龙兴"之名，源于唐代。据《旧唐书·中宗本纪》载，神龙三年（707），中宗诏"改中兴寺、观为龙兴"。元朝末年，龙兴寺毁于兵乱，残余寺院建筑也在明初消失。1996 年 10 月，龙兴寺遗址出土各类佛教造像 400 余尊，受到国内外学界普遍关注，被列为 20 世纪中国 100 项重大考古发现之一。

龙兴寺遗址出土的佛像最早可追溯到北魏永安二年（529），最晚截止于北宋天圣四年（1026），历经北魏、东魏、北齐、北周、隋、唐、宋，近 500 年历史。[①] 出土佛像以高浮雕的背屏式造像和单体圆雕造像为主，佛像大都保

---

① 夏名采、杨华胜、刘华国：《青州龙兴寺佛教造像窖藏清理简报》，《文物》1998 年第 2 期。

留着原初的彩绘和贴金。更具价值的是东魏、北齐的几尊佛像上出现的带颜色的人物故事画面，即"卢舍那法界人中像"。此种佛像现存多是石窟壁画、木版画和绢画等形式，在单体圆雕石造像上绘制法界形象，尤为珍贵。[1] 龙兴寺遗址佛教造像的出土，证实了古代青州地区佛教文化的兴盛，见证了齐鲁文化辉煌的历史，为研究佛教在中国的传播、发展提供了重要的实物资料。

（五）水浒寨：梁山泊遗址

梁山，古称"良山"，位于今山东济宁梁山县境内。西汉时期，良山是皇家狩猎场所。据《史记·梁孝王世家》记载，汉文帝十二年（前 168），淮阳王刘武被封梁王，徙迁梁国（今河南商丘一带），曾"北猎良山"。后病卒，葬在良山，于是易名梁山。

梁山附近地势低洼，本系大野泽的一部分，为多条河流汇聚之地。北宋时期，黄河决口频繁，水域面积逐渐扩大，形成一片"绵亘数百里"的大水泊，始称梁山泊。宋人邵博在《闻见后录》中记载时人有"梁山泊八百里水"的说法。金、元以后，黄河夺淮入海，烟波浩瀚的梁山泊逐渐失去水源补给，被黄河泥沙淤浅。至明清时期，壮丽的八百里水泊景象已不复存在。[2] 清初进士曹玉珂曾对《水浒传》中描述的梁山泊故事产生怀疑，他在任职寿张县令期间，对治属下的梁山进行了实地考察。他发现山上确有宋江寨，于是请来当地父老，询问情况。乡人回答说："从前黄河绕山流过，汪洋河水几百里，汇聚梁山，山脚就是人们常说的桃花潭。梁山之险，不在山而在水呀！"又列举了祝口、关门口、曾头市等地名，暗指《水浒传》故事并非虚构。[3]

---

① 李森：《青州龙兴寺历史与窖藏佛教造像研究》，山东大学出版社 2012 年版，第 120—122 页。

② 清人陈璜有《过梁山》一诗，记录了清代的梁山泊："不见蓼儿洼，梁山一带斜。黄河归旧道，绿野任驱车。弦诵声名起，桑麻岁晏奢。荆公田泊语，今日尽农家。"

③ ［清］刘文焕修，王守谦纂：《寿张县志》卷八《艺文志》，成文出版社 1976 年版，第 680—682 页。

梁山泊是《水浒传》故事的发祥地，《水浒传》故事的流传也造就了梁山泊的盛名。历史上的宋江起义大约发生在北宋宣和年间。随着说话、话本、水浒戏的出现，宋江起义在民间广为传诵，人物形象越来越生动，故事情节越来越复杂。最早将散见于说话、话本、文人杂记、水浒戏中的水浒故事综合在一起的是《大宋宣和遗事》。它首次把水浒故事的整体轮廓、主体结构做了系统的整理，是目前发现的把水浒故事串联成艺术整体的最早资料，其后才是施耐庵、罗贯中创作的《水浒传》。明人李贽高度评价《水浒传》，将其作为"宇宙五大部文章"之一。①

如今的梁山泊已经成为国家级旅游风景名胜区，内有虎头崖、宋江寨、宋江马道等历史遗迹。宋江寨位于梁山主峰虎头峰，寨中央有"忠义堂"遗址，前方留有竖立"替天行道"杏黄旗的旗杆窝。在通往宋江寨的途中，有一处咽喉要道，名曰"黑风口"，素有"无风三尺浪，有风刮掉头"之说。水浒文化是齐鲁文化的重要组成部分。

（六）异邦王陵苏禄王墓

德州市城区北部有一个独特的回族村落——北营村，村中有一座肃穆的陵墓，安葬着古苏禄国东王巴都葛叭答剌。这座有着 600 多年历史的异邦王陵，在留华后裔的代代守护下，见证着中菲友好往来的历史，成为中菲友谊的象征。1988 年，苏禄王墓被国务院公布为全国重点文物保护单位。

古苏禄国，位于今菲律宾共和国的苏禄群岛，包括巴西兰岛、霍洛岛、达维达维岛等若干小岛，是由许多部族组成的部落联盟。② 明永乐十五年（1417），苏禄国三大部落的酋长巴都葛叭答剌、麻哈剌叱葛剌麻丁、叭都葛巴剌卜，亲率眷属、陪臣、国人涉渡重洋，访问中国，受到永乐皇帝

---

① 李贽："宇宙有五大部文章，汉有司马子长《史记》，唐有杜子美集，宋有苏子瞻集，元有施耐庵《水浒传》，明有李献吉集。"参见 [明]周晖：《金陵琐事》，南京出版社 2007 年版，第 52 页。

② 王守栋：《苏禄王后裔家族文化研究》，中华书局 2013 年版，第 17—20 页。

图 5　苏禄国恭定王墓

（成祖朱棣）的隆重接待。永乐皇帝厚加赏赐，封巴都葛叭答剌为苏禄国东王，麻哈剌叱葛剌麻丁为西王，叭都葛巴剌卜为峒王，三王中以东王为尊。

苏禄王一行在京留居27日，于9月初乘船沿京杭大运河南下回国。东王途中突患急症，于9月13日病故于德州。永乐皇帝闻听东王薨逝，"不胜痛悼"，特命遵照王礼厚葬，赐谥号"恭定"，并派礼部郎中陈士启前往宣读祭文。次年秋，永乐皇帝又敕令在墓前修建祠庙，树立御碑，并亲撰碑文，以纪念"诚贯金石"的苏禄东王，这就是现存的"御制苏禄国东王碑"。碑文记录苏禄王一行入华朝贡与东王病逝德州的经过，具有重要史料价值。

东王病逝后，长子督马含率众回国继承王位。王妃葛木宁与次子安都鲁、三子温哈喇及侍从10人留居德州守墓，以"国宾"的身份享受赐田、减免租赋徭役等特殊待遇。明朝廷还专门从历城县迁来夏、马、陈三户回民，看守王墓，耕种祭田。随着东王后裔留华日久，在东王墓附近逐步形成以安、温家族为主体的守陵村落。清康熙年间，诗人田霢《竹枝词》中说"白帽相迎余裔在，松门北是九江营"，描绘了东王后裔头戴白帽出门迎客的场景。雍正年间，东王后裔正式以温、安为姓入籍德州，结束了在华客居生涯，成为中华大家庭的一员。① 如今，这支海外君主留华后裔早已融入中国，为两国人民搭起一座友好交往的桥梁。

（七）北方庄园的典型：牟氏庄园

在山东栖霞北郊古镇都村，有一座青砖灰瓦的古建筑群，这是目前我国保存最完整、最典型的庄园——牟氏庄园。它始建于清雍正时期，是牟墨林及其后裔居住的地方。历经多代扩建，现保存厅、堂、楼、厢480多间，是具有典型北方民居建筑特色的古建筑群落，被研究者誉为"百年庄园之活化石"。1988年被国务院公布为全国重点文物保护单位。

牟氏先祖是今湖北公安人，东忠来客厅的彩匾上刻有"犹望公安"，告诫后人缅怀故土。牟氏的前辈横渡长江，来此做官落户，繁衍生息。到清末民初十四世牟墨林时，牟家达到鼎盛时期。牟墨林排行老二，皮肤黝黑，名字中又带"墨"字，便得绰号"牟二黑子"。他头脑精明，几年内便将祖上留下的千余亩地发展到上万亩，是牟氏庄园的成大业者。

牟氏庄园的设计布局吸收了北方传统四合院形式，分三组六院。庄园的居住区域是依照堂号划分，所有的院落都围绕日新堂建筑。日新堂是牟家最早的一组建筑，俗称"老柜"，建于清嘉庆年间，一直为长子长孙所继承，在庄园中最负盛名。日新堂东部为"忠来堂"，后扩建为"西忠来"和"东忠来"。西北区由"宝善堂"组成，西南区包括"南忠来"和"师古堂"。各院落的布局、风格大体相同，形成了统一的效果。

牟氏庄园六院的大门中最为显赫的是"西忠来"。门楼高耸，门上雕刻"耕读世业，勤俭家风"饰金对联，门簪上雕刻"琴棋书画"图案，门外两

① 王守栋：《苏禄王后裔家族文化研究》，中华书局2013年版，第80页。

侧分列一对精致的石鼓。相传石鼓是由四个石匠耗时三载雕琢而成，鼓体表面刻有"福禄寿喜""麒麟送子"的浮雕，侧面雕刻"刘海戏金蟾""姜太公钓鱼"的画面，栩栩如生。鼓下的石托呈莲花状，较为罕见。就整个鼓体而言，堪称浮雕艺术中的珍品。

牟氏庄园的建筑工艺精湛之极。走进庄园大门，映入眼帘的是一件用石头铺砌的石毯，四角嵌有石蝙蝠，居中铺设三枚石钱，正中一枚的四角上各有"寿"字，寓意"踏福踩钱"。院落有一面花墙，砌有三百八十六块墙石，总体组成一个"百花相连"的连续图案，其细致精巧让人惊叹，堪称中国一绝。另外，庄园房舍的花窗也构思新颖，通过排列、接合、旋转等变化，形成"双钱贯穿""绣球垂联""万字回折"等多种造型，增加了建筑的艺术魅力和审美趣味。牟氏庄园的建筑设计和装饰造型散发着独特魅力，反映出民间建筑的高超水准，有"民间小故宫"的赞誉。

参考文献：

1. 王志民、徐振宏主编：《中国地域文化通览·山东卷》，中华书局 2013 年版。

2. 朱亚非、石玲、陈冬生：《齐鲁文化通史·明清卷》，中华书局 2004 年版。

3. 王志民主编：《山东区域文化通览》，山东人民出版社 2012 年版。

4. 孔祥林、管蕾、房伟：《孔府文化研究》，中华书局 2013 年版。

5. 朱松美：《孟府文化研究》，中华书局 2013 年版。

6. 路宗元主编：《齐长城》，山东友谊出版社 1999 年版。

7. 高爱颖、刘守亮编著：《齐鲁名寺》，山东文艺出版社 2004 年版。

8. 王恒展：《梁山泊与〈水浒传〉》，山东文艺出版社 2004 年版。

9. 王守栋：《苏禄王后裔家族文化研究》，中华书局 2013 年版。

10. 俞祖华、王海鹏：《清代栖霞牟氏家族文化研究》，中华书局 2013 年版。

十七、 中西交融下的近代齐鲁文化

　　19 世纪中叶以来，随着西学东渐、中外文化交流的深入，中国传统文化开始了近代转型，新文化得以萌生与发展。中西交融之下，齐鲁文化发生了历史性的变化。兴办文化教育和医疗卫生事业，广泛传播了西方现代科学，建立了现代教育体系；引进水果、农作物，发展花边、发网业等手工业，改变了近代山东人的物质文化和工商观念。清末新政之后，各种新事物在山东悄然滋长、日益壮大，特别是绅商、新式学堂青年学生等新的社会力量，倡导并身体力行地推动山东社会文化史无前例地转型。随着近代民族危机日益深重、国人天下观念解构，义和团运动之后，传统爱国主义逐渐解体，近代民族国家观念逐步形成。外国人在中国开设通商口岸——烟台，德国人占领青岛并修建胶济铁路，清政府自开济南、潍县、周村等商埠，促进了山东的城市近代化。小小渔村发展成重要港口，古老历史名城焕发青春。新式学堂推进了山东教育近代化：烟台建立起中国第一所启暗学校，登州诞生了中国历史上第一所现代大学——登州文会馆，清末新政时期的山东大学堂是全国第一所现代省级大学堂。近代山东也迎来了工商业文明，外国资本投资设厂、设立洋行、开办近代金融业，山东的民族工商业得到较快发展，尤以棉纺织业的发展最为迅速。武训的兴办义学、梁漱溟的乡村建设，试图改变近代中国山东乡村的凋敝，但均未获成功。以近代山东出现的"闯关东"现象为标志，近代山东人乡土观念和文化心态发生变化，"守成"心态在继承中转化，形成了新旧杂糅的文化和风土人情。新旧杂糅，正是中西交融下齐鲁文化的真实模样。

（一）西学东渐与近代齐鲁文化转型

齐鲁文化的近代转型，是伴随着西学东渐而来的。借用费正清的观点，齐鲁文化的近代转型，是在西方"冲击"之下作出的"反应"。

西方对中国最早的冲击，来自传教士。山东当然也是如此。14世纪初，天主教正式传入山东。那时，山东的"很多大城市都有许多信徒，例如，大运河岸边的临清；至少真福和德理神父在1325年之前就到访过那里"①。明王朝建立后，"对基督教采取了敌对态度"，15、16两个世纪，山东天主教传播基本中断。② 康熙年间，耶稣会传教活动逐渐恢复并有所发展。雍正、乾隆两朝，仅有西班牙和罗马教廷传信部派出的少量方济会士到中国传教。鸦片战争特别是第二次鸦片战争后，西方传教士根据条约大批"合法"进入中国，截至1909年，山东教区天主教外籍教士共计106人，信徒总计88444人，望道友74115人。基督教正式踏足山东并逐渐传播开来，始于第二次鸦片战争后。1861年1月，美国南部浸信会花雅各（J. T. Holmes）夫妇与海雅西（Hartwell）夫妇组建了"山东第一个新教差会"。1862年10月，海雅西在登州府城里组建了"北街教会"，这是上海以北第一个新教教会组织。随后，来山东的基督教传教组织有欧美各国各宗派派出的十多个差会。据不完全统计，截至辛亥革命前，山东境内有外籍传教士325人，总计发展信徒2万余人。

传教士们在传布宗教的同时，主要通过兴办文化教育和医疗卫生事业，

---

① Robert Conventry Forsyth, *The Sacred Province of China in Some of Its Aspect*, Shanghai Christian Literature Society, 1912, pp. 158-167.

② [美]孟德卫著，潘林译：《灵与肉：山东的天主教（1650—1785）》，大象出版社2009年版，前言、第8—9页、第286页。

广泛传播西方现代科学，在山东大地建立起了从幼儿园到大学的现代教育体系。以基督教为例，据不完全统计，截至 1910 年，全省共计创办各级现代学堂 581 所，在校生总计 8633 名。与基督教不同，除烟台、青岛两地以外，天主教兴办的学堂绝大多数仅为宗教服务，少数教授中国经典。以鲁北教区为例，据统计，1909 年仅有 4 所"教授中国经典的学堂"，"教授宗教内容的学堂"却达 128 所之多。截至清王朝灭亡，所有来山东的基督教差会都兴办了大小规模不等的现代医院或诊所，有的还开办了相当规模的现代医学教育。西方教育和医疗卫生事业在山东的传播，对于山东传统文化是一个强力的冲击。

西方传教士通过引进水果、农作物改变了近代山东人的物质文化。山东特别是胶东地区富产水果，始于近代传教士的引进。1871 年，传教士倪维思夫妇从美国各地搜集树苗，决定把美国或欧洲各地最好的水果引入山东。倪维思引入烟台的外国水果，有特拉华州、戴安娜、斯威特沃特的红葡萄和玫瑰香葡萄，巴特利特梨和其他品种的梨，以及各种苹果和李子。后来，烟台苹果、葡萄，莱阳梨等水果蜚声海内外。著名的山东大花生，也是传教士梅里士从美国引入的。

西方传教士通过发展花边、发网业等手工业，改变了近代山东人的手工业和工商观念。新式花边传入中国并形成产业，是由来山东的几个基督教传教士完成的。新式花边初由著名传教士郭显德长女郭范霓传入登州和烟台，继为英国传教士马茂兰（James McMullan）夫妇将其产业化并推向了国际市场。截至辛亥革命前，花边学校培养了难以计数的花边编织人员，仅烟台一地，以编织花边养家的女性就达数千名。在 1918 年之前，烟台一地的花边业占全国出口额的 95% 以上，几乎是独家垄断。以烟台为中心的胶东各县也都从事花边生产，对山东特别是胶东民生影响极大。发网是近代西方文明的产物，传教士马茂兰创办的企业在开发网产业特别是将其推向国际市场方面，起到了任何其他企业都无法替代的作用。19 世纪 30 年代，山东 4000 万人口中，仍有"大约四分之一的女性从事发网和其他诸如花边、刺绣等她们擅长的手工艺品生产"；事实上"山东每一个重要的县份都编结发网，该项工作已经为成千上万的人带来了福利"。①

清末新政时期，山东在从传统通向现代的道路上阔步向前。政治上，推行有史以来的首次议员选举，成立了代行省议会职能的省咨议局以及相应的各州县议事会和董事会；在济南和烟台等地设立高等、地方和初级检察厅及审判厅；创建了现代司法、警察和监狱制度。经济上，首设省商务局，专门负责倡导推动、开发全省农工商矿及交通运输业；倡建各级商会组织，组建省城及府州县各种规模的教养局和工艺局；创设省农桑总局、农事试验场、山东树艺公司及各级农会组织，引进西方机械、化肥、良种，改良农副林业。社会习俗上，实行严厉的禁烟政策，数年间鸦片烟毒几乎被根除，极大地改变了社会风气；倡行放足，禁止缠足；改变官方公文及民间一些封建称谓和压抑人性的陋习，等等。清末山东推行新政以来，各种与传统社会迥然有别的新事物悄然滋生成长，日益壮大，特别是由绅商、新式学堂和教会学校青年学生、归国留学生等构成的市民阶层，迅速形成了一股新的社会力量，他们倡导并身体力行地推动山东社会文化进行史无前例的大转型。

（二）从甲午战争到"还我青岛"的爱国主义

山东为孔孟之乡，儒家传统文化根深叶茂。在儒家文化熏陶之下，中国人在漫长的古代社会形成了天下观念：华夏即中国居天下中心，四周皆是教化不昌的蛮夷。1894—1895年的甲午之战，山东备受其害，堂堂华夏神州竟受制于东洋岛国日本，这对于儒家正统思想浓郁且早已感受过资本帝国主义侵略危害的山东人民来说，是很难接受的，对外来势力久蓄于胸的仇恨难以

① 交通部烟台港务管理局编：《近代山东沿海通商口岸贸易统计资料（1859—1949）》，对外贸易教育出版社1986年版，第195页。

遏止。更为严重的是，甲午战后，西方列强纷纷采取行动，大肆掠夺侵占中国的领土和权益，德占胶州湾、英租威海卫，迅速激化了中外民族矛盾。

国人天下观念的解构和近代民族国家观念的逐步形成，是近代西学东渐特别是民族危机日益深重的产物。随着这一观念的变化，民族性问题更多地上升和表现为政治问题，与爱国主义紧密结合在一起。近代中国人的爱国主义存在一个变化的过程，即传统爱国主义与近代爱国主义，其大致又以义和团运动为分水岭：义和团运动以前，传统爱国主义占据统治地位；之后，近代爱国主义成为中国社会运动的主要形态。

传统爱国主义在义和团运动失败以前的近代中国社会最普遍，其根基也最深厚，封建统治阶级的绝大部分及农民阶级，都是这一类爱国主义的载体。传统爱国主义拒绝引进和学习任何西方先进事物，甚至从心灵深处崇尚上古三代之制。他们站在中华民族的立场上，严守夷夏大防、华夷之辨，反对外来侵略，爱国（即爱朝廷），崇尚中国固有文明，拒斥一切外国事物。

义和团运动就是传统的爱国主义。"义和团，起山东，不到三月遍地红。"[1] 甲午战后，中外民族矛盾激化。山东"民风素强，民俗尤厚"，胶东地区因为教会兴办文教和实业，民众获得实惠，所以民教关系较为融洽。而在鲁西南和鲁直交界一带，尤具"北方民俗刚强"[2] 性格，加之天主教的很多做法易导致民教冲突、激化民族矛盾，导致教案频发。另外，自同治以来，随着海运的发展和运河运输业的急剧衰落，大批靠运河维持生计的船户、挑夫、搬运等行业的工人纷纷失业，有些则沦落为无业游民。早在1896年，曹县、单县一带的大刀会，就掀起激烈的反洋教斗争。因为山东官员对百姓反洋教会斗争表示同情乃至默许，并于1898年6月表示要"将拳民列诸乡团之内，听其自卫身家，守望相助"，义和团在山

---

① 刘崇丰等编：《义和团歌谣》，上海文艺出版社1960年版，第25页。
② 故宫博物院明清档案部编：《义和团档案史料》（上），中华书局1959年版，第40、15页。

东境内基本合法化。所以，山东各地义和团活动十分活跃，并纷纷打出了"兴清灭洋""助清灭洋""保清灭洋""扶清灭洋"等旗帜，体现出传统爱国主义的特点，山东义和团运动进入高潮。1899 年 12 月底，袁世凯奉旨奔赴山东，采取双管齐下、内外标本兼治之法，极力稳定山东局势。在这一系列维护山东局势的措施之下，当直隶和京津地区、东三省、山西等地的义和团运动在中央政府倡导下走向高潮时，似乎无可遏制的山东义和团却迅速衰落了。

义和团运动失败之后，近代民族国家观念基本形成。清政府举行清末新政，展开自救运动，学习资本主义的政治经济文化制度，教育、经济、军事、政治、社会习俗等领域的改革逐步推开，社会开始急剧蜕变。在新政改革中壮大起来的资产阶级中下层有以张謇为代表的资产阶级实业家，推动实业救国、教育救国的有以孙中山为代表的革命派，提出三民主义的救国方案，领导革命运动。在山东，有张采臣、丛禾生、徐镜心等实业救国、教育救国、革命救国的代表人物，他们认定某些方面的举措在当时的历史条件下为切实可行的救亡图存、富民强国之法，从具体救国活动入手，为争取民族独立、社会进步、国家富强而尽个人所能尽到的责任。这些人的爱国救国主张和行为与传统爱国主义截然不同，体现出鲜明的时代特色，属于近代爱国主义。

到了 20 世纪初，一战期间，日本乘德国忙于欧战，以对德宣战为借口，于 1914 年出兵山东，强占胶济铁路和青岛。1915 年，日本向袁世凯递交"二十一条"，要中国承认日本继承德国在山东的一切权利。1919 年巴黎和会，中国代表团希望通过收回青岛、废除《民四条约》，维护中国的合法权益。4 月 20 日，山东各界十万三千多人在济南演武厅召开国民请愿大会，高呼"还我青岛"，要求收回日本在青岛的一切特权。6 月 18 日，山东选出各界代表 85 人组成"山东各界请愿团"到北京请愿。山东的爱国主义发展为近代爱国主义。

（三）商埠、胶济铁路与口岸城市的近代化

1. 山东第一个开埠城市——烟台

1858 年签订的《天津条约》规定登州对外开放通商。但英国人马上发现，登州"不适合做口岸"①。经清政府同意，烟台替代登州。1862 年 3 月，"烟台港开放对外贸易"，烟台海关正式设立，时称"东海关"。烟台迅速发展起来，即一变而"为山东工商之先进"②，人口迅速增多。1891 年，这一地区总人口达 32500 人。1901 年，增为 57120 人。十年间，人口又"几乎翻了一番"③。

烟台因商而兴，1898 年以前为山东唯一对外通商口岸。截至 1901 年，已有外国洋行 26 家，大都从事各种洋货进口和土货出口业务，有的还兼营保险、航运、银行等业，也有的如仁德洋行（James McMullan & Co. Ltd.）则以组织生产为主，兼营出口等业。张裕葡萄酿酒公司、信丰公司、亿中公司、政纪轮船公司、德顺兴等，则是众多民族企业中的佼佼者。为贸易与民生服务的电报、电话、电灯、中西医药等企业，也都随着城市的发展而建立起来，并逐步完善了服务功能。总之，一座现代新兴工商业城市在辛亥革命前后已经形成。这里人们的思想观念、生活方式和习俗，已迥然有别于中国传统城市。新兴烟台所显示出的"世界性气息"，是一个"日益重要的商业和工业中心"，也是一个可以"在美丽和卫生的环境中休养的避暑胜地"④。

---

① A. G. Ahmed Com. , Ed. and Pub. ,*Pictorial Chefoo*（1935—1936）,p. 14.
② 林修竹编：《山东各县乡土调查录》，山东省长公署教育科民国九年版，第 2 页。
③ *Decennial Reports*（1902—1911）,Vol. 1,p. 56.
④ *Decennial Reports*（1902—1911）,Vol. 1,p. 57.

2. 德占青岛与胶济铁路

1897年11月1日，轰动中外的巨野教案发生，德国遂以此为借口出兵强占胶州湾，并于1898年3月6日逼迫清政府签订了《胶澳租借条约》，租借胶州湾99年，据此得以在山东修建两条铁路，并可在铁路沿线30华里内开采矿产。[①] 随后，德国与山东地方官员签订了《胶澳租地合同》和《边界合同》，明确了胶澳租借地的范围和边界。这个租借区域，被德国命名为"胶州湾保护领"。1899年10月12日，德皇威廉二世正式命名"胶州保护地的新市区"为"青岛"。

德国当局把这一租借地当成永久性殖民地进行管理和建设。为促进青岛的繁兴，德国殖民当局购置土地，大力建造现代港口和铁路，经与清政府多次谈判，实行自由港免税区与清政府海关税收体制两相便利的政策。在青岛城市建设方面，德国人完全按照西方特别是德国模式建造，决心在世界东方建一座"模范殖民地"和现代文明城市。街区建设、电灯电话、现代供排水系统、城市绿化，从幼儿园到大学的教育体制，从防病治病到卫生管理等，一切均按照当时最现代化的方式进行规划和建设。一座拥有宽阔美丽的大街、宽敞人行道的欧式城市，在胶州湾口岸拔地而起。

德国人在实现占领胶州湾的图谋后，立刻着手修建从青岛经潍县到济南的胶济铁路。1899年6月，胶济铁路勘测设计全面开始；9月，铁路建造工程便在青岛开工。1904年6月1日，胶济铁路全线竣工通车。胶济铁路通车以后，以低廉的输出运价吸引山东商人把内地货物发往青岛，在那里加工为成品再销往内地或运往国外。优良的现代港口、方便的海陆交通运输条件、优惠的工商贸易政策、法制化的管理体制、卫生且秩序井然的市政设施和管理，吸引了大批中外商家。仅仅十数年间，青岛即从胶州湾一个很不起眼的小村庄，迅速发展成为山东、全国乃至东亚著名的现代港口

---

① 王铁崖编：《中外旧约章汇编》第1册，三联书店1957年版，第738—740页。

城市。截至 1909 年，青岛港进口货值已超过大连，出口货值已位居北方各口岸第一。1907 年，青岛海关税收在全国 36 个海关中排名第七，超越了大多数早于青岛开港数十年的口岸。①

3. 清政府自开的商埠城市

清光绪二十九年（1903），清廷批准外务部议复商约大臣吕海寰等人奏陈"近今要务"关于"广辟商埠"的奏请，开启了清末主动对外开放的大潮。时任山东巡抚的周馥和直隶总督、北洋大臣袁世凯，一致主张"于济南城外自开通商口岸"②。1906 年 1 月，济南隆重举行了开埠典礼。从约开商埠到自开商埠，标志着近代中国人治国思路与对外观念的巨大转变。济南、潍县、周村同时开埠，为清末以至民初山东各项事业走在全国前列奠定了基础，在济南乃至山东现代化进程中具有里程碑意义。

图 1　济南开埠简图（图片现藏济南市规划局）

济南自辟为商埠后，迅速呈现崭新气象。它首先在商埠区引进了全新的城市管理模式：政府主导修筑适合新形势发展和济南多水特点的宽阔街道，完善电灯电话现代通讯和照明设施，建立街道清扫制度。1910 年又开始修建横跨黄河的大桥。[1] 全新的城市管理模式、暂免关税等优惠政策、良好便利的交通通信条件，招来了一批西方现代化的工商金融企业，同时也吸引了山东内陆及沿海大批有实力、求发展的绅商涌进济南。省会济南终于取得了其与省城政治、文化中心地位相适应的商业贸易枢纽地位，经济上一跃成为"鲁、晋、豫三省出口土货最初集中市场"及"洋货散布之商埠"[2]。

潍县和周村作为济南自开商埠的分关，虽然开埠时间和管理模式与济南并无二致，但整个山东社会当时的经济力量还不足以三埠齐头并进，其开埠的影响直至辛亥革命后才逐步显现。清末推行新政特别是自辟商埠以后，古老历史名城焕发了青春，整个山东步入了人类现代文明进程大潮之中。

（四）新式学堂与山东教育近代化

近代山东出现了新式学堂，主要有传教士建立的教会学校、外国人在青岛和威海卫租借地建立的西式学校、清末新政后国内建立的新式学校等几个类别。传教士进入山东之后，兴办文化教育，在山东大地建立起了从幼儿园到大学的现代教育体系，其中，最有特点的是中国第一所启喑学校和第一所现代大学。清末新政后政府自办现代教育的代表则是山东大学堂。

---

① Robert Conventry Forsyth, *The Sacred Province of China in Some of Its Aspect*, Shanghai Christian Literature Society, 1912, p. 336.

② 何炳贤主编：《中国实业志·山东省》（丁），民国实业部国际贸易局 1934 年版，第 38 页。

1. 梅理士夫妇与中国第一所启喑学校

梅理士是美国北长老会传教士，1887年，他和妻子汤普森（中文名梅耐德）在登州城里创办了启喑学馆。1895年，梅理士去世，学馆于1896年暂时停办。为了能在中国继续进行聋哑人教育，梅耐德多方联络求助，先后得到美国纽约罗契斯特启喑学校以及美国"聋哑人和他们的美国朋友及英国朋友们捐助的"部分经费、设备。为招收学生的方便和将来的发展，1898年梅耐德将学校迁往烟台，决定在那里继续启喑教育，并邀请其外甥女卡特（Anita E. Carter，中文名葛爱德）来帮助她办学。卡特于1906年抵达烟台，直到1939年退休返回美国，始终全心全意从事聋哑人教育，终身未婚。她到来后，学校增加了女生部，开始招收女聋哑人，学校更名为"烟台中国启喑学校"，又名"梅理士启喑纪念学校"，历经20多个年头的聋哑人教育，终于在古老的中国大地站稳了脚跟。

1908年，为了"向中国人证明启喑教育是可能的"，梅耐德率学校师生做了一次大范围的巡回旅行。"长途跋涉3000余英里……在30000多名中

图2　启喑学馆中年龄较大的男生在学习修建房屋

国人面前做了示范表演"，引起了一些官员和各地教会学校的广泛关注和极大兴趣。此后，烟台启喑学校越办越好，这里不仅教聋哑人"说话"、读书，而且教他们自立于社会的本领。除了聋哑人的正常课程之外，男学生还学习修剪果树、种园、做木工活、排版打字、机器织袜等，女生还"学习烹饪、缝纫、刺绣、抽绣，做花边和编织"① 等。

辛亥革命后，烟台启喑学校获得了美国田纳西州诺克斯维启喑学校捐赠的一笔资金，得到了美国和英国聋哑人以及中外各界人士"更多的关注"，长期坚持下来。到19世纪30年代初，中国大陆有13所启喑学校先后设立并坚持开办，其中12所都是由烟台启喑学校发展起来的。

2. 中国历史上第一所现代大学——登州文会馆

文会馆的前身是登州蒙养学堂，创办于1864年秋，创办人是传教士狄考文夫妇。蒙养学堂除了开设中国当时读书人必读的四书五经、楷法等科目外，还按计划学习中外历史、地理、音乐、数理化、天文学等课程。

1877年初（农历1876年末），"取以文会友之意"，蒙养学堂更名为文会馆，拟"将天下至要之学会聚于兹"，同时为首届三名毕业生举行隆重的毕业典礼。1884年，美国北长老会本部"正式授权"登州文会馆办大学，英文名称"山东书院"——Shantung College，中文名称一仍其旧。1904年，登州文会馆迁至交通方便的潍县，与英国浸礼会在青州开办的广德书院中的大学班合并，更名广文学堂，成为联合兴办的山东基督教大学——后来更名为齐鲁大学的文理学院。登州文会馆是中国最早的现代大学，而且"几乎无疑是19世纪中国最好的教会大学"②。比盛宣怀倡议、光绪皇帝批准创办于1895年的北洋大学早10多年，较1892年"始设大学课程"、1906年"大学课程始定为四年"的上海圣约翰大学早近10年。至于1898年维新变法期间设立的京

---

① D. MacGillivray ed., *The China Mission Year Book*, Shanghai, Christian Literature Society for China, (*1913*), pp. 404–407; (*1915*), pp. 541–542.

② Irwin T. Hyatt, Jr *Missionaries in East Shantung*, Harvard University Press, 1978, p. 140.

师大学堂，开办伊始，西学教习"只有一名"不是登州文会馆的毕业生。①

3. 山东大学堂

光绪二十七年八月初二日（1901 年 9 月 14 日），清廷谕令各省广设大、中、小学堂及蒙养学堂，以期"端明学术""作育人才"②。时任山东巡抚的袁世凯"先于省城改设大学堂以为之倡"。初设之山东大学堂计划分为三等：备斋、正斋、专斋，暂时只开设备斋和正斋。袁世凯聘请当时的文会馆主美国长老会传教士赫士赶赴济南筹建大学堂，并仿照老馆主狄考文建的工作室模式，聘狄考文的学生丁立潢创办山东理化机械制造所，制作大学堂所需实验设备等。③ 光绪二十七年十月十五日（1901 年 11 月 25 日），清廷发布上谕，令全国以山东为样板，"立即仿照举办，毋许宕延"④。山东大学堂于 1901 年底即招生 100 人，正式开学，成为全国第一所现代省级大学堂。初创时期的山东大学堂，其实就是登州文会馆的翻版。学堂西学教习，即是原登州文会馆馆主赫士及大多拥有在京师大学堂、上海圣约翰大学从教经历的登州文会馆历届毕业生，保证了教学质量。大学堂的创办为山东普及新式教育作出了难以估量的贡献。

另外，清末新政时期，山东的教育近代化取得了长足进步。山东设全省学务处及州、县各级劝学所，负责改造传统书院、私塾，建立了自蒙养学堂到高等教育现代学校教育体系，以及农、工、商、医、师范、法政、陆海军事等各类各级专门学校；创设各类各级女子学堂；选派青年赴日本和欧美各国留学；倡办现代新闻媒体，官办、民办报刊大批涌现，各种新知识、新资讯、新思潮迅速广泛传播；创办不同于旧式藏书楼的现代图书馆，为新知识、新思想的传播创造了便利条件。

① ［美］卜舫济：《记圣约翰大学沿革》，见朱有瓛等主编：《中国近代学制史料》第 4 辑，华东师范大学出版社 1993 年版，第 426—430 页。
② ［清］朱寿朋编：《光绪朝东华录》（四），中华书局 1958 年版，第 4719—4720 页。
③ 天津图书馆，廖一中、罗真容整理：《袁世凯奏议》（上），天津古籍出版社 1987 年版，第 349 页。
④ ［清］朱寿朋编：《光绪朝东华录》（四），中华书局 1958 年版，第 4784 页。

（五）近代山东的工商业文明

烟台开埠后，外国资本便尝试在当地投资开办工矿企业，以扩大农副产品的出口。德国侵占胶澳后，把修建铁路港口、开采矿山、投资设厂作为在山东扩张经济势力的既定方针。外资企业的兴办，一方面抢先获得了市场空间，给萌生期的华商企业以极大的竞争压力；另一方面，也为工业生产管理技术的引进、技术力量的培养提供了客观条件。同时，新式企业的出现也激发了民族资本兴办实业的热情。

1. 外国资本投资设厂

烟台开埠、青岛外租之后，外国人首先在这些口岸投资设厂。1874 年，德国宝兴洋行利用部分中国人的资本在烟台开设烟台缫丝局，这是山东第一家机器缫丝厂。1899 年德国政府批准成立山东铁路公司，由德华银行等 14 家德国银行出资 5400 马克，修建胶济铁路。1900 年 3 月，德国开始在青岛兴建四方机厂，1902 年基本落成，生产了中国早期的蒸汽机车。德国借《胶澳租借条约》取得山东开矿权后，德国资本便开始筹建矿山公司开发山东煤矿资源。1899 年 10 月在柏林成立"山东矿务公司"（德华矿务局），重点对坊子、淄川两处矿区进行开采。1901 年 10 月，德国在坊子打成第一眼煤井——坊子竖井。11 月开始采煤，1902 年 8 月全面投产，始年产量 16 万吨。1913 年，山东铁路公司兼并了山东矿务公司，改称山东路矿公司。1903 年 8 月，德国和英国商人合资在山东青岛创建日耳曼啤酒公司青岛股份公司（今青岛啤酒的前身）。公司建立初期，啤酒的年生产能力是 2000吨，生产设备和原料全部来自德国，产品有淡色啤酒和黑啤酒。自开商埠的济南也成为外国人投资设厂的主要地点。1923 年，美国大型石油公司德士古公司（Texaco）在济南设立分支机构，与此前已在济设立机构的美商美孚石油公司、英商亚细亚石油公司并称为"济南石油三外商"，主要销售汽油、煤油、柴油等燃料。

2. 外国人设立洋行

洋行是在华外国资本的化身。烟台、青岛开埠后，上海、香港等处的洋行、洋商便蜂拥而至，开办起分行或独立商行。1893 年，英国北爱尔兰人马茂兰创办进出口企业烟台仁德洋行，不久，资金积累达五、六万两之巨，居山东进出口贸易的首位，1903 年正式改为"仁德股份有限公司"。1906 年，德国人韩士礼在济南创办礼和洋行，初设高都司巷，后迁普利门外，扩建房舍仓库，占地 25 亩，每年进口额 150 万元，出口原料 100 万元，年利 50 万元。1911 年德国人德伯雅开设义利洋行，经营日用杂货。1912 年 1 月，英国商人瑞尔顿在烟台创建敦和洋行，主要经营进出口业务。洋行经营进出口贸易业、航运业、金融与保险业，控制了港口和沿海航运业，并将经营触角深入到内地城市，从而改变了区域市场经济的性质。外国商行的进驻，给山东带来了各种以前少见的西方钢铁材料、五金机械、新式武器、日用百货、文具纸张等，近代文明的输入推动了山东工商业的近代化。

3. 外国人开办近代金融业

烟台、青岛等城市开埠后，外国金融资本的触角伸进山东，英美德日等国金融资本如汇丰、德华、横滨正金、俄华道胜等著名大银行在口岸城市开设分支或代理机构。1906 年德商在济南经二路纬二路设立德华银行济南分行，经营一般商业银行业务，并擅自在中国境内发行银两票、银圆票、镍铬小圆。在济南的发行额折合银圆达 40 万之多，流通遍及全省，1917 年 8 月关闭。1912 年 9 月，法国商人在上海设立万国储蓄会，所办有奖储蓄带有欺骗性，为社会舆论所反对，1936 年被南京国民政府取缔。1915 年，日本国内汇兑贴现银行正金银行在济南经二路纬三路设立支店，发行日本钞票，强制在胶济铁路沿线流通，这是日本帝国主义侵华的重要金融机构，抗战胜利后由中央银行接收。这些外资银行，以其雄厚资本作为支撑，开办各项金融业务活动，成为影响民族金融资本正常发展的外来金融垄断势力。

4. 民族工商业的发展

　　山东民族资本主义工业产生于 19 世纪末，在外国资本主义入侵的刺激下，一些官僚、商人对近代工业的投资，标志着山东民族资本主义工业的产生。山东巡抚丁宝桢于 1875 年在济南建立山东机器局，成为山东出现的第一家近代民族企业。之后，山东相继建立了官督商办、官办或者官商合办的企业，主要有登州铅矿、淄川铝矿、淄川炭矿、烟台华丰工厂、轮船招商局烟台分局、天津电报局临清分局和济宁分局、宁海金矿、济南邮政局等。从 19 世纪 70 年代起，山东一部分官僚、地主、商人也开始创办新式企业。1878 年，戴华藻集股银 2 万两在峄县创办中兴矿局，有矿工 3000 余人，是中国当时最大的民办煤矿。1883 年，李宗岱创办平度、招远金矿，共集商股银 80 万两，成为甲午战争前国内规模最大的民族资本采矿企业。1895 年，由著名侨商张弼士投资创办的烟台张裕葡萄酿酒公司，规模大、工艺精，是中国首家近代酿酒企业。这样，山东逐渐建立起一批具有民族资本主义性质的近代企业。济南、潍县、周村相继开埠后，山东各地民族工业纷纷建立起来。

　　在近代工业影响下，一些手工业作坊、小煤窑，通过技术改造发展成为用机器生产的近代工业。为了促进手工业作坊的技术设备改造，1902 年，在省城济南，农工商务局设立工艺传习所，分铜铁、木工、绣工、染工、电镀、织布、织毯等 10 科；筹办工艺局，下设铜铁、毛毯、花边、织布、木器、洋车 6 个分厂。一些州府县仿效设起工艺分局、工艺厂。另外，一些士绅带头开办实业。这都促进了近代工业的发展。辛亥革命后特别是第一次世界大战期间，由于欧洲列强忙于战争、无暇顾及中国，山东民族工业得到较大发展。1912 年至 1913 年间，山东地区兴办的酿酒、制糖、榨油、制醋、火柴、制烟和毛皮制革等各种工业迅速增长。这类工厂，1912 年有 333 家，1913 年发展到 476 家。

山东民族工业的发展，尤以棉纺织业的发展最为迅速。1915年，大官僚靳云鹏、潘复等在济南投资185万元建立鲁丰纱厂，纱锭28016枚，是山东民族棉纺业之发端。1918年，由民族资本在青岛筹建的华新纱厂，资本270万元，有职工1800余人，是当时中国民族工业中较有影响的企业。山东机制面粉业是仅次于纺织业而迅速发展起来的新兴工业，以济南最为兴盛。1915年起，先后成立丰年、惠丰、茂新等9家面粉厂，最高年产量达1000万袋。不过，山东的民族工业中，主要是纺织、食品等轻工业比较发达，重工业极为薄弱，同时绝大多数企业规模狭小、资金短缺、设备陈旧、企业管理落后，不仅在市场上缺乏竞争力，而且对外国资本有很大的依赖性。

（六）农村的近代转型：从武训义学到乡村建设运动

中国社会是"以乡村为基础，并以乡村为主体的"，近代以来，中国农村屡遭天灾人祸，已破败不堪，经济萧条、民生凋敝的状况日益严重。土地的高度集中使大部分农民流离失所，农村经济日趋破产，农村社会动荡不安。一批有识之士纷纷为救活中国农村而加紧奔波，他们或着力于农民文化教育，或致力于地方自治和政权建设，谱写了一曲农村近代转型之歌。

对于中国传统农村，英国人在1898年租占威海卫之初，有这样的描述：当地百姓的文化水平非常低。据英国人的统计，1901年威海卫租借地内80%的本地人是文盲，超过一半的村庄没有自己的学校。[①] 胶东是这样，贫困的内陆地区更是如此。

清朝末年，山东堂邑县武庄的武训，为改变农村教育的弊端，"行乞兴学"，被时人和后人所推崇，"为举世所信仰景慕"，民间称为武圣人，清政府准予为他建坊。武训原名武七，清朝末年山东堂邑人，本人是文盲。他从小跟着母亲乞讨。母亲去世后，他一边当佣工，一边乞讨。他自恨不识

---

① Dorward to Colonial Office, 21 Nov., 1901, CO521/2.

字，所以发誓筹钱设义学，他把筹到的钱寄存在富家人生息。到他49岁的时候，已经置田230多亩。他仍然过着赤贫的生活，继续乞讨。1888年，他花费4000多吊在柳林庄设立义塾，办学经费从他置办的学田中列支。义塾分为二级：蒙学和经学。开塾的时候，武训先拜塾师，再拜学生。平时，他常到义塾探视，对勤于教事的塾师，叩跪感谢；对一时懒惰的塾师，跪求警觉；对贪玩、不认真学习的学生，下跪泣劝。后来，他又在馆陶资助了证和尚设立义塾，在临清建立义塾。1896年，武训去世，年59岁。山东巡抚张曜、袁树勋先后疏请旌，祀孝义祠。著名教育家陶行知先生说："我常说的武训先生的精神，可以用三个无、四个有来表现它。他一无钱，二无靠山，三无学校教育，但他所以能办三个学校，是因为他的四个有：一、他有合于大众需要的宏愿；二、他有合于自己能力的办法；三、他有公私分明的廉洁；四、他有尽其在我、坚持到底的决心。"[①]

图3　梁漱溟（坐者）与邹平山东乡村建设研究院的同仁

———————————

① 陶行知：《陶行知全集》第四卷，四川教育出版社1991年版，第553页。

到了民初，更多有识之士认识到乡村建设的重要性。近代著名学者和社会活动家梁漱溟便是其中的代表。梁漱溟在儒学传统面临崩溃的局面下仍深刻地挖掘和高扬中国儒家理念的精华，并试图通过乡村建设将其变为现实。1931 年 3 月，梁漱溟等在邹平县成立山东乡村建设研究院。乡村建设研究院分三部分，第一部分是乡村建设研究部，由梁漱溟任研究部主任，该部招录大学毕业生或大专毕业生 40 名，两年毕业，学员毕业后分配到实验县任科长和辅导员等职务。第二部分是乡村服务人员训练部，负责训练到乡村服务的人才，招录对象是初中毕业生或同等学力者，每期一年结业。学员由每县招考 10—20 名，结业后各回原县，担任各县乡村建设的骨干工作。第三部分是乡村建设实验区，以邹平县为实验地。实验区有县政府，隶属乡村建设研究院，县长由研究院提名，省政府任命。

1932 年，邹平由乡村建设实验区改为县政建设实验县。邹平实验县的行政区划经过撤并，整改为 14 乡。全县整个行政系统实行教育机关化，以教育力量代替行政力量。县以下设乡学，取消乡（镇）公所，几个村或 10 个村有一乡学，乡学就是"政教合一"的机构，乡学下设村学。设置乡学村学的目的是培养农民的新政治习惯——农民对团体生活及公共事务的注意力与活动力。梁漱溟特别强调发挥传统伦理精神在培养农民新政治习惯时的作用。梁漱溟认为，今日乡村组织必须是一个教学组织，最根本的是要提倡农民"求进步""向上学好"。全乡组织董事会，推出乡中德高望重、有文化、年龄较高的人当学长，学长由县政府下聘书，实际大都是地方乡绅学者名流担任。乡学村学中的成员，包括全乡全村的农民，统称为学众。在乡村建设运动中，梁漱溟提出了"团体组织、科学技术"，也就是把分散谋生的农民组织起来，主要是组织合作社，改良农业品种、提倡植树造林等。乡学村学教育还致力于纠正求神拜佛、吸毒、女孩缠足、男孩早婚等陈规陋习。

梁漱溟的乡村建设是一个以社会为本位的建设方案。他把中国问题的症结归于文化的衰弱，于是以振兴儒家文化为旨归，达到改良社会的目的。

乡村建设的具体组织形式是"政教合一"的乡学村学，这一机构的特殊性表现在：达到领袖与农民的结合，政事与教育的结合，并寓事于学，把人生向上之意蕴涵其中。梁漱溟乡村建设的构想是一个政治原则和伦理原则的混合体，充满了儒家的理想色彩。当然，梁漱溟的乡村建设运动未能成功改变中国农村的面貌，不过他的一些理论和实践对我们今天的中国特色社会主义乡村振兴运动也有值得借鉴的意义。

（七）闯关东、乡土观念与近代山东的风土人情

电视剧《闯关东》反映了以山东人为主到山海关外的东北地区谋生的活动。闯关东的高峰期在清代与民国时期。闯关东，有陆水二路，陆路经河北，越山海关到东北。水陆从山东登州（蓬莱）乘船，数日可达辽东。"闯关东"是近代山东出现的一种新现象。特别是半岛地区，几乎每家都有"闯关东"的人。

据统计，清代山东移民东北的人数大约为 700 万至 800 万。民国时期，山东闯关东的移民浪潮仍在继续，且规模未减。此时曾有过两次大的闯关东浪潮，第一次浪潮发生在 1926—1930 年间，1927 年、1929 年这两年年均移民人数均在 80 万以上，顶峰年为 1928 年，移民竟达 100 万以上；第二次浪潮发生在 1939—1943 年间，顶峰年在 1941 年，移民人数又达百万以上。1912—1949 年，山东人闯关东的总数竟超过 1830 万，除去回返者，留住东北的山东人有 792 万之多。东北的大开发，山东人居首功。

本来，古代山东人是"安土重迁"的典型，为什么近现代那么多山东人要背井离乡呢？从外因看，有人口压力、天灾人祸、满清政府的政策导向等原因，从内因看，则是近代山东人乡土观念和文化心态的改变。中国小农经济长期存在，造成了人们对土地的依赖，加上乡土观念的影响，安土重迁早已成为传统。所以绝大多数的农民是不愿意离开故土的，即使在天灾人祸严重时被迫流亡，大多数人还是要千方百计返回故乡。农业种植

的空间稳定性与相应的经济行为、文化行为的地域保守性，使得人们对土地都怀有一种深深的眷恋，甚至深化为一种感激和崇拜，这就是乡土观念。

到了近代，山东人的"守成"心态在继承中有转化。汉代之后，齐鲁文化逐渐成为中华文化的轴心文化，随着齐鲁文化特别是齐鲁儒学地位的不断提升，山东人的自信心和优越感演化成一种守成型的文化心态。在近代中西文化的交融中，西方文明的先进性把山东人以圣人之乡自居的优越心态逐渐征服了。他们切实感受到了西方文化的文明优势，而传统的心理积淀仍在顽强地发挥作用，近现代山东人出现了文化归属感的分裂。一方面，对本土文化的信赖感逐渐减弱，而捍卫传统的意识又在不断增强；另一方面，对西方文化逐渐接受，但又表现出很强的排斥外来文化的倾向。在近代山东的对外开放与连续发生的教案、义和团运动等矛盾现象中可以明显地看出这种复杂性。从社会习俗角度看，外来文化进入山东以后，西洋和东洋的习俗与传统山东习俗发生激烈碰撞。山东人固有的淳朴、内向性格渐渐倾向于开放与外露，并且出现了以"闯关东"为代表的一些非传统行为。

近代山东形成了新旧杂糅的文化和风土人情。山东是儒学的故乡，齐鲁儒学的发展过程，同时也是它不断被异化的过程。西方列强侵入山东以后，为中国人展现了一个全新世界，支配山东人思想观念的齐鲁儒学出现了前所未有的境遇：山东人的思想观念难以适应扑面而来的新的生产方式和生活方式，尤其不能接受殖民主义的文化统治，于是，两千年来从未有过的信仰危机和捍卫圣贤思想的本能冲动，同时存在于他们的精神世界里，从而形成了新旧杂糅的思想格局。一是精英知识分子对西学与国学的双向选择，以傅斯年等人为代表的新一代山东知识分子既接受了西学，又没有放弃国学，还参与了创造现代中国的新文化的过程。二是儒学在民间的延续与改造。五四运动之后，在山东民众中，儒家思想依然具有巨大的支配力量。[①] 作为普通民众，他们不得不接受新的社会思想秩序和流行规范以适

---

① 魏建：《齐鲁文化精神传统在近现代山东的历史转换》，《山东社会科学》2004年第2期。

应社会结构的巨变和固有人伦关系的破坏。于是，以往烦琐的礼教秩序被简化了，以往作为主流意识形态的儒学逐渐演变为内在精神支撑的民间道德。

参考文献：

1. Robert Conventry Forsyth，*The Sacred Province of China in Some of Its Aspect*，Shanghai Christian Literature Society，1912.

2. 故宫博物院明清档案部编：《义和团档案史料》，中华书局 1959 年版。

3. 王守中、郭大松：《近代山东城市变迁史》，山东教育出版社 2001 年版。

4. 魏建：《齐鲁文化精神传统在近现代山东的历史转换》，《山东社会科学》2004 年第 2 期。

5. 王志民、徐振宏：《中国地域文化通览（山东卷）》，中华书局 2013 年版。

十七、中西交融下的近代齐鲁文化

十八、 马克思主义传播与红色基因的养成

毛泽东曾说："十月革命一声炮响，给我们送来了马克思列宁主义。"①中国人民救亡图存之际，马克思主义的传入为中国指明了一条康庄大道。五四运动后，马克思主义在山东开始广泛传播并与工人运动相结合，使共产党组织较早地在山东建立成为历史的必然。在这里，王尽美、邓恩铭等知识青年如饥似渴地阅读进步书刊，逐步成长为具有共产主义思想的知识分子。他们深入工人群众中参加实际斗争，逐步成长为无产阶级的先锋战士。马克思主义在山东的传播与山东党组织的建立与发展有着密切的联系，马克思主义的传播为山东成立党组织奠定了思想基础，是山东地区党组织建立的来源和动力。同时，山东党组织的建立及其领导的工人运动也推动了马克思主义在山东的广泛传播。中国共产党成立后，山东党、团组织的建立与发展，进一步领导了工人运动，担负起了领导山东人民反帝反封建斗争的历史重任，红色基因开始在齐鲁大地上扎根发芽。

① 毛泽东：《毛泽东选集》，人民出版社1991年版，第1470—1471页。

（一）山东问题、五四运动与爱国主义

山东问题由来已久。山东为日本近邻，土地肥沃，物产丰饶，水陆交通便利，早就成为日本觊觎的对象。1914 年 9 月 2 日，日本以对德宣战为名，出兵山东，攻占青岛，并拒绝将所占之地交还给中国，企图从德

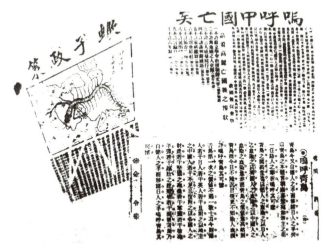

图 1　"反对二十一条"爱国宣传文章

国手中抢去胶州湾并取得对山东的控制权。1915 年，日本提出了灭亡中国的"二十一条"，其中关于强占山东权益的就有 4 条。第一次世界大战结束后，中国人民期待以战胜国的身份改变半殖民地的国际地位，收回被帝国主义侵占的主权，特别是山东权益，认为"山东问题，关系我国之存亡，为我国所必争"。

1919 年 1 月 18 日，在法国召开的巴黎和会上，中国代表团提出三项要求，特别提出收回在大战期间被日本夺取的德国在山东的各种特权。然而，日本政府以不加入国联相威胁，要求享有德国在山东的各项权利。消息传来，全省人民怒不可遏，驻济南各界代表决定于 1919 年 4 月 20 日在济南演武厅广场召开"山东国民请愿大会"。当日，济南"城内外各街巷赴会场者，车马络绎，行人如蚁，途为之塞，陆续到会者约 10 余万人"[1]，声势之大，前所未有。国民请愿大会之后，山东各界又向北京派

---

① 孟庆旭、王玉华主编：《山东教育史》（三），山东教育出版社 2015 年版，第 116 页。

出常驻请愿代表，联络旅京山东籍人士为收回山东主权共同抗争。北京政府得知"山东国民请愿大会"的消息后，急电巴黎和会中国专使，指示他们要力争山东主权。

"山东问题"及中国外交失败是五四反帝爱国运动爆发的导火索，而4月20日在济南召开的"山东国民请愿大会"则成为五四运动的先声。中国在和会上外交失败的消息传来，立即在人民群众首先是知识分子和青年学生中激起强烈愤慨。5月4日，北京大学等13所大中专学校的学生3000余人，不顾北京政府教育部代表及警察的阻拦，到天安门前集会。他们提出"外争主权、内除国贼""废除二十一条""还我青岛"等口号，强烈要求拒绝在和约上签字，惩办亲日派官僚曹汝霖、章宗祥、陆宗舆。北京学生的爱国运动迅速得到全国各地学生的声援和社会舆论的支持。

山东是响应五四运动最早的省份之一。运动爆发后，山东各界的爱国斗争激烈地开展起来，迅速掀起了一个以济南为中心，以声援北京学生和"外争主权，内惩国贼"为主要内容，以发表通电和集会、示威游行、街头演讲宣传、抵制日货为主要形式的群众爱国运动。

全省各地各界各团体纷纷举行集会和示威游行，仅济南地区，1000人以上的集会即达数十次之多。规模较大影响较深的有：5月6日，济南各界万余人在庠门内集会；7日，山东省暨济南各界3万余人，手持书有"勿忘

图2　山东请愿团在新华门请愿

国耻""还我青岛"等口号的旗帜,汇集在省议会院内举行山东国耻纪念大会;9日,山东省立女师及其附小教职员举行大会,以"五月七日,我国之耻,誓死必雪,勿懈厥志"16字为每天朝会时师生的诵词,后为济南各校效仿,对激励学生的爱国热忱起到重要作用。除济南之外,山东还有30余县市举行了不同规模的集会和示威游行,其中曹州、蓬莱、青州、烟台、潍县等地规模较大。24日,青州各界近万人召开国民大会,数十人演说,省立第十中学学生破指血书"赤心报国,身死志存";甲种农校学生咬破手指,血书"良心救国",会后举行了示威游行。

6月3日,北京学生重新走上街头讲演,大批学生被捕。5日,上海工人举行声援学生爱国斗争的大罢工。山东人民在获悉消息后,济南商、学各界近万人在省议会大院集会,一致议决全体罢市。6日,威海码头工人举行抵制日货的罢工;济南工人积极参与罢市斗争。14日,济南1000余名工人集会,各业领袖轮流演说,痛陈日本帝国主义在山东的暴行,并通过决议:凡为日本人做工者,当即罢工;不充当日本人仆役;不买日本货。6月10日,曹汝霖、章宗祥、陆宗舆被罢免,标志着五四运动取得了第一个直接胜利。16日,山东各界组织请愿团赴京请愿,要求政府拒签巴黎和约。由山东人民率先发起的拒签和约请愿运动,随即在全国各地掀起高潮。中国专使最终未在巴黎和约上签字。

五四运动爆发后,山东各界人民积极响应,有力地支援了全国各地的爱国斗争,激发了人民的爱国热情。山东的工人阶级在斗争中充分显示出工人阶级的实力和高度的政治觉悟,从而为推动马克思主义在山东的传播、建立工人团体及党组织打下了思想基础与群众基础。

(二)王尽美、邓恩铭与马克思主义在山东的传播

经过五四运动的洗礼,山东一批先进知识分子开始积极探索改造社会的道路,而马克思主义以其高度的科学性和革命性逐渐吸引着越来越多的

进步青年。他们试图用马克思主义的阶级观点来剖析社会，致力于推动山东地区马克思主义的传播。王尽美、邓恩铭则是这批具备马克思主义思想的先进代表。

王尽美，原名王瑞俊，字灼斋，1898 年生于山东省莒县（今诸城市）北杏村的一个佃农家庭。1918 年秋，王尽美考入济南山东省立第一师范学校。五四运动之后，马克思主义开始在济南传播。王尽美广泛阅读了李大钊的《庶民的胜利》《布尔什维主义的胜利》等文章，开始初步接触马克思主义。在这一学习过程中，他逐渐摒弃非马克思主义的观点，成为一名坚定的马克思主义战士。

邓恩铭，原名邓恩明，字仲尧，又名黄伯云，1901 年出生于贵州省荔波县的一个水族贫困家庭，青年时期到山东求学。五四运动爆发后，他被推举为省立一中学生自治会负责人兼任出版部部长，组织学生参加罢课等活动。在五四运动期间，王尽美与邓恩铭在学生运动中并肩战斗，从相识到相知，成了志同道合的战友。

1919 年 10 月，进步知识分子王乐平在济南创办"齐鲁通讯社"，这是山东省第一家进步书社，王尽美和邓恩铭都曾在此工作，推动山东地区马克思主义的传播。两人是中国早期的马克思主义信仰者，是中国共产党创始人，是在山东传播马克思主义的先驱。

1920 年秋，王尽美、邓恩铭等 11 人在济南发起成立励新学会，以"研究学理、促进文化"为宗旨。励新学会作为进步的团体，印行了一种新的出版物，定名《励新》，每半月发刊一次。王尽美担任编辑主任。王尽美与邓恩铭经常在该刊上撰写文章，抨击时弊。《励新》半月刊初期就登载了大量有关山东教育、妇女解放及讨论社会改造问题的文章。这些文章通过具体事实，剖析社会，痛斥反动当局的罪恶，抨击社会时弊，启发青年的觉悟。王尽美曾撰文指出："我总以为劳动者之所以屈服在资本家之下，那种利权并不是资本家所特有的，是以前那些劳动者假给他的，现在劳动者既觉悟了，就马上把这种利权收回来，也就是物归原主的意思，于理论上是很对的。"[①] 这些文章清晰地表达了他对工人阶级的支持。《励新》宣传了一些马克思主义观点和社会主义思想，在济南青年学生中有较大影响，而且这个学术团体的活动也造就了一部分开始研究马克思主义的进步青年，促使他们由民主主义者向共产主义者转变。

在组织"励新学会"期间，王尽美经常来往于济南、北京等地。在北京，他结识了中国共产主义运动的先驱李大钊、早期革命活动家罗章龙等人，并参加了李大钊在北京大学发起和组织的"马克思学说研究会"，成为北京"马克思学说研究会"在山东最早的通讯会员。

王尽美、邓恩铭等人通过创办报刊、建立先进组织等方式，拓展了传播马克思主义的渠道，形成了同敌人进行思想斗争的主要阵地。他们通过自己的努力，让更多的人认识了马克思主义，点燃了山东革命的星星之火。

（三）山东党组织的建立与红色基因养成

马克思主义的传入，为中国共产党的成立奠定了思想基础。五四运动的爆发，促使马克思主义与工人运动相结合，更推动工人阶级走向了历史舞台。经过五四运动的洗礼，山东一批具有初步共产主义思想的知识分子，在实践中推动了山东党组织的建立，为迎接即将到来的革命高潮提供了组织保证及群众基础。

1. 济南共产党早期组织的创建

1920 年 2 月初，李大钊和陈独秀最早酝酿讨论了组建中国共产党的问题。4 月，经共产国际批准，俄共党员小组来到中国，了解五四运动后中国革命运动发展情况和推动建立共产党组织的问题。工作组成员杨明斋是山东人，在途经济南时，与济南进步思想界取得联系，对济南的共产党早期

---

① 王尽美：《成年补习班与工学主义》瑞俊附志，《励新》第 5 期，1921 年 4 月 15 日。

组织的建立起了促进作用。上海共产党早期组织成立后，陈独秀函约"王乐平在济南组织共产党"。王乐平接到邀约后，没有承担此约，而是推荐了王尽美和邓恩铭。1921年初，在王尽美、邓恩铭等人的支持下，济南共产党早期组织成立。

1921年5月，济南共产党早期组织在《大东日报》副刊上正式创办《济南劳动周刊》，王尽美也参加了周刊社工作。《济南劳动周刊》以"促一般劳动者的觉悟，好向光明的路上去寻人的生活"①为宗旨，登载了大量济南及各地工人运动的消息和代表时代潮流的新思想、新知识，在济南、淄博等地工人中产生了广泛的影响。

济南共产党早期组织建立后，积极学习和借鉴其他共产党早期组织的经验和做法，一方面积极宣传马克思主义，组织进步青年学生学习马克思主义理论；一方面集中精力对工人进行宣传，使工人开始接受马克思主义教育，促进了马克思主义与中国工人运动的结合。济南早期共产党人突破知识分子的圈子，走出校门，经常深入到产业工人集中的津浦铁路济南机厂、鲁丰纱厂、新城兵工厂、电灯公司等地，和工人交朋友，传播革命思想。1921年6月，津浦铁路济南机厂工人俱乐部的成立，是济南早期共产党组织开展工人运动较为成功的行动。

1921年7月23日，中共一大在上海召开。王尽美、邓恩铭两人作为党组织在济南的地方代表出席了会议，为中国共产党的创建作出了巨大贡献。当时的邓恩铭尚不满20岁，是与会代表中唯一的少数民族代表。

王尽美、邓恩铭参加中共一大，在开阔眼界、增强信心的同时，也看到了理论准备的不足。他们回到济南后决定进行马克思主义理论补课。经过酝酿筹备，于1921年9月建立了济南马克思学说研究会。这是在中共济南地方组织直接领导下的一个公开的学术组织。研究会每周六集会一次，

---

① 常连霆主编，中共山东省委党史研究室编：《〈济南劳动周刊〉宣言（一九二一年五月）》，见《山东党的革命历史文献选编1920—1949》第一卷，山东人民出版社2015年版，第26页。

学习王尽美、邓恩铭从党的一大会议带回的《共产党宣言》《马克思主义浅说》和一些宣传社会主义、共产主义的小册子。据马克思学说研究会的成员回忆："王尽美、邓恩铭二同志从上海带回来的一些有关马克思主义的小册子和马克思、恩格斯的相片、纪念章等，很快地被人们抢购一空了。"[①]学说研究会的读书活动使更多的人知道了马克思主义。除在济南开展活动外，研究会还派员到山东各地促进马克思主义的宣传和工人运动的开展，推动了马克思主义在山东的进一步传播，为党培养了一大批骨干力量。

2. 中国共产党成立后山东党组织的建设

1921 年 7 月 23 日，中国共产党第一次全国代表大会在上海召开。参加大会的正式代表共 13 人。作为济南共产党早期组织的代表，王尽美、邓恩铭参加了党的一大。1922 年 5 月，中共济南独立组建立，王尽美任组长，党员 9 名。党的二大之后，中共中央派陈为人来山东指导工作。按照党章第四条"凡有党员三人至五人均得成立一组……党员必须加入"的规定，1922 年 7 月底，中共济南支部成立，成员有王尽美、邓恩铭、王翔千、王象午、王复元、王用章、贾乃甫、郝永泰、张筱田 9 人，王尽美为支部书记。

随着革命运动的发展，山东的党组织不断壮大。按照中共中央的指示，中共济南地方支部于 1923 年 10 月 6 日举行全体党员大会，正式建立了中共济南地方执行委员会（简称中共济南地执委）。济南地执委成立后，全省各地的建党工作如火如荼地展开。在济南，党组织在市区各学校、工厂和郊区开展工作，建立了多个党支部，如济南省立一师党支部、胶济铁路济南站党支部、齐鲁大学党支部、津浦铁路济南机厂党支部、济南省立女子师范学校党支部、济南鲁丰纱厂党支部、正谊中学党支部。随着建党工作的深入开展，在济南闫千户庄、省立一中、胶济铁路济南机务段、津浦路、

---

① 于佩文：《马克思学说研究会成立前后》，《山东党史资料》1983 年第 2 期。

电灯公司、工业专门学校、育英中学、电话局、洋车夫工会、面粉厂等地，都建立了党的支部。1924年底，张店站附近的洪沟村建立了中共张店车站支部。随着青岛党的工作和组织有了新的发展，1924年7月，青岛党组织改建为中共青岛独立组，邓恩铭任组长，隶属中央，由中央委托济南地方执行委员领导。中共济南支部除派员到以上地区开展革命活动外，还利用党员的个人关系到潍县、济宁、临沂、沂水、枣庄等地组织发动群众，培养革命骨干，为党、团组织在全省的发展打下了基础。

同时，山东党组织还开始向农村地区发展。1924年，中共济南支部成员贾乃甫回到家乡齐河县后里仁庄，组建了后里仁庄党支部。支部成立后，积极传播马列主义，宣传革命道理，领导农民开展抗粮抗捐、破除迷信等活动。8月，青岛党组织派延伯真到寿光张家庄，和广饶延集村的延安吉一起成立了寿（光）广（饶）党小组。9月，经济南地方执行委员会批准，中共寿广支部成立。1925年2月，根据济南地方执行委员会的指示，寿光、广饶分别建立党支部。同月，刘子久在广饶刘集村发展刘良才等人入党，建立中共刘集支部。1925年2月，庄龙甲受组织派遣在潍县建立中共潍县支部。

到1927年6月，全省共有支部近200个，其中济南20个，青岛27个，潍县地委8个，青州地委9个，张店地委13个，鲁北地委11个，高密地委6个，寿光地委10余个，枣庄中兴煤矿20个，还有临城（今薛城）、大汶口、兖州、曲阜、泰安、东昌、曹州、阳谷、临清、曹县、齐东、沂水、日照、莱芜等支部。中共山东党组织在农村中的工作也有较大发展，至1927年6月，建立农村支部50余个。这些党员遍布胶济铁路沿线和鲁北、鲁西、鲁南大部分县；建立农民协会的县近20个；德州、禹城、夏津、高唐鲁北各县共有党支部12个，党组织争取团结红枪会会员5万余人。

红色基因自此广泛扎根在山东的广袤大地上。山东逐渐成为中国共产党领导人民反抗侵略、争取民族解放的重要阵地。

（四）工人运动、狱中斗争与红色精神

为了领导山东工人阶级反帝反封建的斗争，无数的革命者前仆后继，不怕牺牲，即使被监禁，遭受非人的虐待，也将吃人的监狱当作特殊的战场，与国民党反动派斗争到底。

1. 工人运动

从党组织初步建立到第一次国内革命战争期间，全省大规模的罢工斗争风起云涌，矛头直指帝国主义和封建军阀的罢工斗争就有十数起，在全国产生了重大影响。党组织建立初期，一批进步青年在接受了马克思主义理论后，通过创建《济南劳动周刊》、津浦铁路济南机厂俱乐部等，集中精力对工人进行宣传，使工人开始接受马克思主义教育，并在实践中领导工人运动，为中国共产党正式成立准备了基本条件。

中国共产党成立后，工人阶级的觉悟进一步提高，出现了工人运动蓬勃兴起的局面。1921 年 8 月，公开领导全国工人运动的总机关——中国劳动组合书记部在上海成立。随之，山东支部诞生。在党组织的领导下，山东津浦铁路济南机厂成立了山东第一个由共产党领导建立的基层工会组织——"津浦铁路大槐树机厂工会"，并且取得首次罢工的胜利。山东矿业工会淄博部的成立，唤醒了广大矿工团结斗争的意识，推动了矿业工人运动，被称为"中国劳动运动中之曙光""山东劳动界中空前之盛举"[①]。

1923 年二七惨案发生后，全国工人运动暂时转入低潮。由于山东党组织在工人群众中的影响日益扩大，工会基层组织较为巩固，以及以国共合作为基础的民主联合阵线逐步形成，因而山东的工人运动呈持续发展的趋

---

① 中共山东省委党史研究室编：《中共山东编年史》第一卷，山东人民出版社 2015 年版，第 66 页。

势。1925 年 2 月，中共山东地执委成立后，大力开展工人运动，先后发动了胶济铁路、青岛四方机车厂的工人大罢工，以及青岛纱厂工人反对日本资本家压迫和剥削的三次大罢工，形成了山东人民的反帝大浪潮。为了配合全国的工运，山东工人阶级开展罢工运动的同时，积极支援外地工人的罢工斗争。山东工人阶级在中国劳动组合书记部山东支部的领导下，先后带领山东工人声援粤汉铁路工人罢工、京汉铁路工人罢工等。山东工人阶级的团结性、战斗性进一步加强。

第二次国内革命时期，国民党反动派背叛革命，山东党组织在不断遭受严重破坏的艰难情况下，仍坚持领导各地工人进行斗争。中共山东党组织先后领导了青岛六大纱厂联合大罢工、人力车夫大罢工、四方机厂罢工等。除此之外，党组织还领导了济南铁路工人罢工斗争、枣庄中兴煤矿工人大罢工等。这一时期的罢工，由于遭到国民党反动派与帝国主义势力的阻挠与破坏，工人运动艰难曲折，甚至损失惨重。但是，这一时期的工人运动不同程度地打击了帝国主义、国民党反动势力的统治，使广大工人群众取得了一些经济利益，改善了生活处境，同时也加深了党在工人中的影响，提高了工人的斗争觉悟。

2. 狱中斗争

大革命失败后，国民党反动派疯狂残杀搜捕共产党员。1929 年之后，中共山东省委和各地党组织连遭破坏，特别是省委机关在 1929 年至 1933 年短短的 4 年中，遭到十余次大破坏。青岛市（工）委在 1928 年至 1934 年的时间里，因组织被破坏被迫 29 次更换主要领导人。一批批共产党员、共青团员和革命志士相继被捕入狱。据不完全统计，到 1936 年 12 月，全省被国民党山东当局监禁的共产党员、团员和革命分子有 600 余人。尽管身陷囹圄，这些革命者仍然在狱中开展了英勇无畏的革命斗争。

1929 年初，邓恩铭被捕，几经严刑审讯后，被关押进济南警察局看守所。为把被捕入狱的共产党员组织起来，他在狱中与敌展开斗争，成立了狱中党组织，并先后组织狱中难友进行了几次绝食斗争，不仅取得了伙食改善、读书看报、不带脚镣等待遇，还使狱中难友团结到了狱中党组织周围。

邓恩铭从报纸消息上推断出国民党反动势力将控制山东的消息后，积极组织发动了越狱斗争。这次领导与参加越狱的 18 名共产党员，除武胡景、何志深、王永庆、李宗鲁、蓝志政、孙秀峰成功越狱外，邓恩铭等 12 人先后被重新抓回监狱。此次参与斗争的共产党员虽未全部越狱成功，但这次越狱斗争，震惊了国民党当局上下，被当时国民党报纸称为"济南巨案"。

1929 年 7 月 2 日，因叛徒出卖，中共山东省委在济南、青岛的机关先后遭到严重破坏，省委书记刘谦初、省委秘书长刘晓浦、省委妇女部长张文秋等干部被捕。刘谦初被捕后，敌人用上吊、打板子、压杠子等种种酷刑，逼迫他承认自己的名字与共产党员的真实身份，但刘谦初在生死关头，革命意志丝毫没有动摇。后经叛徒指认，敌人弄清了刘谦初的身份。面对敌人的软硬兼施，刘谦初丝毫没有屈服。刘谦初被关进监狱后，在他的要求下，"互济会"和狱外党组织突破森严的看管，帮助他巧妙地把《共产党宣言》《哥达纲领批判》等马克思主义书籍伪装成旧小说传进狱中。刘谦初明知形势恶化，但仍如饥似渴地抓紧一切时间学习。

被监禁在狱中的大多数共产党人，没有被敌人的监禁、利诱、严刑和屠杀吓倒。他们组织起来，团结被监禁的难友，同敌人进行了殊死斗争。他们以自己的实际行动表现了共产党人的钢铁意志，铸就了红色精神。

（五）《共产党宣言》第一个中译本在山东

在山东省东营市广饶县博物馆中存有一件非常珍贵的革命历史文物——1920 年 8 月出版的我国最早的《共产党宣言》中译本。这本《共产党宣言》能够保存到今天，是早期革命者用生命和鲜血捍卫的结果。

图3　广饶藏本《共产党宣言》

《共产党宣言》自20世纪初传入中国，影响和培育了无数革命者，促使他们由激进的民主主义者转变为共产主义战士。1920年4月，陈望道翻译完成《共产党宣言》，后经陈独秀、李汉俊两人校对，于1920年8月在上海出版。这是《共产党宣言》最早的中译本。至今该版本在全国仅存12本，其中一本就在山东东营广饶县。该书的保存与流传充满了传奇色彩。

1975年，在广饶县大王镇刘集村发现了一本版本较早的《共产党宣言》，经鉴定是陈望道初版，保存相对完好。《共产党宣言》在此处发现有着深厚的历史原因，其能够保存下来，是前仆后继的革命者用鲜血和生命换来的。刘集村在1925年2月成立党支部，是中国共产党最早的农村基层组织之一。该村先后有190多人走上了革命道路，为革命贡献过28名烈士。

在刘集村发现的这本《共产党宣言》封面印有"葆臣"的字样，经考证是20世纪20年代初在济南地区负责党团工作的张葆臣。1921年8月，到上海参加党的一大的代表王尽美和邓恩铭，携带《共产党宣言》跨越长江，把《共产党宣言》传到了中国北方。回到济南后，他们把书交给济南党组织专司党报发行和保管的张葆臣。张葆臣发现，经常同他一起参加党组织活动的刘雨辉热爱学习，就把这本书传给了刘雨辉。1926年春节期间，刘雨辉在回家探亲时，将这本《共产党宣言》和其他一些马克思主义的学习材料悄悄地送给了刘集村党支部，并由该支部第一任书记刘良才保管。刘良才视之为"珍宝"，曾组织夜校，将《共产党宣言》当作主要的学习材料。贫苦农民想要参透宣言的先进思想和理论是极为不易的，但是书中所传达的"无产阶级所失的不过是他们的锁链，得到的是全世界"① 的呼声却触动人民的革命热情。村里的先进革命分子根据书的封面，形象地称之为"大胡子的书"，并认为"照着大胡子说的做，没错"。通过对这本书的学习，刘集村支部成员的思想得到了提升，党组织也在不断地扩大，越来越多的农民明白了要翻身闹革命的道理。

1927 年大革命失败后，国民党反动派加紧了对共产党的搜捕与迫害。在这种白色恐怖之下，刘良才不得不销毁了党的机密文件及学习资料，但是却把这本"大胡子的书"小心地藏了起来。1931 年 2 月，刘良才被调至山东潍县担任县委书记（后被叛徒出卖牺牲），便将这本《共产党宣言》

图 4　参加刘集农民夜校的部分老同志

① 马克思、恩格斯著,中共中央马克思恩格斯列宁斯大林著作编译局编译:《共产党宣言》,人民出版社 2018 年版,第 68 页。

交给了支部成员刘考文。1932 年秋，刘考文因参与博兴暴动面临被捕的风险，便将《共产党宣言》交给了老实忠厚、不容易被发现的党员刘世厚保存。刘世厚将其精心地用油纸包裹起来，小心谨慎，不断转移掩藏的位置，并未让敌人搜去。谁能想到，在国民党反动派的大肆搜查与压迫之下，被列为"禁书"之首的《共产党宣言》的最早的中译本，却在山东农村的一处破败农舍里保存着。

抗日战争期间，山东广饶、益都、寿光、临淄成为"四边地区"，而刘集村正处于"四边"的交汇处，多年的抗日革命活动早已引起了日伪当局的注意。1941 年 1 月 18 日，日伪派出千余人包围了刘集村，烧杀抢掠无恶不作，残忍地杀害了数十名革命者及人民群众，众多房屋被烧毁。当时已经撤到村外的刘世厚看到房屋被烧，不顾个人安危在傍晚悄悄地潜回村内，从自家着火的房子中抢救出了这本《共产党宣言》。刘集村在抗战时期三次遭受日伪的烧掠，但这本《共产党宣言》，一直秘密保存到新中国成立。

1975 年秋天，在广饶县征集革命文物时，已是 84 岁高龄的刘世厚将保存了 43 年的《共产党宣言》上交给了广饶县博物馆。

（六）四五烈士与革命文学

大革命失败后，国民党反动派疯狂残害中共党员，打压党的革命活动。山东的党组织也深受其害，许多优秀的革命者遭到屠杀。面对国民党反动派的高压政策，在中共党组织的秘密组织与筹划下，山东先进的知识分子在思想文化界积极拓展革命文学的传播与发展，推动了无产阶级斗争阵营的壮大。

1. 四五烈士

1931 年初，蒋介石对江西中央苏区进行多次围剿，同时颁布了所谓《危害民国紧急治罪法》，在全国制造白色恐怖。这时，欲独霸山东的国民党山东省主席韩复榘，为保存实力，借口"山东'共匪'也很猖獗"，拒绝出兵。为了证实他的话，韩复榘与国民党山东省党部主任委员张苇村对被捕的山东共产党人进行了大屠杀。

1931年4月5日清明节早晨，在济南纬八路侯家大院，韩复榘、张苇村将22名已判刑入狱的共产党人任意加罪改判，进行屠杀。他们是：山东省委书记邓恩铭、刘谦初，山东省委妇委书记郭隆真，山东临时省委书记吴丽实，山东省委秘书长雷晋笙、刘晓浦，临时省委常委兼宣传部长党维蓉，山东省委秘书长、团山东省委书记宋占一，团山东省委书记兼团省委创办的《晓风》周刊主笔刘一梦，中共青岛市委组织部长朱霄，中共济南特支书记李敬铨，青岛市委常委孙守诚，中共淄川特支书记车锡贵，四方机车厂工运领袖、山东省委委员纪子瑞，中共曹县支部书记孔庆嘉，山东曹县农民武装暴动领导人之一任守钧，济南党组织成员李华亭，省委视察员、鲁北特委负责人王凤岐，蓬莱党组织负责人赵鸿功，潍县县委委员兼县委秘书于清书，青岛市委代理书记陈德金，山东长山县早期党员王锡三。这次屠杀，使山东党组织蒙受惨重损失，这些英勇的共产党员，史称"四五烈士"。

牺牲的22名烈士中，年龄最大的41岁，最小的仅20岁，平均年龄28岁。郭隆真是这次被屠杀中的唯一女性共产党人。他们虽然有着不同的工作经历，但都有着对党的忠诚、对人民的热爱和对共产主义事业的追求。

2. 革命文学

山东革命事业的发展离不开革命文学作品的创作和传播。1927年大革命失败后，一批党和党所影响的文化工作者冲破国民党反动政治的高压，在新开辟的革命思想文化阵地上，展开了英勇的战斗。

"四五烈士"中的刘一梦就是一位卓越的文学斗士。刘一梦，原名刘增溶，化名刘大觉，出生于山东省蒙阴县垛庄镇，后加入中国共产党，投身于共产主义事业。在"四一二政变"后，刘一梦转入文艺战线。1927年冬，蒋光慈等人在上海创办革命文学团体太阳社，刘一梦是该社的主要成员及党的负责人之一。他经常以"一梦""大觉"等笔名发表文章，抨击国民党的反动统治，出版有短篇小说集《失业以后》，书中共收入《工人的儿子》《谷债》《暴民》等 8 篇短篇小说，塑造了许多被压迫者和革命者的形象，被鲁迅先生评价为"优秀之作"。1928 年秋，刘一梦出任共青团山东省委书记。在此期间，刘一梦担任了《晓风》的周刊主笔，先后发表了《论新现实主义》《当前文艺运动之趋势》《论文学上的现实主义问题》等文章，揭露反动当局的黑暗统治，宣传革命思想，在青年学生中的影响很大。

山东红色革命精神的发扬离不开一批优秀中华儿女的爱国热情。邓恩铭、刘谦初等革命志士不仅全身心投入革命事业，积极探求真理，而且用为革命不惜献身的大无畏精神写下了不少传世之作。1929 年，邓恩铭被叛徒出卖，再次被捕入狱。面对酷刑折磨，他毫不动摇，在狱中写下遗作《诀别》："卅一年华转瞬间，壮志未酬奈何天；不惜惟我身先死，后继频频慰九泉。"这首诗彰显着一位革命者不屈不挠的斗争精神，更激励着一代代革命志士为国奋斗。

"赤心求真理"的革命先辈刘谦初自青年时期就经常撰写革命诗词，抨击黑暗政府，启迪民众。早在五四运动时期，他就积极阅读进步书刊。他曾先后担任《燕大周刊》的副主编、创办进步刊物《木瓜》和《流萤》、建立了革命文学团体"倾盖社"，创办《倾盖周刊》等等。1927 年，刘谦初入党之后依然重视社会政治宣传工作，担任了理论周刊《血路》的副主编。他早年创办革命文学读物的经验，为山东革命工作的开展奠定了基础。1929 年，刘谦初调任济南工作，任省委书记兼宣传部长，为山东党组织的恢复发展作出了卓越贡献。后来，刘谦初夫妇不幸被捕入狱。1930 年春节那天，刘谦初为鼓励和宽慰妻子张文秋，托狱卒送给她一盒糕点，糕点里面夹着一张小纸条，上面写道："无事不必苦忧愁，应把真理细探求，只要武器握在手，可把细水变洪流。"这首诗在狱友中广泛传播，鼓舞着大家的斗争精神。1931 年 4 月 5 日刘谦初英勇就义，临刑前他仍从容地向刑场上的战友们吟诵着："桃红柳绿，锦绣山河谁做主；源清流洁，革命事业我与君。"

受国际上无产阶级左翼文化运动的影响，1930 年 3 月 2 日，经过党的建议和筹划，由党内外作家参加的中国左翼作家联盟（简称左联）在上海正式成立。山东作家孟超、耶林都曾在左联负责筹建并担任领导职务。"左联"的任务即是"有目的、有计划去领导发展中国的无产阶级文学运动，加紧思想的斗争，透过文学艺术，实行宣传与鼓动而争取广大群众走向无产阶级斗争的营垒"①。继左联之后，文艺界先后成立了中国左翼戏剧家联盟（简称剧联）、中国左翼美术家联盟（简称美联）、中国左翼社会科学家联盟（简称社联）、中国左翼世界语联盟（简称语联）等等。这些左翼文化团体内大都设立了党团组织。为了把进步文化力量集结于党的统一领导下，1930 年 10 月，中国左翼文化界总同盟（简称文总）成立。在这一时期，革命文学蔚然成风，山东也不例外。

1932 年春，在中共青岛市委的领导下，在青岛大学外文系、物理系就读的中共地下党员王弢、黄敬组织部分进步学生，秘密成立新文学研究会、时事研究会、读书会等文学团体，借以发动组织群众。新文学研究会即是青岛的左联组织，成员有王弢、黄敬、李林等，由王弢负责。同年夏，王弢因领导学生运动被国民党青岛当局通缉，此项工作由黄敬负责。青岛左联组织通过读书会、时事讨论会等方式开展活动，定期学习马列主义经典著作，交流心得体会，并在《民报》《晨报》《时报》等报刊上发表作品，积极从事文学创作。1933 年初，青岛左联组织了进步文学社团——汽笛文艺社。汽笛文学社除秘密散发进步刊物外，还公开印发文学月刊《汽笛》。半年后，汽笛文学社的活动引起国民党青岛当局的恐慌，成员姜宏被捕，周浩然、于黑丁遭通缉，《汽笛》被迫停刊，汽笛文学社也停止活动。与汽笛文艺社同时创立的海光文艺社，也在《青岛时报》上开辟《海光》文艺副刊，进行革命文艺活动。

山东革命文学的活跃，不仅推动了山东革命文化发展，而且在当时的黑暗统治之下，为身处黑暗的人们指明了走向光明的道路，宣传了革命思想。

---

① 潘汉年：《左翼作家联盟的意义及其任务》，《拓荒者》1930 年第一卷第 3 期。

（七）"赤心找党"与初心使命

在敌人的残酷镇压之下，山东省和济南市的党组织遭到破坏并与上级组织失去了联系。济南党组织从1933年10月与中共中央、北方局失去联系后，省立济南第一乡师的教师赵健民等人在独立恢复、发展各地党的组织，坚持革命斗争的同时，一刻也没有间歇地寻找上级党组织。

从1933年下半年到1935年底，省立济南第一乡师党支部、中共济南市委、中共鲁西特委、中共莱芜县委、中共山东工委等党组织，多次派人去北平、上海、青岛等地寻找上级党组织。刘仲莹、鹿省三赴上海，徐运北去北平，赵健民委托教师田佩之去北平，但都没有接上党的关系。赵健民听说在泰安普照寺居住的冯玉祥处可能有中共党员，曾两次到泰安寻找，但仍未找到上级党的关系。

1935年5月，中共中央决定以河北省委为基础重建中共中央北方局。1935年春，省立济南乡师学生郭崇豪在得知赵健民寻找上级党组织的情况后，提供了濮县有党组织的消息。赵健民就委托郭崇豪暑假期间回家乡了解濮县党组织与上级党组织是否有联系。9月初，郭崇豪回到学校，向赵健民汇报，他和濮县党组织取得了联系，而濮县党组织与河北省委有联系。赵健民立即奔赴濮县。在濮县古云集，赵健民见到了濮县县委书记王士希。王士希听完赵健民说明来意后，将他引见给直南①特委巡视员刘晏春。刘晏春向赵健民介绍了当地党组织的情况，并说直南特委受河北省委领导，他负责将赵健民要求上级党组织派人到山东恢复党的关系的意见反映上去，一旦有了消息，立刻同赵健民联系。

1935年冬，郭崇豪收到濮县来信。赵健民知道消息后，立即通知了省

---

① 直南，指当时的直隶省（今河北省）南部的南乐、清丰、濮阳、东明、长垣地区。上述5县除东明现属山东省外，其余现属河南省。

立济南第一乡师党员张元修、刘少傥、景晓村，当晚又用暗语给莱芜县委的刘仲莹、鹿省三写了通报信，向济南市委组织部长陈太平说明情况。安排好工作后，赵健民只身骑自行车，冒着刺骨的寒风，踏上了漫漫险途。他后来回忆说："冬季天气不长，出济南后到齐河还要过黄河，自行车箭似的顺黄河大堤公路向西南前进。未落太阳就走完了三百六十里到达寿张，晚上找寿张乡师支书王福昌等同志了解了一下工作。次早顺大堤公路向西南继进，过午即达濮县古云集，晚上去徐庄见到了黎玉同志。"[1] 当时，中共河北省委代表兼直南特委书记、直鲁豫特委书记黎玉正在徐庄巡视工作。

见面后，赵健民详细地汇报了他们独立恢复、发展党组织，建立中共济南市委、鲁西特委和山东省工委，坚持斗争和寻找上级党组织的情况。黎玉要求赵健民把山东党的情况写出文字报告，由他转交北方局。同时，黎玉向赵健民传达了中央的有关指示、精神。这些指示，对于长期与上级失去联系的山东党组织来说非常珍贵和及时。赵健民离开前，曾提出留在濮县参加游击队，待学到军事知识后再回济南工作，黎玉指示还是要他先回济南继续开展工作，耐心等待上级党组织的指示，同时确定了姚仲明为济南的联系人。

赵健民回到济南后，首先向姚仲明汇报了与黎玉的谈话内容。赵健民接着向济南市委和市内各党支部负责人传达了黎玉的谈话精神，并向莱芜的刘仲莹、鹿省三去信介绍了去濮县的情况。济南市委经过讨论一致决定：在各个支部深入讨论党的抗日民族统一战线政策，用耳闻目睹的事实，分析形势的变化，以证明党的抗日民族统一战线政策的正确性；通过党的各种外围组织，广泛宣传党的抗日民族统一战线政策；济南市的党组织要推动全省抗日民族统一战线的建立。市委要求各党支部像往常一样，严守秘密，运用好合法与地下斗争手段，严防敌人的破坏。

1935 年 12 月赵健民和黎玉取得联系后，黎玉很快将赵健民有关山东工

十八、马克思主义传播与红色基因的养成

作情况的报告和请求转给河北省委。瓦窑堡会议后，北方局与河北省委分设。1936 年 4 月，中共中央北方局任命黎玉为山东省委书记，委派他重建中共山东省委。4 月下旬，黎玉到达济南后，通过姚仲明与赵健民取得联系，赵健民详细汇报了山东党组织的状况和韩复榘的情况，介绍了当地的风土人情。之后，黎玉分别听取了省立济南第一乡师党支部书记张元修、省立济南高中党支部书记林浩、新城兵工厂党支部书记陈太平等人的汇报。

1936 年 5 月 1 日，在黎玉的主持下，中共山东省委成立。为工作方便，对外称山东省工委，黎玉任书记，赵健民任组织部长（兼济南市委书记），林浩任宣传部长。这样，与上级党组织失掉联系近三年的山东党组织，正式与北方局取得了联系。

以王尽美、邓恩铭为代表的革命先烈为中共山东地方党组织的成立作出了卓越贡献。他们用自己的生命点燃了山东革命的星星之火。山东党组织成立以后，尽管困难重重，但是山东地方的解放事业却因为有了坚强的领导核心而最终取得胜利。

参考文献：

1. 山东省档案馆、山东社会科学院历史研究所:《山东革命历史档案资料选编》,山东人民出版社 1982 年版。

2. 中共山东省委组织部、中共山东省委党史资料征集研究委员会、山东省档案馆编:《中国共产党山东省组织史资料(1921—1987)》,中共党史出版社 1991 年版。

3. 山东省地方史志编纂委员会编:《山东省志·共产党志》,山东人民出版社 2011 年版。

4. 中共山东省委党史研究室编著:《中共山东历史简明读本》,山东人民出版社 2016 年版。

5. 中共山东省委党史研究室编著:《中国共产党山东历史》,中共党史出版社 2019 年版。

十九、 根据地和解放区的革命文化

1937 年卢沟桥事变爆发后，中国进入全面抗战时期。抗战初期，国民党山东省政府主席韩复榘弃城逃跑。在民族危亡之际，中国共产党山东党组织毅然肩负起领导山东抗战的重任，带领人民群众举行了数十次抗日武装起义，初步创建了抗日根据地，在抗战时期发挥了中流砥柱的重要作用；山东国民党正面战场也涌现了大批令人敬仰的抗日英雄。解放战争期间，山东人民积极配合解放军作战，粉碎了国民党军对山东的全面进攻和重点进攻。战争年代，山东军民通过感天动地的革命壮举，彰显了自强不息的民族精神。山东根据地民主政权建立后，各级党组织和民主政府努力在广大农村开展识字班、冬学运动、"庄户学"等扫盲运动，并通过发展大中小学、开办干部学校来普及文化教育，山东根据地呈现出"村村办学，户户读书，抗日救国，人人争先"的新气象。在普及教育的同时，山东根据地还创办了《大众日报》等一系列报刊，创作了《铁道游击队》《沂蒙山小调》等经典文艺作品，积极向全省民众宣传党的抗日政策，增强人民群众的抗日决心。山东军民为革命作出了巨大贡献，也留下了大量蕴含革命历史和文化的遗迹、文物，山东省非常重视对革命遗迹遗物的保护与开发，积极致力于用好红色文化资源、传承沂蒙精神。

（一）全国唯一基本涵盖全省的根据地

1937 年 7 月 7 日，日本以制造卢沟桥事变为起点，发动了全面侵华战争。日军占领平津后，沿津浦铁路南下，直指山东。为了适应抗战爆发后的新形势，中共中央决定由黎玉、林浩、张霖之组成山东省委，黎玉任书记。新组成的中共山东省委加紧恢复和发展各地党组织，这为发动群众、举行抗日武装起义奠定了坚实的组织基础。10 月，中共山东省委在济南召开紧急会议，根据中共中央"在敌后放手发动群众，开展游击战争，建立抗日根据地"[①] 的指示以及中共中央北方局"每个优秀的共产党员脱下长衫，到游击队去"的号召，发动抗日武装起义。

1. 天福山起义等山东十大抗日武装起义

山东抗日根据地与其他根据地的不同之处，就在于中共山东省委在八路军主力部队到来之前，已经毅然决然地在各地组织了抗日武装起义，建立了抗日武装。天福山起义是其中较早发动的、非常有代表性的一次起义。

天福山位于文登、荣成、威海三地交界处，地域偏僻、交通不便，胶东党组织初创时期就在这里开展革命活动。1937 年 12 月初，日军从海上登陆进攻青岛、烟台等地，胶东形势顿时紧张。12 月 15 日，刚出狱的原胶东特委书记理琪在文登县召开特委扩大会议，决定以原昆嵛山红军游击队为基础，在天福山发动抗日武装起义。12 月 24 日拂晓，起义如期举行。胶东特委领导的抗日武装登上天福山玉皇庙，理琪庄严宣布"山东抗日救国军第三军"正式成立，起义人员编为第三军第一大队，于得水任大队长，宋澄任政治委员。三军一大队成立后，根据胶东特委的指示，以宣传抗日、

---

① 《中共中央给山东省委的指示信》，见八路军山东纵队史编审委员会编：《八路军山东纵队》综合册，山东人民出版社 1993 年版，第 394 页。

动员民众、扩大武装为主要任务，由天福山挺进文登西部地区。30 日，一大队行至文登县岭上村时，遭到国民党文登县长李毓英部数百人围攻，宋澄等 29 名谈判代表被逮捕，于得水率余部突围，起义暂时受挫。天福山起义和三军一大队的成立，揭开了胶东人民武装抗日的序幕。

图 1　雷神庙战役中 138 个弹孔的铁皮雨搭子（烟台市牟平区博物馆藏）

1938 年 1 月，胶东特委部分领导人赶到威海，布置起义。16 日，在国民党威海卫行政公署专员孙玺凤的合作下，举行了威海起义。17 日，威海起义部队到达文登县沟于家村。这时"岭上事件"中突围人员和越狱的被俘人员也重返部队。为适应部队发展的需要，19 日成立了"胶东军政委员会"和"山东人民抗日救国军第三军司令部"，理琪任主席兼司令。2 月 13 日，理琪亲率第三军，一举攻克牟平城，俘伪县长及以下人员百余名。当日下午，又与烟台来援的日军激战于牟平城南的雷神庙。经过 8 小时激战，打退数倍于我军之敌多次进攻，战斗中，理琪壮烈牺牲。攻克牟平城、血战雷神庙，是胶东地区打响的抗战第一枪，给日军以迎头痛击，坚定了胶东军民抗战的决心和信心。

除天福山和威海起义外，山东其他地方也纷纷组织武装起义，建立抗日武装。从 1937 年下半年至 1938 年底，在省委统一部署和各地党组织领导下，冀鲁边区、鲁西北地区、胶东天福山、鲁中黑铁山、鲁东的昌邑潍县寿光、鲁中徂徕山、鲁东南地区、泰（山）西区、鲁南区、湖（微山湖）西地区等地都燃起了抗日武装起义的烽火。到 1938 年 12 月，除鲁西区和冀鲁边区外，各起义武装都编入八路军山东纵队，我党在山东领导的抗日武装实现了统一，这也为创建以一个省为基本范围的抗日根据地打下了坚实的基础。

2. 山东抗日根据地的建立

1938 年 4 月 2 日，山东省委书记黎玉到达延安，向毛泽东汇报了山东党组织和抗日游击队的有关情况。毛泽东对山东能够抓住时机建立自己的武装给予了充分肯定。当黎玉提出希望中央能够派干部到山东并提供通信器材时，毛泽东立刻答应先派中共陕甘宁边区书记郭洪涛率干部约 50 人，携带两部电台去山东。在几天以后的一个高级干部会议上，毛泽东介绍了山东省委白手起家建立抗日武装的情况，称赞了山东的工作，号召各地向山东学习。

5 月，郭洪涛一行抵达山东。中共山东省委扩大为苏鲁豫皖边区省委，郭洪涛任书记（12 月改为中共中央山东分局）。21 日，省委在泰安南上庄召开干部会议，郭洪涛在会上传达了党中央和毛泽东关于建立抗日根据地的指示，做了《为创建山东抗日根据地而奋斗》的报告。会议制定了《发展和坚持山东游击战争的战略计划》，确定在山东各地创建抗日根据地。

12 月，山东各地起义武装统一编成八路军山东纵队，张经武任指挥，黎玉任政治委员，下辖若干支队，共 24500 多人。八路军山东纵队是一支由中共地方党组织领导广大人民群众，举行武装起义而创建发展起来的规模较大的抗日武装力量。山东纵队成立后，各支队分别在各地创建抗日根据地。至 1939 年春，山东初步建立了冀鲁豫边区、鲁西北、胶东、清河、泰西、湖西、鲁中、鲁南、滨海等抗日游击根据地和游击区，并开展了苏北、皖东北部分地区工作。①

为了加强山东抗战力量，在党的六届六中全会上，毛泽东提出"派兵去山东"。1938 年 11 月 25 日，毛泽东等致电彭德怀："以陈、罗率师部及陈旅

---

① 贾蔚昌、唐志勇主编：《山东通史·现代卷（上）》，人民出版社 2009 年版，第 203—205 页。

主力（两主力团）全部去山东、淮北为适宜……"1939年3月，八路军115师政委罗荣桓、代理师长陈光率师部和第343旅第686团2000余人进入山东，与山东纵队会合，开辟、扩大和巩固了鲁西、

图2　八路军一一五师挺进山东

鲁南、湖西、冀鲁豫边区等抗日根据地。

1940年7月，山东省召开工、农、青、妇、文化各界联合大会，选举产生山东省临时参议会，范明枢任参议长；选举产生全省统一的行政权力机关——山东省战时工作推行委员会，黎玉任首席组长（后改称主任委员）。山东省统一民主政权的产生，标志着山东抗日根据地的形成。到年底，山东抗日根据地辖有鲁西、鲁中、湖西、鲁南、滨海、胶东、清河、冀鲁豫边区等8个战略区，先后建立了鲁西、清河2个行政主任公署、12个专员公署、79个县政府，拥有人口1200万，面积3.6万平方公里，成为全国唯一基本涵盖全省的根据地。

（二）山东战场对全国的革命贡献

全民族抗战期间，中国共产党领导山东人民奋起抗击日军侵略，建立了可歌可泣的历史功绩。八年时间山东抗日根据地军民歼灭日伪军53万余人，占党领导人民军队歼敌总数的31%；缴获各种枪械21万余支、炮900多门，分别占党领导人民军队缴获总数的30%和50%。抗战结束时，山东

八路军发展到 27 万，民兵 50 万，占党领导人民军队和民兵总数的 20.4%和 19%。建立抗日根据地 12.5 万平方公里，人口 2400 万，占党领导抗日根据地总面积和总人口的 12.5% 和 24%。山东人民也付出了极其沉重的代价，因战争因素造成的山东境内伤亡人口至少在 600 万至 653 万之间，日军侵华期间，给山东造成的财产损失折合 1937 年法币达 8476455.7 万元。山东抗日根据地举行的规模比较大的战斗有：1939 年 8 月，第 115 师一部在梁山地区伏击并全歼日军第 32 师团长田大队及炮兵一部 600 多人；1940 年 1 月，鲁西区军民击退日伪军三万多人的大"扫荡"，毙敌千余人；1943 年 11 月，一万多日伪军对鲁中根据地进行"扫荡"，在主力部队转入外线作战的情况下，留在内线作战的十一团八连，利用岱崮地区的有利地形，血战 18 天，以伤 7 人、亡 2 人的代价，毙伤日伪军 300 多人。山东抗日根据地为抗日战争的胜利作出了重大贡献。

习近平总书记曾在纪念全民族抗战爆发 77 周年讲话中指出："全体中华儿女冒着敌人的炮火共赴国难，无论是正面战场，还是敌后战场，千千万万爱国将士浴血奋战、视死如归。"抗战爆发后，山东国民党正面战场上也涌现出了一大批英雄人物和感人事迹，台儿庄战役是其中代表。1938 年 3 月 9 日，日军进攻临沂，山东籍将领张自忠率第 59 军两次驰援临沂战场，连日苦战，伤亡惨重，监战的战区参谋长徐祖诒想让该军撤出战斗，进行整补，张自忠却请求再战一天一夜。经战区允准后，59 军拼尽全力向敌猛扑，日军全线动摇，纷纷遁逃。16 日至 18 日，122 师师长王铭章率部坚守滕县三昼夜，最终壮烈牺牲。毛泽东、董必武等撰赠挽联："奋战守孤城，视死如归，是革命军人本色；决心战强敌，以身殉国，为中华民族争光。"[1] 24 日，日军向台儿庄猛扑，中国守军死守阵地。经过殊死激战，4 月 7 日凌晨，中国军队收复台儿庄。台儿庄大捷是抗战以来国民党正面战场上取得的最大胜利，周恩来指出："这次胜利虽然在一个地方，但它的意义却在

---

① 茅海建：《国民党抗战殉国将领》，河南人民出版社 1987 年版，第 121 页。

影响战斗全局，影响全国，影响敌人，影响世界。"①

在解放战争中，山东在战略上具有非常重要的地位。抗战胜利后，山东听从中共中央指挥，派遣主力部队9万人、干部6000多人挺进东北，在创建东北根据地、解放全东北方面发挥了重要作用。1946年6月蒋介石发动内战，12月，为反击国民党军队进攻华东解放区，山东野战军和华中野战军首次会师，在宿迁以北地区赢得第一场胜仗；作为全国主要战场之一，在山东发生的大规模战役有：鲁南战役，由陈毅、粟裕指挥，创造了解放战争以来人民解放军一个战役歼敌最多的纪录；莱芜战役，打破了国民党军南北夹击的计划，稳定了山东解放区大局；孟良崮战役，全歼国民党"王牌"74师，对挫败国民党军对山东解放区的重点进攻具有决定性意义；济南战役，开创了我军夺取10万重兵据守城市的先例，是"两年多革命战争发展中给予敌人的最严重的打击之一"②。据统计，解放战争期间，我军在全国共进行了142场战役，发生在山东的战役有23个，占战役总数的近15%，共计歼敌710790人，占全国歼敌总数的9%。在数百万解放军中，山东籍的官兵约占三分之一，在全国各省区市中排名第一。

战争年代，山东军民艰苦奋斗、浴血奋战，创造了辉煌功绩，用自己的实际行动彰显了勇往直前、敢于胜利的革命精神。

（三）文化上为人民谋进步

抗战时期，为提升根据地民众的文化素质，宣传抗日、组织民众，山东各地抗日民主政府通过先后举办识字班、冬学、庄户学等形式，开展了一系列的扫盲运动。

---

① 周恩来:《争取更大的新胜利》,《解放》第38期。
② 中国人民解放军原总政治部宣传部:《中国人民解放军战史》(3),军事科学出版社1987年版,第245页。

1. 识字班

抗战时期，识字班在全国各地都有开展，但在山东才真正叫响。识字班刚开始办时，受"男尊女卑"等封建思想的影响，招收学员成了令人头疼的问题。妇救会干部就挨门挨户地去做工作，帮助家庭成员解放思想，也帮助妇女安排好家务，做到学习家务两不误。1941年，山东妇女救国总会发出号召，要求加强对妇女的文化教育工作，建立妇女识字班、识字组，建立女子小学、妇女训练组等。从此，根据地的广大年轻妇女普遍参加了识字班学习。

妇女的思想一经解放，便迸发出极大的学习热情。她们不仅在课堂上认真听讲，还在课后认真复习。炕头、灶前、碾台上、纺车边，都是她们练字学习的地方。房前屋后，四面墙壁，到处写满了字。由于勤学苦练，文化水平提高很快，三四个月下来，就能看信写信、阅读简单的书报、记账打算盘。识字班不仅是一个识字学文化的组织，更是一种政治组织。它把广大妇女吸引和团结在自己的周围，成为妇救会和党组织的得力助手，在拥军慰问、动员参军、生产支前等各方面都发挥了重要作用。直到现在，沂蒙习俗中仍然会把年轻妇女，尤其是未婚少女称为"识字班"[1]，足见其影响深远。

2. 冬学运动

冬学运动，顾名思义，就是冬天的学习，一般安排在每年11月至次年2月的农闲时间，义务教授年龄在15—45岁（妇女不超过35岁）的根据地群众学习知识的活动。1940年至1946年，山东抗日根据地每年都要组织一次冬学运动，规模一年比一年大。

---

[1] 政协沂源县文史资料委员会编：《沂源县文史资料》（第六辑），内部印刷1997年版，第23页。

冬学的教师一般是经过一定培训的小学教员、民运工作队员、群众团体的干部和思想进步的私塾先生，凡是能够动员起来的知识人士都让他们参加冬学的教学工作。教学内容以文化教育和政治教育为主。文化教育以识字为基础，穿插关于生产、卫生知识的常识教育，斟酌增加珠算，适当调剂戏剧、秧歌、杂耍等文化娱乐教育。[①] 政治教育在抗战时期主要讲抗战道理和根据地建设，解放战争时期主要是揭露国民党政府的反动腐败，让群众了解中国现在的情形，启发群众的革命意识。

冬学的类型灵活多样，农民白天忙就组织他们上夜校，妇女中午有空就办午校。此外，有以附近几个村村民集中起来上课的大课制，有在部队驻地开办的部队冬学，还有儿童班、青年班、成年班、老头读报组等识字班。这是学习地点较为正式的冬学，还有五花八门的不定式冬学，包括小学生放学后帮父母及邻居识字的小先生制；教员在几个村子之间来回轮流上课的巡回冬学；夫妻、兄弟姐妹互教互学的家庭学习法；还有与生产直接结合的学习小组，像打油组、打草鞋组、织布组等；有的地方在村头、田尾、路口设有识字牌、文化岗、黑板报，交由站岗放哨的儿童团考问过路人，答对了就放行，答不对则由站岗儿童教会后再放行；也有把字写到字条上送到群众家里的学习方法，这种形式能给不方便上冬学的老人妇女提供学习机会。

山东根据地和解放区冬学的教学形式注重与群众的需要相结合，用群众喜闻乐见的方法讲课，讲群众听得懂、感兴趣的事。冬学的学习方式也丰富多彩，采用群众喜欢的歌曲、顺口溜、游戏、话剧表演、杂耍、秧歌队、剧团、黑板报、宣传棚、通讯读报、学习室等形式，寓教于乐，在提高大家积极性的同时达到学习的目的。

随着冬学运动的不断推行，根据地农民在政治水平和文化知识水平上

---

① 临沂地区教育局老区教育资料整理组：《山东老解放区教育资料选辑》，临沂地区教育局1981年版，第158—159页。

都有了明显的提高和进步，增强了群众对共产党的认同，也加强了党对乡村社会的领导。

3. "庄户学"

"庄户学"起源于滨海区莒南县，是山东抗日根据地自己创造的一种新型教学模式。1943年秋，青年教师张建华到莒南县洙边镇刘家莲子坡村创办小学。起初，他按照正规小学的做法管理学生。可不久后，原有近40名学生的教学班只剩下了四五名学生。他追踪学生的去处，发现绝大多数贫苦农民的孩子都去参加家庭生产劳动了。于是他决定暂时停止课堂教学，到田间、山坡与孩子们在一起，趁机教他们识字，然后根据孩子们的不同劳动任务，把他们分成放牛组、割草组、拾粪组、编筐组等，适当安排劳动和学习任务。天气好就在田间、山坡前轮流给他们上课，天气不好就一起回到教室读书，使贫苦农民子女学习和家务劳动两不误。村干部和学生家长称赞这种教学方法很合庄户人的心意，像个庄户学堂，于是取名为"庄户学"。在张建华的帮助下，该村又成立了妇女学习班、民兵学习班、青壮年学习班、村干部学习班等，也都根据学员的需要和习惯，灵活确定学习内容、时间和形式。1944年11月，在全省行政工作会议上，张建华被授予"山东省教育英雄"称号。其后，莒南县抗日民主政府发出通知，决定在全县推广"庄户学"。各村按照刘家莲子坡村的做法，把原来的小学、识字班办成"庄户学"，使"庄户

1943年10月，莒南中学毕业的张建华到洙边区刘家莲子坡任教，他根据贫苦农民子女家务多的特点，创办了"庄户学"，其经验被推广到全国解放区。张建华被山东省政府授予教育英雄。洙边区被誉为山东省教育实验区。图为洙边区刘家莲子坡学校旧址和教育英雄张建华。

图3 张建华及其创办的洙边镇刘家莲子坡庄户学旧址

学"从儿童教育阶段逐步发展到成人教育阶段，陆续开办成人班、妇女班、民兵班等等。全县很快出现了"子教母、姑帮嫂，自动学、互助教"的学习文化局面。

"庄户学"最大的优势在于教学时间和地点灵活，田间地头、家里家外，都是学习的场所。"手捧书本肩荷枪，隆隆声中夹琅琅，碾盘锅台作石板，山野林间是课堂"①，这就是对"庄户学"最真实的写照。

"庄户学"在莒南县发起，后推广到沂蒙地区，最后几乎遍及整个山东抗日根据地，成为山东抗战教育的一面旗帜。

（四）革命教育：中小学、抗大与临沂山东大学

山东根据地民主政权建立后，各级党组织和民主政府在广大农村扫盲的同时，还努力发展学校教育，规划全省教育，开展干部教育，建立正规中小学。

1. 发展中小学教育

1940 年 12 月，《山东省战时国民教育实施方案》正式颁布实行，这是推动山东根据地文教事业发展的纲领性教育法规，标志着山东根据地的教育由自发、分散地兴起向有组织、有规范的方向发展。

小学教育是根据地教育发展的基础，1940 年 4 月《大众日报》社论即指出："各级抗日民主政府要把小学教育提到应有的高度。"② 山东根据地先后建立了抗日小学、抗日游击高级小学、抗属小学、实验小学、抗日"两面小学"、保育小学等多种类型的小学。1939 年到 1941 年，山东全省建立小学 1 万余所，吸收了 40 余万名儿童入学，动员小学教师 1.3 万人。根据

---

① 中共莒南县委党史资料征集委员会编：《莒南县党史资料》第 3 期，内部印刷 1985 年版，第 160 页。

② 《恢复与发展山东的小学教育》，《大众日报》1940 年 4 月 16 日。

地还重视发展中等教育，在第一次全省教育会议上，战工会教育处处长杨希文就强调了中等教育的重大意义："中等教育应为造就一批健全的中坚人物而努力。"[①] 根据地的中等教育包括普通中学、师范学校和职业教育。抗战期间中等教育发展的当务之急是加强师范教育、提倡职业教育、扩建现有中学和创办新的中学。到 1942 年山东根据地共设立中等教育学校 16 所，有学生 2957 人。[②]

1945 年春，山东根据地全面推行教育改革，在干部教育和群众教育方面取得了不错的成绩，但改革取消了大批普通中小学。内战爆发后，中小学教育全面停顿。随着人民解放军转入全面反攻，山东解放区形势好转，教育开始逐渐恢复。1948 年 9 月，山东省政府召开第三次全省教育会议，确定教育工作的方针为"新民主主义的，即无产阶级领导的、人民大众的、民族的、科学的新教育"，并颁行《山东省恢复整顿教育工作（草案）》，恢复和整顿了大中小学。全省各地教育工作的恢复和发展，不但为解放战争的胜利作出了贡献，而且为新中国的成立和社会主义革命、建设储备了大批人才。

2. 干部教育：抗大

随着抗战形势的发展，山东迫切需要大批党政军干部。1938 年 7 月，苏鲁豫皖边区省委创办了山东省抗日军政干部学校。因学校长时间驻在沂水县岸堤镇，又称岸堤干校。

干校第一期招收学员 200 余人，第二期原定 400 人，实招 600 余人。随着学员增多，规模扩大，省委建立健全了干校领导班子和教学机构，在行政上设置了校部，下设政治处、教育处、总务处，处以下分设若干个科。至 1938 年底，全校教职员工达 100 余人。第三期增设了妇女队，第四期增

---

① 杨希文：《展开中的山东新教育运动》，见山东老解放区教育史编写组：《山东老解放区教育资料汇编》第 2 辑，内部印刷 1985 年版，第 35 页。

② 张书丰：《山东教育通史·近现代卷》，山东人民出版社 2001 年版，第 413 页。

设了青年队和地方武装队，学员大队由一个扩编为两个，第五期又增设了教育队和财经队。

干校建校之初，即以延安抗日军政大学为榜样，贯彻执行毛泽东为抗大制定的"坚定正确的政治方向，艰苦朴素的工作作风，灵活机动的战略战术"的教育方针。学校初创时条件非常艰苦，因为纸张缺乏，几个学员合用一本教材；没有固定教室，有时露天上课，有时战场就是课堂；没有桌椅，学员们就坐在地上。尽管教学设备简陋，大家却始终保持高昂的学习热情。建校初期没有专职教员，主要由省委领导人亲自讲授一些抗战的理论和知识，随着学校发展，教学内容扩展到军事、政治、哲学以及党中央的政策文件等。从1938年6月到1939年6月，干校共举办5期，培养干部3000多名，"三千壮士，一代精英"，干校学员在各条战线上顽强战斗，很大程度上缓解了根据地"干部荒"的问题。

1939年9月，山东抗日军政干部学校改为八路军第一纵队随营学校，徐向前兼任校长，朱瑞兼任政治委员，下设6个中队，共计700多名学员。为培养军政干部，1938年12月党中央组建抗日军政大学一分校。1939年11月，抗大一分校开赴山东敌后办学。1940年3月随营学校并入其中。

1943年3月，山东军区和115师合并，成立了新的山东军区。7月，抗大一分校改称山东军区教导第一团。从1940年到1944年，抗大一分校在山东根据地开办4期，培训了军政干部一万多人。这批骨干力量，为八路军山东纵队的发展壮大，为山东抗日根据地的创建、巩固、发展，为夺取抗日战争乃至解放战争的胜利，都作出了不可磨灭的贡献。

3. 大学教育：临沂山东大学

1945年8月22日，山东省政府委员会第一次全体会议决定在临沂建立山东大学，任命李澄之为校长，田佩之为副校长，仲焕章为教育长，并决定将校址选在原美国耶稣教长老会于清末创办的临沂经文中学堂。临沂山东大学于10月开始招生，首批学生计有638人。1946年1月5日，学校举行了隆重的开学典礼。同年 4 月，华中建设大学全体教职员工及学生数百人并入临沂山东大学。合并后，临沂山东大学设政治、经济、文艺、教育等系。1946 年 6 月下旬，国民党军队向解放区发动全面进攻，内战爆发，临沂山东大学师生随即疏散于临沂城南、城东农村。1948 年夏，中共华东中央局决定，以原临沂山东大学渤海地区的部队留守人员为基础，并集中原来的一些教师，会同华中建设大学的部分干部、教师，在潍县组建成立华东大学，同年 9 月 4 日开学。济南解放后，华东大学于 11 月迁入济南，成立文学、社会科学、教育 3 个学院和 1 个研究部。1950 年全国教育工作会议后，学校调整为政治、文学、史地、艺术、俄文 5 个系，转入正规化的业务学习。学校于 1950 年冬奉命迁至青岛，1951 年在青岛与山东大学合校。华中建设大学、临沂山东大学和华东大学，都是短期训练班式的政治大学，在战火纷飞的年代，为国家培养了近万名干部，为革命战争和建设作出了积极的贡献。

（五）《大众日报》为代表的党报

创办报刊是山东抗日根据地文化宣传的重要形式。1937 年 10 月，鲁西《抗战日报》在聊城率先创刊，成为山东省在敌后方最早出现的由中国共产党创办的报纸。随着党组织、抗日武装和民众团体的发展，山东根据地的抗日报刊如雨后春笋般迅速发展起来。这其中影响较大的报纸有：泰山地委的机关报《泰山时报》、胶东特委创办的《大众报》、湖西地委的《湖西日报》、鲁南区委的《鲁南时报》、渤海区委的《渤海日报》、鲁西南地委的《民声报》、鲁西区党委机关报《鲁西日报》等；此外，还有八路军 115 师入鲁后由政治部创办的机关报《战士》、由胶东各界抗日救国总会创办的《群力报》。大量报刊的创办和发行，有力推动了党的抗战宣传，提高了民众的抗战意识，充分发挥了"桥梁""纽带"的作用。

《大众日报》作为中共山东分局的机关报，是山东抗日根据地影响最大的报纸，也是中国共产党现存党报中出版时间最长的报纸之一。1938 年 11 月，中共苏鲁豫皖边区省委（后改为中共中央山东分局）派刘导生、匡亚明分别担任报社社长和总编辑，开始筹备创办《大众日报》。1939 年元旦，《大众日报》在沂水县王庄正式创刊。《大众日报》在发刊词中即阐明了自己的办报宗旨是"为大众服务，成为他们精神上的必要因素之一，成为他们自己的喉舌，更成为他们所热烈支持的最公正的舆论机关"①。从创刊伊始，《大众日报》就备受中共中央关注。1940 年元旦，《大众日报》创刊一周年之际，毛泽东从延安发来题词："动员报纸、刊物、学校、宣传团体、文化艺术团体、军队政治机关、民众团体及其他一切可能力量，以提高民族觉悟，发扬民族自信心与自尊心，反对任何投降妥协的企图，坚持抗战到底，不怕苦难、不怕牺牲，我们一定要自由，我们一定要胜利。"② 毛泽东的题词成为《大众日报》始终坚持的办报指导方针。

在抗战时期，《大众日报》坚持宣传党的抗日主张，真实生动地记录了山东人民在党的领导下进行斗争的史实，真正发挥了党的喉舌作用。在抗战的困难时期，《大众日报》也一直坚持出版，不能出铅印报，就出石印报、油印报和书页式小报。整个抗战时期，《大众日报》是中共山东分局机关报；1945 年中共中央华东分局成立，一直是华东局机关报；1949 年，华东局南下，山东分局成立，改为山东分局机关报；1954 年，中共山东省委成立，由此改为山东省委机关报，相承至今。

2018 年 12 月 31 日，习近平总书记就《大众日报》创刊 80 周年作出重要批示："80 年来，大众日报不懈践行'党的立场，群众的报纸'办报宗旨，是一份有着光荣传统、广泛影响的党报。希望大众日报始终把坚持党性原则、坚持正确政治方向放在第一位，弘扬沂蒙精神，加强改革创新，

---

① 常连霆主编,中共山东省委党史研究室编:《山东党的革命历史文献选编（1920—1949）》第一卷,山东人民出版社 2015 年版,第 25 页。

② 中共中央文献研究室编:《毛泽东年谱（1893—1949）》中卷,中央文献出版社 2002 年版,第 155 页。

为鼓舞大众、团结大众、服务大众作出新的贡献。"习总书记的重要批示为《大众日报》做好宣传思想和新闻舆论工作指明了方向、提供了重要遵循。

（六）文艺工作与经典红色作品

抗战时期，山东抗日根据地的文艺工作者在毛泽东《在延安文艺座谈会上的讲话》精神指引下，奔赴抗日前线或深入群众基层，密切结合抗战生活，以笔为矛，创作了大量反映山东军民英勇抗战和山东根据地新生活、新气象的优秀文艺作品。其中代表性作品有诗歌《怒火与炮火》《忍痛丢开家》《党爱护你》等；歌曲《扛起锄头背起枪》《跟着共产党走》《拥护我们的主力军》《解放区的天》等；话剧《铁牛与病鸭》、戏剧《群策群力》等；小说《马石山上》《地覆天翻记》等；报告文学《碧血千秋》《南北岱崮保卫战》等，文艺工作者还对山东大鼓、山东快书等传统曲艺和旧秧歌加以改进，创作出大量动员抗战的作品。在这些经典红色作品中，《沂蒙山小调》《铁道游击队》和《地雷战》是最具代表性的。

1.《沂蒙山小调》

人人（那个）都说（哎）　　沂蒙山好

沂蒙（那个）山上（哎）　　好风光

青山（那个）绿水（哎）　　多好看

风吹（那个）草低（哎）　　见牛羊

高粱（那个）红米（哎）　　豆花香

万担（那个）谷子（哎）　　堆满仓

咱们的共产党（哎）　　领导好

沂蒙山的人民（哎）　　喜洋洋

人人（那个）都说（哎）　　沂蒙山好

沂蒙（那个）山上（哎）　　好风光

这首被联合国教科文组织评为优秀民歌的《沂蒙山小调》，是一部极具代表性的山东抗日根据地文艺作品，以其优美的旋律，赞颂了山东沂蒙地区的美丽风光和沂蒙人民的革命精神，多少年来一直风靡大江南北，为广大群众所喜爱。

1940 年，《沂蒙山小调》诞生于临沂市费县薛庄镇白石屋。当时，抗大一分校由蒙阴县的垛庄一带迁驻费县北部，该校的文工团就住在下白石屋村。

1940 年，抗日战争进入最困难的时期，当地的反动地方武装组织"黄沙会"散布谣言，阻挠群众参军。我军民在进行武装斗争的同时，积极运用宣传武器配合活动。为配合八路军第 115 师打击"黄沙会"，抗大文工团团员阮若珊（新中国成立后曾任中央戏剧学院副院长）在一间民房里写成歌词，另一名团员李林（曾任上海歌剧院顾问）根据山东人逃荒到东北时唱的调子为基调谱曲，创作了民歌《反对黄沙会》。随着形势任务的发展变化，李林和阮若珊对《反对黄沙会》进行了重大修改，将反对黄沙会内容的段落改为抗日的内容，易名《沂蒙小调》。在学校召开的垛庄战斗祝捷大会上，阮若珊演唱了这首歌曲，群众听后情绪高昂，当场就有 300 多人报名参军。1946 年，华东地区举行民歌会演，这首歌曲受到陈毅的热情称赞，轰动全国。后来经过不断的修改加工，在新中国成立前后，才形成了今天传唱大江南北的《沂蒙山小调》。

1999 年，费县县委、县政府在《沂蒙山小调》诞生地建立了纪念碑、纪念亭，记载这首小调诞生的过程。现如今，传唱了 80 年的《沂蒙山小调》成为家喻户晓的红色经典民歌，也成为弘扬沂蒙精神的重要媒介。

2. 《铁道游击队》

铁道游击队是抗战时期活跃在枣庄一带的抗日武装。1938 年日军占领枣庄后，铁路工人洪振海建立了名为"枣庄铁道队"的秘密抗日武装。他们打死日本特务，从火车上截获了十几支步枪和两箱弹药，因此名声大噪，在不到两个月的时间内就发展成了一支拥有 30 余人的民兵队伍。1940 年，这支由铁路工人组成的抗日队伍，正式被八路军鲁南军区命名为"鲁南铁道队"。洪振海任大队长，王志胜任副大队长，苏鲁支队三营副教导员杜季伟任政治委员。铁道游击队迅速发展成为一支近百人的队伍。

铁道游击队通过袭击日军押款车、破坏敌人交通线、偷袭敌情报部门和据点等方式，截获了大量枪支弹药、药品、现金等战略物资，就像一把钢刀插入了敌人的胸膛，有力地支援了八路军鲁南军区。1943 年春，铁道游击队已发展成为一支下辖 4 个连队、拥有 400 多人的队伍，被正式编入八路军鲁南军区独立大队，并且继续在铁路沿线英勇作战。

1943 年，著名作家刘知侠接触到铁道游击队，开始到实地参访，深入了解他们的生活，创作出《铁道队》，并于 1945 年在《山东文化》第二卷上陆续发表了七个章节，引起广泛关注。1954 年，刘知侠写成的长篇小说《铁道游击队》出版，在社会上引起了极大反响，鲁南铁路游击队因此闻名全国。1956 年，电影《铁道游击队》上映，让游击队的名声更为响亮。电影插曲《弹起我心爱的土琵琶》被人们广为传唱，是中央宣传部 2019 年遴选出的"庆祝中华人民共和国成立 70 周年优秀歌曲 100 首"之一。1985、2005、2015 年，《铁道游击队》数度被搬上电视荧屏，影视剧的展播宣传，让铁道游击队的英雄事迹激励着一代又一代人。

3. 《地雷战》

地雷战是在反"扫荡"斗争中逐步摸索出来的作战方式。地雷战创始于平度大泽山区，真正兴起并广为人知的是海阳县。1940 年 2 月，日军侵入海阳，疯狂实行烧光、杀光、抢光的"三光"政策，老百姓不堪其苦。面对日军的残酷暴行，海阳人民在中共海阳县委的领导下，与日伪军召开殊死搏斗。但当时武器装备极度匮乏，多是一些大刀长矛、土枪火炮，很难阻止敌人"扫荡"，民兵们就以非凡的智慧和勇气自制地雷，对抗日伪。

1943 年 5 月，小纪区瑞宇村民兵副队长于凤鸣在得知日军即将进村抢粮的情报后，在路上埋了两颗地雷，炸死炸伤日伪军 5 人。首次爆炸成功，让民兵对用地雷杀敌充满了信心，也拉开了海阳地雷战的序幕。于是，村村都开始造地雷、埋地雷。地雷战使日军无所适从，防不胜防。据统计，1943 年到 1945 年，海阳地雷战共炸死炸伤日伪军 1025 人，涌现出赵疃、文山后、小滩 3 个胶东特级模范爆炸村和众多民兵英雄、爆炸大王，海阳县也被授予"民兵工作模范县"光荣称号。

随着影响扩大，地雷战走出海阳，开始在山东大地上大显身手。根据地几乎村村成立了爆炸组，对于伏击"扫荡""蚕食"之敌，封锁驻扎之敌，都发挥了很大作用。中共中央高度重视地雷战，1944 年 7 月毛泽东在"请各地调查和答复十项问题"中就提出了"如何使民兵及地雷战普遍大量发展？"可以说，地雷战能在抗战期间创造出战争奇迹，是中国共产党和群众集体智慧的结晶。

抗战时期就有反映地雷战的文艺作品，其中，"中篇鼓词《五虎村大战》、短篇鼓词《爆炸大王于化虎》《女民兵模范纪桂芝》、武老二《爆炸故事》和《说地雷》等影响较大"[1]。1962 年，由八一电影制片厂出品的电影《地雷战》上映。该影片讲述了胶东抗日根据地广大人民群众开展地雷战，配合我主力部队打击日本侵略者的英雄事迹。2014 年，为纪念中国人民抗日战争暨世界反法西斯战争胜利 69 周年，国务院公布了第一批 80 处国家级抗战纪念设施、遗址名录，海阳市地雷战纪念馆赫然在列。山东地雷战，充分展现了山东人民勇于担当、善于创造、甘于奉献的伟大精神，充分彰显了党领导人民所迸发出的无穷力量。

（七）革命遗址与革命文物

山东是红色热土、革命老区，有着光荣的革命传统和深厚的革命历史，

---

① 张军、郭学东：《山东曲艺史》，山东文艺出版社 1997 年版，第 345 页。

齐鲁儿女为中国革命的胜利作出了重大贡献，付出了巨大牺牲，也积淀下了丰富而珍贵的革命遗址、遗迹和遗物。中共中央山东分局旧址、八路军115师司令部旧址、王尽美故居、铁道游击队纪念园、地雷战纪念馆、山东抗日军政干部学校旧址、孟良崮战役烈士陵园、华东革命烈士陵园、徂徕山革命遗址、大青山战斗遗址、长山岛战役前沿阵地遗址、孟良崮战役遗址、解放阁（纪念济南战役胜利所建）……山东革命遗迹和革命文物数量多，目前全省统计在册的革命遗址达2449处，不可移动革命文物2600余处，包含了战斗遗址、烈士墓、烈士祠、陵园、纪念碑，故居、旧居，纪念馆、纪念堂等，其中全国重点文物保护单位15处，省级文物保护单位194处，市县级文物保护单位597处；省级爱国主义教育基地156家，革命类博物馆、纪念馆52家；全省119家国有文物收藏单位上报可移动革命文物共计94091件（套），其中珍贵文物3162件（套），主要是票据、书籍、家信、武器、纪念章、生活用品等。山东的红色文化资源类型丰富，且蕴含深厚的精神内涵。每一件文物、每一处遗迹都充分体现了山东军民在中国共产党领导下为民族独立和人民解放作出的巨大牺牲和重要贡献。山东省博物馆里珍藏有一只破旧得不能再破旧的茶缸，但它却是抗战时期山东战场"岱崮保卫战"的见证。1943年11月，日军对鲁中抗日根据地开展大规模的"扫荡"。为粉碎敌人包围，沂蒙山区主力部队转移至外线寻机歼敌，只留下鲁中军区第二军分区十一团八连的93名勇士佯装"主力"坚守南北岱崮。在敌人重重包围、水源极度缺乏、外援无法供应的情况下，岱崮连93名勇士就用被炸去半截的水缸分喝仅存的泥水，靠着顽强的毅力坚守阵地，与2000多名敌人血战18天，创造了抗战史上"以少胜多"的又一奇迹。这只经历了战火洗礼的茶缸，关键时刻延续了93条生命，浓缩了山东军民的顽强斗志。在淮海战役纪念馆，陈列着一件国家一级文物：一根3尺多长、上面刻满了密密麻麻小字的竹竿。这支竹竿的主人，就是山东莱阳支援淮海战役的民工唐和恩。当年，唐和恩从家乡启程支前，随身携带了这根竹竿。每到一地就在竹竿上刻下地名，一共刻了88个城镇乡村的名称，把这些地名连接起来，就形成了唐和恩跨越山东、江苏、安徽三省，行程 2500 余公里的支前之路。小小竹竿，记载了支前民工们艰辛而光荣的历程，也是山东人民支援前线功勋卓著的有力见证。

近年来，山东省大力推进革命遗迹和文物的保护利用工作。为更好保护革命遗址，全省党史部门发动 4000 多名普查人员，普查摸底、建立台账、掌握家底。相关部门运用现代技术手段提升爱国主义教育和弘扬沂蒙精神的吸引力，其中山东网上抗日战争纪念馆上线开通以来，累计访问量突破 10 亿人次。① 大力发展红色旅游是山东传承发展红色文化的一项具体措施。依托革命遗迹和革命文物资源，将红色旅游培育成传承红色基因、弘扬沂蒙精神的重要载体，打造特色红色旅游产品，全省先后建成红色旅游景区百余个，其中 A 级景区 49 个、全国红色旅游经典景区 24 个、全国爱国主义教育示范基地 22 个、省级爱国主义教育示范基地 184 个。山东省还制定实施了《山东省红色文化研学旅游实施方案》，全省重点打造 23 个红色旅游研学主题产品、培育 26 个红色旅游项目、推出 12 个红色旅游节事活动，推广"踏革命热土，访红嫂故里"——沂蒙红色之旅、山东红色经典战役之旅、铁道游击队红色旅游、"山水圣人"红色旅游专线等主题红色旅游线路，全面推动红色文化研学旅游发展。红色旅游给山东带来了可观的效益。以临沂市为例，到 2017 年底，红色旅游的发展带动全市 93 个村完成了脱贫攻坚任务，6100 多个贫困户和 1.59 万人实现了脱贫摘帽。2020 年 11 月 27 日，《山东省红色文化保护传承条例》作为全国第一部全面规范红色遗存和革命精神的省级地方性法规通过。《条例》提出了要在每年 7 月份设立山东省红色文化主题月活动，要加强红色文化遗存的保护，和因地制宜发展红色旅游，推进了全省革命文物保护工作走上法制化和制度化轨道。

山东革命遗址和文物的保护与建设，红色旅游的大力开发，都显示了

① 《山东:弘扬沂蒙精神,传承红色基因》,《人民日报》2018 年 11 月 22 日。

山东作为革命老区，在传承、发扬红色文化和红色精神方面的坚定决心和实际行动！

参考文献：

1. 山东省档案馆、山东社会科学院历史研究所：《山东革命历史档案资料选编》，山东人民出版社 1982 年版。

2. 中共山东省委组织部、中共山东省委党史资料征集研究委员会、山东省档案馆：《中国共产党山东省组织史资料（1921—1987）》，中共党史出版社 1991 年版。

3. 申春生：《山东抗日根据地史》，山东大学出版社 1993 年版。

4. 安作璋：《山东通史·现代卷（上）》，人民出版社 2009 年版。

5. 山东省地方史志编纂委员会：《山东省志·共产党志》，山东人民出版社 2011 年版。

6. 常连霆：《中共山东专题史稿》，山东人民出版社 2015 年版。

7. 中共山东省委党史研究室：《中共山东历史简明读本》，山东人民出版社 2016 年版。

8. 《沂蒙精神》编委会：《沂蒙精神》，山东人民出版社 2021 年版。

二十、 沂蒙精神：齐鲁红色文化结晶

沂蒙精神形成于中华民族救亡图存的革命战争年代，是中国共产党创造的宝贵精神财富，是中华民族精神和中国革命精神的重要组成部分。沂蒙精神诞生于齐鲁大地，是由党政军民历经革命战争的淬火历练共同铸就的。抗日战争时期，中国共产党在山东建立敌后抗日根据地，坚定不移走群众路线，与人民群众同生死、共命运。山东的军队、干部和群众服从大局，北上南下，有力支援了其他地区的解放，为新解放区政权的巩固和新中国建设作出了巨大的贡献。战争的炮火中无数可歌可泣的英雄儿女踊跃参军，大力支援前线战争。数不尽的山东女性送子参军、送夫支前，她们舍生忘死救助伤员，全心全意抚养革命后代，红嫂、乳娘成为沂蒙精神的代表。山东根据地和解放区的广大军民坚持斗争，不畏牺牲，涌现出许多比肩"狼牙山五壮士"的英雄模范群体。"水乳交融、生死与共"深刻揭示了中国共产党同人民、军队同心同向、血肉相连的关系，这是沂蒙精神的鲜明特质。

（一）淬火历练：沂蒙精神的诞生

沂蒙精神诞生于烽火狼烟的齐鲁大地。抗日战争全面爆发后，中共山东省委在山东各地陆续恢复和建立各级党组织，积极发展党员，扩大党的组织力量。

同时，抓住日军入侵立足未稳、国民党军队溃逃的时机，发动群众毅然举行抗日武装起义，建立抗日武装力量。从 1937 年下半年到 1938 年 6 月，中共山东省委相继发动了冀鲁边抗日武装起义、天福山抗日武装起义、威海抗日武装起义、黑铁山抗日武装起义、牛头镇·潍北·昌北抗日武装起义、徂徕山抗日武装起义、泰西抗日武装起义、鲁东南抗日武装起义、鲁南抗日武装起义、湖西抗日武装起义等，自黄海之滨至鲁西平原，抗日烽火燃遍齐鲁大地。在人员少、武装差的情况下，到 1938 年 5 月，山东各地人民抗日起义武装共对敌作战 100 余次，攻克县城 15 座，建立了广泛的群众基础。

中共中央和毛泽东密切关注山东情况，指示建立山东抗日根据地。1938 年 4 月，中共山东省委书记黎玉向中共中央汇报山东发动抗日武装起义、组建抗日武装、开展抗日游击战争的情况，请求派干部去山东，得到中共中央的同意。毛泽东于 4 月 5 日致电周恩来、叶剑英："山东省委书记黎玉到延安，那边游击战争大可发展，鲁南第四纵队三个月内由七十人发展至一千二百人、八百支枪，除决定罗炳辉去负军事总责外，正选派政治部主任一人及中级以下军事及政治工作干部二三十人前去。"[①] 中共中央决定派遣郭洪涛到山东，同时派约 50 名军事干部和地方工作干部到山东工作，并配备了两部电台和报务人员。郭洪涛回忆，在离开延安前，毛泽东接见去山东的全体干部并指示：我们党的方针，是在山东敌占区开展独立自主的游击战争，创建山东抗日根据地。

1938 年 5 月 19 日，毛泽东又电示八路军总部和中共中央长江局："山东方面已开展起游击战争，那边民枪极多，主要派干部去，派一两个营作基干更好。"[②] 5 月 21 日郭洪涛率大批干部到达山东，中共山东省委在泰安南尚庄召开会议，郭洪涛表示，要坚决贯彻执行党中央、毛泽东的指示，建立巩固的抗日根据地。会议讨论制定《发展和坚持山东游击战争的战略

---

① 常连霆主编，中共山东省委党史研究室、山东省中共党史学会编：《山东党史资料文库》第七卷，山东人民出版社 2015 年版，第 24 页。

② 柳建辉、曹普主编：《中国共产党执政历程》第一卷，人民出版社 2011 年版，第 243 页。

计划》，确定在鲁中创建以沂蒙山区为中心的抗日根据地，并向四周发展在清河地区、抱犊崮山区、沿海地区、梁山泊和微山湖建立抗日根据地，以大泽山为中心创立胶东抗日根据地。会后，参与会议的干部被分别派往山东各地。6月6日，针对山东起义武装的组建情况，毛泽东、刘少奇电示郭洪涛：山东的基干武装应组建成支队，恢复和使用八路军游击队的番号。目前，可组成四至五个支队，区县武装则以支队领导下的名义出现，用抗日联军名义不好。①

6月30日，郭洪涛就《发展和坚持山东游击战争的战略计划》致电中共中央，6、7、8月间创造以蒙山、抱犊山为骨干的抗日根据地。郭洪涛解释，蒙山地区险要，便利发展；群众条件好，民枪很多；友军关系好，易于合作；社会组织单纯，土匪、会门很少；物产丰富，给养容易。随后中央电示：战略计划尚妥，照此去做。按照该计划，沂蒙山区成为山东抗日根据地的中枢。1938年11月，中共苏鲁豫皖边区省委从沂南岸堤迁至沂水王庄，12月上旬，中共中央指示，中共苏鲁豫皖边区省委改为中共中央山东分局，随后，中共中央山东分局在沂水县王庄正式成立，并长期活动于沂蒙山区。此后，沂蒙山区也有了山东"小延安"之称。

1938年5月，中共中央军委、毛泽东多次电示八路军总部派遣部分主力部队入鲁，作为山东人民起义的骨干力量。1938年12月，中共中央又指示成立八路军山东纵队。同月，八路军山东纵队在沂水成立，由张经武任总指挥，黎玉任政治委员，下辖10个支队和3个独立团，近2.5万人。②1939年3月115师进入山东，5月进驻沂蒙山区。115师主力进入山东后，在地方部队的配合下，进行了陆房突围、梁山战斗等。1939年6月，为统一指挥山东和苏北境内的八路军部队，中共中央书记处、八路军总部决定

---

① 常连霆主编,中共山东省委党史研究室编著:《中共山东编年史》第二卷,山东人民出版社2015年版,第566页。

② 孙占元、杨明清主编:《山东重要历史事件·抗日战争时期》,山东人民出版社2004年版,第108页。

组建八路军第一纵队，由徐向前任司令员、朱瑞任政治委员。到 1940 年底，115 师发展到 7.6 万人，山东纵队发展到 5.4 万人。到抗日战争结束时，山东八路军主力部队达到 27 万人，占八路军总兵力的近 22.5%。[①]

从 1941 年 1 月至 1943 年 12 月，是山东抗日根据地最艰苦、最困难的时期。1941 年至 1942 年，日军对山东抗日根据地发动万人以上的大"扫荡"就达九次之多。八路军浴血奋战，开展了艰苦的反"扫荡"、反"蚕食"、反封锁斗争，主要战斗有渊子崖保卫战、朱村保卫战、和尚崮战斗、对崮山战斗、大青山战役、马石山战斗等。山东军民并肩作战，创造出麻雀战、地雷战、地道战、破袭战、奇袭战等 20 多种战法。这些战法依靠人民群众、利用熟悉地形的有利条件，与敌人进行游击战争，发挥了人民战争的威力，夺取了反"扫荡"斗争的全面胜利。

在血与火的革命战争年代，山东八路军与根据地人民共同抗敌，建立了鱼水情深的军民关系。沂蒙精神淬火而生，同时也因战火的历练而愈加坚韧，经鲜血的洗涤而愈加珍贵。

（二）"水乳交融、生死与共"的党群关系典范

在革命战争年代，中国共产党和人民军队在山东根据地和解放区浴血奋战，用生命捍卫国家和人民的利益。人民群众一心向党，坚定不移跟着中国共产党走。中国共产党和根据地人民共同铸就了"水乳交融、生死与共"的党群关系。

第一，山东根据地坚定不移走群众路线。1938 年 3 月，中共中央作出《关于大量发展党员的决议》，要求各地党组织大胆地向着积极的工人、雇农、城市中与乡村中革命的青年学生、知识分子，以及坚决的勇敢的下级官兵开门，大

---

① 山东省地方史志编纂委员会编：《山东省志·共产党志》，山东人民出版社 2011 年版，第 154 页。

量的十百倍的发展党员。① 中共山东分局成立后，根据中共中央的决议，有计划地迅速地重建和发展党的组织，同时注重群众工作和党群关系建设。到 1945 年抗战结束时，山东解放区党员发展到 20 多万名。1946 年 6 月，国民党军队大举进攻中原解放区，在中共中央的领导下，山东解放区军民进行了三年多的解放战争。人民群众踊跃参军入党，到 1949 年底，全省共有共产党员 754123 名。

1940 年，时任中共山东分局书记的朱瑞在《山东党的建设问题》中明确指出党群关系建设工作方针，即"发现群众问题，讨论群众问题，并设法解决群众问题，谛听群众意见，生活在群众中间，斗争在群众前面"。1941 年 7 月，中共山东分局在《紧急动员起来，为建设巩固的山东民主抗日根据地而斗争》的指示中指出，"最决定与最重要的建设任务，便是开展广泛的群众运动，创造敌后抗战的人山人海"②。1942 年 4 月，刘少奇到山东指导工作时，又着重检查和总结了群众工作的经验和不足，推动了群众工作的开展。

第二，山东根据地积极推进民主建设，维护群众的政治利益。山东抗日根据地县级政权绝大多数实行民选，村政权改为全民普选，由村民直接选举产生。根据地实行独特的选举方式——豆选。有些地方缺少纸张，农民又多不识字，选民在自己"中意"的候选人背后的碗里投黄豆、蚕豆作选票，故称之"豆选"。美国著名记者史沫特莱认为，这是比近代英美国家还要进步的普选，是真正的民主。根据地政权实行"三三制"原则，即共产党员、非党的左派进步分子和中间派各占 1/3，适当调节了根据地内的生产关系和阶级关系。山东抗日根据地颁布了有关减租减息、人权保障、惩治贪污、婚姻保护、遗产继承等各方面的法规、条例 100 余件。1940 年 11 月，山东省临时参议会颁布《人权保障条例》，这是中国共产党历史上第一

① 中共中央文献研究室、中央档案馆编：《建党以来重要文献选编（1921—1949）》第 15 册，中央文献出版社 2011 年版，第 186 页。

② 常连霆主编，中共山东省委党史研究室编：《山东党的革命历史文献选编 1920—1949》第四卷，山东人民出版社 2015 年版，第 265 页。

部专门的人权保障条例。

第三，山东根据地深入群众工作，改善群众生活。1939 年 11 月 1 日，中共中央发出《关于深入群众工作的决定》，明确提出，必须进一步依靠群众，深入群众工作。1942 年 5 月 4 日，中共山东分局作出《关于减租减息改善雇工待遇开展群众运动的决定》，山东省战工会颁布《改善雇工待遇暂行办法》等法令，山东抗日根据地迅速开展起减租减息运动，减轻了人民负担，密切了党群关系，提高了根据地群众的生产积极性，人民群众更加拥护中国共产党。

为了动员基层民众，山东根据地在乡村社会中组织了不同类型的群众团体。根据地男女老幼，以村为单位按性别、年龄、职业等成立了不同的抗日救国团体，形成自下而上的群众组织网络。到 1941 年初，山东根据地有组织的群众约 400 万人以上，其中，农民自卫团约百万人以上。到 1944

图 1　整风运动中指导员在给战士们上党课

年末，山东抗日根据地农救会会员已达 1335629 人，占根据地人口的 26.55%。解放战争期间，山东各级农救会组织，在中国共产党的领导下，配合民主政权，完成了减租减息、土地改革、支援战争和发展生产等各项任务，为解放战争的胜利作出了巨大的贡献。全省农救会员由抗战时期的 133 万人，发展到 1950 年代初的 850 万人。

第四，中共山东党组织加强作风建设，牢固树立为人民服务的信念。从 1942 年春开始，在中共中央和北方局的领导下，山东党组织开展了以反对主观主义、反对宗派主义、反对党八股为主要内容的整风运动。历时三年多的整风运动，是一次普遍的马克思主义教育运动。通过整风运动，党员干部加强了群众观念和群众利益的教育，"彻底纠正与克服脱离群众、轻视群众、不做群众工作、忽视群众运动和组织、忽视群众生活的改善、甚至违反群众利益的非阶级非党观念"，指出"轻视群众及群众工作的，就不配做共产党员"[1]。1947 年 10 月至 1948 年上半年，山东解放区在开展土改的同时，开展了整党运动。通过整党，农村基层党组织在思想上、政治上和组织上获得很大进步，中国共产党同群众的联系更加紧密。

由于山东抗日根据地和解放区建立起了"水乳交融、生死与共"的党群关系，所以能普遍发动起群众性的游击战争，村村成立了农救会、妇救会、青救会、儿童团。"村村都是游击队，山山皆有主力军""朝阳官庄彭大娘，拥军工作做得强，母送子来妻送郎，四儿一女上战场"，这些大家耳熟能详的革命歌谣，是人民群众一心向党的真实写照。

（三）忠诚担当：北上南下

1945 年 9 月 19 日，中共中央制定了"向北发展，向南防御"的战略方

① 常连霆主编，中共山东省委党史研究室编：《山东党的革命历史文献选编 1920—1949》第五卷，山东人民出版社 2015 版，第 290 页。

针。中共中央曾致电山东分局："发展东北，控制冀东、热河，进而控制东北的任务，除开各地派去的部队和干部外，中央完全依靠你们及山东的部队和干部。原则上要以山东的全部力量来完成。"[1]

为贯彻执行中共中央的战略方针，中共山东分局和山东军区迅速动员和抽调部队，火速进军东北，以争先机。9月20日，中共山东分局委员、山东军区滨海支队司令员万毅率部3500人先行奔赴东北。随后，从10月初到11月底，山东军区先后分三批将主力和基干部队调赴东北。开赴东北的部队有山东军区第一、二、三、五（大部）、六、七师，滨海支队，警备第三旅，山东军区教导团等部，约计67万人。除主力部队外，尚有若干基干团约3万人，亦开赴东北。山东挺进东北的部队共计7万人，除第一批部分部队从陆路出关外，绝大多数都是从海上运送过去的。由于中共山东分局部署正确、指挥有方，加之全体将士积极努力和人民群众大力支援，仅用两个月的时间就完成了艰巨的海运任务。除新编第七师参谋处长石潇江等30多人因所乘木船触礁遇难外，其余均安全到达。

中共山东分局在抽调主力部队北上的同时，还根据中央的指示，先后抽调干部约计6000人，随军奔赴东北。8月17日，中共山东分局下令抽调大批干部前往东北，并指定胶东调地方干部两百人，鲁中、滨海各调地方县、区干部五十人，渤海、鲁南等按照名单抽调，且东北籍干部不在以上指定数目之内。[2] 1945年8月20日，中央军委决定从山东调两个团开赴东三省，并配备必要之地方干部，于十日内准备完毕出发。随后，中共中央又提议山东派三十个团的干部进入东北。

到1945年12月底，山东调赴东北干部占东北干部总数的近30%，他们到达东北后，成为东北各级人民军队、各级党组织和政权的骨干力量。

---

① 中共山东省委党史研究室：《中共山东地方史》第一卷，山东人民出版社1998年版，第547—548页。

② 常连霆主编，中共山东省委党史研究室、山东省中共党史学会编：《山东党史资料文库》第十三卷，山东人民出版社2015年版，第544页。

调赴东北的罗荣桓、萧华、梁兴初、梁必业、郭维城、吴克华、罗舜初、杨国夫、罗华生、刘其人、陈沂、刘居英、林一山、赵杰、周赤萍、李作鹏、彭嘉庆、欧阳文、吴瑞林、徐斌洲、胡奇才、王子文、周贯五、刘莱夫、刘兴元、李丙令等军队和地方上的高级领导干部，为东北配备了三套省级领导班子。

在解放战争即将取得全国胜利的时刻，中共中央决定从各解放区抽调得力干部，支援和开辟新区。1948年，淮海战役后，华东局根据中共中央《关于准备五万三千干部的决议》的指示，决定从山东解放区抽调1.5万名干部南下。任务下达后，山东各地以及华东局直属机关等立即行动起来，就抽调干部南下工作进行安排部署。据不完全统计，山东实际南下新解放区的干部为22986人，超额7968名完成中央下达的任务。华东建设大学近1000名学员也随军南下新解放区。另外，其他数批非成建制抽调的干部，

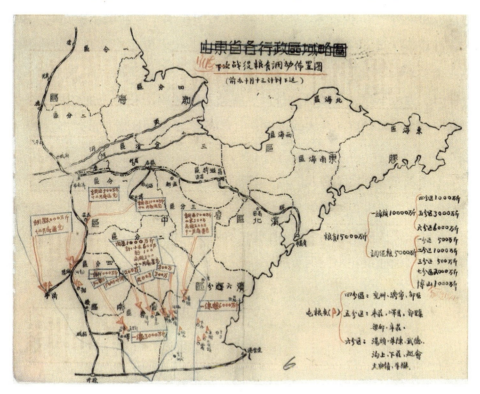

图2　山东省支前委员会前方办事处绘制的淮海战役粮食调动布置图

也都响应号召踊跃南下。1949 年 6 月，中共中央和华东局再次分配给山东解放区 1200 名南下大西南的干部指标。后考虑到山东经多次大规模的干部外调，各方面的干部都较匮乏，便减少了这次外调干部的名额。这次南下干部实际为 350 人，其中地委级干部 13 人，县级干部 91 人，区级干部 164 人，余者为一般干部。① 这一期间，山东约有 4 万多名干部南下新区。

山东南下干部远走异乡，扎根于浙江、上海、江苏、安徽、江西、贵州、四川、福建、云南、广东等省市。他们同当地党组织和干部一起，进行土地改革，接管城市，巩固新生政权，"献了青春献终身，献了终身献子孙"，为新解放区的革命和建设作出重要贡献。据统计，其他解放区和部队转业的山东籍干部，以及抗战胜利后北上东北的干部统计在内，数量将达 10 万人左右。

除南下干部外，山东的子弟兵团和民工也随军南下。据统计，在淮海战役期间拨给华野 20 个单位的 10.28 万名随军民工中，山东籍达 9.54 万人，占其总数的 92.8%。在渡江战役中，中共山东党组织和政府继续组织数万民工、民兵随部队远征。随军南下的山东广大民工和子弟兵团，在看押俘虏、运送军需、火线抢救伤员、帮助新区清剿匪特等方面作出了突出贡献。仅在淮海、渡江两大战役中，山东 17 个子弟兵团看押战俘即达 10 万余名。

毛泽东充分肯定了山东的重要战略地位："山东把所有的战略点线都抢占和包围了。只有山东全省是我们完整的、最重要的战略基地。北占东北，南下长江，都主要依靠山东。"山东的军队、干部和群众为全国战争的胜利和新解放区的建设作出巨大贡献。

---

① 山东省地方史志编纂委员会编：《山东省志·共产党志》，山东人民出版社 2011 年版，第 181 页。

（四）无私奉献：服从大局、参军与支前

抗日战争时期，中国共产党不但主导山东抗战，而且很长一段时间独立支撑着山东全省抗战大局，这在全国是绝无仅有的。当抗战的烽火燃遍齐鲁大地时，山东人民同仇敌忾，共赴国难，同日本侵略者展开了艰苦卓绝的斗争。从党团员带头参军到出现大规模群众参军支前运动，山东人民群众以实际行动拥护中国共产党。

1944年春节期间，中共中央山东分局、八路军山东军区联合制定《关于一九四四年拥军与拥政爱民公约》，定农历正月十五为"双拥节"。"好男儿要参加八路军"的口号代替了"好男不当兵"的陈腐观念。一个月之内，就有1.4万余名青壮年参军。根据地内欢送亲人入伍的场面几乎随处

图3　各地青年踊跃参军

可见。"八路军来独立营，谁去参军谁光荣，骑着马来身披红，光荣光荣真光荣"的歌谣到处传唱。鲁南区 3 个县参军总人数达 6000 人以上，其中赵镈县一天报名 2000 多人。民兵成为参军的主力，很多民兵成班、成排甚至成连地集体参军。沾化县民丰村 80 名民兵集体参军，被命名为"民丰子弟兵连"。广饶县商家、周家两个村的民兵集体参军后，成为闻名的"商家连""周家连"。著名的"沂南""沂北""沂中"新兵团，都是由民兵成建制地参军组建起来的。1945 年春至 10 月底，山东参军人数达 8 万余人。整个抗日战争时期，山东（不含冀鲁豫区山东部分）约有 25 万人志愿参军。

解放战争时期，据统计，山东解放区共有 95 万名青壮年参军，占全国各解放区参军总数的四分之一强。在整个大参军运动中，从鲁西平原到胶东半岛，从渤海之滨到鲁南山区，"父母送子""妻子送郎""兄弟相争""干部带头"的动人情景随处可见。滨海区日照县傅疃村的范大娘有 4 个儿子，其长子范崇合与次子范崇相，先后于 1945 年、1946 年在战场上牺牲。范大娘强忍丧子之痛，1947 年又把三子范崇任送进了部队。为表彰她的崇高精神，滨海支前司令部、政治部和日照县评功委员会授予范大娘一面绣有"人民的母亲"的锦旗。莱东县赤山区赤山村妇救会副会长顾桂花结婚只有 6 天，就动员丈夫带领她的弟弟一起参军。不少村因青年集体入伍荣获"武状元村""动参模范村""扩军模范村"等光荣称号。①

1948 年 10 月后，由于人民解放战争进入战略决战阶段，进行的战役规模大、兵员消耗多，所以急需解放区动大批兵员开赴前线补充部队。1948 年 11 月，淮海战役发起后，中共华东中央局决定在淮海战役期间从山东动员 11 万兵员，分 3 批补入主力部队。于是，山东又掀起大规模的参军高潮。在这次参军运动中，从 1948 年 10 月至 1949 年 3 月，山东解放区半

---

① 常连霆主编,中共山东省委党史研究室编著:《中共山东编年史》第五卷,山东人民出版社 2015 年版,第 342—345、486 页。

年内参军者达 16.8 万人。胶东、渤海、鲁中南参军人数都超过 5 万。山东在组织地方武装和翻身农民参军补充主力部队的同时，还从各地抽调选拔了 2.2 万余名优秀民兵组成 17 个子弟兵团开赴前线，担负押解战俘、警备铁路、保护交通、看守仓库、捕捉散兵、打扫战场等战勤任务，积极配合和支援部队作战。解放战争时期，山东参军的青壮年共有 58.9 万余人。

除参军外，山东人民还大力支援前线战争。1944 年 9 月的沂水县葛庄战斗中，山东人民仅在一两天内就组织 3000 多名民工、几百副担架支前。1944 年 11 月的莒城战役中，仅中楼区就在三四天内集齐了 2 万公斤生熟给养。莱芜战役期间，山东人民实行"全民动员，全力作战，人人出夫"，动员了 62 万人的支前大军。孟良崮战役中，随军行动的一线民兵有 7 万人，二线民工 15 万人，临时民工 69 万人，总计达 90 万余人。淮海战役期间，据不完全统计，淮海战役共出动民工 543 万人，其中山东解放区出动 218.3 万人，约占 40%；出动担架 20 万余副，其中山东解放区出动 5.2 万副，约占 26%；出动大小车 88 万多辆，其中山东解放区出动 33.3 万辆，约占 38%；出动挑子 30 万余副，其中山东解放区出动 19.2 万副，约占 64%；筹运粮食 9.6 亿斤，其中山东解放区筹运 3.9 亿斤，约占 41%。此外，还包括柴草 4.1 亿多斤，食油 72.7 万斤，食盐 83.9 万斤，猪肉 136.2 万斤，白糖 1100 斤，咸鱼 7544 斤。陈毅曾形象地说：淮海战役的胜利，是人民群众用小车推出来的。[①]

人民群众舍身掩护八路军伤病员。人民群众在反"扫荡"、反"蚕食"斗争中，视八路军为亲人，甘冒生命危险保护八路军战士。1942 年大青山战役后，群众主动掩藏了一大批伤员。大布袋峪、小布袋峪、罗圈崖 3 个小山村，虽只有 20 多户人家，却掩护了 30 多个伤员。他们将伤员藏到地窖、山洞和砖石砌的"墓穴"里，白天由民兵瞭望监视敌人，夜间由群众

---

① 中共山东省委党史研究室编：《中共山东历史简明读本》，山东人民出版社 2016 年版，第 88 页。

送饭，最后使这些伤员全部安全归队。群众也为此付出了血的代价。布袋峪妇女会会长马大嫂一家，掩藏了 3 名伤员，她的丈夫和独子为了保护伤员，被敌人杀害。马大嫂说："他爷俩死得值，对得起党，对得起国家！"

解放战争期间，山东解放区广泛开展"三献"（献金、献粮、献物资）运动。1947 年 2 月 1 日，中共华东中央局发出《关于开展献金献粮献物资运动的指示》，号召充分发扬"节衣缩食""省吃俭用""克己奉公"的精神，广泛开展献金、献粮、献物资运动。山东解放区连续掀起三次捐献热潮。到 1947 年 4 月，山东解放区各级共捐献资金 4 亿多元，粮食近 400 万斤，慰劳品则不计其数。山东解放区广泛开展的"三献"运动，大大缓解了解放区的经济财政困难，为解放战争的胜利奠定了坚实的物质基础。①

（五）沂蒙红嫂与胶东乳娘

沂蒙红嫂和胶东乳娘是一个群体，是千千万万的山东女性群体的缩影，是一个时代塑造出来的山东女性形象。明德英、祖秀莲、王换于、姜明真、侍振玉、王步荣、李凤兰、刘敦兴、张志桂、陈忠芳、刘玉梅、范桂君、李桂芳、盛桂兰、马宗英、宋彦英、张秀菊、梁怀玉、宫元花、李玉华、张玉梅、伊廷珍、杨桂英、伊淑英、冀贞兰、公方莲……她们用生命和鲜血书写奉献和母爱。

1. 乳汁救伤员的明德英

明德英出生在沂南马牧池村一个贫困的家庭中，两岁时因病致哑。1941 年冬，在反"扫荡"的战斗中，一名八路军小战士身受重伤，在躲避

① 常连霆主编,中共山东省委党史研究室编著:《中共山东编年史》第六卷,山东人民出版社 2015 年版,第 118—121 页。

敌人的追赶时穿过坟冢与树林，恰巧被明德英所救。明德英将浑身是血的八路军小战士藏在自己的家中，骗过了搜捕的日军。眼见小战士因失血过多昏厥过去，明德英来不及去生火烧水，尚在哺乳期的她用自己的乳汁救了这位受伤的小战士。小战士在明德英家里养伤半月后重新归队。2009 年，明德英被评为"100 位为新中国成立作出突出贡献的英雄模范人物"。

2. 战士的亲娘祖秀莲

祖秀莲是沂水县院东头镇桃棵子村人。1941 年日伪军对沂蒙山区展开大"扫荡"，八路军山东纵队司令部侦查参谋郭伍士在执行侦查任务时，被日军的子弹击中，躺在血泊之中。郭伍士苏醒后被祖秀莲发现，祖秀莲毫不犹豫地将他扶进家中照顾，清洗和包扎伤口。为躲避日军搜捕，祖秀莲夫妇将郭伍士转移到山洞中，每天送水送饭，尽心照顾，待战争形势好转后才将郭伍士送到了八路军后方医院。郭伍士复员后没有回山西老家，而是申请转业到沂蒙山区安家落户。他将祖秀莲认作母亲，带着爱人将家搬到了桃棵子村，照顾祖秀莲。①

3. "沂蒙母亲"王换于

1939 年，中共山东分局和八路军山东纵队机关驻扎到王换于的家乡东辛庄，王换于家成为中共山东省委机关和山东纵队首长的办公、活动地点。山东党政军机关迁到这里后，首长和同志们的孩子们需要照顾，王换于主动承担了办托儿所照顾孩子的工作。孩子们大的七八岁，小的刚出生，一共 20 多个。她把生病的孩子抱到自己家里照顾，让在哺乳期的儿媳喂奶。艰难的战争岁月，她先后抚养革命后代 40 余人，自己的两个孙子却夭折了。在日寇大"扫荡"时，王换于冒着生命危险掩护了一大批抗日战士和干部，厚葬了山东省妇执委陈若克（中共山东分局书记朱瑞的夫人），掩藏

---

① 王春梅、方艳编：《沂蒙红嫂故事选》，济南出版社 2019 年版，第 1—3、62—66 页。

大众报社重伤员毕铁华，保存了《山东省联合大会会刊》一书，直到1978年交给了领导部门。

4. 胶东乳娘

1941年冬，中共胶东行署和妇联在荣成县筹办了胶东医院育儿所。1942年7月，更名为胶东育儿所。当时育儿所的主要任务是收养战争遗孤和无法随军的干部子女。1942年9月，东凤凰崖村的姜明真，为了哺育育儿所的孩子，毅然给自己刚满8个月的孩子断了奶，从育儿所接来刚满两个月的福星。两个月后，日军来"扫荡"，姜明真带着福星和自己的孩子藏在山洞里。为了避免在喂奶时暴露目标，姜明真把儿子送到另一个无人的山洞。恰巧遇到敌机轰炸，日军撤走后，自己的孩子已经奄奄一息，没几天就夭折了。姜明真先后收养过4个八路军子女，没有一个伤亡。300多名胶东乳娘和保育员先后养育了1223名革命后代。在日军不断"扫荡"、驻地经常迁徙等极端艰苦的条件下，胶东育儿所的孩子无一伤亡。[①]

5. 战斗英雄女民兵侍振玉

临沭县岌山区曹庄的侍振玉，曾任区民兵自卫队队长、区联防队长、区武装部干事。1947年秋，侍振玉正带领几名女民兵在曹庄村头站岗巡逻，500多个敌人突然向曹庄奔袭而来。军情紧急，侍振玉当即把8名女民兵分成两路，一路监视敌人的动静，引诱敌人进入雷区，自己则带另一路火速赶到岌山岭下埋了8窝子母雷，并插上了三四块写有"打倒蒋介石""消灭蒋匪军"等口号的牌子，同时派人通知县独立营火速前来阻击敌人。待敌人走入雷区企图拔掉标语的时候，地雷爆炸，十几个敌人当场毙命。1949年4月，侍振玉出席了中国新民主主义青年团第一次代表大会，被授予"女民兵战斗英雄"光荣称号。她是华东民兵代表中唯一的女性。毛泽东在

---

① 乳山市党史市志办公室编：《走进乳山》，延边大学出版社2014年版，第253—256页。

接见这些民兵代表时，紧紧握住待振玉的手说："你们华东女子苦呦，淮海战役打得很苦，你们民兵立了大功呦!"

6. 沂蒙六姐妹拥军支前

蒙阴县野店镇烟庄村的张玉梅、伊廷珍、杨桂英、伊淑英、冀贞兰、公方莲，被人们誉为"沂蒙六姐妹"。孟良崮战役期间，她们倾其所有，拥军支前。为了做军鞋，冀贞兰把自己的新衣服大襟撕下来做了鞋面。六姐妹不顾个人安危，冒死完成了向前线运送弹药、向后方护送伤员的任务。她们带领全村为部队烙煎饼15万斤，筹集马料3万斤，洗军衣8000多件，做军鞋500多双。1947年6月10日，鲁中区党委机关报《鲁中大众》以"妇女支前拥军样样好"为题，报道了这个模范群体。从此，"沂蒙六姐妹"的名字传遍了整个沂蒙山区。

（六）战斗的英模群像

山东根据地和解放区的广大军民坚持斗争，不畏牺牲，前仆后继，无数次奋不顾身地解救山东人民于危难之中，涌现出许多比肩"狼牙山五壮士"的英雄模范群体。人民军队浴血奋战、不怕牺牲的英雄壮举，铸就了人民军队的光辉历史，赢得了人民群众的信赖，由此奠定了革命胜利的基础。

1. 对崮山战斗十四壮士

1942年11月，山东省战工会和山东军区等机关近千人被日伪军包围在对崮山附近，11月2日上午战斗打响，敌人采用炮击方式，并动用了飞机进行轰炸，山东军区等机关突围时，黎玉等命令特务营营长严雨霖奉命率领战士们继续留在崮顶牵制敌人。严雨霖率部坚持20分钟之后，队伍只剩14人，他们被压迫包围至崮顶东边的悬崖旁，子弹也已经打光，14名勇士飞身跳下悬崖，在这 14 人中，严雨霖等 8 人因悬崖树枝而幸存，其余 6 人壮烈牺牲。①

2. 和尚崮十七壮士

1941 年 12 月，日军出动数千人合围和尚崮，袭击抗日根据地的机关。八路军山东纵队 2 旅 4 团 3 营 9 连、10 连掩护当地几个村的群众和机关干部共数千人撤退。日军占领了和尚崮东侧和山顶制高点，情况危急，八路军强行抢占和尚崮西侧的制高点以掩护群众撤退。激战中，八路军被日军包围，战士们视死如归，与日军展开白刃战。副营长秦鹏飞子弹打光，被敌人用刺刀刺死后，仍拿着匣子枪怒视敌人；机关枪手把手榴弹捆在枪头上，最后拉下手榴弹与敌人同归于尽；连长孟有三两条腿被打断，仍坐在地上挥刀砍向日军。最后因寡不敌众，大多战士牺牲了。最后的 17 名战士宁死不屈，摔坏枪支，跳下悬崖，壮烈牺牲。这次战斗消灭敌人 300 余人，八路军山东纵队的两个连只有 8 名战士幸存，其余 164 名战士全部壮烈牺牲。②

3. 马石山十勇士

1942 年 11 月 23 日，日军将牟平、海阳、栖霞等县数千名群众和部分地方干部、八路军伤病员以及少数与大部队失去联系的战士压缩到马石山周围。深陷绝境时，为了营救被困群众，八路军胶东军区第 5 旅 13 团 7 连 2 排 6 班的 10 名战士挺身而出，向相反的方向吸引敌人火力，为群众转移争取更多的时间。他们边战边退，登上了马石山峰顶。最后，只剩下班长和两名战士。敌人冲上来时，3 人紧紧拥抱在一起，拉响了最后一颗手榴弹，血染马石山。他们就是

---

① 常连霆主编，中共山东省委党史研究室编著：《中共山东编年史》第四卷，山东人民出版社 2015 年版，第 99—103 页。

② 中共临沂市委党史研究室、沂蒙革命纪念馆、临沂大学沂蒙文化研究院编：《沂蒙抗日英烈传》，山东人民出版社 2015 年版，第 313—315 页。

抗日英雄群体——舍生救民的"马石山十勇士"。

4. 血战苏家崮

1941 年 11 月，日军对沂蒙山区展开大"扫荡"。115 师师部转移到天宝山区，随后，中共山东分局党校约 400 人来到平邑县宁家圈一带。12 月 7 日，6000 多名日伪军向宁家圈进攻。八路军山东纵队 1 旅 3 团驻扎山阴担负保卫抗大一分校的任务。敌人占领要点突然发起进攻，战况激烈。敌人以数倍步兵增援苏家崮，八路军伤亡惨重，大部分战士在与敌人的肉搏中光荣牺牲。战后打扫战场发现，有的战士残躯断肢，有的弹孔遍体，有的抱敌跳崖，共找到烈士遗体 118 具。①

5. 大青山突围

1941 年冬，日军集中五万多兵力，向沂蒙抗日根据地发动了"铁壁合围"大"扫荡"，中共山东分局、山东省战工会、115 师机关和抗大一分校部分师生以及地方群众共一万多人，在费县大青山一带被日伪军包围。为争取时间保护群众脱险，300 多名抗大一分校学员，在子弹、手榴弹全部打光之后，举起石头奋勇还击。五大队二中队队长邱则敏，弹尽后毅然跳崖殉国；指导员程克赤手空拳与敌人搏斗，牺牲后嘴里还咬着敌人的半只耳朵；司号员齐德腹部受伤，肠子流出体外，他硬是把肠子塞进肚子，一手捂着不断流血的伤口，一手吹响了冲锋号。大青山突围战，粉碎了日军苦心经营的铁壁合围，书写了抗战时期"北有平型关，南有大青山"的英雄战例。②

6. 鲁南铁道游击队

鲁南铁道游击队是活跃在鲁南敌后铁路线上的抗日武装，1939 年冬成

---

① 中共临沂市委党史研究室、沂蒙革命纪念馆、临沂大学沂蒙文化研究院编：《沂蒙抗日英烈传》，山东人民出版社 2015 年版，第 316—318 页。

② 常连霆主编，中共山东省委党史研究室编著：《中共山东编年史》第三卷，山东人民出版社 2015 年版，第 322—332 页。

立。1940 年 5 月，八路军鲁南军区决定，正式编成八路军铁道游击队。6 月，又扩编成大队，洪振海为队长，杜季伟任政治委员，下辖 4 个队，每队 10 余人。成员主要是枣庄地区的矿工和铁路工人。铁道游击队以微山湖为中心，活跃在津浦路、临枣路和台枣路 3 条铁道线上，破坏日军的铁路运输。他们还担负八路军过往人员的掩护任务，维系着由山东通往华中的重要通道。

7. 胶东民兵英雄于化虎

于化虎出生于山东省海阳县文山后村，1940 年参加抗日战争，他在家乡带领民兵以自制的踏雷、绊雷、连环雷、夹子雷、钉子雷、梅花雷等 20 多种地雷为主要武器，有力地打击日寇。1945 年，于化虎被评为"胶东民兵英雄"，胶东军区授予他"爆炸大王"英雄称号。1950 年 9 月，于化虎作为民兵代表，出席了在北京召开的全国战斗英雄代表会议，被评为"全国民兵英雄"。2009 年，他被评为"100 位为新中国成立作出突出贡献的英雄模范人物"。电影《地雷战》的主人公赵虎，主要就是根据于化虎和另一位爆炸大王赵守福的事迹创作的。

8. 特级侦察英雄杨子荣

杨子荣，原名杨宗贵，1917 年出生于山东省牟平县，1945 年参加八路军，担任炊事员，后历任班长、侦察排排长等职。1947 年，一举将"座山雕"及其联络部长刘兆成、秘书官李义堂等土匪全部活捉，创造了剿匪战斗中以少胜多的模范战例。长篇小说和同名电影《林海雪原》及现代京剧《智取威虎山》即是以他的形象塑造出来的。

2013 年 11 月 25 日，习近平总书记在临沂考察时指出："山东是革命老区，有着光荣传统，军民水乳交融、生死与共铸就的沂蒙精神，对我们今天抓党的建设仍然具有十分重要的启示作用。"沂蒙精神是党和国家的宝贵精神财富，昭示和激励着中国共产党必须植根于人民，始终与人民同呼吸、共命运、心连心，为加强党的建设提供经验。新的历史条件下继续发扬沂蒙精神，能够推进社会主义核心价值体系建设，激励全党全国各族人民为发展中国特色社会主义、实现中华民族伟大复兴而团结奋斗。

参考文献：

1. 中共山东省委党史研究室编：《中共山东地方史》，山东人民出版社1998年版。

2. 岳海鹰、唐致卿：《山东解放区史稿·抗日战争卷》，中国物资出版社1998年版。

3. 山东省地方史志编纂委员会编：《山东省志·共产党志》，山东人民出版社2011年版。

4. 柳建辉、曹普主编：《中国共产党执政历程》第一卷，人民出版社2011年版。

5. 中共中央文献研究室、中央档案馆编：《建党以来重要文献选编（1921—1949）》，中共中央文献研究室2011年版。

6. 中共山东省委党史研究室编：《中共山东编年史》第3、4、5卷，山东人民出版社2015年版。

7. 中共山东省委党史研究室编：《山东党的革命历史文献选编1920—1949》第4卷，山东人民出版社2015年版。

8. 中共临沂市委党史研究室、沂蒙革命纪念馆、临沂大学沂蒙文化研究院编：《沂蒙抗日英烈传》，山东人民出版社2015年版。

9. 常连霆主编，中共山东省委党史研究室、山东省中共党史学会编：《山东党史资料文库》第7卷，山东人民出版社2015年版。

10. 常连霆主编，中共山东省委党史研究室编：《山东抗战口述史》上，山东人民出版社2015年版。

后　记

《齐鲁文化要览》是为认真贯彻落实习近平总书记关于大力弘扬中华优秀传统文化重要论述和视察山东重要讲话精神以及对山东工作的重要批示精神，根据省政府领导的指示意见编纂的。

该书的编纂，由时任副省长王心富同志提议策划、具体指导，并召集相关高校、科研机构的专家学者对初稿进行讨论，提出具体修改意见。编纂过程中，省政协副主席、山东师范大学党委书记唐洲雁教授高度重视，亲自召集会议、组织撰写力量、研讨审定提纲及稿件。省政府相关负责人及省文旅厅、省电视台的领导和相关专业人员，从多方面给予指导和支持。山东出版集团和山东人民出版社的负责同志和编辑人员对该书的出版给予大力支持，付出了辛勤努力。

该书的编纂，由教育部人文社会科学重点研究基地山东师范大学齐鲁文化研究院主体承担，会同学校马克思主义学院、历史文化学院、文学院共同完成。该书由省政协原副主席、山东师范大学特聘资深教授、齐鲁文化研究院名誉院长王志民教授总体规划设计并拟定提纲，齐鲁文化研究院院长吕文明教授负责统筹协调各项具体工作，吕文明、刘本森、张磊三位教授负责统稿工作。

该书的编纂，历时虽短，但倾注了主编和编纂人员大量心血，数易其稿，终成完帙。王志民教授先后组织召开 4 次提纲论证会，对提纲进行反复讨论修改。初稿完成后，吕文明教授组织相关专家召开 3 次审稿会，全力推进审稿、校稿工作。2022 年春节期间，王志民教授放弃休息时间，逐字逐句审读文稿，对每章又提出具体修改意见。经过全体编纂人员的认真修改，终于完成文稿，并由王志民和吕文明教授最后审阅定稿。

该书的顺利出版，离不开每位编纂人员的辛勤付出，他们放弃假期休息时间，中断个人研究项目，全力以赴编写相关内容，认真、高效地完成了文稿。各章具体撰写人员分别是：

李秀亮（第一章）　　　　　常红星（第二章）

杨　静（第三章）　　　　　张　磊（第四章）

代　生（第五章）　　　　　田成浩（第六章）

刁春辉（第七章）　　　　　廖妙清（第八章）

王朋飞（第九章）　　　　　杨子墨（第十章）

孙清海（第十一章）　　　　李文昌（第十二章）

郑立娟（第十三章）　　　　王绍之（第十四章）

亓文婧（第十五章）　　　　宋　宁（第十六章）

刘本森（第十七章）　　　　盖志芳（第十八章）

张少筠（第十九章）　　　　黄润青（第二十章）

杨子墨老师在组织联络、找寻图版资料等方面做了大量工作。

最后，谨向参与审稿工作的石玲、王勇、仝晰纲、梁宗华、阎盛国、刘爱敏、李华等教授表示衷心感谢！

编　者

2022 年 8 月 10 日